U0948773

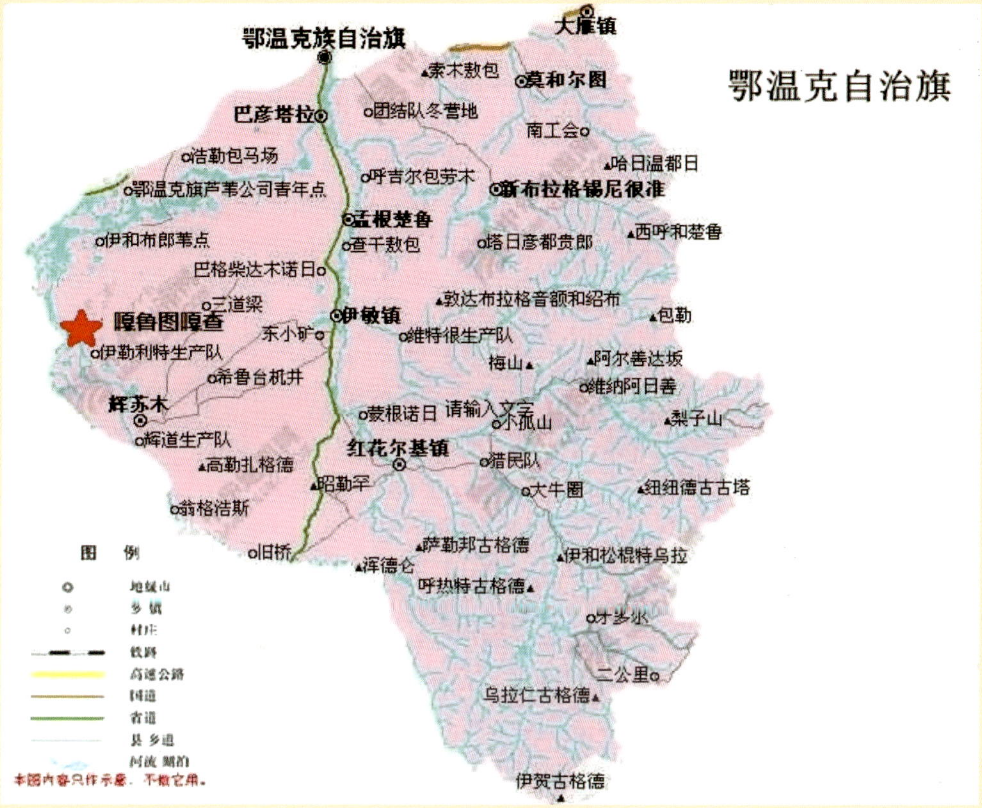

鄂温克自治旗

鄂温克族自治旗
大雁镇
索木数包
莫和尔图
巴彦塔拉
团结队冬营地
南工会
浩勒包马场
哈日温都日
鄂温克旗芦苇公司青年点
呼吉尔包劳木
新布拉格锡尼很准
孟根楚鲁
伊和布郎苇点
查干数包
塔日彦都贵郎
西呼和楚鲁
巴格柴达木诺日
三道梁
敦达布拉格音额和绍布
嘎鲁图嘎查
伊敏镇
包勒
东小矿
伊勒利特生产队
维特很生产队
希鲁台机井
梅山
阿尔善达坂
辉苏木
维纳阿日善
蒙根诺日
小孤山
梨子山
辉道生产队
红花尔基镇
高勒扎格德
猎民队
昭勒罕
大牛圈
纽纽德古古塔
翁格浩斯
萨勒邦古格德
旧桥
伊和松棍特乌拉
浑德仑
呼热特古格德
才步水
二公里
乌拉仁古格德
伊贺古格德

图 例
地级市
乡 镇
村庄
铁路
高速公路
国道
省道
县乡道
河流 湖泊
本图内容只作示意，不做它用。

图1　嘎鲁图嘎查的地理位置

图2　辉河湿地

图3　嘎鲁图草原

图4 辉苏木中心校

图5 嘎鲁图嘎查小学原址

图6 新修建的进出嘎查的公路

图7 草原书屋

图8 农牧民安居房

图9 “国家扶持人口较少民族项目”资金补贴蓬车

图10 拖拉机

图11 现代牧业机械

图12 搂草机

图13 牧民家的牛、羊粪堆

图14 “苏户”（储物车）

图15 快乐小骑手

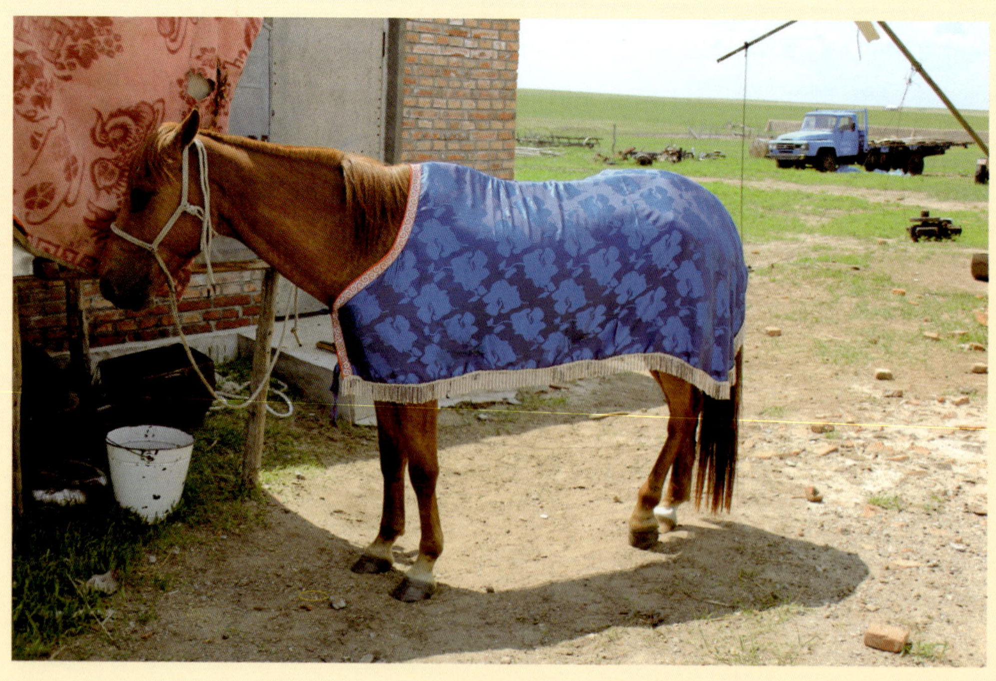

图16 赛马

图17 用芦苇搭建的蒙古包

图18 牧民们正在搭建蒙古包

图19 太阳能电池板

图20 孟和毕利格家

图21 富有民族特色的橱柜

图22 牧民家的传统民族刀具

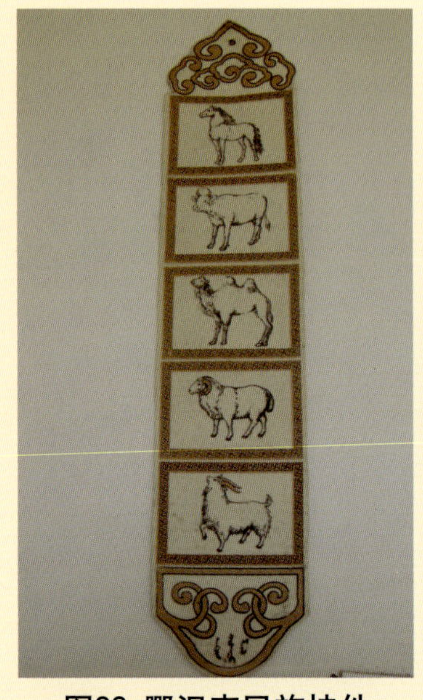

图23 鄂温克民族挂件

图24 制作奶酪的桶

图25 奶制品

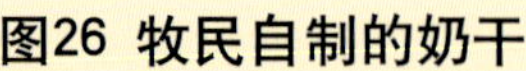

图26 牧民自制的奶干

图27 调研组部分成员与斯仁道力玛

图28 巴图达来一家

图29 调研组部分成员与优韩和她母亲合影

图30 皮华亚德一家

图31 副嘎查达图门吉日嘎拉

图32 嘎拉曾道力玛

图33 部分调研组成员与辉河湿地嘎鲁图观测站管理人员布和

图34 调研组成员与嘎查达额尔敦尼

中国民族经济村庄调查丛书

# 嘎鲁图嘎查调查

（鄂温克族）

黄健英　主编

北京

图书在版编目（CIP）数据

嘎鲁图嘎查调查／黄健英主编．
北京：中国经济出版社，2014.5
（中央民族大学“985”工程中国民族经济村庄调查丛书）
ISBN 978－7－5136－2432－9

Ⅰ.①嘎…　Ⅱ.①黄…　Ⅲ.①鄂温克族—农村调查—调查报告—鄂温克族自治旗　Ⅳ.①D668

中国版本图书馆 CIP 数据核字（2013）第 064531 号

出版发行：中国经济出版社（100037·北京市西城区百万庄北街 3 号）
网　　址：www.economyph.com
责任编辑：余静宜（电话：010－68359421）
责任印制：马小宾
封面设计：华子图文设计
经　　销：各地新华书店
承　　印：三河市佳星印装有限公司
开　　本：170mm×240mm　1/16　　印张：22.75　彩插：1　字数：349 千字
版　　次：2014 年 5 月第 1 版
印　　次：2014 年 5 月第 1 次印刷
书　　号：ISBN 978－7－5136－2432－9　　定价：56.00 元

中央民族大学

"211 工程" 中国少数民族经济发展研究项目

"985 工程" 中国民族地区经济社会发展哲学社会科学创新基地

# 中国民族经济村庄调查丛书　编委会

# 本书写作分工

主　　编：黄健英

第一部分：塔　日　丁　阳　李　昕　梁劲松　宝力道

第二部分：吴丽华　王耀宇　徐向泽　赵　磊

第三部分：王琦媛　宋玉敏　张　宁　刘　勇　林清郡

# 总 序

村庄，是农民的聚居地，也是农民生产和生活的社会形式。村庄形成于农业文明时代，在中国最为典型和普遍，迄今依然是中国基本的社会单位。所有中国人，或是生于长于村庄，或是父祖辈来自村庄。村庄是中华民族的根基，是我们走向现代化的立脚点和必须改变其内容和形式的地方。认知中国的现实和历史，一个重要环节，就是了解村庄。

中国的民族经济，包括以下层次：一是以中华民族为主体的经济，二是中华民族五十六个支民族的经济，三是少数民族地区的经济。不论从哪个层次研究，都必须涉及村庄这个基本单位。以往的民族经济研究和行政管理研究，对于村庄的关注，主要是在总体性的统计及对策方面，鲜有对某一村庄的专注的系统调查。这种情况使我们所从事的理论探讨总显得有些飘浮，言不及意，大而不当。反思许久，不能不下决心从小处做起，将村庄调查作为根基，扎实做去。恰“985”项目实施，经费有所保障，故组织本创新基地近百名教师带二百余博士、硕士研究生和高年级本科生，结十五个调查组，计划用六七年的暑、寒假，从五十六个支民族中各选一二典型村庄，深入调查，总百余村，每村一书，为中国民族经济三个层次研究，为政府行政决策，提供基础资料。

百村，不及中国村庄万分之一。我们的村庄调查虽只是抽样性质，但却是探根摸底，力求深入、真实、详细。二〇〇八年夏各组分赴河北、内蒙古、宁夏、云南、广西调查点，历经一月左右，获初步资料。因为首次，困难颇多，思路和方法也要不断调整，秋、冬写作时又各自补充调查。时间虽短，但师生与村官、村民情谊颇深，既为调查提供条件，又为后续补充予以协助。各地党、政机构，对调查全力配合。无此，则调查难以进行。这套丛书，实为共同努力之成果，并赖中国经济出版社黄允成社长、孙岩主任鼎力支持，得以出版。本调查还要持续数年，望读者批评，我们再努力。

劉永佶

二〇〇九年三月十八日

# 目 录

# 第一部分 嘎查

## 一、嘎鲁图嘎查概况

嘎鲁图嘎查，曾用名“乌日切希”，鄂温克语为“天鹅湖”的意思，因其辖地有天鹅围湖铸巢而得名。嘎鲁图嘎查是内蒙古自治区呼伦贝尔市鄂温克族自治旗辉苏木下辖的一个以鄂温克族为主体的行政村。嘎查位于鄂温克旗西部，距旗所在地巴彦托海镇100公里，东北邻乌兰图格，西北与新巴尔虎左旗莫达木吉苏木接壤，南接伊拉特嘎查，土地总面积275平方公里。嘎查鄂温克族居民比例达98%以上，此外还有少量的蒙古族，嘎查较完整地保留了鄂温克族传统文化和民俗。居民大多经营传统畜牧业，牧业收入为嘎查居民的主要经济来源。随着各级政府对“三少民族[①]”的扶持政策不断落实，以及嘎鲁图居民的辛勤劳动，嘎查经济发展速度加快，居民的生活水平大幅提高，民族文化得到弘扬，社会主义新牧区建设蓬勃发展。

### （一）嘎鲁图嘎查鄂温克族族源、族称

**1. 族源**

早在公元前2000年，即石器、铜器并用时代，鄂温克族的祖先就居住在外贝加尔湖和贝加尔湖沿岸地区。从考古发掘的材料看，古代贝加尔湖沿岸居民服装上所缀贝壳制的圆环的位置，与17、18世纪鄂温克人胸前所戴串珠，以及萨满法衣上缀饰的贝壳圆环的位置完全一样。这证明，最迟在石器、铜器并用时代，鄂温克人的祖先就居住在贝加尔湖一带。[②] 这与鄂温克人的传

---

① “三少民族”是指内蒙古人口在30万以下的鄂温克族、鄂伦春族、达斡尔族。

② 吕中天．鄂温克族［M］．北京：民族出版社，1983：4.

说也是符合的。传说他们的故乡是勒拿河，那一带有个“拉玛”湖（贝加尔湖），鄂温克人的祖先就是从“拉玛”湖那里的高山上起源的；另一传说，他们的故乡在黑龙江上游石勒克河一带。总之，他们祖先的活动地区，是在贝加尔湖沿岸及其以东、以北的广大山林之中。后来，鄂温克人中的一支迁到外兴安岭南北的广大山林中，繁衍生息，很早以前就与我国北方各民族接触往来，成为祖国各民族大家庭的成员之一。

鄂温克族的族源，与北魏时在今黑龙江上、中游的“室韦”，特别是其中的“北室韦”、“钵室韦”、“深末怛室韦”以及唐代在贝加尔湖东北苔原森林区使鹿的“鞠”部落等有着密切的关系。① 鄂温克族的历史和经济文化特点同以上室韦诸部有着相同之处，室韦诸部所分布地区与鄂温克族16、17世纪以前生活地域范围一致。从文化风俗上说，北室韦和钵室韦各部在人去世后将尸体放在树上进行风葬。《魏书·失韦传》有“父母死，尸则置于林树之上”等记载。直到20世纪40年代，部分鄂温克人仍保留着类似的安葬形式。《北史·室韦传》记载室韦“用桦皮着屋”。这同鄂温克族的游猎部落曾用白桦皮搭盖圆锥形的“仙人柱”是相符合的。北室韦、钵室韦诸部在冬天下雪后，“骑木而行”，即使用木质滑雪板追击野兽，这也同鄂温克族使用滑雪板进行山林狩猎一致。唐代史书记载：在贝加尔湖东北五百里的地方，有个“鞠国”养鹿，以鹿为车，聚木为屋（撮罗子）。元朝时，人们把贝加尔湖附近居住的鄂温克人叫作“林木中百姓”，说他们是用驯鹿负载东西、穿滑雪板逐鹿冰上的人。在《明一统志》中，称他们为“北山野人”、“乘鹿出人”，或女真人的一部分。清代鄂温克族被史书称为“索伦部”，或使鹿的“喀木尼堪”。

17世纪初，居住在贝加尔湖西北，黑龙江中上游的鄂温克族先辈共分为三支：一支是居住在贝加尔湖西北勒拿河支流威吕河和维提姆河沿岸的使鹿鄂温克人，共12大氏族，被称为使鹿的“喀木尼堪”或“索伦部落”；酋长是叶雷、舍尔特库等，他们就是18世纪初，迁来额尔古纳河畔，被称为“雅库特”人的祖先。第二支是居住在贝加尔湖以东赤塔河、石勒克河一带使用马匹为交通工具的鄂温克人，是索伦部落之一；被称为“纳米雅儿”部落或“那妹他”，共有15个氏族，其中一个酋长叫根特木耳，他们就是后来被称为

① 吕中天．鄂温克族［M］．北京：民族出版社，1983：6.

“通古斯”人的祖先。第三支，也是最主要的一支，被称为“索伦部”，是住在石勒可河至精奇里江一带及外兴安岭南的鄂温克人，他们的酋长叫博木博果尔，即被称为“索伦”人的祖先。在沙俄殖民者入侵黑龙江流域以前，上述各部的鄂温克居民都已归顺努尔哈赤与皇太极的大汗政权。

1636年皇太极改国号为清以前，已在鄂温克地区确立管辖制度，以后又日趋严密。清廷将鄂温克族以氏族为单位编成“佐”，选拔了佐领等官，每年向清朝进贡貂皮。17世纪中叶后，由于沙俄的侵略，清朝将鄂温克族迁到大兴安岭嫩江各支流（甘河、诺敏河、阿伦河、济心河、雅鲁河、纳莫尔河等）流域居住。这里是“布特哈打牲部”之一，共分5个“阿巴”（即围猎场）。雍正九年（1731）将5个围猎场的鄂温克壮丁按住地规定旗色，编成八旗。1732年，清朝从布特哈地区抽调1600多名鄂温克族兵丁，携带家属迁至呼伦贝尔草原，驻守边防。其后裔就是现在居于嘎鲁图嘎查所在的鄂温克族自治旗的鄂温克族。

**2. 族称**

鄂温克，是鄂温克族的自称，鄂温克语“俄格都（登）乌日尼贝”的简化，汉译为“住在大森林中的人们”。[①] 由于历史上的不断迁徙和居住分散，加之交通不便、相互隔绝等诸多原因而逐渐形成区域间经济和生活上的差异。不同地区的鄂温克人曾被其他民族分别称为“索伦”、“通古斯”、“雅库特”。事实上，这三部分人本是一个民族，他们有共同的语言和风俗习惯，只是在生产、生活上有某些差异。其中被称为“索伦”的人数最多，他们分布在辉河、伊敏河、莫和尔图河、雅鲁河、阿伦河以及嫩江流域沿岸，从事游牧定居和狩猎。一部分人曾一度从事过农业，被称为“通古斯”的鄂温克人，居住在莫日格勒河、锡尼河中上游一带，他们主要从事畜牧业；被称为“雅库特”的鄂温克人，居住在额尔古纳河和贝尔茨河（今激流河）流域的原始森林中，以狩猎和饲养驯鹿为生。

嘎鲁图嘎查的鄂温克族在历史上就曾被称为“索伦”。“索伦”称谓，是女真族于17世纪初叶，在东北再次复兴时，认为黑龙江上游的鄂温克人是另一地区的女真人，而以地域概念用满语称为“索罗乃”（意为“河上游”）的“索莪罗”（“自由民”之意），并逐渐转化为“索伦”之称，最早见于1634

---

① 杜·道尔基．鄂温克地名考．[M]．北京：民族出版社，2007：1.

年的《太宗实录》。“索伦”的含义，一说是“索莪罗”的转音，一说是“肃慎”或“述律”、“索离”的转音，一说是因其人“骁勇”、“善战”和“劲旅”而得此名。“索伦”的本意和她的名望，使“索伦”之称获得普遍的意义，而有些语言不相同的部族也借其名称“索伦”，很自然地概括在“索伦部”的总称之中。被称为“索伦”的鄂温克人，主要分布在内蒙古自治区鄂温克旗、扎兰屯市、阿荣旗、莫力达瓦达斡尔族自治旗、鄂伦春自治旗、黑龙江省讷河市、新疆维吾尔自治区塔城等地。

“通古斯”称谓，一说是鄂温克人因居住在通古斯卡河而得此名，一说是在17世纪初叶，俄国人向西伯利亚扩张到叶尼塞河流域接触鄂温克人后，根据雅库特人对鄂温克人的称呼，向沙皇政府的报告中首次提到的通古斯人。从此，俄罗斯人也开始称鄂温克人为通古斯人。在中国被称为“通古斯”的鄂温克人，是在苏联十月社会主义革命胜利时，于1918、1919年两年间从额尔古纳河以北的乌鲁柳圭河流域的乌鲁楞古、乌者恩、布如珠等地迁入呼伦贝尔草原莫尔格勒河流域的鄂温克人。

“雅库特”称谓，是指原在勒拿河流域北雅库特地域的使鹿鄂温克人。他们于1820年渡过黑龙江迁入漠河一带，1858年迁至额尔古纳河，使鹿鄂温克被称为“雅库特”是因为他们在勒拿河流域时与雅库特人为邻，受到雅库特人经济和文化的影响。加之他们与雅库特人一样饲养驯鹿，以驯鹿驮物出入森林，因而被称为“雅库特”人。①

鄂温克族人民在历史上从不承认自己是“索伦”、“通古斯”、“雅库特”等，他们祖祖辈辈都自称是“鄂温克”。然而由于“大分散、小聚居”的特点，加上邻近民族文化的影响和渗透，他们恢复本民族自称的愿望，在历代统治阶级民族压迫的制度下，始终未能实现。但鄂温克人的民族意识和民族凝聚力没有变，无论是哪个部分都称自己是“鄂温克”人，证明他们在漫长的历史岁月里共同创造了自己民族历史和文化发展历史，是具有共同语言、共同心理素质和风格的同一民族。

中华人民共和国成立后，党和人民政府根据鄂温克族人民的愿望，在呼伦贝尔盟民族事务委员会（扩大）会议上，曾专门组织他们的代表人物座谈

---

① 鄂温克族自治旗史志编撰委员会．鄂温克族自治旗志［M］．呼伦贝尔：内蒙古文化出版社，2008：101－102.

了“索伦”、“通古斯”、“雅库特”等民族名称问题，并组织鄂温克族的广大群众对族称问题广泛地进行酝酿、讨论。他们列举了大量事实，证明三部分人本是一个民族——鄂温克族是无疑的。按照中国的民族政策，经内蒙古自治区人民委员会批准，于1958年3月5日取消“索伦”、“通古斯”、“雅库特”的称谓，恢复并统一了原来的真正族称——鄂温克族。

## （二）嘎鲁图嘎查的历史变迁

嘎鲁图嘎查的历史起源，最早可以追溯到280年前，中俄《尼布楚条约》、《恰克图条约》签订后。1727年，清王朝在呼伦贝尔地方设12卡伦，委统领加副都统衔博第带领524名官兵驻扎扎格丹（今海拉尔区）。1732年，从布特哈地区遴选3000兵丁组成“索伦部”移驻呼伦贝尔地区。其中有1636名鄂温克族兵丁，其后裔就是今天包括嘎鲁图嘎查在内的鄂温克族自治旗的鄂温克族。

民国年间，实行旗县分治，属呼伦县辖区。1932年12月，日本帝国主义侵入呼伦贝尔后，先是将索伦左右翼八旗合并为索伦左翼旗、索伦右翼旗，继之于又将其与布里亚特旗、额鲁特旗合并，成立索伦旗。索伦旗下辖南辉、北辉、锡尼河、伊敏、胡吉日托海、莫和尔图、扎敦、特尼河、胡达罕、扎罗木得、免渡河11个苏木和哈克区。嘎鲁图嘎查便是当时北辉苏木所在地。

1945年8月，日伪统治垮台后，成立索伦旗公署。1948年，索伦旗公署改称索伦旗政府，同时组建基层民主政权。此时，索伦旗辖巴彦托海、锡尼河、辉、巴彦嵯岗、伊敏5个苏木和哈克、扎罗木得、免渡河3个区。嘎鲁图是辉苏木下辖嘎查。

1958年4月11日，内蒙古自治区人民委员会向国务院提出撤销内蒙古自治区索伦旗、成立鄂温克族自治旗的报告。同年5月29日，经国务院第七十七次会议通过，以〔1958〕蒙办秘字第179号通知：撤销索伦旗，在原索伦旗行政区划内成立鄂温克族自治旗。1958年8月1日，鄂温克族自治旗成立，全旗辖辉、伊敏、锡尼河东、锡尼河西、南屯（现巴彦托海镇）、巴彦嵯岗6个苏木（后改称人民公社）和1个公私合营牧场。1961年，由锡尼河东公社分出孟根楚鲁公社。由南屯公社分出巴彦塔拉公社，全旗辖8个人民公社、一个公私合营牧场，即辉、伊敏、锡尼河东、锡尼河西、孟根楚鲁、南屯、巴彦塔拉、巴彦嵯岗8个人民公社和1个公私合营牧场。

1969年8月1日，鄂温克旗随呼伦贝尔盟划归黑龙江省管辖。1979年7月1日，重新划归内蒙古自治区，仍归呼伦贝尔盟管辖。

1981年，鄂温克旗公私合营牧场由今伊敏煤电公司北"合营"汽车站迁到西博桥南，改建为种畜场。1983年，在如今嘎鲁图所在地建立了"乌日切希"生产队。1984年，在种畜场的基础上筹备成立阿尔善诺尔苏木，1988年5月，成立阿尔善诺尔苏木人民政府，并将辉苏木所辖的乌日切希（嘎鲁图）、额格都宝龙、伊拉拉塔3个嘎查划归阿尔善诺尔苏木，同时将阿尔善诺尔苏木更名为北辉苏木，驻地乌日切希嘎查。嘎鲁图嘎查在20世纪八九十年代被称为"乌日切希"，意为"天鹅湖"，因嘎鲁图属地有天鹅围湖铸巢而得此名。[①]

2001年4月，北辉苏木被撤销，其区域并入辉苏木，辉苏木下辖嘎鲁图、完工托海、辉道、哈克木、乌兰宝力格、乌兰托格、巴音乌拉、喜桂图、伊拉特、查干诺尔、阿尔善诺尔11个嘎查和红花尔基林业局辉河林场。[②] 至今，嘎鲁图为辉苏木下辖嘎查。

### （三）生态环境

#### 1. 地形地貌

嘎鲁图嘎查地形以平原和丘陵为主，丘陵地区地面波状起伏、山丘连绵，地面切割微弱，相对高度在20~80米，平原地区地形则平坦开阔。从而形成了由低山丘陵和高平原组合的地貌。整体地形呈东南高、西北低之势。东南部为林区，海拔800~1100米，北部为沼泽地，海拔平均为650~680米。

#### 2. 气候水文

嘎鲁图嘎查地处北纬47°37′16″~48°49′23″，东经118°48′10″~120°15′31″，属中温带半干旱大陆性季风气候。春季天气多变，降水少，变率大；夏季降水集中，雨热同季；秋季气温骤降、霜冻来得早；冬季漫长严寒。年平

---

① 杜·道尔基．鄂温克地名考［M］．北京：民族出版社，2007：64.

② 鄂温克族自治旗史志编撰委员会．鄂温克族自治旗志［M］．呼伦贝尔：内蒙古文化出版社，2008：14－15.

均气温 -2.2℃，平均降水为274毫米，积雪期约170天，无霜期92天左右。嘎鲁图春季、秋季各为2个月左右，夏季3个月左右，冬季5个月左右，即4—5月为春季，6—8月为夏季，9—10月为秋季，11—12月和翌年1—3月为冬季。春季由于地处河套—黑龙江口的东北、西南气流辅合带北部，干旱少雨，大风日数多，天气多变，常有寒潮爆发南下，降水量30~50毫米，占年降水量的7%~12%。夏季随着东南季风的到来，6月中旬至7月初进入雨季，雨季持续时间约2个月，夏季降水量占年降水量的70%左右。秋季由于东南季风迅速退却，蒙古高压重新控制本地，秋高气爽，光照充足，降水明显减少，只有50~70毫米，占年降水量的12%~17%。随着蒙古高压的加强，冷空气不断南下，加上地面辐射冷却快，气温剧烈下降，霜冻随之来临。冬季在强大的蒙古高压控制下，冷空气活动频繁，地面积雪时间长，严寒干冷，当西风带高空槽自西伯利亚向东海岸移动时，槽后冷空气沿西北气流急剧南下，气温骤降，常形成寒潮天气。

嘎鲁图地表水以河流和湖泊为主。嘎查分布着许多大小不等的湖泊、泡子，降水为主要补给源，水量充沛。流经嘎查的主要河流为辉河和那林郭勒河，辉河发源于大兴安岭南段海拔1508.8米的霍玛拉胡尔敦山东北2公里处，在巴彦塔拉北汇入伊敏河，是伊敏河最大的支流。辉河干流长362.5公里，有61条支流，其干支流总长度为1279.76公里，流域面积11465平方公里。辉河流域为沙区和草原区，多沼泽洼地，植被茂盛，盛产芦苇。

**3. 土壤植被**

嘎鲁图嘎查土壤以栗钙土为主，土层较薄，适宜种植各种优质牧草。此外，还有少许由栗钙土和黄沙构成的沙地。

嘎鲁图以典型草原为主，还分布着少量的低湿地草甸和森林，集草原、湿地、森林于一体，呈现出类型多样、独特、结构复杂的自然生态系统。植被种类以羊草、披碱草、苜蓿草为主要建群种，树木主要有樟子松、桦树、山荆树、稠李子树等。辉河下游湿地以盛产芦苇闻名，药材主要有黄芪、柴胡、芍药等。沿河流域水草丰美，是优质牧场，为嘎鲁图嘎查畜牧业的发展提供了保障。与我们2011年调研的鄂尔多斯鄂托克旗阿尔巴斯苏木的赛乌素嘎查不同，嘎鲁图嘎查户均承包的草场面积少于赛乌素，但每亩放养的牲畜要更多，且畜群结构不同，赛乌素以绵羊和山羊为主，有少量牛和马，而嘎鲁图嘎查几乎家家户户都养牛、马、羊，“五畜”中只差骆驼。这与草原植被条件有一定的关系，嘎鲁图水草丰美，每亩草场的载畜量高于赛乌素。

**4. 自然灾害**

(1) 干旱

嘎鲁图嘎查的旱灾一般发生在春、夏、秋三个季节。春季干旱与前一年的秋季和冬季雨（雪）量有关，尤其取决于当年春季降水量大小。春季发生干旱，影响牧草返青及生长发育和后期产量。一般来说4—5月份的降水量相当历年同期平均值的60%～70%为春旱，60%以下为严重春旱。用旱涝指数定义，鄂温克旗1991年和2003年出现了春旱，气候概率为13%。

(2) 白灾

白灾是指雪量过多、积雪过深而影响放牧牲畜正常采食的雪灾。白灾的发生主要与降雪量、积雪深度、积雪时间长短、坐冬雪形成的早晚及草场状况等多种因素有关。根据鄂温克旗历年出现白灾的情况来看，白灾出现的日期多集中在11月末。

白灾对主要靠天然牧场养畜的牧户影响很大。1996年冬末至1997年初春的白灾天气，雪深达22厘米以上，牲畜采食困难或无法觅食，造成少部分病、弱畜死亡，给畜牧业生产带来损失。根据气象资料并结合调查访问，确定白灾的多发期为11月至翌年3月，可分为轻、中、重三个等级，气候频率分别为30%、17%和16%。白灾对畜牧业的影响主要使牲畜冻饿而死，是影响内蒙古东北部草原畜牧业发展的主要灾害之一。

(3) 黑灾

黑灾是指连续无积雪而影响牲畜生存的情况。在河湖封冻后，牲畜在15～20天内吃不上雪就会受到影响，一个月吃不上雪，牲畜普遍掉膘，两个月以上无积雪，牲畜瘦弱，疫病流行。

黑灾对依附自然养畜的畜牧业影响较大。1995年1—2月降雪量少，牧区局部地区形成黑灾，造成部分牲畜病弱掉膘，给畜牧业生产带来一些不利影响。黑灾发生频率为10%。

(4) 寒潮

指24小时气温下降10℃以上，日最低气温在－5℃以下即为寒潮，有时伴有大风、降雪等天气现象。寒潮天气平均每年6次。寒潮天气不利于牲畜生产，特别是后半冬和春季的寒潮天气，会给牲畜保镖、母畜怀胎及接羔保育带来一定危害。1993年和1994年春季鄂温克旗出现的风雪寒潮天气，24

小时平均降温超过10℃，造成旗内部分大、小牲畜跑散、丢失、死亡，给畜牧业生产带来较大损失。寒潮按出现的天气现象分为降温、大风、降雪、风雪4种类型，出现的频率分别为28%、16%、41%、14%。

（5）大（暴）风雪（白毛风）

指风力7级以上，伴有中等以上降雪，能见度小于1000米，持续4小时以上的大风雪灾。强白毛风多集中在4—5月份，持续时间可达48小时以上。10—11月也时有出现，但持续时间较短。强风雪天气不但给各项生产带来损失，给畜牧业生产带来的危害尤为严重。大（暴）风雪天气出现的频率全年较少，一般在10%以下。

（6）冷雨

在春、秋季节日降水量大于5毫米，日均气温小于5℃，24小时降温6℃以上，定向风速≥8米/秒，夏季24小时降温6℃以上，日降水量大于20毫米，降水时间15小时以上，日均风速≥5米/秒，形成冷雨灾。尤其是在7月份，羊毛已剪，新毛尚未长出，突下冷雨，容易造成羊只死亡。冷雨的发生频率约为10%～15%。

（7）水涝

在夏、秋季节日降水量大于30毫米以上的称降水天气，期间在地势低洼地区容易发生洪涝灾害。水涝大都发生在7—9月。1996—1998年夏季，由于降水强度大且多，鄂温克旗内部分低洼地区发生洪涝灾害，造成部分民房倒塌、草场被淹，损失严重。相比较而言，该地区发生水涝的频率略大于干旱频率。处于辉河与那林郭勒河沿岸的嘎鲁图嘎查受这种灾害影响较大。

（8）霜冻

霜冻是由于0℃以下的低温使作物遭受危害的灾害，习惯上将秋季第一次霜冻称“初霜冻”，将春末夏初的最后一次霜冻称为“终霜冻”，山地年内各月均可出现霜冻。一般来说，秋霜危害较春霜更为严重。该地发生霜冻的频率较大，一般在30%～40%。①

---

① 鄂温克族自治旗史志编撰委员会．鄂温克族自治旗志［M］．呼伦贝尔：内蒙古文化出版社，2008：65－66.

## (四) 动植物资源

嘎鲁图嘎查辖区占地面积41.3万亩，自然资源丰富。嘎鲁图保持着草甸草原和典型草原相互过渡的特征，集森林、草原、湿地于一体，不仅拥有国家二级保护树种樟子松，还有桦树、杨树等经济价值较高的树种。草原上生长着种类繁多的优质牧草。食用植物有柳蒿芽、黄花菜、山韭菜、山荆子、稠李等，食用菌类有白蘑、桦树蘑、松蘑等，药用植物有黄芪、柴胡等，野生动物有天鹅、白琵鹭、大雁、丹顶鹤、狍子、狐狸、狼、乌鸦、榛鸡等300多类。辉河的水系盛产鲤、鲶等鱼类。

### 1. 樟子松

国家二级保护树种。松科松属常绿针叶乔木，树干通直，高者达30米，直径1米，有利于治沙、耐寒、抗干旱。其耐低温程度不如落叶松，分布地势高度比落叶松低，喜阳坡。从年降水等值线看，年降水量约等于350毫米的地区有分布。樟子松材质较轻柔，木质优良，纹理清楚，色泽光亮，富油脂，纹理通直，易于加工，是较好的家具用材和建筑用材。其生长速度快，在相同条件下，生长速度快于红松、落叶松，对蛀梢、蛀虫的抵抗能力较强，比兴安落叶松更耐旱。在嘎鲁图嘎查东南部有少量分布。

### 2. 白蘑

白蘑以味美，营养价值高而驰名国内外。它是伞菌中最珍贵的品种，含有丰富的蛋白质、维生素及钾、钙、铁、磷等矿物质，其形状如伞，洁如玉盘、嫩如鲜笋。其生长处较明显，形成固定的蘑菇圈，圈上的草比周围的草呈深绿色。在嘎鲁图嘎查草场上广泛分布，随着其食用、药用价值的发掘，盗采现象日益严重，数量日趋减少。

### 3. 柳蒿芽

柳蒿芽为菊科多年生草本植物，主要分布在大兴安岭南北，耐寒抗热，生长在河岸湿地、沼泽、柳林灌丛下等处。其嫩茎叶可食用，味苦、辛、性湿，具有健脾去火、解毒消炎、破血行淤、下气通络之疗效。还能降血压、降血脂、养肝健胃、清热解毒消炎、生毛发，民间常用于治疗传染性肝炎、高血压、癌症等症病。柳蒿芽有解毒作用，与河豚同煮，可消河豚之毒。主要分布在嘎查辉河及那林郭勒河两岸，被牧民广泛食用。

4. **黄芪**

黄芪，又名黄耆，为国家三级保护植物。中药材黄芪为豆科草本植物"蒙古黄芪"（内蒙古为主要产地），具有补气固表、利水退肿、托毒排脓、生肌等功效。黄芪的药用迄今已有2000多年的历史，现代研究，黄芪含皂甙、蔗糖、多糖、多种氨基酸、叶酸及硒、锌、铜等多种微量元素。有增强机体免疫功能、保肝、利尿、抗衰老、抗应激、降压和较广泛的抗菌作用。

5. **丹顶鹤**

丹顶鹤是鹤类中的一种，因头顶有"红肉冠"而得名。其是东亚地区所特有的鸟种，因体态优雅、颜色分明，在这一地区的文化中是吉祥、忠贞、长寿的象征。丹顶鹤是国家一级保护动物，在国际自然保护联盟（IUCN）的红皮书中记载的物种是濒危物种，在濒危物种国际贸易公约（CITES）中列入附录一。嘎鲁图嘎查南部是辉河国家级自然保护区的核心区，区域内的珍禽湿地为丹顶鹤的栖息、繁殖提供了理想的自然环境。

6. **湿地**

湿地被称为"地球之肾"。据《湿地公约》的定义，湿地是指不问其天然或人工、长久或暂时性的沼泽地、湿原、泥潭地或水域地带，带有静止或流动、淡水或半咸水及咸水水体者，包括低潮时水深不超过6米的水域。湿地的功能是多方面的，它可作为直接利用的水源或补充地下水，又能有效控制洪水和防止土壤沙化，还能滞留沉积物、有毒物、营养物质，从而改善环境污染；它能以有机质的形式储存碳元素，减少温室效应。湿地还是众多植物、动物特别是水禽生长的乐园，同时又向人类提供食物、能源、原材料以及作为旅游场所，是人类赖以生存和持续发展的重要基础。嘎鲁图嘎查独特的湿地资源，吸引中国环境科学研究院在此建立了辉河湿地研究基地。

此外，嘎鲁图嘎查有24.17万亩土地被划在辉河国家级自然保护区内，作为辉河国家级自然保护区的核心区域的一部分，专门在此设立了嘎鲁图科学考察站。中国环境科学研究院还在嘎鲁图建立了辉河湿地研究基地、辉河生态监测站。

辉河国家级自然保护区位于内蒙古自治区呼伦贝尔市西南部，地处鄂温克族自治旗行政区域内。1997年12月，鄂温克族自治旗人民政府批准建立辉河珍禽湿地地方级自然保护区。1999年11月，内蒙古自治区人民政府批准其晋升为自治区级自然保护区。2002年7月，国务院批准其晋升为国家级自然保护区。

辉河自然保护区处于大兴安岭山地森林向呼伦贝尔草原的过渡带和草甸草原向典型草原的过渡带，集森林、草原、湿地于一体，具有低山丘陵、高平原、沙地、河谷等多种类型组合的地貌，使保护区呈现为类型多样、独特、结构复杂的自然生态系统。湿地是辉河自然保护区的主体，保护区同时具有河流型、湖泊型、沼泽型三种湿地，以大面积组合分布为特点，总面积 1167 平方公里。保护区境内的湿地对维护区域生态平衡发挥着重要作用，并且是众多珍稀濒危鸟类生息繁衍的理想环境。

保护区内的沙地樟子松林生长于欧亚大陆东部草原生态区范围内，是在我国分布的最珍贵的一块森林资源，总面积 121.58 平方公里，处于大兴安岭山地森林向呼伦贝尔草原的过渡带上，成为森林生物群落和草原生物群落镶嵌分布的生态交错区，表现出高度的景观异质性。保护区内的草原总面积为 2179.9 平方公里，具有草甸草原和典型草原两种类型，并保持着草甸草原和典型草原相互过渡的特征，总体上人为干扰尚轻，基本保持着天然状态。

辉河自然保护区具有丰富的动植物资源。据调查，保护区境内分布有鸟类 38 科 187 种，其中丹顶鹤、大鸨等国家一级保护鸟类 9 种，大天鹅、白琵鹭等国家二级保护鸟类 27 种。鱼类有 8 科 31 种，两栖爬行动物有 3 科 10 种，兽类有 15 科 42 种，其中国家二级保护哺乳动物 4 种。保护区内共有植物 344 种，分属 60 科 199 属，其中，蕨类植物 1 科 1 属 2 种，裸子植物 2 科 2 属 2 种，其余为被子植物。[①]

表 1－1　　**辉河国家级自然保护区重点保护动物名录**

| 保护类型 | 一级保护 | 二级保护 |
|---|---|---|
| 鸟　类 | 丹顶鹤、白头鹤、大鸨、金雕、白鹤、欧洲白鹤、玉带海雕、白尾海雕、白肩雕 | 白琵鹭、大天鹅、小天鹅、大鵟、普通鵟、毛脚、松雀鹰、草原雕、秃鹫、白尾鹞、白腹鹞、鹗、猎隼、矛隼、游隼、红脚隼、红隼、黑琴鸡、灰鹤、白枕鹤、蓑羽鹤、雪鸮、长耳鸮、短耳鸮、纵纹腹小鸮 |
| 哺乳类 | | 黄羊、水獭、雪兔、兔狲 |

① http://www.hhnre.com/. 辉河国家级自然保护区网站. 2012 年 7 月 25 日访问。

### （五）人口状况

嘎鲁图嘎查居民以鄂温克族为主，其他民族人口所占比例很低，较好地保持着民族语言和传统生活习俗。1949—1961 年，自治区对少数民族地区采取“人畜两旺”政策，鼓励妇女多生子女，对多子女的母亲授予“模范母亲”光荣称号，并给予奖励和津贴补助。同时，由于卫生条件的改善，嘎鲁图嘎查的人口大幅增加。1979 年，自治旗贯彻执行上级有关规定，要求：汉族提倡一对夫妇只生一个孩子，控制二孩，杜绝三孩；对少数民族，在生育数量上不限制，宣传优生优育。1982 年，《鄂温克族自治旗计划生育若干问题暂行规定实施细则》进一步对晚婚年龄作了规定：牧区男 24 周岁、女 22 周岁以上。由于嘎鲁图嘎查的鄂温克族占绝对多数，所以计划生育政策对嘎鲁图影响并不大，嘎查人口稳步增长。

1985 年 6 月，《鄂温克族自治旗计划生育政策具体执行条例》出台，规定：对汉族继续提倡一对夫妇只生育一个孩子，大力提倡晚婚晚育。这个条例还根据中央有关精神规定：在人口一千万以下的少数民族，允许一对夫妇生育二胎，个别的可生三胎，不准生四胎。鄂温克族、鄂伦春族、达斡尔族、赫哲族，在生育数量上不作政策性限制，主要加强优生优育，提高人口素质的教育。对少数民族自愿领取独生子女证的，经过审批可以享受独生子女的一切待遇。嘎鲁图嘎查的鄂温克族人口比例在 95% 以上，几乎不受“计划生育”政策的影响。① 但随着经济社会发展，年轻一代受教育程度的提高，以及嘎查居民对生活质量重视程度的日益提高，受“优生优育、提高人口素质”思想的影响。嘎鲁图嘎查的人口并未出现迅猛增长，平均每对夫妇所生的子女数量维持在 2 ~ 3 个，嘎查人口数量平稳增长，人口素质和受教育程度则大幅提高。男女户主年纪在 30 ~ 40 岁的家庭，大多只生育 1 ~ 2 个孩子，也有只生一个孩子的家庭，他们希望子女受到更好的教育，这一点和他们的父辈完全不同。我们在调研访谈中发现，20 世纪 50—60 年代出生的人，家中大多有 5 个以上的兄弟姐妹，80—90 年代出生的一代，家中兄弟姐妹大大少于他

---

① 鄂温克族自治旗史志编撰委员会．鄂温克族自治旗志［M］．北京：中国城市出版社，1997：99.

们的父辈。

截至2011年年底，嘎鲁图嘎查共有90户，302口人。其中：蒙古族两户，5人，占嘎查总人口的1.66%；鄂温克族297人，占嘎查总人口的98.34%。从我们调查的情况看，还有一些蒙古族通过通婚嫁入鄂温克家庭，因嘎查无法提供准确数据，我们估计鄂温克族人口所占人口比例在96%左右；嘎查有贫困户32户，贫困人口54人；低保户20户，低保人口50人；党员26人、后备干部2人、待业大学生12人、待业中专生10人、复转军人3人。①

根据2012年7月我们入户调研访谈的结果来看，在全部26个访谈对象中，家庭人口的中位数是4人，其中家庭人口数在3～5人之间的家庭占全部访谈户的80%，每户平均人口规模为3.8人。访谈户中代际并存结构显示，92%的访谈户为两代并存，父母与成年子女一起生活，每户劳动力数量的中位数为2人，多为每户中的家长。对全部26个访谈家庭的95位成年人统计显示：男性37人、女性58人，男女比例为1∶1.57。这其中，年龄分布在18～30岁的人最为集中，高达49.5%，可见嘎鲁图嘎查中青壮年外流现象并不严重。51岁及以上的中老年人口比例为18%，这主要得益于嘎查近些年来生活水平和医疗水平的提高。总体来看，嘎鲁图的人口结构分布合理，呈金字塔形，有利于嘎查的可持续发展。

表1－2　**访谈家庭成年人的年龄分布②**

| 年龄段 | 人口数（人） | 比例（%） |
|---|---|---|
| 18～30岁 | 47 | 49.5 |
| 31～40岁 | 10 | 10.5 |
| 41～50岁 | 20 | 21.0 |
| 51岁及以上 | 18 | 19.0 |

对26户访谈家庭的95位成年人的统计显示，具有大专及以上学历的人口比例高达18.9%，高于辉苏木的平均水平。而文化水平处在小学及以下

① 以上数据由嘎鲁图嘎查委员会提供。

② 以上数据根据调研问卷整理得出。

的人口比例虽然也占据29.5%，但进一步来看，这些人普遍为年龄处在40岁及以上的人群，其较低的文化水平主要是受到了历史原因的影响。而嘎鲁图的青年人普遍具有高中及以上学历，这也使得嘎查的未来发展充满了活力。我们也遇到几位大学本科或大专毕业后，没有更好的就业渠道，回乡放牧的。

表1－3 访谈家庭成年人的文化水平①

| 文化水平 | 人口数（人） | 所占比例（%） |
| --- | --- | --- |
| 小学及以下 | 28 | 29.5 |
| 初中 | 25 | 26.3 |
| 高中、中专 | 24 | 25.3 |
| 大专及以上 | 18 | 18.9 |

## （六）基础设施

### 1. 交通

（1）公路

1991年以前，嘎鲁图嘎查的交通基础设施仍停留在初级阶段，以土路为主，道路等级低，通行运量弱，抗灾能力差。当时，嘎查没有机动车辆，出行多依靠马匹，在草场上自由通行。

1991—1999年，鄂温克旗根据国省干线及旗域内重点村乡道路通行情况，提出“三纵二环一横”的公路网络构架，嘎鲁图嘎查当时作为北辉苏木的所在地，正处于其中“巴彦托海镇—海东公路47公里—西博桥—北辉—南辉—辉河林场—红花尔基镇—巴彦托海镇”这一环线上。从此，嘎鲁图嘎查结束了没有公路的历史。这也为嘎鲁图嘎查的经济发展和对外开放提供了便利条件。

2009年，辉苏木修建了由巴彦托海镇向北连接S201的水泥通村公路，使苏木北部的6个嘎查实现了道路硬化建设，其中嘎鲁图嘎查多年以来的沙石路终于变成了水泥路。

① 以上数据根据调研问卷整理得出。

2010年，由辉河国家级自然保护区牵头，将经过保护区内的嘎鲁图嘎查的通村公路加以修葺和改造，使原先普通的通村水泥路上升为观察巡护路的等级。但居住在辉河西的牧户外出不是很方便，没有硬化路面，我们去河西入户调研走的是草原上牧民出行压出的不规则路面，很多时候是在草原上行驶，调研结束后返回时走得是一条还没有修完的路，由于经过湿地，用石头铺出了路面的雏形，但还需要铺平，高高低低的石头路面使车辆行驶在上面非常颠簸，我们甚至担心凸起的石块会扎坏车胎。据当地牧民讲，路面搁置已有一段时间了。

(2) 桥梁

嘎鲁图嘎查境内有辉河和那林郭勒河流过，河流蜿蜒曲折、而嘎查又呈狭长形。因此，河流给嘎鲁图嘎查居民的出行带来了诸多不便。2008年在苏木政府所在地西侧辉河上修筑一座钢筋混凝土结构桥梁，解决位于河西的嘎鲁图嘎查牧民交通出行的困难。2010年辉苏木在拓宽了伊敏—辉苏木公路的同时，修筑了一座嘎鲁图嘎查至伊拉特嘎查之间的水泥桥，大大方便了嘎鲁图嘎查居民的出行。

**2. 人畜饮水工程**

1996年以前，嘎鲁特嘎查没有一口供水基本井，人畜饮水非常困难，当地牧民常年饮用地表水。但当地地表水中重金属严重超标，超标的物质中以氟超标问题最为突出，水质中氟超标极易引发氟骨病，氟骨病的症状是牙齿变黄、变黑，手脚伸不直，弯腰驼背，骨质增生、椎间盘突出等，严重者甚至瘫痪，使牧民丧失劳动能力。据统计，“辉苏木8~12岁儿童患氟斑牙的概率为35%，成人患氟骨病的概率为75%。由于长期饮用未经处理过的地表水，辉河65岁以上的老人不足150人，占总人口比例3%。”① 同时，牧民身患高血压、布病、结核病等地方病的现象很普遍，饮水问题严重制约了嘎鲁图嘎查居民的身体健康和生活水平。

1996年，内蒙古自治区人民政府为解决偏远地区380万人口和1020万头(只)牲畜的饮水困难问题，改善贫困地区生产、生活环境，提高人民生活水平，使其脱贫致富达小康，启动人畜饮水“380”工程。1996—2000年，由鄂托克旗水利部门牵头，在辉、北辉苏木组织当地政府和广大群众积极投工、

① 嘎鲁图嘎查新牧区建设.[Z].2009。

投劳、投资，在两个苏木打了16眼供水基本井。北辉苏木驻地嘎鲁图嘎查终于结束了没有供水基本井的历史，使群众喝上了合格可口的放心水，牧民生活水平得到较大改善，生产生活有了可靠保证。

2003年5月20日，辉苏木人民政府所在地人畜饮水管道供水工程竣工。工程铺设输配水管道23986米，建水源井1眼、泵房1座，安装200QJ40－52/4潜水泵、自动恒压变频设备及除铁、除锰设施等。工程设计日供水量600吨，解决875人、4068头牲畜的饮水困难和饮水安全问题。

2009年9月，嘎鲁图嘎查饮用水安全工程正式开工。该工程总投资50万元，其中国家投资10万元，自治区投资16万元，呼伦贝尔市投资24万元。该工程新打水源井一眼，建水厂一座，内设水处理间加压泵房，铺设供水管网8.11公里，其中输配水主支管网7.73公里，管径为50～90毫米；入户管道0.38公里，管径为25毫米。工程建成后日最大供水量33立方米，可解决150人、0.03万头（只）牲畜的饮水安全问题。我们调研的牧户现在大多用水泵抽地下水，用水很方便。

2011年为进一步推进嘎查饮水安全工作和落实水利局安全饮水项目，嘎鲁图嘎查收到旗政府下发的40台净水器。牧民装上了净水器后，能有效地过滤地表水中超标重金属元素。从而减少了饮水问题带来的隐患，有力地保障了饮水安全。

2012年辉苏木做出“整乡推进规划”，计划在未来五年间投资990万元用于建设3处自来水供应点，购置1000套净水器，基本上解决所有居民的饮水安全问题，从而完成人畜饮水安全工程的预期目标。

**3. 电力**

嘎鲁特嘎查辖区41.3万亩，平均每户拥有2000亩以上草场。由于居民基本上都采取游牧方式，冬天搬入砖房，夏天住进蒙古包，各户之间相距较远，居住相当分散，人口密度也不高。针对这一特殊情况，内蒙古自治区实施专门实施“光明工程”，来满足广大偏远牧区居民的用电需求，切实解决居民用电难的实际问题。我们调研中发现很多家庭都还没有通高压电，但有风力和太阳能发电设备，虽然能解决部分用电问题，但不稳定。目前居住在公路边的牧户用电问题基本解决，但分散在偏远草场的牧户用电不是很方便。

2001年，由旗政府牵头，针对电网难以延伸到的区域的牧民，将引进推广300瓦、500瓦风力发电机和300瓦风光互补三种机型发电系统1000套即可满足旗内无电牧户使用小型家电和照明的要求。考虑到新能源发电系统造价昂贵和牧户的经济承受能力，经旗人民政府研究，决定在内蒙古自治区每套补贴3000元的基础上，由旗科技局在科技三项费中给予每套1000元的补贴，牧户只需承担1/3的资金就可实现通电愿望。目前，全旗共为1060户牧户安装风光互补发电系统，初步解决了全旗无电牧户用电难的实际问题。

苏木在“整乡推进”规划中，计划在2012—2016年间投资800万元，拉150公里低压线，使得在嘎鲁图嘎查、哈日嘎那、苏木新区、喜桂图嘎查，查干诺尔嘎查、乌兰托格嘎查这6个牧民居住相对集中的生活小区通常电。对于居住分散，远离小区的牧户，计划提供320万元保障资金用于购置400套可以带动600瓦以上小型家电的风光互补发电机逐步替换受气候影响严重的老式风力发电机，基本上完成“户户通电工程”的目标。[①]

**4. 通信**

(1) 有线电话

嘎鲁图是一个典型的牧业嘎查，嘎查面积广大，牧民居住分散且经常流动，不利于电话网线的铺设。因此，有线电话的开通和发展在嘎鲁图显得非常滞后。我们调研的牧户家庭很少装固定电话，手机的使用则十分普遍。1960年，辉苏木开通农村牧区电话电路。1997年，开通半自动电话电路，话机容量80部。2001年，投资210万元安装通信光缆，开通程控电话，话机容量280部。

鄂温克旗1991年建设伊敏公社—辉河单路载波电路（B846）。1996年，完成“锡尼河西苏木—北辉、南辉苏木”架空明线杆路工程。1997年，北辉苏木驻地嘎鲁图嘎查开通B845单路载波。至此，鄂温克旗各苏木乡镇全部开通电话，嘎鲁图嘎查也结束了不通电话的历史。2001年11月，辉苏木—伊敏河镇光缆割接开通，使嘎鲁图嘎查彻底改善了当地通话质量，甩掉落后的传输方式，实现数字通信。

---

① 内蒙古呼伦贝尔市鄂温克族自治旗辉苏木整乡推进示范点项目规划方案[Z].2011。

（2）无线通信

相比于有线电话，无线通信受空间和时间因素的制约较少，也适应了牧民游牧生活的特点。因此，虽然无线通信在嘎鲁图发展起步较晚，但发展普及速度飞快。目前，嘎鲁图成年居民的手机普及率接近100%，我们调研的牧户家庭除婴幼儿外，基本人手一部手机。

中国移动1997年9月，在鄂温克旗开通一座爱立信900兆赫拟蜂窝式移动通信基站，有24个信道。1998年3月，开通数字移动电话系统。1999—2005年，共新增数字移动基站台15座，信道达到1000个，其中2001年投资210万元建成移动通信塔。目前，移动网络已覆盖全旗所有苏木乡镇和嘎查，主要交通干线实现连续覆盖，移动通信实现国内自动漫游，并与100多个国家和地区、近200个运营商实现国际自动漫游。

中国联通在1999—2003年间，在鄂温克旗建成C网三期一阶段14个基站、C网三期二阶段15个基站和G网七期的9个基站，根据C网覆盖广、容量大的特点，建成27个直放站，并于2003年年底建成联通移动通信塔。到2008年年底，共建成C、G网基站390个，直放站接近100个。迄今，中国联通鄂温克营业部独自拥有的CDMA、GSM两个网络已实现全旗各苏木、嘎查的网络覆盖。①

（3）邮政

嘎鲁图嘎查的牧民历来都将邮政作为最主要的通信手段之一。嘎查内并没有邮政所，所以，牧民必须去辉苏木邮政所办理相关业务，苏木邮政所始建于1958年4月。邮政所是国有单位，深受嘎查牧民的信赖。通过多年的发展，邮政承担着经营邮政储蓄、函件、包件、汇兑、集邮、报刊发行、特快专递、邮政广告、代理保险、代办通信、代收话费、代发工资、代发养老金、邮政物流等30项业务。

（4）广播电视

2000年，鄂温克旗启动“村村通”广播电视工程建设。根据牧区存在的实际情况，制定了三种形式的“村村通”广播电视工程建设方案：①人口相对集中，同时具备长期供电的嘎查，采用共用天线系统；②人口较为集中，

① 鄂温克族自治旗史志编撰委员会．鄂温克族自治旗志［M］．内蒙古：内蒙古文化出版社，2008.6：626－627。

具有较小范围游牧特点而且能够接受无线信号的嘎查，采用无线发射的形式；③具有一定困难、居住比较分散、无电的嘎查、采用个体接受形式。截止到2011年年末，全旗44个嘎查共发放直播卫星加密设备4272套，设备发放安装率为100%，信息录入完成率为100%。全旗按时按量圆满完成了“十一五”期间的广播电视村村通建设任务。

在我们的调研过程中，走访的30余户牧民家里均拥有电视机和收音机，最多的能收到47套电视节目和4套广播节目。广播电视的全面覆盖便捷了向偏远地区牧民宣传党的方针政策、普及科学文化知识，也为当地经济发展和加快社会主义新牧区建设起到了很好的推动作用。

**5. 嘎查活动室**

嘎查现有活动室280平方米。内部设立了治安室、综合服务办公室、会议室，妇女之家，并配备了远程教育电教设施，用于嘎查办公和牧民技能、技术培训。嘎查活动室不仅为广大牧民提供了远程技术培训的平台，也是广大牧民接受来自鄂温克旗农牧业技术人员培训的主要阵地，更是大家了解国家和各级政府对嘎查牧民的扶植优惠政策的主要渠道。2012年4月14日，旗妇联为嘎鲁图嘎查送去了价值10000元的15套办公桌椅、3架书柜及价值4000元的1200余本（册）蒙汉书刊。书刊内容涉及民族文化、传统手工、疾病预防、日常保健、法律保护、健康饮食、世界名著、儿童教育等领域。[①]进一步加强了嘎鲁图嘎查活动室的基本建设。图书数量和种类较多，但也许是牧区较忙的季节，我们去嘎查的时候来看书的牧民并不多。

## （七）基层组织建设

嘎鲁图嘎查委员会现有成员5人，分别是嘎查书记、嘎查达、副嘎查达、团支部书记、妇联主任。其中男性3人、女性2人，班子成员全部都是鄂温克族，其中党员比例达100%。在新牧区建设过程中，嘎查委员会成员围绕“新产业、新嘎查、新牧民、新生活、新风貌、新机制”建设，各司其责、相互配合，形成了一系列成熟的工作机制。

---

① http://www.ewenke.gov.cn/Item/Show.asp m = 1&d = 12462 鄂温克旗人民政府网站.2012年7月28日访问。

表 1－4　　嘎鲁图嘎查委员会班子成员[①]

| 姓名 | 职务 | 性别 | 民族 | 出生年月 |
|---|---|---|---|---|
| 金花 | 嘎查书记 | 女 | 鄂温克 | 1980 年 |
| 额尔敦尼 | 嘎查达 | 男 | 鄂温克 | 1983 年 |
| 芒来 | 副嘎查达 | 男 | 鄂温克 | 1988 年 |
| 达喜毕力格 | 委员 | 男 | 鄂温克 | 1976 年 |
| 吴迪 | 委员 | 女 | 鄂温克 | 1986 年 |

1. **“四议两公开”工作法**

“四议两公开”工作法，即嘎鲁图嘎查的所有重大事项都必须在嘎查委员会的组织领导下，按照“四议”、“两公开”的程序决策实施。“四议”：嘎查党支部会提议→嘎查“两委”会商议→党员大会审议→村民代表会议或村民会议决议；“两公开”：决议公开→实施结果公开。

通过“四议两公开”工作法，强化了嘎查民主管理建设，完善了牧民代表大会对民主管理的决策权、嘎查委员会对嘎查民主管理的执行权、牧民代表对嘎查民主管理的监督权。在提高嘎查委员会工作效率和透明度的同时，切实维护了牧民的知情权、参与权、管理权、监督权，从而最大限度地保障了牧民群众享有的民主权利。

2. **“一事一议”制度**

“一事一议”制度，是指在嘎查税费改革这项系统工程中，取消了苏木统筹和改革嘎查提留后，原由苏木统筹和嘎查提留中开支的“农田水利基本建设、道路修建、植树造林、农业综合开发有关的土地治理项目和村民认为需要兴办的集体生产生活等其他公益事业项目所需资金，不再固定向农牧民收取，采取“一事一议”的筹集办法。

嘎鲁图嘎查先后通过“一事一议”制度，筹资计划修建一座 400 平方米的牧民浴池、总存栏 800 只的种公羊养殖基地一座和一处育马基地。该制度在引导牧民自主开展牧区公益性设施建设的基础上，还鼓励、引导和支持发展新型牧区社会化服务组织、行业协会和专业经济合作组织。从而提高牧民自我服务、自我管理、自我发展的能力。充分尊重了牧民群众的民主权利，

① 嘎鲁图嘎查委员会提供。

逐步形成了自主决策、自我管理、自我服务的长效机制。

**3. 党员队伍建设**

嘎鲁图嘎查共有党员 24 人，占全嘎查总人数的 8.6%。嘎查党支部不断加强党员队伍建设，面对党员队伍结构老龄化的问题，党支部通过不断加强宣传教育，吸引优秀的青年骨干加入中国共产党，在 2001—2011 年间，嘎查平均每年都能发展一个党员。进一步提高党支部的组织力、凝聚力、战斗力。从党员的年龄看，80 后党员 4 人，70 后党员 3 人，60 后党员 7 人，50 后党员 10 人，80 后和 70 后党员比例偏低。

表 1-5　**嘎鲁图嘎查党员基本情况①**

| 姓名 | 性别 | 出生年月 | 学历 |
| --- | --- | --- | --- |
| 金花 | 女 | 1980 年 | 大专 |
| 额尔敦尼 | 男 | 1983 年 | 大学 |
| 楠丁 | 女 | 1984 年 | 研究生 |
| 图门吉日嘎拉 | 男 | 1959 年 | 小学 |
| 那仁吉日嘎拉 | 男 | 1955 年 | 初中 |
| 赛汗其其格 | 女 | 1953 年 | 初中 |
| 吴迪 | 女 | 1986 年 | 本科 |
| 娜仁高娃 | 女 | 1966 年 | 初中 |
| 哈木苏荣 | 女 | 1959 年 | 初中 |
| 阿拉腾巴图 | 男 | 1964 年 | 初中 |
| 伊德日达来 | 男 | 1959 年 | 初中 |
| 巴图达来 | 男 | 1970 年 | 初中 |
| 苏义勒扎布 | 男 | 1968 年 | 初中 |
| 阿拉腾挂 | 女 | 1965 年 | 初中 |
| 达布西拉图 | 男 | 1968 年 | 小学 |
| 敖尔其楞 | 男 | 1954 年 | 初中 |
| 阿拉腾格日勒 | 男 | 1975 年 | 初中 |
| 色音德 | 男 | 1953 年 | 初中 |

① 嘎鲁图嘎查委员会提供。

续表

| 姓名 | 性别 | 出生年月 | 学历 |
| --- | --- | --- | --- |
| 兴发 | 男 | 1957 年 | 小学 |
| 那木拉 | 男 | 1962 年 | 高中 |
| 苏雅拉巴特尔 | 男 | 1979 年 | 高中 |
| 塞汗其其格 | 女 | 1962 年 | 初中 |
| 娜仁格日勒 | 女 | 1953 年 | 初中 |
| 巴音其其格 | 女 | 1957 年 | 高中 |

此外，嘎查还在党员中实行“双陪双带”工程：把贫困党员培养成致富能手、把致富能手培养成党员、党员带头致富、带领群众共同致富。这一方面提高了嘎查党员队伍的素质，另一方面也充分发挥了党员的先锋模范作用。

嘎鲁图嘎查拥有一个年富力很强的领导班子，各成员拥有很强的责任意识、充满朝气、具有较高的学历素养、对新生事物接受能力强。凭借着素质强嘎查、科教兴嘎查、民主管嘎查、文明建嘎查、发展富嘎查的理念。建立起了分职责、合目标、分工作、和力量、分角色、合心气的工作方式，共识共谋、立足自身、积极主动的工作机制。相信在不久的将来，他们一定能带领广大牧民把嘎鲁图建设成为富裕、民主、文明的社会主义新牧区。

## 二、嘎鲁图嘎查的经济发展情况

明末清初及以后，由于历史和迁徙的原因，鄂温克族分布在内蒙古呼伦贝尔市、黑龙江、新疆等省区，受居住地自然环境的影响，形成了三种不同的经济类型：一是狩猎经济，二是畜牧经济，三是猎农各业兼营的经济。生活在鄂温克旗的鄂温克族主要从事草地畜牧业经济。自 1732 年鄂温克兵丁及家属驻防呼伦贝尔草原后，鄂温克族以草地畜牧业为主要生计方式。他们随季节变化，过着逐水草而居的游牧生活。从 20 世纪初开始，采用简易的冬季畜圈并开始打贮草，以备牲畜过冬。鄂温克牧民主要养牛、羊、马、骆驼等，“五畜”中养骆驼的家庭不多，大部分家庭都养其他四种牲畜。经过改革开放 30 多年的发展，虽然经济社会有了巨大的进步，但嘎鲁图嘎查牧民仍以草地畜牧业为主，较好地保留了民族传统生产生活方式。

### （一）嘎查经济概况

嘎鲁图嘎查所在的辉苏木是呼伦贝尔水草丰美的草原，境内河湖密布，牧草质量好，适于草地畜牧业的发展。自 280 年前鄂温克人迁到此地，便依水草而牧。刚刚移入草原时，清政府为了让他们永戍边疆，“各给马匹、牛、羊。以资游牧，而期滋生”。一般总管每人给马 10 匹，乳牛 10 头，羊 80 只；副总管每人给马 8 匹，乳牛 8 头，羊 60 只；左领每员给马 6 匹，乳牛 6 头，羊 40 只；兵丁每员给马 5 匹，乳牛 3 头，羊 30 只。这就是今日鄂温克族发展畜牧业的开始。[①]

中华人民共和国成立前，嘎鲁图嘎查的牧民经营畜牧业主要依靠自然条件，生产力低，脆弱落后，常年“逐水草而迁移”。在茫茫草原上选择草场，寻找水源，牧场对牧民非常重要。为了草场的优化，他们轮换分片烧牧场。冬季打一部分草，多者上千捆，少者百八十捆，主要用来喂乘马。牛犊、奶牛，其余牲畜靠放牧过冬。牲畜过冬设施有极简易的畜圈，就是在背风处立埋苇子或柳条挡风，让牲畜背风过冬。后逐步发展到用柳条编制棚圈，用苇子加厚挡风等。嘎鲁图牧民的畜牧业生产，以血缘关系组成几户或十几户的“尼莫尔”，在统一的牧场放牧。开始时以互助的关系出现，而后随着生产的发展，生产资料—牲畜的占有量变化，出现贫富两极分化，“尼莫尔”的生产关系产生剥削与被剥削关系、贫困牧户依附富牧主的关系。

中华人民共和国成立后，为整治旧中国遗留下的创伤，国家直接向贫苦牧户贷母畜，促进畜牧业经济的发展。1957 年，鄂温克旗在实现初级合作化的基础上，1958 年秋季建立了高级社，年底建立了人民公社。短时间内的这种急剧变化，在一定程度上挫伤了牧民群众的生产积极性，但是牧业生产仍呈上升趋势。1960 年，中共中央关于《农村人民公社当前政治问题紧急指示》发布后，全旗开始纠正人民公社化运动中的“共产风”和“一平二调”的错误，调整社队规模，坚持“以队为基础，分级核算，自负盈亏，评工计分，按劳分配”的原则，执行“包产、包工、超产奖励”的生产责任制；恢复社员的畜股报酬和牧主的定息，生产队每年分别按总队收入的 2% 和 1.5%

① 吕中天．鄂温克族［M］．北京：民族出版社，1983：12.

给予支付，并允许社员保留适当的自留畜。这些措施调动了牧民群众的生产积极性，使畜牧业生产出现了较长时间的稳定发展。1968 年，因“文化大革命”清理阶级队伍严重扩大化，使畜牧业经济遭受严重损失。

改革开放以后，1982 年嘎鲁图开始推行“家庭承包经营为基础的畜草双承包责任制”。在此期间，嘎鲁图嘎查的牲畜头数在一段时间出现了下滑趋势。一方面是因为从集体经营转变到各家各户经营，棚圈、水利设施、饲草料基地等畜牧业基础实施条件差，抵御自然灾害能力低。另一方面，为适应个体经营，购置机具和设施，牧民宰杀或出售牲畜的数量较大。这种情况在 20 世纪 80 年代后期逐步好转。进入 90 年代以后，嘎鲁图的牧民生活水平和畜牧业的生产规模都有了大幅提高。[①]持至今日，畜牧业依然是嘎鲁图最主要的产业和生产方式。但随着经济的发展，嘎鲁图鄂温克人的经济意识也在与时俱进。加入畜牧业合作组织，引进改良牲畜品种、建立现代化畜牧业生产方式、对畜产品进行深加工、发展观光旅游业等多种经济发展方式也悄然兴起。

截至 2011 年年底，嘎鲁图嘎查辖区 41. 3 万亩，草场总面积 21. 3 万亩，其中基本放牧场 13. 9 万亩、打草场 6. 97 万亩。嘎查牲畜总头数达到 16600 余头（只），其中大畜 4260 头（匹）、小畜 12356 余只、基础母畜 8835 头（只），奶牛 1615 头，其中奶年产量约为 1. 1 万吨。嘎查 2011 年集体经济收入 25000 元，主要来源畜牧业生产，集体畜群 236 头（只）。全嘎查牧民建有永久性棚舍 17 座，共计 2550 平方米。围栏封育草场 15 万亩。畜牧业机械化初具规模，共计拥有大中型拖拉机 9 台，小四轮拖拉机 67 台，打草机 67 台（套）。嘎鲁图嘎查牧民有 51 户牧民住上砖瓦房，总面积达 2500 万平方米，牧民砖瓦房拥有率 76%，人均住宅面积 18. 2 平方米。[②]

表 2－1　　**26 个受访牧户的草场、牛、羊拥有情况**

| 家庭 | 草场（亩） | 牛（头） | 羊（只） | 马（匹） |
|---|---|---|---|---|
| 巴图达来家 | 7000 | 90 | 310 | 70 |
| 吉日嘎拉家 | 7300 | 70 | 700 | 60 |

① 鄂温克族自治旗史志编撰委员会．鄂温克族自治旗志［M］．北京：中国城市出版社，1997：353－355.

② 嘎鲁图嘎查委员会提供。

续表

| 家庭 | 草场（亩） | 牛（头） | 羊（只） | 马（匹） |
|---|---|---|---|---|
| 孟和苏荣家 | 2800 | 110 | 510 | 6 |
| 那琴家 | 3000 | 50 | 200 | 5 |
| 那木吉拉家 | 1000 | 45 | 150 | 12 |
| 那仁吉日嘎拉家 | 10000 | 80 | 500 | 40 |
| 哈斯孟克家 | 3200 | 10 | 0 | 4 |
| 陈胜家 | 0 | 10 | 0 | 0 |
| 阿拉腾巴图家 | 3800 | 90 | 300 | 30 |
| 苏雅拉巴特尔家 | 2500 | 135 | 500 | 60 |
| 阿拉腾娜家 | 3000 | 20 | 100 | 22 |
| 兴发家 | 4900 | 170 | 375 | 28 |
| 额尔登陶格特胡家 | 2600 | 125 | 125 | 8 |
| 斯仁道力玛家 | 1500 | 40 | 300 | 2 |
| 图门那斯图家 | 4800 | 73 | 750 | 70 |
| 特木日巴格那家 | 3954 | 12 | 220 | 10 |
| 孟和毕力格家 | 3600 | 110 | 150 | 30 |
| 初乐利特家 | 3000 | 85 | 109 | 5 |
| 萨音德家 | 5000 | 105 | 600 | 23 |
| 那仁满达胡家 | 6200 | 23 | 225 | 8 |
| 孟和达莱家 | 2300 | 70 | 0 | 4 |
| 乌云毕力格家 | 2200 | 50 | 0 | 1 |
| 额尔敦尼家 | 10000 | 92 | 410 | 120 |
| 达莱家 | 1900 | 40 | 70 | 3 |
| 苏优乐扎布家 | 2200 | 120 | 70 | 6 |
| 娜仁格日乐家 | 2075 | 16 | 50 | 2 |

据嘎查书记金花介绍，嘎鲁图的主要经济来源依然是畜牧业收入。虽然现今畜牧业生产技术有了很大的提高，但牧民家庭收入中的最大比例依然是买卖牛（犊）羊（羔）的所获得的收入。而卖羊绒和牛奶的收入比例相对较小。所以，各牧户家承包的草场数量以及牛、羊数量就直接决定了家庭的收

入水平和生活质量。随着嘎查草场的承包时间一定 30 年不变，新组建的牧户家庭已经很难承包到草场，所以其草场主要是从父辈那里分得，户均承包草场数量在不断下降。这也成了嘎查牧业发展的瓶颈。为了寻找牧业发展的突破口，嘎查牧民一方面积极提高养殖技术、改良牲畜品种、加强牲畜饲养基础设施的建设。另一方面，牧民开始寻找特色牲畜养殖。金华家便养殖了 60 匹马和 8 头骆驼，而牧业大户额尔敦尼家便饲养了 120 匹马、50 头骆驼。饲养这些牲畜的利润率要比传统牛、羊的利润率高得多，但也要求更高、更专业的饲养技术和水平。所以只有嘎查中拥有一定经济实力的家庭才敢规模化养殖马和骆驼，而养马和骆驼的高利润率又进一步提高了其经济实力。所以嘎查实行“先富带后富”，例如额尔敦尼家这样有养殖经验和技术的牧业大户带领帮助经济实力一般的牧户饲养马和骆驼，并帮助其改良牲畜品种，促进共同发展。

## （二）草场

### 1. 草场管理体制

中华人民共和国成立前，鄂温克旗草原长期为官僚牧主所拥有，通过封建特权掌握了草场的所有权和支配权。1947 年，鄂温克旗贯彻执行了“保护蒙古民族土地所有制完整，保护牧场，保护自治区境内其他民族之土地现有权利”的方针，实行草场为民族公有的集体所有制。

1949 年以后，废除封建特权，实行了“牧场公有，放牧自由”的政策。1958 年，鄂温克全旗基本完成社会主义改造，草原的所有权变为社会主义集体所有制。人民公社化后，内蒙古自治区规定了草原为单一的全民所有制，管理上实行全民所有，队为基础的全民体制。1965 年鄂温克旗贯彻《内蒙古自治区草原管理体制（草案）》精神，实行“一切草原均为全民所有，可固定给国有企业事业单位和人民公社的生产队经营使用”的方针，草原的管理仍以生产队为主，这种管理体制一直维持到 1978 年。

党的十一届三中全会后，牧区开始实行生产责任制。在草场集体所有的基础上，1982 年开始，嘎鲁图嘎查开始逐步推行“家庭承包经营为基础的畜草双承包责任制”，先后分两步完成，最初是牲畜作价归户，草场公有，到了 20 世纪 90 年代草场承包到户。

2. **草场承包**

嘎鲁图嘎查自历史以来，一直保持着以畜牧业生产为主的经济发展方式。中华人民共和国成立前，嘎鲁图嘎查所在地的居民过着靠天吃饭的游牧生活。1949 年后，嘎鲁图嘎查的草场全部收归集体和国家所有。嘎查牧民纷纷加入人民公社，实行集体生产，通过劳动挣取工分，从而换取粮食和生活必需品。但随着牲畜的增加，草场出现过度放牧的现象，草场植被遭到严重破坏，加上自然灾害频繁发生，以集体方式经营畜牧业造成的“草原无主、放牧无界、牧民无权、侵占无妨、建设无责、破坏无罪”的弊端逐步显现。

20 世纪 80 年代初，“草畜双承包制”在嘎鲁图嘎查得到推行。将牧区的草场分片承包、牲畜作价归户，即“草场公有，承包经营，牲畜作价，户有户养”。1996 年，为进一步完善和落实“草畜双承包制”，鄂托克旗政府制定了“双权一制”政策。明确规定草场归集体所有，牧户对草场实行家庭联产承包责任制，进行有偿使用。从而达到“草场有主、使用有偿、放牧有界、建设有责”的目标，把“人、畜、草”、“责、权、利”有机地统一协调起来，使经营畜牧业和经营草场紧密挂钩，让生产者在争取获得更多经济效益的过程中，关心生态效益，激发牧民养畜和保护建设草原的积极性，建立起适应牧区特点的社会主义畜牧业经营管理体制。

嘎鲁图嘎查的草场也是在实行“草畜双承包制”和“双权一制”政策后，于 20 世纪 90 年代末期全部承包给嘎查牧户。当时是依照每户家庭所拥有的牲畜数和家庭人口来承包草场，草场承包期为 30 年。而此后再组建的家庭的草场只能从亲属长辈的草场中划分。

3. **草场保护**

嘎鲁图嘎查草场面积共有 21.3 万亩。类型以典型草原为主，也包括一定面积的低湿地草甸。草原植被以丛生乔草根茎乔草为主，小灌木、小叶锦鸡儿和变蒿也大量出现，包括沙壤质栗钙土根茎丛生乔草草场、栗钙土型砂土小半灌木、丛生乔草草场、草甸栗钙土丛生、根茎乔草草场和暗栗钙土旱生小灌木、丛生乔草草场 4 个类型组。

嘎鲁图丰富的牧草资源，为畜牧业的发展奠定了物质基础。20 世纪 70 年代以后，随着自然、人类及生物因素对草原生态的影响逐年加大，嘎鲁图草场出现退化、沙化、盐渍化现象，成为制约畜牧业发展的重要因素之一。针对上述情况，嘎鲁图嘎查在鄂托克旗政府的带领、指导和帮助下进行了人工草地建设，退牧还草，以及草原鼠害、虫害、有毒有害植物、牧草病害的防治工作，并对草原上的滥挖、滥采、滥压、滥猎、滥牧和非法开垦的各种危害草原的行为进行了严厉的打击。

(1) 人工草地建设

1993 年，鄂温克旗在牧区草原基地建设项目的带动下，全面启动饲料工程建设项目，出台鼓励种植饲草料的优惠政策。1996 年，鄂温克旗被国家及农业部列为首期牧区开发示范工程项目旗之一。同年，旗人民政府发布《鄂温克自治旗粮草混播改良草场暂行办法》，使之成为改良退化草场、建设人工草场的主要手段和措施。

在国家、自治区、旗政府的支持下，嘎鲁图嘎查统一规划，分别在嘎查西部、辉河西岸，区域土层深厚、水肥条件较好的地方建成了2000 亩的高产饲料作物生产区；在嘎查河东周边土壤含盐量较高的三片地区，建成了总面积 3118 亩的盐化草地改良区。并进一步对嘎查东部，要用于生产冬季储备饲草的 6. 97 万亩打草场进行了牧草驯化，提升了牧草质量。

(2) 退牧还草

改革开放以来，随着草原和牲畜承包制的实行，我国牧区畜牧业生产得到了较快的发展，但由于人口增长过快、大规模开垦和超载放牧等因素的影响，畜牧业赖以生存的草地资源遭到严重破坏。为了保护和改善草地生态环境，促进草原畜牧业生产方式转变，保证牧区畜牧业可持续发展，20 世纪 90 年代，决定实行退牧还草，其主要内容包括禁牧、休牧、划区轮牧和舍饲圈养等。

嘎鲁图嘎查处于辉河国家级湿地自然保护区的腹地，对实施天然草原“退牧还草”项目承担着重要责任。嘎鲁图将对嘎查西部，辉河两岸总面积 24. 17 万亩的辉河湿地保护区核心区实行“退牧还草”，从而在拯救珍稀濒危物种、保持生物多样性、滋养水源、保持水土及调节气候等方面发挥重要作用。此外，嘎鲁图还坚持草畜平衡发展战略，高度重视生态环境保护，实现生态保护与发展共赢。把局部超载的牲畜头数减下来，做到草畜平衡。进一步强化禁牧、划区轮牧、季节性休牧等措施，对已经退化的草场给予休养生息，恢复植被的机会。采用草原围栏、人工种植饲料、牲畜舍饲、半舍饲草等配套措施，减轻天然草地的打贮草和过度放牧压力，加快对草原的建设与保护力度。从而为促进草场资源的合理利用，加快走出传统畜牧业经营模式的步伐，缩短牧民脱贫致富达小康进程，增强草原畜牧业可持续发展的后劲发挥了重要作用。

(3) 草场病虫害防治

鼠害是嘎鲁图嘎查草原面临的棘手问题之一。嘎鲁图草原上主要有鼢鼠和布氏田鼠。鼢鼠鼠丘连片，不仅占据着大面积的草场，覆盖大量牧场，而且给机械化打草作业带来极大的不便。据调查，受鼢鼠危害草场与未受鼠害的同类草场相比较，产草量下降10%，优良牧草比重下降90%。受破坏的草场5~7年不能恢复正常植被；布氏田鼠分布在干草原草场，群居、挖掘能力强，繁殖力高，以植物的绿色部分为食，有秋季贮草的习性。主要在洞穴中生活，夜间偶尔到地面觅食、采食植物根部，也吃植物绿色部分和种子等。鼠害发生是与天气气候主要是降水量有关。从2002年开始，在鄂托克旗草原工作站的指导和带领下，嘎鲁图嘎查加大了灭治鼠害的力度，通过物理器械和化学药剂先后在全旗灭治鼢鼠1.17万公顷、布氏田鼠1.33万公顷，使草原鼠害得到有效的遏制。

嘎鲁图嘎查草原虫害较轻，灭虫工作起步较晚。发生虫害较明显的年份是2002—2004年。2002年8月，包括嘎鲁图嘎查在内的辉苏木发生了近20年以来最为严重的草地螟危害，以对居民点附近的人工饲草料地危害最为严重，在短短十天时间内，危害面积达到60万公顷。旗财政及时调拨专项经费，在各级专业部门的指导下，采取药物防治，灭虫面积1733.3公顷，杀灭率达到92%，草地螟危害得到及时控制。2003年，受气象灾害影响，又发生大面积虫害，害虫种类主要有草地螟、蝗虫、芫菁等。草地螟发生面积40万公顷，虫口密度50~100头/平方米；蝗虫发生面积10万公顷，虫口密度15头/平方米；芫菁发生面积6.7万公顷，虫口密度10头/平方米。呼伦贝尔市畜牧局立即划拨灭虫药物——菊马2000公斤，灭虫器械4台，开展灭虫工作，共灭虫害1333公顷，灭虫率达95%。2004年，又发生4万公顷的蝗虫灾害，平均密度25头/平方米，由于各级组织高度重视，及时使用农药8.16吨，投入人力340人次，派出专业技术人员40人次，出动车辆113台次，喷药器械84台次，蝗虫防止面积6800公顷，灭虫率86%。草原虫害得到有效防治。

鄂温克旗天然草场上有毒植物有21种，其中对畜牧业生产危害最大的是毒芹和藜芦。毒芹为散伞形科多年生草本植物，主要分布在伊敏河、辉河及其支流等潮湿地带。嘎鲁图嘎查及辉苏木是辉河的主要流经区，自然成为毒芹的危害区之一。毒芹中毒主要发生在春季，尤其是春旱时节，牲畜误食其嫩叶或根部后，口吐白沫，极剧胀肚，窒息死亡。藜芦为百合科多年生草本植物，生于林缘草甸或阴湿的山坡，灌丛地草场。在危害区的草场中密度较高，一般密度为750～3000株/公顷。春旱年景，每年都有牛羊误食毒草死亡的报告。为防止毒草危害，1994年旗草原工作站组织各苏木、嘎查采用挖根方法除毒芹、藜芦和狼毒大戟3600公顷，这是全旗开展规模最大的一次除毒草活动。此后，旗政府组织各苏木定期人工铲除毒草，全旗每年毒草发生面积约1万公顷，每年防治面积约1300公顷。

牧草病害在旗范围内很少发生。2002年，嘎鲁图嘎查所在的辉苏木人工草地发生了乔木科牧草黑穗病，全旗发生面积1812.7公顷。牧草病害发生后，各级部门高度重视，及时开展了相关措施：首先将染病的牧草植株连根拔除后集中深埋或焚烧；其次从染病的人工草地上收获的种子种植时一定要进行药物处理，如果在土壤里有黑穗病菌时可以对土壤进行药物处理。由于防治及时，措施得力，有效地防治了牧草病害的进一步蔓延。①

## （三）牲畜

嘎鲁图嘎查境内有辉河和那林郭勒河流过，地表水资源较为丰富，加之地势平坦，水草丰美，使其成为畜牧业发展的理想之地。嘎鲁图嘎查牲畜品种丰富，以肉乳兼用的锡尼河牛、三河牛和品种优良的呼伦贝尔羊为主要牲畜。此外，还饲养着少量的锡尼河马、蒙古马、山羊和苏尼特双峰驼。在长期的畜牧业发展过程中，嘎鲁图嘎查通过建立种公牛、种公羊养殖基地和育马基地来改良牲畜品种。截至2011年年底，嘎鲁图嘎查牲畜总头数达到16600余头（只），其中大畜4260头（匹）、小畜12356余只、基础母畜8835头（只），奶牛1615头。②

### 1. 牲畜品种

#### （1）锡尼河牛

锡尼河牛原名布里亚特牛，主要产于锡尼河两岸，故以锡尼河为名。锡

① 鄂温克族自治旗史志编撰委员会．鄂温克族自治旗志［M］．呼伦贝尔：内蒙古文化出版社，2008：491－492.

② 嘎鲁图嘎查委员会提供。

尼河牛是肉乳兼用型品种。毛色以红、黄、白花为主，有少量灰、褐等毛色。个体大，体质健壮，四肢结实，具有耐寒、耐粗饲料，增膘快、保膘性能好和抗病力强等优点，适宜粗放管理。在夏、秋放牧，冬、春适当补喂青干草的条件下，乳牛平均年产奶2000公斤，泌乳期270~300天，产奶旺季乳脂率3.8%左右，其他季节4%以上。在自然放牧不喂青干草的条件下，成年犍牛的屠宰率为50%，净肉率为40%左右。锡尼河牛性成熟一般在6~8个月龄左右，公牛2岁时参加配种，母牛1.5~2岁时开始配种，母牛一生约产8~10头犊。锡尼河牛目前仍多以游牧方式饲养，并在1988年被评定为内蒙古自治区优良品种。

(2) 三河牛

三河牛是我国培育的优良乳肉兼用型品种，原产于额尔古纳市三河地区及滨州铁路沿线。三河牛毛色以红、黄白花为主，躯体较大、体质结实、肌肉发达。头清秀，眼大明亮、颈薄、脑深、背腰平、腹圆大、体躯较长、四肢坚实、性情温驯，具有耐寒、耐粗饲的优良特性。在夏、秋放牧，冬、春适当喂青干草的粗放饲养管理条件下，乳牛的平均产奶量达3000公斤，平均泌乳期为270~300天，乳脂率平均为4.12%。三河牛母牛一生可产犊10头以上，个别的可达到15头。繁殖成活率平均为77%。

(3) 锡尼河马

锡尼河马过去称为布里亚特蒙古马，属乘挽兼用型。体质结实、结构匀称、头清秀、眼大额宽、鼻孔大、嘴头齐、颈直、鬐甲明显；胸廓深广、背腰平直、肋拱腹圆、尻部略斜、肌肉丰满、四肢干燥、关节明显、肌腱发达。毛色以骝、栗、黑为主，杂毛较少。马群多采用大群本交，自然交配的繁殖成活率在50%以上，一匹马终生可产驹8~12个。在完全依靠自然的粗放条件下，表现出体大力强、力速兼备、乘挽皆宜、富持久力、耐粗饲、适应性强等良好性能。

(4) 呼伦贝尔羊

呼伦贝尔羊是蒙古羊的一个优良品系，过去称锡尼河短尾羊，经过长期自然选择和人工培育，形成产肉性能好、抗逆性能强、遗传性能稳定的肉用地方良种。呼伦贝尔羊有体大早熟、耐寒耐粗饲、易牧、适应性强、肉质鲜美等显著特点。其特征由椭圆状尾和小桃状尾两种类型组成，体格强壮、结构匀称、头大小适中、鼻梁微隆、耳大下垂、颈粗短、四肢结实、大腿肌肉丰满、后躯发达、背腰平直、体躯宽深、略呈长方形，背毛白色，头部、腕关节及飞节以下有色毛，公羊背部有角，母羊无角。成年母羊产羔率为110.2%。成年羚羊屠宰率52.1%，净肉率43.6%，成年公羊的平均剪毛量1.52公斤，成年母羊的平均剪毛量1.14公斤。

(5) 苏尼特双峰驼

苏尼特双峰驼，毛色主要是棕褐色和杏黄色。骨骼结实、肌肉发达、绒层厚密、保护毛多、体格较大、体躯较长、胸深而宽、骨量较重、驼峰较大，给人粗壮敦实之感，头顶高昂过体，与挺立的两峰平齐，整个颈被线上有长毛丛生，尤耐饥渴，绝食禁饮40~50天尚能生存。苏尼特骆驼一般净肉250~350公斤，最高480公斤，驮重150~200公斤，骑乘日行70~80公里。一生可繁殖8~9个羔，个别可产12~13个羔。

表2-2 **嘎鲁图嘎查成年牲畜测定结果**

| | 性别 | 体高（厘米） | 体长（厘米） | 胸围（厘米） | 体重（公斤） |
|---|---|---|---|---|---|
| 锡尼河牛 | 公 | 140 | — | — | 750 |
| | 母 | 125 | — | — | 450 |
| 三河牛 | 公 | 145 | — | — | 750 |
| | 母 | 130 | — | — | 500 |
| 锡尼河马 | 公 | 146.7 | 152.3 | 171.6 | 384 |
| | 母 | 138.9 | 144.8 | 167.9 | 361 |
| 呼伦贝尔羊 | 公 | 72.54 | 75.8 | 100.8 | 79.85 |
| | 母 | 67.6 | 71.7 | 92.85 | 62.34 |
| 山羊 | 公 | 63 | — | — | 43 |
| | 母 | 57 | — | — | 38 |

**资料来源：嘎查委员会提供。**

**2. 牲畜品种改良**

(1) 牛改良

嘎鲁图嘎查有着悠久的养牛历史，有着锡尼河牛和三河牛等优良品种。1990年，内蒙古自治区提出“双增双提”畜牧业发展战略，嘎鲁图为全面贯彻该战略，确立了“奶牛业”为重点的畜牧业方针，于1995年引进加拿大荷斯坦高产奶牛，进一步丰富了嘎查牛的品种。此外，嘎鲁图还大力推广实施奶牛冷配改良技术，引进高产奶牛冻精细管，实施奶牛冷配改良，平均受胎率达90%以上，截至2011年年底，嘎鲁图牛的良种改良比重已达99%以上。

（2）马改良

1956年，鄂温克旗第一个人工配种站成立，开始马的人工授精工作。1980年后，随着农牧业机械化水平的提高和交通运输业的发展，马匹滞销，马的人工配种基本处于停滞状态。但嘎鲁图嘎查仍用地方优良品种锡尼河马进行选种选配，使马的品种质量明显提高。此外，嘎鲁图嘎查受益于辉苏木"整乡推进计划"，预计在2012—2016年间获得200万投资，在嘎鲁图建设育马基地一处，改良马匹1000只。

（3）羊改良

1986年，鄂温克旗开始引进肉羊技术开发项目，同时引进肉用品种公羊陶赛特和萨福克Ⅱ代杂种公羊5只，开始肉羊改良工作，改良后，羊的产肉性能、繁殖性能均有提高。1995年，呼伦贝尔盟家畜育种委员会确定呼伦贝尔羊品种选育技术标准后，鄂温克旗开展大量组织工作和技术工作，采取选种选配、品种繁育和改善饲养管理条件等，大力推广肥羔生产和肉羊模式化育肥技术，促进呼伦贝尔羊的快速发展。2001年末，建立呼伦贝尔羊整顿核心群20个，拥有基础母羊6000只。每年有组织、有计划地进行个体鉴定，收集资料，测定生产性能，建立育种技术档案，在育种工作人员和牧民群众的共同努力下，使呼伦贝尔羊的血液纯度、外貌特征、体长、体重、生产性能、繁殖性能和生理常值具标准化。

2005年，鄂温克旗引进优良肉用绵羊品种杜泊种公羊与当地母羊进行杂交，生产杂交一代商品羔。杂交公羔羊平均出生重4.6公斤，杂交母羊平均出生重4.24公斤，杜泊杂交羔羊与当地羊比较，出生重提高0.45公斤左右；杂交公羔平均断奶重37.5公斤，杂交母羊平均34公斤，比呼伦贝尔羊断奶重提高9~10公斤，公羔断奶日增重274克，母羔248克，日增重比呼伦贝尔羊高110克左右。

嘎鲁图嘎查将在2012年后的五年间获得国家和鄂温克旗各64万元的肉羊良种补贴，用于建设总存栏800只的种公羊养殖基地一座。[①] 不仅为嘎鲁图

① 内蒙古呼伦贝尔市鄂温克族自治旗辉苏木整乡推进示范点项目规划方案[Z]. 2011。

嘎查，还为辉苏木，甚至是鄂温克旗肉羊品种改良提供便利。

## （四）畜牧业生产生活设施和工具

与农业地区不同，传统畜牧业生产靠天养畜，生产工具十分简单，牧民也不会购买和积累大量的生活用品，为适应草地畜牧业经常迁徙的特点，历史上牧民主要居住蒙古包，可以方便地拆装，家中除了必须的衣物和少量生活用品外，很少有笨重的家具等，牧民的主要财产是移动的畜群。

蒙古包：长期以来就是牧民家庭居住的场所，同时又是放牧的主要工具之一。它随时可以搭盖和拆卸、搬迁，适应游牧生活的特点。蒙古包木架由上、中、下三节构组成，下层叫“哈那”，以4厘米左右的粗柳木杆、做成以牛皮绳连接成可张可合的木架，立起时，形成网状的许多方格。每片“哈那”12个头，每个蒙古包多由4~6片“哈那”组成。中层叫“乌尼亚”，是由直径4厘米的柳木或松木制成，长度和用量均有蒙古包面积而定，一般是42根。顶圈叫“套尼”，是由直径10厘米左右的木料弯制而成，直径约在1米左右。外罩用毡子围包，夏天为凉爽也有用柳条编成帘子围包。嘎鲁图嘎查鄂温克族居住在辉河边，芦苇是搭建蒙古包的重要材料，

勒勒车：也叫大轮车，很早就是牧民的生产生活工具。搬家、拉水、拉羊草、拉柴火、拉脚和运牛奶都离不开它。一户牧民家少则有3~4辆，多则8~10辆。车的构造很简单，易于检修，轻便耐用，适合在没有公路条件的泥泞沙丘、雪地、草原上行使。造车的原料除车釧和车键外，都是木制的。车全长3.42米，轮子直径1.33米，它的半径加1.5米即为车篷高，车宽约1米。车辐条没有定数，长65厘米，一般有18~22根。车毂用烘干黑桦木做成，长45厘米；勒勒车套犍牛，可载300~350公斤。近年，勒勒车车轮部分已由木制改为铁质，在铁轮上再钉上胶皮，既轻便，又更加坚固耐用。

篷车：在勒勒车的上面搭棚而成。可用毡子围成，也可用席子围成，用于搬家时老人、妇女、儿童乘坐。

胶轮车：木制车身和车辕，铁轴、胶轮。每车多数套2~4匹马，载重量1.5~2吨。胶轮大车在人民公社化时期集体经营使用的较多，主要是运贮饲草或芦苇、木材等副业。实行草畜双承包以后，随着小四轮拖拉机的普及，畜力胶轮大车已不多见。

雪橇：当地俗称爬犁，是高寒牧区特有的冬季交通工具。爬犁用桦木制成，有两条滑雪板，车身矮，离地不足一尺，便于乘坐和载货。样式各异，规格大小不一，用途广泛。主要用马驾驭，也有骆驼拉爬犁，在雪地上行使，其速度可同乘马媲美。

乘马：牧民放牧牲畜。外出办事都要靠乘马，牧区的孩子们从4~5岁开始就学骑马。人们常说，游牧民族是马背上的民族，可见在牧民的生产生活中，乘马的重要性。

套马杆子：是牧民放牧必备的工具。牧民用套马杆子围圈牲畜，放牧时用来驱赶捕捉马匹，还可套狼、打狼。套马杆子的长度以4米为最好，技术较差者多使用2~3米长的杆子。杆上的鞭绳以1.5米为宜，使用1米长者居多。杆材夏季用柳木杆，冬季用桦木杆，而冬季以稠李子木为杆，结实不易折。

笼头：由笼头和缰绳组成。笼头用于套住马头，缰绳直而长，用来牵马、拴马。笼头有铁嚼子，骑马或挽车时，用于制服马，使马更加驯服而听指挥。笼头和嚼子由牧民用熟牛皮自己加工编制。

马鞍：骑乘马必备用具。马鞍主要由马鞍木、鞍鞯、马镫、前后肚带等4大件及装饰物组成。嘎鲁图嘎查牧民使用的马鞍子分为鄂温克马鞍和布里亚特马鞍两种，前者鞍木较小，后者两峰较高。

马绊：乘、挽马在夜间或闲置时，用来将马腿绊住，使其活动受到限制，只能在就近处采食以便随时使用。马绊由牧民用牛皮自己加工制作，多用尼龙绳。

钐刀：钐刀是牧民最早使用的打草工具。一种是当地老式钐刀，刀长30~40厘米，宽10厘米左右，装有2~2.5米长的木柄，打草者将刀把夹于腋下，以扭动身体为动力进行操作。1个强劳动力用这种钐刀能在40天的打草期中打草16400公斤。另一种是俄罗斯钐刀，呈半弧形，分大中小多种型号，大型刀长80~90厘米、中号70~80厘米、小号60~70厘米，刀宽10厘米左右，由薄刚制成，质量好，刀刃锋利，刀把为不足2米的木杆，中有把手。打草者靠两臂和腕部力量操作，1个强劳动力日均打草1100公斤，40天可打4万多公斤。

木杈、铁杈：用来垛草的工具，木杈使用较早，铁杈较晚。

木锨：用于铲雪、清除粪便，牧区冬季搬迁牧场需要铲除牛、羊卧盘积雪。在草场上铲雪，只有木锨才不被草丛、草根卡住，而且能够将雪清除干净，故牧民喜欢使用木锨而不用铁锨。

哈厦：蒙语对圈的统称，有固定哈厦和活动哈厦两种。固定哈厦是定居点上牧民用来围牲畜的圈，活动哈厦则是游牧场上放牧羊群必备的用具。主要用来夜间围圈放牧归来的羊群，避免羊群惊散跑失，冬天则起防风、防雪作用。①

随着嘎鲁图嘎查畜牧业规模的不断扩大，传统的畜牧业生产工具已远不能满足现代畜牧业的发展要求。加之国家对牧区农具补贴政策的不断落实。牧民经济实力的不断增强，越来越多的牧户开始联合或独资购买畜牧业的打贮草机械、畜产品采集机械、运输机械和加工机械等。截至 2011 年年底，嘎鲁图嘎查畜牧业机械化初具规模，共计拥有大中型拖拉机 9 台，小四轮拖拉机 67 台，打草机 67 台（套），还有一定数量的畜力搂草机。

## （五）饲养管理

### 1. 放牧饲养

嘎鲁图嘎查的牧民在漫长的畜牧业生产实践中，积累了丰富的放牧经验。根据四季气候的变化、地形地貌、草场类型、畜种品种等不同情况，选择适宜的牧场，放牧饲养各类牲畜。同时将草场划分为“冷季”、“暖季”营地，或划分为“夏营地”、“春秋营地”、“冬营地”等，并将冷季牧场与打草场结合利用，暖季游牧，冷季半舍饲。同时还总结出了草原谚语“头伏下草场，争打三伏草，三九喂伏草，牛马不加料。”

20 世纪 80 年代初，嘎鲁图实行牲畜作价归户、草牧场划分到户或联户的“双到户”经营体制。但以户经营形式的发展和大灾损失牲畜的教训，促进了畜牧业基础设施建设迅速发展。随着永久性棚圈的增加，季节性半定居放牧形式逐年增多，这种以建设棚圈为基础的经营方式促进了生产的发展。随着牧户牲畜数量的增加和经济实力的扩大，以及统分结合双层经营形式的发展，放牧演变为两种主要形式，一是牲畜数量少、以牛为主、畜别单一、专业化

① 鄂温克族自治旗史志编撰委员会．鄂温克族自治旗志［M］．北京：中国城市出版社，1997：434－435.

养畜程度较高的牧户，冬、春季依靠棚圈定居饲养牲畜，夏季则利用天然草场流动放牧；二是牲畜数量多、以羊为主、饲养2~3种牲畜的牧户，冬、春季则依靠棚圈饲养牛或瘦弱牲畜，大群羊仍依靠冬营牧场流动放牧，春季母羊产羔时进入棚圈，夏、秋季利用天然牧场流动放牧。这样依靠棚圈和饲草减少了牲畜冬春损失，又充分利用了夏、秋天然牧场抓畜膘，保护冬、春草场。

2. **舍饲半舍饲**

随着"草畜双承包"责任制的进一步巩固和完善，牧民生产、生活条件有较大的改善，畜牧业逐步由常年游牧开始转向定居或半定居。冬季风雪较大，草牧场被冰雪覆盖、封闭时，将奶牛、幼畜、良种畜留在棚圈里补喂干草和少量精料，以防止牲畜冻饿掉膘；夏、秋去远处游牧或在村屯周围的草场上自由放牧，促进牲畜恢复体力，抓好夏膘和秋膘，为安全过冬、春创造较好条件。

随着国家和自治区对牧业补贴的投资力度的不断增大，嘎鲁图嘎查加强了以水、棚、草为中心的各项基础设施建设，改善了畜牧业生产条件和生态环境，提高了抵御自然灾害的能力。在借鉴加拿大、日本等国奶牛暖棚经验的基础上，结合牧区实际，采用透光板暖舍技术，设计出适合高寒牧区采光、通风、透气较好的奶牛暖舍。棚舍主要分为砖木结构全封闭透光板暖棚和砖木结构全封闭两种类型。截至2010年年底，全嘎查牧民建有永久性棚舍17座，共计2550平方米。同时，通过提高奶牛饲养管理水平，使牧民尝到实现精、粗饲料搭配科学饲养的好处，实现冬季奶牛舍饲半舍饲或全年舍饲饲养。因为嘎查羊的数量庞大，全部实现舍饲是不现实的，但有舍饲种公羊和当年羊羔的，对良种羊有半舍饲半放牧的，也有冬季初春舍饲的。马的饲养一直延续着由各家各户饲养，舍饲情况则根据饲养户的具体条件决定。家庭打贮草较多，而马匹较少，则在冬季和初春全舍饲；打贮草数量较少的，则进行半舍饲半放牧；贮草量不够的则以放牧为主，遇到恶劣天气时给予补饲；没有打贮草的，则在冬、春期间完全放牧。

3. **母畜、仔畜饲养**

（1）母畜的饲养管理

嘎鲁图嘎查春季较短，只有4、5两个月份，而母畜产犊、接羔季节均集中于春季。因此，嘎查牧民特别重视母畜的饲养管理，以提高仔畜的繁殖成活率。春季对待产或已产母羊，进行单独组群，安排近处的优质草牧场放牧，并适当补喂精料和干草，以恢复其体力和哺育能力。对怀胎母牛则单独饲养，加喂饲草和精料，以满足其对营养物质的特殊需要。

为防止母畜由于饲喂单一饲料或长期放牧，引起微量元素缺乏，出现食欲下降、食杂物、精神不振、甚至瘦弱死亡的情况。嘎鲁图牧民经常把牧群赶往有盐碱的草场放牧，使牲畜自由舔食盐碱，或补喂含矿物质和微量元素的饲料，以满足牲畜所需。冬季及时扫除棚圈、卧盘和积雪，并铺好三棱草、芦苇或干草，防止牲畜受冻挨饿。夏、秋雨水较多时，勤换牛羊的卧盘，以保持皮毛的干净，防止各种疾病的发生。做好牲畜内外寄生虫的防止工作，提高牲畜的疾病抵抗能力和生产性能。

(2) 仔畜的饲养管理

仔畜的繁殖直接关系到畜牧业的生产效益，故牧民非常重视仔畜的饲养管理。春季是牧区产羔犊的季节，牧民将待产母畜在家附近放牧。尤其是母牛有产犊预兆时，及早将母牛带回或让母牛就地产犊。产犊后让犊牛及时吃上初乳，并将犊牛身擦干或让母牛舔干。产犊乳牛每天挤奶 2 次，犊牛也吃 2 次奶。初产犊牛 3 月龄后开始在较近处放牧。棚圈等基础设施完善的设有犊牛间，以便对犊牛进行单独饲养和看护。

牧区接羔季节在 4 月初中旬陆续开始。随着牧民科学养畜意思和畜牧业生产技术的提高，1990 年以后，一些牧民开始进行冬羔和早春羔生产，一方面缩短生产周期，减轻草牧场压力，另一方面提前配种、提前产羔和提前出栏，有效增加牧民生产效益。

接羔期需要大量人力，因下羔多在夜间，需要日夜看守。羔产下后需要加以保护，不认羔的要使其认羔，特别要防止幼羔被大羊挤踏，故暂时要把产羔母羊和新生羔羊分圈看护管理。产羔不久的母羊，特别是初产母羊，每天要保证羔羊吃 3 ~4 次奶。普遍应用的方法是由羊倌将母仔逐一找出后赶出群，这样进行几天后，母羊就能自带羔羊离群喂奶。待产母羊随时都可能产羔，不宜远离放牧。放牧时，牧人随身携带羔羊袋（用帆布或毡子做成，能放两只羔羊），以便随时接羔。

## （六）疫病防治

嘎鲁图嘎查的牧业生产主要面临两方面的威胁，一是“天灾”，另一便是牲畜的疫病。随着嘎查牧业基础设施建设的逐步完善，抵御“天灾”的能力在不断提高。但随着牧户畜群数量的激增，牲畜疫病的防治工作的难度也在加大，疫病如果得不到及时治疗还会对牧民造成身体伤害。因此，有效的牲畜疫病防治措施是提高牧业生产效率的保证。嘎鲁图嘎查牲畜的常见疫病及防治措施主要有以下几种：

### 1. 布鲁氏杆菌病

布鲁氏杆菌病简称布病，是由是由布鲁氏菌侵入机体，引起传染变态反应性的人畜共患的传染病。临床特点为长期发热、多汗、关节炎、睾丸炎、肝脾肿大、易复发、易变为慢性，亦称波浪热或波状热。人患布病常因误诊而转为慢性，反复发作长期不愈，少数患者会导致死亡。侵害嘎鲁图嘎查牲畜的布病主要为羊种和牛种布病，其中又以羊种致病力最强。布病会导致家畜流产、消瘦、乳肉产量减少、影响畜种改良和推广。据统计，羊患布病后流产率为57.5%，牛患布病后流产率为31.2%，严重制约嘎查畜牧业的发展。

嘎鲁图嘎查对布病的防治主要是使用布鲁氏菌病活疫苗Ⅱ，进行口服或肌肉注射免疫。此外，还需对牧场的牲畜定期卫生检查。检出的病畜，及时隔离治疗，必要时宰杀之。病畜的流产物及死畜必需深埋，对其污染的环境用20%漂白粉或10%石灰乳消毒。

### 2. 羊痘

羊痘是由痘病毒引起的畜禽共患的急性、热性、接触性传染病，特征是皮肤和黏膜上发生特殊的丘疹和疱疹。羊痘病毒主要存在于病羊的皮肤、黏膜的丘疹、脓疱、痂皮内及鼻黏膜分泌物中，在发病羊体温升高时，其血液中存有大量病毒，病羊为传染源，主要通过传染的空气经呼吸道感染，也可以通过损伤的皮肤或黏膜侵入机体。羊痘广泛流行于养羊地区，传染快、发病率高，常常引起较大的经济损失。1999年3月10日，嘎鲁图嘎查所在的北辉苏木就有1400只羊发病，200只死亡，致死率0.14%，造成较严重的经济损失。

预防羊痘的根本措施是在常发病地区适时进行预防注射，对2~3周羔羊接种羊痘活病毒疫苗可使其终生免疫。对于已患羊痘的牲畜，需及时将其隔离，用0.1%高锰酸钾水溶液洗擦病羊患部，也可用忍冬藤、野菊花煎汤或用淡盐水洗涤病羊患部，然后用碘甘油涂擦，以达到治愈效果。

3. 狂犬病

嘎鲁图嘎查的牧民有养牧羊犬的传统，平均每户养狗2~3只。狂犬病又名恐水症，是由狂犬病毒所致的自然疫源性人畜共患急性传染病。流行性广，病死率极高。人狂犬病通常由病兽以咬伤的方式传给人体而受到感染。临床表现为特有的恐水、恐声、怕风、恐惧不安、咽肌痉挛、进行性瘫痪等。

嘎鲁图由于认真执行农业部颁发的《家犬管理条例》，限制非生产用犬的饲养、捕杀野犬，每年春季对家犬注射狂犬疫苗，有效地控制了狂犬病的传播蔓延。

4. 牛皮蝇蛆病

在嘎鲁图嘎查牲畜疫病的发生情况中，传染虫病的危害程度最大，成为影响畜牧业发展的主要危害。由于牲畜寄生虫病病程缓慢，其发病和死亡往往与冬、春的气候突变、水草不足交织在一起，不但不为人们所注意，且常被人们误以为是单纯的饲养管理不当所致。嘎鲁图家畜内外寄生虫主要包括：吸虫、原虫、疥癣、牛皮蝇、纹皮蝇等105种。

牛皮蝇蛆病由狂皮蝇科皮蝇属的牛皮蝇和纹皮蝇的幼虫寄生于牛的背部皮下组织内所引起的一种慢性寄生虫病。牛皮蝇每年7—8月份在牛的四肢上部、腹部、乳房和体侧的背毛上产卵，卵孵出幼虫后沿毛孔钻入皮内，经过移行到达牛体背部，即牛皮蝇蛆病。翌年4—6月份从皮下钻出落地成蛹，再蜕化成蝇。牛皮蝇蛆病危害严重，可直接造成牛皮降级、产肉率下降、肉质低劣、产奶量下降等经济损失。

牛皮蝇蛆病的治疗应先清除脓痂乱毛，用刷子蘸敌百虫、倍硫磷等药液涂擦，可杀死虫体。严重感染、虫数极多时，应分部位分次涂药，以防一次杀虫过多，吸收中毒。由于虫体到达背部时间不一，在整个流行季节，要涂药2~3次。最近把药物制成易吸收的浇注剂，直接浇注于背部，即可吸收杀虫。内用药物杀死移行发育中的早期幼虫，可收到更好的效果。在流行地区，浇注可在一年中的4—11月间进行。12月至翌年3月因幼虫在食道和脊椎，不宜用药。在成蝇活动季节，向牛体喷洒药液，杀死卵内孵出的幼虫，也可收到保护牛只、降低感染的效果。

5. 五号病

五号病又名口蹄疫，是一种由病毒所致急性、热性、高度接触性传染病。嘎鲁图嘎查的牛和羊是其主要侵害对象，以发热、口腔黏膜及蹄部和乳房皮肤发生水泡和溃烂为特征，是国际兽疫局规定的A类传染病。该病具有流行快、传播广、发病急、危害大等流行病学特点，疫区发病率可达50%～100%，犊牛死亡率较高，其他则较低。病畜和潜伏期动物是最危险的传染源。病畜的水疱液、乳汁、尿液、口涎、泪液和粪便中均含有病毒。该病入侵途径主要是消化道，也可经呼吸道传染。该病传播虽无明显的季节性，且春秋两季较多，尤其是春季。风和鸟类也是远距离传播的因素之一。

嘎鲁图嘎查对五号病的防治主要是采用疫苗注射。对于口蹄疫爆发区域，将病畜就地封锁，所用器具及污染地面用2%苛性钠消毒。发病畜群扑杀后要无害化处理，病畜吃剩的草料或饮水，要烧毁或深埋，畜舍及附近，用2%苛性钠、二氯异氰豚酸钠（含有效氯≥20%）、1%～2%福尔马林喷洒消毒，以免散毒。

## （七）嘎鲁图嘎查经济的新发展

嘎鲁图嘎查是牧业嘎查，畜牧业是传统经济部门。按照鄂温克旗政府的部署，嘎鲁图坚持“以改革为中心、资源为基础、市场为导向、科技为依托、效益为中心”，以发展效益型畜牧业和增加牧民收入水平为重点，因地制宜地选择产业关联度高、市场拉动作用大、发展前景好的“乳、肉、草”三大产业建设作为产业结构调整的出发点，全面实施畜牧业产业化发展战略，加强基础设施建设，畜牧业科技含量和贡献率显著提高，畜牧业生产环境显著改善。[①] 此外，嘎查围绕辉河湿地发展观光旅游业也提上了议事日程。

1. 牛、羊肉产业化

在调研过程中，嘎鲁图嘎查的居民介绍自己的牛、羊养殖时，流传着这样一个顺口溜“牛、羊渴了喝矿泉水、饿了吃中草药。”这句朴实的顺口溜却将嘎鲁图畜牧业的独特优势展现得淋漓尽致。嘎鲁图牧民天然放牧，加之该地区山川秀丽，水草丰美，空气清新，远离污染，使该地区生产的牛、羊肉

① 辉苏木“十一五”工作总结．[Z]．2011。

以天然绿色无污染享誉国内外，有利于创造品牌优势。

随着人们生活水平的不断提高，饮食健康和食品安全问题日益得到重视，对低脂肪、蛋白质型牛羊肉的消费量不断增加，特别是采用优质高效的饲草料和舍饲畜牧业相结合的方式发展的绿色肉食品生产，适应消费者崇尚绿色的消费时尚，易受消费者青睐，其价值不断提升，销售市场由以北方为主变为遍布全国，销售时间也以秋、冬为主变为四季旺销。从我国加入WTO后，绿色食品产业有很大的发展空间，市场前景广阔。尤其是近些年来，食品安全问题得到了越来越多的关注。嘎鲁图得天独厚的绿色、无污染环境，非常适合绿色放心肉的生产，畜产品与广大东部农区畜牧业产品相比，受到的污染要少，为"绿色"产品，深受消费者的喜爱。嘎鲁图嘎查的牛、羊肉以质好、无膻味且营养丰富为特色，被各地区市场所青睐，销路呈直线上升态势，当前的生产已经远远无法满足日益扩大的市场需求。

嘎鲁图嘎查2011年在做"整村推进"规划中，计划投资300万元，新建标准肉牛育肥牛舍10000平方米，育肥牛5000头，逐步发展成辉河苏木重要的育肥牛基地。[①] 此外，为改变肉食品粗加工的状况，合理利用肉类资源，实现产业优化、产品增值，嘎鲁图依托丰富的草原、土地资源优势，转变传统生产方式，加快以棚圈设施为重点的肉牛、肉羊生产的基础设施建设。同时，结合推行冬春饲补、冬羔早春羔生产和肉牛短期育肥生产。为进一步加快畜群周转，嘎鲁图在鄂温克旗政府的帮助下，选定呼伦贝尔羊（短尾型）纯种繁育核心群，扩繁安格斯、海福特肉牛种牛核心群，并与超大集团山东畜牧分公司合作，引进杜泊种羊，建立杜泊羊与呼伦贝尔羊杂交一代肥羔生产基地。经对5个月龄羔羊屠宰分析，杂交一代羔羊产肉量比当地羔羊高出5.1公斤，从而有力地增加了牧民收入，支持了嘎查肉产业化的发展。

此外，嘎鲁图嘎查许多牧民还与鄂温克旗的伊赫塔拉畜牧发展有限责任公司签订养殖—回收合同。该公司具备进行60000只经济杂交羊的产业化开发能力，由公司出种羊、技术，免费为牧民的羊群进行人工授精杂交，并在羊长成后负责回收，由公司统一组织对外销售，价格高于当地市场的15%。2005年，公司生产的杂交羔羊肉参加北京东来顺集团的采购竞标获得成功，利用东来顺品牌效应和销售平台，联合开发呼伦贝尔精品高档羊肉，供应京、

① 嘎鲁图嘎查新牧区建设．［Z］．2011。

沪、粤、港的高级宾馆，替代进口羊肉，使得嘎鲁图产的呼伦贝尔羊肉驰名中外。

2. **乳产业化**

嘎鲁图大力发展乳产业，始于1990年内蒙古自治区提出“双增双提”畜牧业发展战略后，鄂温克旗政府在全旗确立了“奶牛业”为重点的畜牧业发展方针，加快奶牛基地建设。嘎鲁图于1995年引进加拿大荷斯坦高产奶牛，提高了整个嘎查的奶牛质量，随着奶牛养殖户引进良种高产奶牛及不断增加养殖奶牛的数量，鲜奶产量大幅增加，为乳制品加工企业提供了充足的原料。同年，上海牛奶公司同原巴彦托海乳品厂建立股份制合作企业——光明乳品有限责任公司，公司在当时的北辉苏木所在地嘎鲁图嘎查也设立了收奶站，充足的奶源大幅度地提升了公司乳制品的加工能力，对牧民的增收也起到了积极的作用。

从2000年开始，鄂温克旗先后集中国家和省市畜牧业投资资金以及旗畜牧业建设资金共计1亿多元，选择在海拉尔市至伊敏公路沿线80公里区域，启动实施奶源基地建设工程，即“80公里奶牛带”工程，在全旗掀起“奶业革命”。其间，始终贯彻“区域化布局、规模化生产、标准化养殖、专业化经营”的战略思想，使这一区域逐步成为奶牛优良品种带、优质牧草生产带、科学养畜经营带和牧民致富带，发挥奶源区域优势特点，初步形成市场牵龙头、龙头带基地、基地连牧户的乳业产业化发展格局。

嘎鲁图嘎查恰好位于“80公里奶牛带”上。除了旗政府的支持外，嘎查还通过大力推广实施奶牛冷配改良技术，引进高产奶牛冻精细管，实施奶牛冷配改良，平均受胎率达90%以上，截至2011年年底，嘎鲁图嘎查牛的良种改良比重已达99%以上。此外，嘎鲁图按照不同牧草饲料营养成分，制订奶牛生长发育不同阶段的饲料配方，实现奶牛模式化饲养；建设透光板暖舍，实现奶牛棚舍化和冷季舍饲化；并建立嘎查级畜牧综合服务室，完善奶牛疫病防治、监测体系，保障奶业生产安全。嘎鲁图高度重视奶牛饲养，2011年，嘎鲁图嘎查将从鄂托克旗政府争取的90万元“产业化”项目资金全部用于购买奶牛90头，分配至嘎查20户牧民，全力支持其产业化发展。

3. **草产业化**

20世纪90年代初，嘎鲁图嘎查的饲草料贮存和加工方法比较落后，主要以露天堆垛贮藏为主，窖藏、带贮、草捆青贮等饲草料收贮技术尚未普及推广。饲草料加工以单一饲料的简单粉碎加工为主，加工量也很少。1993 年，鄂温克旗政府全面启动饲料工程建设项目，饲草料贮存与加工业也随之发展起来。目前，嘎鲁图嘎查使用的主要是埃佩克草业开发公司生产的设备和强力拉伸膜裹包青贮草捆技术。经中国农业科学院草原研究所化验分析：用这一技术生产的青贮牧草粗蛋白质含量为 14.37%，粗脂肪含量 2.52%，钙、磷及微量元素含量丰富，每公斤干物质可产生 8.71 兆焦耳热量，是普通青干草的 1.8 倍。用强力拉伸膜裹包制作的青贮牧草，冬季饲喂奶牛、肉牛，不仅没有出现通常的掉膘现象，而且保持肉牛平均日增重 0.8 公斤，奶牛平均日增奶 5.9 公斤的效果。草捆青贮技术的推广应用为嘎鲁图畜牧业发展注入了活力，代表了牧草青贮的发展方向。

自鄂温克旗确立“立草为业、草业先行、走生态畜牧业”的战略目标后，便把草原生态建设和保护作为畜牧业生产发展的基础条件和关键因素，从生态利民、草业兴牧的高度，先后制定出台《鄂温克旗粮草混播改良草场暂行办法》、《鄂温克旗饲料基地建设管理办法》、《鄂温克旗保护与建设草原设施管理办法》等相关政策，有力地保障了草产业的发展壮大。

目前，嘎鲁图在嘎查西部、辉河西岸，土层深厚、水肥条件较好的地区，开辟出了总面积 2000 亩的高产饲料作物种植区。在种植过程中，依靠鄂温克旗草业经济技术开发有限公司的科技支持，因地制宜地采用人工种草、节水灌溉和建立草籽基地等草业适用增产技术，加快草业科技转化率，推进草业产业化进程，有计划地针对牧民承包草库伦建设，大力推广以水利为中心的家庭草库伦配套技术，增强畜牧业防灾抗灾能力，促进嘎鲁图嘎查草业产业化进程。

**4. 旅游业**

嘎鲁图拥有丰富的旅游资源。其一，在嘎查西部，辉河两岸，为辉河湿地保护区核心区，总面积 24.17 万亩。辉河湿地保护区是国家级自然保护区，集草原、森林、湿地三种景观于一体，自然风光独特、优美。湿地保护区拥有丰富的动植物资源，其中有丹顶鹤、天鹅等鸟类 38 科 187 种，鱼类 8 科 31 种，两栖爬行动物 3 科 10 种，兽类有 15 科 42 种，植物 60 科 344 种，是亟待挖掘和开发的旅游胜地；其二，嘎鲁图嘎查是鄂温克族占绝大多数，保留着浓郁的鄂温克族文化，鄂温克族作为“三少民族”，其独特的民俗风情和文化底蕴，对世界各地游客的吸引力不容小觑；其三，2011 年 12 月 17 日鄂温克旗冬季那达慕的分会场——摄影基地，设在了嘎鲁图，嘎查协助组织了大型民族服饰、赛马、赛骆驼等表演。大会的成功举办不仅检验了嘎鲁图嘎查的组织接待能力，还大大提高了嘎鲁图嘎查的知名度和影响力。①

坐拥如此优越的旅游资源，嘎鲁图嘎查一直希望大力发展旅游业，并在2010年嘎查的“整村推进”规划中制订了嘎鲁图旅游发展计划。计划将建设开发辉河湿地天鹅湖观鸟及摄影基地，以境内辉河湿地生态休闲旅游区为核心，开发旅游观光和餐饮、娱乐、交通等配套服务的产业。并以独特的鄂温克民族文化特色为吸引点，重点发展牧民家庭体验游、休闲渡假游等多种旅游项目。以多彩的人文景观、优美的自然生态景观、独特的民族风情等吸引客源。加强与其他嘎查和苏木之间的合作，大力发展跨嘎查、跨苏木的旅游。在苏木内规划“辉河湿地天鹅湖观鸟及摄影基地→德仁夏营地→巴音乌拉古城”旅游线路，进一步增强嘎鲁图嘎查、辉苏木对游客的吸引力。最终达到利用旅游资源带动地方经济，扩大对外影响力，弘扬鄂温克文化的目的。

**5. 嘎鲁图嘎查其他经济成分发展情况**

当前，我国的经济制度是以公有制为主体，多种所有制经济共同发展的经济制度。具体说来，目前我国主要有国有经济、集体经济、个体经济、私营经济、外资经济以及混合所有制经济等。在鄂温克旗嘎鲁图嘎查，现阶段存在着集体经济、个体经济。牧民为了互助合作，方便生产，还建立了经济合作组织。

(1) 集体经济

集体经济，属于劳动群众集体所有、实行共同劳动、在分配方式上以按劳分配为主体的社会主义经济组织。在我国，集体经济是公有制经济的重要组成部分，分为农村集体经济与城镇集体经济。农村集体经济实行乡镇、行政村、村民小组的三级所有，土地、林木、水利设施等为集体所有，农民盖房的宅基地为无偿划拨。城镇集体经济又分为“大集体”与“小集体”，其中“大集体”企业受政府行业管理部门领导，参照全民所有制企业的管理与员工待遇；“小集体”为自负盈亏、自主经营。劳动者集体所有是指按劳动者的人数平均、共同所有。

① 辉苏木“十一五”工作总结. [Z]. 2011。

嘎鲁图嘎查的集体经济属于农村集体经济，发展较为薄弱。在与嘎查达额尔敦尼交谈中，他提及目前嘎查集体经济主要来源于嘎查原有的80余头牛及440余只羊，年收入在4万元左右。嘎鲁图嘎查的集体经济1982年建立，当时规模很小，发展到现在很不容易，其进一步发展需要方方面面的努力。嘎查达还说集体经济每年的收入不一样，有些年头多，有些年头少，这些收入会在过年时以米、面、油的形式分给贫困户或者作为嘎查集体活动时的经费，例如油费等。嘎查这些集体收入也会用来资助贫困学生，2011年嘎查就用集体经济的收入资助了一位高中生2000元，以帮助其完成学业。为了便于对集体资产的监管，也为了增加贫困户的收入，嘎查将这80余头牛及440余只羊分给了嘎查贫困户寄养。80余头牛寄养给了5户，每年生养的小牛犊归这5户所有；440余只羊寄养给了一户，生养的小羊羔，60%归这户贫困户，40%归嘎查。当嘎查需要动用集体资金时，会卖羊来增加收入。

（2）个体经济

个体经济，指在劳动者个人占有生产资料的基础上，从事个体劳动和个体经营的私有制经济。个体经济具有规模小、工具简单、操作方便、经营灵活等特点。基本上无剥削。个体经济有两个明显的特征：一是生产资料和劳动成果归个人所有；二是劳动者以自己的劳动为基础。个体经济中，生产者既是直接的劳动者，又是生产资料的私有者，劳动者主要依靠自己的劳动取得收入，是一种不带有剥削关系的私有经济。

嘎鲁图嘎查目前也存在个体经济，但因嘎查地广人稀，只有80户，280多口人，故只有小商店、小卖部这类小型的个体经济才能有发展空间。嘎查目前有3个小商店、小卖部。我们调研组专门去了其中的一家小商店调研。商店大约50平方米，两间屋子，一间小屋作为仓库，另一间屋子是卖货的主要场所，摆着两排货架子，收拾得很整齐，物品也很全，食品、蔬菜、日常生活用品等应有尽有。商店的主人逢春还热情的让我们看墙上摆放的个体工商户营业执照以及食品流通许可证。逢春这个小商店开得比较早，有十几年了，当时国家还对小卖部收国税和地税，那时一年大约得交2000元左右，直到20世纪90年代末期才取消了国税和地税。逢春说现在小商店的收入很可观，月收入在5000元左右。

(3) 经济合作组织建设

经济合作的本质是参加者之间的相互合作帮助，是“集体互助协作”。从两个方面理解：一是共同工作，即参加者之间的一种互助行为。二是为了共同目的共同完成某项任务，这是利用集体力量进行自助。在人类社会中，群体性互助协作是一种社会现象，只要人类存在，合作行为就会存在。在现代经济社会中，牧民既要进行生产经营活动，同时又要面对来自自然和市场的双重风险，完全依靠个人能力往往难以抵御，未能更好地实现经营目标。

嘎鲁图嘎查积极借鉴其他地方经济合作组织的成功经验，大力开展专业经济合作组织建设，引导广大牧民积极参与到经济合作组织中，发挥牧民专业合作经济组织的市场牵动作用，构建特色农畜产品流通网络，实现牧区与市场，生产与销售的有效对接，让牧民在畜牧业产业经营过程中增加收入。按牧民自愿的原则组建嘎鲁图嘎查肉牛、羊协会，力争到2010年做到100%的牧户加入协会中来[①]。

在阅读苏木文件的过程中，辉苏木办公室的一份“辉苏木嘎查基本情况”的文件中介绍说嘎鲁图嘎查现已建立鄂温克旗嘎鲁图嘎查志达畜牧业专业合作社，注册时间为2011年3月，参与户数10户，注册资本3万元，主要经营畜牧养殖业。[②]

嘎查达额尔敦尼说道他一直在参加畜牧业专业合作社的培训。2010年去旗里培训，2011年又去贵州进行过专门的培训。在嘎查以后的发展过程中，他希望能建立一个富裕户帮贫困户的畜牧业专业合作社，以帮助贫困户尽早脱贫。在经营过程中，贫困户出力，大户出草场并管理，年终合作社20%的收入归贫困户所有。目前这个项目正在等待旗组织部的30万资金到位，利用这些资金买牛筹建。

从1732年到2012年，在鄂温克人定居辉河草原的280年间，作为其重要成员的嘎鲁图嘎查的经济制度几经变化，每个阶段的经济制度又有着不同的体现形式——不同的体制。从最初的以自给自足为主的氏族经济体到现在的

① 鄂温克旗自治旗人民政府网，嘎鲁图嘎查新牧区建设情况，访问时间：2012－10－30。

② 辉苏木政府工作报告，辉苏木嘎查基本情况。

社会主义市场经济的快速发展，鄂温克牧民的经济生活发生了巨大的变化。

## （八）嘎鲁图嘎查经济发展的制约因素

### 1. 畜牧业发展方式粗放，经济效率不高

嘎鲁图嘎查一直沿袭着以户为单位、以游牧为主的畜牧业发展方式。每个牧户都圈有一处2000～5000亩不等的草场，草场上饲养牛、羊以及少量的马和骆驼，每年牛、羊产犊（羔）后，在考量草场放牧承载能力的基础上，将牛群、羊群因更新换代而“淘汰”的牛、羊卖掉，便是牧民的主要经济来源。此外，牧民还会通过卖牛奶、租赁草场等其他方式获得经济收入。

目前，嘎鲁图嘎查绝大部分的畜牧业养殖仍处于大、小、公、母混群饲养的状态，营养不平衡，饲料转化率低，出栏周期长的粗放经营状态。此外，牧业生产经营主要以牧户为单位，规模小，牲畜品种改良难度大，经营过于分散，缺少组织化环节和载体，组织化程度极低。这种状况与集约型的畜牧业：家畜生产的品种良种化（包括经济杂交）、经营工厂化（包括短期育肥）、饲草料配合化、生产技术标准化、管理手段科学化的要求相差较大。以户为单位的粗放的畜牧业发展方式严重制约了嘎鲁图的经济效率。

### 2. 基础设施薄弱，抵御自然灾害能力不足

嘎鲁图嘎查只有一条辉苏木通乡公路（S201）路经嘎鲁图嘎查，构成了嘎查对外的主要交通线路。这条交通线虽然方便了公路周围牧民的出行，但对于剩余的大部分牧民来说，只能依靠牧场间的土路出行，相当不方便。嘎查牧民由于采取游牧方式，居住相当分散，这也为牧户用上高压电带来了困难，至今，嘎查仍有一半的牧户家没有通电。嘎鲁图的地表水重金属严重超标，长期饮用极易引发氟骨病，严重者甚至会使牧民丧失劳动能力。个别牧民家有打有深水井，或安装有净水器，但仍有部分牧户家既无深水井，也没有净水器，从而长期饮用氟超标的地表水，给牧民身体埋下无穷的后患。此外，嘎鲁图嘎查至今仍没有公共浴室、没有垃圾中转站，公共卫生厕所的数量也极少。

长期以来，嘎鲁图牧业发展投入较少，基础设施薄弱，生产水平相对较低，牧区棚舍十分简陋，冬季抗风雪能力很弱，雪灾每年给接羔、保羔造成的损失极大。由于缺乏家畜饮水设施，大部分草场只能冬季利用，少雪年份

经常出现黑灾，夏季只能依靠河流湖泊有水、草的牧场放牧，这部分草场退化十分严重。落后的基础设施建设严重地制约了嘎查牧民抵御自然灾害的能力。

**3. 过度放牧致草场退化，生态环境保护形势不容乐观**

嘎鲁图嘎查水草丰美，是天然优质草场，适合草地游牧也得发展。但草地的载畜量毕竟是有限的，随着嘎查畜牧业的快速发展，各牧户家中饲养的牲畜数量也大为增加。但是，由于嘎鲁图草地面积有限，牧户所承包的草地保持不变，快速增长的牲畜数量加大了草场承载的压力，逐渐出现草场因过度放牧而退化、沙化的现象。此外，草原上生长的白蘑、花脸蘑以及一些珍贵药材的经济价值被发现后，草原上滥采、滥挖行为日益严重，对草原植被的破坏十分严重，这也是造成草原退化、沙化的重要原因之一。这些都给草原生态环境带来严重威胁，也威胁到了牧民的生产和生活。

国家虽然制定了休牧、禁牧、划区轮牧等草原生态保护措施。由于休牧、禁牧补贴有限（禁牧补贴每亩 9.54 元、草畜平衡补贴每亩 2.385 元），难以对牧民的生产生活起到实质性的帮助。加之嘎鲁图嘎查实行的草场承包以户为单位，随着户数的不断增加，每户所拥有的草场面积越来越少，以户为单位难以实现划区轮牧的效果。对草场承包和建设网围栏，很多牧民认为限制了畜群的活动范围，不利于畜群的大范围转移，不利于草地的休养生息。今后在合理核定草地载畜量的同时，需要对现有草场承包制进行调整和完善，使之适应草地畜牧业发展的规律。

**4. 产业单一，经济发展方式单调**

嘎鲁图嘎查地处鄂温克旗和新巴尔虎左旗交界地带，是呼伦贝尔市传统牧区，交通不便，一直以来较为闭塞，对外交流少，牧民们世代延续着传统畜牧业。畜牧业成为嘎查牧民最重要的，也是唯一的经济来源。受到自然环境和地理区位等条件的限制，嘎鲁图嘎查不适宜农耕业和工业的发展，改变单一产业结构的途径只能在畜牧业产业化和发展旅游业两个方面寻找突破口。畜牧业产业化处于发展之中，已取得一定的成效，但嘎查丰富的自然和人文旅游资源有待进一步开发和利用。

嘎鲁图嘎查有 24.17 万亩土地处于辉河国家级自然保护区，自然风光优美、动植物资源丰富，加之邻近天鹅湖、德仁夏营地、巴音乌拉古城等旅游景点，嘎鲁图的旅游业发展潜力巨大，但至今却迟迟未得到开发；辉河流经嘎鲁图，辉河两岸有着丰富的芦苇资源，是环保建材的重要原材料，但嘎查却任其生长，开发利用水平不高，没有充分发挥这一优势。嘎鲁图的鄂温克族比例高达98%以上，鄂温克传统民俗文化深厚，民族文化传统保留较为完整，嘎查还保持着手工制作鄂温克族服装、饰品的传统，但以己用为主，几乎不出售；嘎鲁图不仅牛奶产量巨大，马奶产量也不容小觑，牧区居民几乎家家都会制作奶皮、奶干、奶酪等奶制品，以及马奶酒，但嘎查却没有将这些传统的奶制品进行规模化、产业化发展。嘎鲁图在仍以畜牧业为主导产业发展的前提下，旅游、食品加工、民俗手工等相关产业亟待开发。发展集自然风光和民族文化为一体的旅游业具有很大的空间，通过牧家乐等形式动员嘎查牧民积极参与，在增加家庭经济收入的同时，弘扬民族文化。

**5. 发展资金缺乏，金融支持不足**

嘎鲁图嘎查的经济发展资金主要来自于国家、自治区以及鄂温克旗政府的投资，发展资金来源渠道单一，数量有限。因为，鄂温克族是28个人口较少民族之一，内蒙古自治区把鄂温克族、鄂伦春族和达斡尔族称为“三少民族”，国家和自治区政府每年都会拨付一部分专项发展资金用于“三少民族”经济社会发展，但其主要用途仍是用于各民族贫困人口的脱贫工作。

在调研过程中，80%以上的牧户都有信用社贷款，一般都在5万元以下，多者则需要担保，贷款一般用于年初买种羊、种牛以及饲草料等日常生产经营。5万元的贷款额度，仅能解决普通牧户平时生产生活中的资金周转问题，但对于修建大型牛、羊棚舍，引进高产牲畜进行技术改良，对乳、肉产品进行产业化加工等来说是显然不够的。提高贷款额度则需要找担保，而且提高的幅度不大。加之，嘎查乃至是苏木除信用社外，没有其他金融机构。这都使得嘎鲁图经济发展存在资金瓶颈，难以实现跨越式发展。

## （九）促进嘎鲁图嘎查经济发展的建议

**1. 加强牧民职业技能培训，提高养殖水平**

嘎鲁图嘎查牧民一直沿袭着“靠天吃饭”的传统畜牧业养殖方式。而对于良种冷配、短期育肥、饲草料合理加工配置、标准化饲养、疫病防治、发展循环畜牧业等现代养殖技术了解不多，严重阻碍了嘎查的畜牧业发展速度和质量。嘎鲁图的畜牧业如果没有广大牧民群众的自觉参与，没有牧民群众整体素质的提高，就不可能实现嘎查经济的可持续发展。因此，以牧民为主体，以调动牧民积极性为根本，以培育一批“有文化、懂技术、会经营”的新型牧民为着眼点，是嘎鲁图社会主义新牧区建设的长远立足之本。

加强牧民职业技能培训刻不容缓。一方面要建立符合嘎鲁图牧区特点的培训模式，根据新牧区建设的需要，积极推广“基础教育 + 实用技术教育 + 劳动基地 + 社会实践”的办学模式。另一方面还要加大培训力度，改变过去由一个或有关部门单独组织牧民群众培训班的模式，统一由一个单位牵头，几家共同组织，邀请专家、老师分批分期进嘎查入户，对广大牧民群众进行牲畜养殖培训班、技能培训或其他培训。此外，还可以充分利用嘎鲁图嘎查活动室的远程教育平台，下载牧业养殖技术培训的音频、视频、课件等供广大牧民学习。

**2. 加强嘎查基础设施建设，推进现代畜牧业发展**

基础设施建设是嘎鲁图经济发展的先决条件，唯有完善的基础设施，才能保证嘎查经济发展的可持续性。“要想富、先修路”是被无数个地区在经济发展过程中证明了的真理，嘎鲁图目前只有一条连接巴彦托海和 S201 公路的水泥路，贯穿了嘎查南北，但东西方向仍然没有水泥路，甚至砂石路，从嘎查东部到河西只能行走在土路上，因此急需修建一条连接嘎查东部与河西的公路。嘎查地表水重金属严重超标，但只有少数牧户家有深水井，目前急需将各户中净水器的普及率提高到 100%，从而保证嘎查居民的身体健康。嘎查只有一半牧户家中通电，对于尚未通电的牧户家庭，要推行“光明工程”，安装风光互补发电机，使得每户牧民家都有电可用。

现代畜牧业以棚舍养殖为代表，嘎鲁图嘎查冬春季节气象灾害频发，严重影响畜牧业生产。嘎鲁图应借助国家对鄂温克地区“棚圈”建设的补助，大力发展棚圈饲养模式，在借鉴加拿大、日本等国暖棚经验的基础上，结合牧区实际，采用透光板暖舍技术，设计出适合高寒牧区采光、通风、透气较好的棚舍。从而改善畜牧业生产条件，提高抵御自然灾害的能力。

**3. 合理利用草原，保护生态环境**

嘎鲁图嘎查为了保护生态环境，防止草原沙化、退化，应严格执行国家的禁牧和休牧政策，坚决禁止过度放牧、超载放牧。有效地组织各牧民户联合实施划区轮牧，大范围内的划区轮牧，才能使得草地真正得到休养生息。此外，还要充分发挥草原 110 的作用，对收购药材市场不定期地进行检查治理，严厉打击非法收购人员，从而有效遏制滥采、滥挖草原野生植物的行为，切实维护广大农牧民的切身利益，保护草原的生态环境。

嘎鲁图嘎查在新牧区建设过程中，应按照保护节约建设用地，规划中要珍惜土地、合理开发，正确处理开发建设和节约土地的关系，确立保护优先的原则。对嘎查土地进行合理的规划，将嘎查的土地分为基本放牧场、基本打草场、居住与养殖区、饲草料生产区、盐化草地改良区、湿地保护区6个功能区。基本放牧场位于嘎查中部，总占地13.9万亩，主要用于放养肉牛和肉羊；基本打草场位于嘎查东部，总占地6.97万亩，主要用于生产冬季储备饲草；居住与养殖区分两个小区，分别位于辉河两岸，其中东区1299亩、西区150亩，养殖区位于西区南部，面积430亩，主要用于安排肉牛育肥基地建设；饲草料生产区位于嘎鲁图嘎查西部，辉河西岸，该区域土层深厚，水肥条件较好，可发展种植高产饲料作物，总面积2000亩；湿地保护区位于嘎鲁图嘎查西部，辉河两岸，该保护区重点实施生态治理与主要区域生态移民工作，并综合利用区内资源开发旅游产业；盐化草地改良区主要分布在嘎鲁图嘎查河东居住周边，总面积3118亩，主要有三片面积较大，土壤含盐量较高，需要采取措施加以改良。①

**4. 推进畜牧业产业化发展，实时开发旅游业**

嘎鲁图嘎查的牛羊肉以纯天然、无污染、肉质好、无膻味且营养丰富为特色。随着我国人民生活水平的不断提高，饮食健康和食品安全问题日益得到重视，对低脂肪、蛋白质型牛、羊肉的消费量不断增加，特别是采用优质高效的饲草料和舍饲畜牧业相结合的方式发展的绿色肉食品生产，使得嘎鲁图的牛、羊肉倍受青睐。嘎鲁图应依靠丰富、优质的牛、羊资源，建设肉牛、肉羊养殖基地，并通过调配优质饲料和棚圈饲养实现规范化、标准化、产业化的畜牧业养殖方式。在条件成熟时，可以继续开发下游的屠宰、肉产品加工的产业。

嘎鲁图嘎查西部，为辉河国家级湿地自然保护区的核心区，总面积24.17万亩。集草原、森林、湿地三种景观于一体，自然风光独特、优美，动植物资源丰富。在嘎查周围的辉苏木境内，有着德仁夏营地、巴音乌拉古城等著名景点。嘎鲁图应加强旅游和鄂温克传统民族文化宣传的基础上，与周边嘎

---

① 鲁图嘎查新牧区建设．[Z]．2011。

查、苏木的景区建立联系，在已经成熟的旅游线路上添加嘎鲁图辉河湿地天鹅湖观鸟及摄影基地等景点。待景点建设成熟后，便可开发旅游观光和餐饮、娱乐、交通等配套服务的产业。从而带动整个嘎查经济实现跨越式的发展。嘎鲁图嘎查作为呼伦贝尔草原的腹地，水草丰美，自然风光优美，民族文化资源丰富，具有很大的发展空间，但没有带动旅游业的发展。除交通不便等因素外，主要原因是缺乏有效的宣传和规划。

**5. 加强经济合作组织建设，扩宽经济发展的融资渠道**

嘎鲁图嘎查应借鉴其他地方经济合作组织的成功经验，大力发展“乳、畜、草”三个方面的经济合作组织建设，引导广大牧民积极参与到经济合作组织中，发挥牧民专业合作经济组织的市场牵动作用，构建特色农畜产品流通网络，实现牧区与市场，生产与销售的有效对接，让牧民在畜牧业产业经营过程中增加收入。此外，还应加强企业与牧户间的合作。要从分发挥经济合作组织的中介作用，把分散牧户组织起来，从而更好地实现自我服务及与企业对接。使基地牧户、经济合作组织和企业形成产、加、销一条链的利益紧密结合的关系，促进三方的共同发展。

嘎鲁图经济发展的资金需求应采取多元化筹资办法，通过群众集资、银行贷款、企业垫资、社会引资、项目整合、财政补贴等多种途径筹集发展资金。在继续积极申请国家财政扶持的前提下，通过嘎查委员会出面争取提高金融机构信贷额度。通过经济合作组织的协调，向上、下游企业争取资金支持。最后加上社会融资和牧民集资，必将解决嘎鲁图经济发展的资金瓶颈问题。

## 三、经济政策

为了促进少数民族和少数民族地区经济的发展，改善少数民族人民生活，缩小少数民族地区与其它地区经济发展差距，自中华人民共和国成立以来，国家制定了一系列优惠政策，这些政策都有力地促进了少数民族和民族地区的经济社会发展。作为内蒙古的“三少民族”，嘎鲁图嘎查的鄂温克族在享受国家有关少数民族经济发展的各项扶持政策外，还享有人口较少民族扶持的政策。国家和自治区出台了许多有利于其经济社会发展的政策措施，使嘎鲁图嘎查得到了很多实惠。具体表现在基础设施条件的改善，国家各项补贴的到位发放，极大地改善了生产生活条件。除了新牧区建设，还包括农机补贴、草原生态保护补助奖励、种公羊补贴、良种肉牛基础母牛饲养补贴、财政扶持少数民族发展资金、游牧民定居工程、整村推进项目、农牧业税改革、金融政策、棚车项目、家电下乡、汽车摩托车下乡、家电以旧换新政策等。

## （一）新牧区建设

党的十七届三中全会对社会主义新农村新牧区建设指明了更加明确的道路。鄂温克自治旗的社会主义新牧区建设也初具规模，牧民群众的生产、生活条件得到明显改善，基础设施更加完善，人均收入大幅提高。在新牧区政策的指引下，嘎鲁图嘎查也成为鄂温克旗新牧区建设的典型，牧民居住条件和生活水平有了明显的提高。截至 2012 年 7 月我们调研时，嘎查有 51 户牧民住上砖瓦房，牧民砖瓦房拥有率达 76%，绝大部分牧民实现定居，其余牧户在今后几年将陆续住进安居房。全嘎查牧民建有永久性棚舍 17 座，围栏封育草场 15 万亩，畜牧业机械化也初具规模，大中型拖拉机、小四轮拖拉机以及打草机的数量不断增加。

2009 年，嘎鲁图嘎查总结新牧区建设的经验以及成效，制定了今后几年经济发展目标。近期目标：近期要依托地方资源优势，以可持续的高产、高效、特色牛肉、羊肉业为主导，通过调整种、养结构，提高经济效益，努力培育二、三产业。长期目标：巩固已发展的优势核心产业，着力开辟新的领域，发展相关多元化产业，形成由生态养殖业、旅游业为核心的可持续发展的生态循环经济。此外，嘎鲁图嘎查也规划了今后几年的建设重点：

**1. 基础设施建设**

（1）道路建设工程

新建 S201—辉苏木通乡公路，构成该嘎查的对外交通。内部交通需建一条沟通东西两居住区的道路及桥梁一座，总长度 4 公里，总投资估算为 80 万元。

（2）人畜饮水工程

目前嘎鲁图嘎查人畜供水主要来自牧民自打的饮水井，主要利用浅层水，水质较差，需要利用国家牧区人畜饮水工程，解决饮水安全问题。规划完成集中供水工程 1 处，预计总投资 180 万元。

根据水利部、卫生部《农村饮用水安全卫生评价指标体系》的标准，安全标准有三条：第一，水量：每人每天可获得的水量不低于40～60升为安全；不低于20～40升为基本安全；第二，取水时间：人力取水往返时间不超过10分钟为安全；取水往返时间不超过20分钟为基本安全；第三，保证率：供水保证率不低于95%为安全；不低于90%为基本安全。

嘎鲁图嘎查所处地区水中含氟，水质也不太好。为此，旗水务局在上级指示下，开展了人畜饮水安全工程，以完成集中供水，此次人畜饮水工程通过邀标方式，选定了信誉良好、实力雄厚的阿荣旗第一建筑工程公司为施工单位。这一项目开展于2009年，在调研中，旗水务局的领导干部说嘎查所在地在2010年就已经通上了自来水，并利用无动力设备给16户也通上了自来水，还在2011年给牧民家庭送去了40台净水器，以优化水质，保障饮水安全。

(3) 电信工程

2009年，嘎鲁图嘎查有50户用上了卫星接收器，并规划可利用广播电视“村村通”工程，使电视入户率达100%。在与嘎查村官座谈时，我们了解到，市政府也积极关心牧民生产生活，于2009年为嘎查牧民免费发放了40台收音机，以方面他们收听节目。此外，2010年，旗广电局免费为嘎查牧民发放了30台村村通卫星接收器，牧民们可以看到更多、更好的节目了。

在2012年新春和全国两会来临之际，为了让牧民群众收听收看到清晰的春节广播电视节目，“村村通”管护中心职工对我旗的村村通广播电视设备进行了检修，维修卫星地面接收设施，更换卫星数字接收机。为我旗牧民群众收听收看到清晰的广播电视节目做好了后勤保障以及为两会精神深入百姓身边做好了前期准备工作。

在调研中我们了解到“村村通”工程是国家项目，全国共有三个试点，内蒙古的试点选在了鄂温克自治旗。旗文体广电局的相关领导说力求让“村村通”工程达到户户通，这样才能让偏远牧区的牧民群众了解信息更快捷、渠道更广泛，更直接地感受到中国社会主义新牧区建设进程。

(4) 新能源工程

在全区广大偏远牧区实施推广大功率风光互补发电系统，切实解决牧区散居牧户用电难实际问题，是内蒙古自治区实施“光明工程”项目建设的重要组成部分。为落实好此项工作，中共鄂温克旗委、旗人民政府将这一工作交给旗科技局科技推广站具体落实。“光明工程”项目实施后，旗科技局多次深入牧户了解具体需求情况。经调查，初步确定引进推广300瓦、500瓦风力发电机和300瓦风光互补三种机型发电系统1000套即可满足旗内无电牧户使用小型家电和照明需求。考虑到新能源发电系统造价昂贵和牧户的经济承受能力，经旗人民政府研究，决定在内蒙古自治区每套补贴3000元基础上，由旗科技局在科技三项费中给予每套增加1000元的补贴，牧户只需承担1/3的资金就可实现通电愿望。①

在调研中，我们了解到"光明工程"也入住了嘎鲁图嘎查，为嘎查配备风力发电机20套，以满足夏季游牧需要，初步解决了无电牧户用电难的实际问题。

**2. 重点产业建设**

从发展的条件分析，嘎鲁图嘎查境内自然条件优越，放牧场沿辉河及两岸湿地分布，缺水区域为打草场，嘎查处于典型草原地带，属生态脆弱区，应重视草场保护与建设、以草定畜，减少养殖规模，发展质量效益型畜牧业，建立健全轮牧、休牧制度，该地区生产的牛、羊肉质鲜美，味道好，应发展特色养殖业，走产业化发展道路。同时要清理挤占牧民草场现象，保护嘎查牧民的合法利益，将嘎查建设成为生态脆弱区新牧区建设的典型。在发展特色养殖业时，应发挥本地区原生态的游牧文化保持良好的优势，结合本地区草原与湿地水草交融的独特自然景观，注重发展以民俗观光旅游服务业为代表的第三产业。

（1）肉牛养殖基地建设

新建标准肉牛育肥牛舍10000平方米，预计总投资300万元，育肥牛5000头，逐步发展成辉河苏木重要的育肥牛基地，建立肉牛、肉羊配种点各一个，投资80万元。这些项目目前正在稳步建设之中。

（2）肉羊养殖基地建设

新建标准肉羊羊舍2000平方米，预计总投资400万元，形成辉苏木重要的杂交羔羊生产基地。建立肉牛肉羊配种点各一个，投资20万元。

（3）饲草料基地建设

饲草料基地建设自1990年开始，中共鄂温克旗委、旗人民政府在政策上

① 鄂温克族自治旗志编纂委员会编纂．鄂温克族自治旗志［M］．呼伦贝尔：内蒙古文化出版社，2008：868－869.

给予了优惠。草原部门也将饲草料基地建设作为草原基本建设的突破口，增强饲草料的生产。在草原建设项目的拉动下，饲草料种植步伐由“九五”期间的每年5000公顷增加到“十五”期末的10000公顷以上；多年生牧草保留面积从“九五”期末的12380公顷，发展到“十五”期末的22037公顷，牧草品种为披碱草、无芒雀麦、老芒麦、紫花苜蓿、羊草、猫尾草等。

嘎鲁图嘎查也规划在未来几年继续完善“饲草料基地建设”这一项目，预计建饲料基地2000亩，总投资100万元，以推进嘎查草原畜牧业的健康发展。

（4）旅游及其他服务业建设

以境内辉河湿地生态休闲旅游区为核心，开发旅游观光和餐饮、娱乐、交通等配套服务产业。重点发展牧民家庭体验游、休闲度假游等多种旅游项目，以多彩的人文景观、优美的自然生态景观、独特的民族风情等吸引客源。加强与周边其他嘎查和苏木之间的合作，大力发展跨嘎查、跨苏木的旅游项目。

**3. 环境保护与生态建设**

（1）绿化工程

在嘎查活动室前，修建小型广场一处，配置花、草、灌木起到绿化、美化环境的效果。我们调研时，这一项目还在建设中，但已初具规模。

（2）“三化”草地保护工程

坚持草畜平衡发展战略，高度重视生态环境保护，实现生态保护与发展共赢。把局部超载的牲畜头数减下来，做到草畜平衡。继续强化禁牧、划区轮牧、季节性休牧等措施，对已经退化的草场给予休养生息，恢复植被的机会。采用草原围栏，人工种植饲料、牲畜舍饲、半舍饲草等配套措施，减轻天然草地的打贮草和过度放牧压力，加快对草原的建设与保护力度。将集中对嘎查境内盐化草地实行治理改良，重点治理面积3000亩。

**4. 科技及人才培训**

（1）建立、健全科技推广及培训体系

加快畜牧业技术站和牧民协会的建设，发挥其在牧业科技推广普及中的作用，在嘎查活动室设立科技活动中心，配备必要的电教设备，定期开展以现代畜牧业为主题的科学技术教育、传播和普及活动。

（2）开展牧民培训

通过广泛开展各种形式的牧区实用技术培训，职业培训和劳动力转移培训，加大农牧民培训力度，培养社会主义新型牧民。以绿色证书为载体，提高从事牧业的专业技能，增强部分牧民敢于闯市场、善于搞经营的意识。加强对牧区劳动力转移培训，教给牧民一技之长，提高牧民进城务工、就业的能力。

5. 社会事业发展

（1）村级卫生医疗保健体系建设

继续启动实施新型农村合作医疗制度，基本普及新型农村合作医疗制度。广泛向牧民群众宣传卫生保健知识，每年举办有益健康的大型文体活动5次以上。这一计划已经在嘎查实现。

（2）最低生活保障制度和救助制度建设

建立最低生活保障制度和救助制度，对于生活困难、丧失劳动能力需要救助的牧民，由嘎查集体发放一定标准的最低生活保障费。积极开展关爱老一辈，关心下一代工作。建立社会公益基金，开展向失去劳动能力的孤寡老人补助赡养费和资助大学生就读学业等的关爱老人、关心下一代的活动。

（3）经济合作组织建设

借鉴其他地方经济合作组织的成功经验，大力开展专业经济合作组织建设，引导广大牧民积极参与到经济合作组织中，发挥牧民专业合作经济组织的市场牵动作用，构建特色农畜产品流通网络，实现牧区与市场，生产与销售的有效对接，让牧民在畜牧业产业经营过程中增加收入。按牧民自愿的原则组建嘎鲁图嘎查肉牛、羊协会，力争到2010年做到100%的牧户参加到协会中来。①

以上各项新牧区建设规划，大部分已在嘎鲁图嘎查建成和实施，其他没有建成也在稳步建设之中。

## （二）农机补贴

农机具购置补贴，又称农机购置补贴，是指国家对农民个人、农场职工、

① 鄂温克旗自治旗人民政府网，嘎鲁图新牧区建设，访问时间：2012-10-30。

农机专业户和直接从事农业生产的农机作业服务组织，购置和更新农业生产所需的农机具给予的补贴，目的是促进提高农业机械化水平和农业生产效率。农机购置补贴是国家"三补贴"强农惠农政策的重要内容，对改善农业装备结构、提高农机化水平、增强农业综合生产能力、发展现代农业、繁荣农村经济具有重要意义。

农机购置补贴政策于2004年在全国开始实施，鄂温克旗自2006年开始实施。2009年该项目实施贷款业务（简称"334方案"），即国家补贴30%，牧户自筹30%，现金可申请40%的贷款。2009年鄂温克旗牧民购买农牧机具的积极性很高，农牧机械多以大中型动力机械和农牧业机械作业成套型为主，包括拖拉机、打搂草机、捆草机、免耕播种机、马铃薯播种机、青贮收获机、挤奶机、剪毛机和犁、耙等机具。[①] 2010年，鄂温克旗农机具购置补贴资金达950万元。其中：中央财政补贴550万元，自治区财政补贴200万元，呼伦贝尔市财政补贴40万元，鄂温克旗本级财政补贴160万元，共补贴牧民444户，补贴农机具784台（套）。极大地提高了鄂温克旗牧区牧民的机械化制度，促进了牧民增加收入。[②] 据鄂温克旗农机管理站相关负责人介绍，自2006年开始，该旗开始为农牧民发放农牧机械购置补贴款，极大地促进了农牧民购买农机具的积极性，全旗农牧业机械化水平目前已达90%，农牧民购买农机具的热情高涨，全旗农机具数量及农机化水平迅猛增长，位居牧业四旗之首。2011年，鄂温克旗还出台了有关"农机补贴项目"的文件，文件中详细介绍了项目补贴额度：

（1）拖拉机：18~24马力皮带轮拖拉机20%，18~24马力传动轴拖拉机50%、25马力以上的大中型拖拉机30%；

（2）补贴50%的机具：捆草机、打草机、搂草机、挤奶机、剪毛机；

（3）其他农机：补贴30%。[③]

根据此文件，牧民们购买农机具都很有积极性，嘎鲁图嘎查的许多牧

---

① 鄂温克旗自治旗人民政府网，2009年我旗农牧机械购置补贴项目进展良好，访问时间：2012-10-30。

② 鄂温克旗自治旗人民政府网，鄂温克旗2010年落实农机具购置补贴950万元，访问时间：2012-10-30。

③ 鄂温克旗自治旗人民政府网，2011年鄂温克旗农机补贴额度，访问时间：2012-10-30。

民都参与了这一项目，拿到了补贴。例如，嘎查牧民波华亚德在2012年购置了一台打草机，原价6000多元，根据政策，打草机可以拿到50%的补贴，故只出了3000多元。购置打草机后，波华亚德一家很是高兴，说这一政策方便了牧民生产，节约了时间。与人工打草相比，打草机打草可以节省一半的时间，成本也大幅下降。在突遇暴风降雪天气时，牧民还可以利用农机具进行破雪开道、抗灾保畜等生产自救。此外，嘎查其他牧民在近年来也购置了农机具，都根据政策拿到了30%～50%的相关补贴。嘎查牧民说到想要购买农机具时，一般都去旗里（巴颜托海镇）或是去海拉尔市，那里有农机购置补贴的专项企业。当牧民自主选型购机后，那里的专项供货企业依管理系统录入牧民选择的机型，补偿款按照补贴比例，直接在原价基础上减去。这一政策让嘎查牧民都参与了这一项目，拿到了补贴。这一政策给嘎查牧民带来了实惠，使嘎查牧民受益。在采访过程中，嘎鲁图嘎查嘎查达额尔敦尼也称近年来牧民购买农牧业机具的积极性不断提高，购买的机型也逐渐变成了大马力和成套型，嘎查的机械化水平在不断提高。

### （三）草原生态保护补助奖励机制

目前，我国草原生态保护和牧民增收问题面临严峻形势。主要表现在草原退化严重，生态功能弱化、牧民就业渠道窄，生产生活成本高、草原保护投入不足，生产扶持力度弱，牧区发展可持续性不强等方面。因此，为了加强草原生态保护以及促进牧民持续增收，国家于2011年在内蒙古等8个主要草原牧区省全面建立草原生态保护补助奖励机制，包括以下几个方面：

**1. 实施禁牧补助**

对生存环境非常恶劣、草场严重退化、不宜放牧的草原，实行禁牧封育，中央财政给予禁牧补助。禁牧期满后，根据草场生态功能恢复情况，继续实施禁牧或者转入草畜平衡、合理利用。

**2. 实施草畜平衡奖励**

对禁牧区域以外的可利用草原实施草畜平衡。根据草原载畜能力，确定草畜平衡点，核定合理的载畜量。中央财政对未超载的牧民给予草畜平衡奖励。牧民在草畜平衡的基础上，实施季节性休牧和划区轮牧。草畜平衡奖励机制持续实施，直至形成草原合理利用的长效机制。

3. **落实对牧民的生产性补贴政策**

增加牧区畜牧良种补贴，在对肉牛和绵羊进行良种补贴基础上，将牦牛和山羊纳入补贴范围，实施牧草良种补贴。实施牧民生产资料综合补贴，对牧民生产用柴油等生产资料进行补贴，降低牧民生产生活成本。

4. **加大对牧区教育发展和牧民培训的支持力度，促进牧民转移就业**

为建立草原生态保护补助奖励机制、促进牧民增收，中央财政每年安排资金 134 亿元。有关地区和部门要加强组织领导和监督管理，发挥牧民主体作用，建立绩效考核和奖惩制度，完善禁牧管护和草畜平衡核查机制，确保各项政策措施落实到位。

在国家政策方针的引领下，鄂温克旗的嘎鲁图嘎查也在积极实施草原生态保护补助奖励机制，对嘎查的 5. 53 万亩打草场以及 12. 45 万亩放牧场进行禁牧以及休牧。在调研中，鄂温克旗农牧业局的干部对我们说，对于禁牧草场，嘎查牧民每户每亩补贴 9. 54 元，这一补贴不是每户都有，而是根据草场退化情况，结合家庭收入，主要补贴给草场退化严重和低收入家庭，而且每年都不是固定的，所以我们在牧户家庭收入中没有计入这一部分；对于草蓄平衡奖励，嘎查 80 多户牧民，根据草场面积，每户每亩补贴 2. 385 元；另外，还对每户家庭给予 330 元的生产资料补贴。据了解，嘎查牧户都拿到了这一补贴。按照补贴标准，嘎查牧户优韩家的 1800 亩牧草场得到了 17000 多元的补贴，800 亩打草场得到了 1900 多元的补贴。嘎查牧户孟和毕力格家的 2700 亩放牧草场也得到了 25000 多元的补贴，打草场 900 亩得到了 2100 多元的补贴。在调研中，我们对禁牧休牧政策是否会对牧民增收以及畜产品供应产生影响产生了疑问。嘎查牧民称建立草原生态保护补助奖励机制，根本目的是保护草原生态环境，转变畜牧业发展方式，促进牧民增收，不会对畜产品供应产生影响。旗里以及嘎查的相关领导都给我们解释说实施草原禁牧和草畜平衡，不是简单减少牲畜饲养量，而是要大力推行舍饲、半舍饲圈养和划区轮牧，提高牧区畜牧业生产水平，使草原生态保护和畜牧业发展步入良性轨道。从长远看，实施草原生态保护奖励机制，改善草原生态环境后，草场生产力将不断提高，草原草场承载能力将日益增强，有利于促进草原畜牧业可持续发展，从而保障畜产品的有效供给。

### （四）种公羊补贴

为实现优质羊肉及羊毛的有效供给，增加饲养绵羊的经济效益，2009年中央财政扩大了畜牧良种补贴范围，畜牧良种补贴项目在奶牛和生猪的基础上增加了绵羊。旗里以及嘎查的相关干部给我们介绍说：此次补贴采取的是平等参与以及自愿的原则。旗里根据自治区文件，向嘎查重点推荐主导品种，在充分尊重牧民意愿的基础上，积极引导牧民选择使用推荐的良种，不得采取强制手段干预牧民自愿选种。牧民购买种公羊，必须与旗农牧业主管部门签订书面合同，明确责任，所购种公羊只能用于生产需要，不许倒卖，原则上4年内不得出售，如需提前淘汰，必须由旗农牧业主管部门批准。在调研中，嘎查领导对我们说，此次种公羊补贴是对牧民需更新的特级或一级种公羊给予补贴，2011年每只种公羊补贴800元，2012年有望达到1280元，这些补贴款都是由自治区财政划拨的。补贴资金将直接发放到牧民手里。嘎查领导还说牧民在购买种公羊时需要填写一份购买种公羊申请表，以方便上级组织监督管理。

表3－1　**牧民购买种公羊申请表**

<table>
<tr><td>姓名</td><td colspan="2"></td><td colspan="2">现有肉羊品种</td><td></td></tr>
<tr><td>身份证号码</td><td colspan="2"></td><td colspan="2">现有肉羊（只）</td><td></td></tr>
<tr><td>联系电话</td><td colspan="2"></td><td rowspan="2">其中</td><td>种公羊</td><td></td></tr>
<tr><td>地址</td><td colspan="2">苏木（镇）嘎查</td><td>基础母畜</td><td></td></tr>
<tr><td rowspan="2">申请购买情况</td><td>肉羊品种</td><td></td><td colspan="2">供种单位</td><td></td></tr>
<tr><td>种羊等级</td><td></td><td colspan="2">购买数量</td><td>只</td></tr>
<tr><td>苏木畜牧兽医部门意见</td><td colspan="5">公章<br>年　月　日</td></tr>
<tr><td>旗农牧业主管部门意见</td><td colspan="5">公章<br>年　月　日</td></tr>
</table>

注：此表一式三份，旗农牧业主管部门、苏木乡镇畜牧兽医站、购种羊者各存一份。

### （五）良种肉牛基础母牛饲养补贴

2011年6月，实施了鄂温克旗良种肉牛基础母牛饲养补贴项目实施方案，根据《鄂温克旗良种肉牛基础母牛饲养补贴项目实施方案》，辉苏木的嘎鲁图嘎查在补贴区域内。此次拨款鄂温克旗良种肉牛基础母牛饲养补贴资金153.6万元，其中自治区补贴资金125万元，呼伦贝尔市配套补贴资金25.6万元。[①]

在调研中，旗里以及嘎查的干部给我们介绍说，此次给予的补贴主要针对牧户饲养的良种肉牛用基础母牛给予补贴。补贴品种以三河牛、西门塔尔牛等为主，兼顾经济杂交使用的安格斯、海福特等国外引进品种。嘎鲁图嘎查负责人还说此次给每头良种基础母牛补贴50元，补贴工作严格按照公开、公平、公正的原则，接受牧民监督，确保牧民知情、受益。为了更好地落实此次补贴资金，使自治区政府支农、支牧资金向牧区更好倾斜，鄂温克旗不仅成立了以副旗长武奇为组长的领导小组，还建立补贴项目绩效评估制度等配套措施。嘎查委员会也对良种肉用基础母牛进行数量核实，建立了母牛档案，并张榜公布了牧户饲养母牛情况，数量不实的及时更正，接受牧民监督。在项目区域内，经核实对符合良种基础肉用母牛饲养补贴项目补贴的养殖户采取直补方式进行补贴。8月，项目资金也完全发放到了牧民手中。在调研时，嘎查牧民斯仁道力玛说家里有40只母牛，按照每头50元的补贴标准，2011年拿到了2000元的补贴款。嘎查牧民敖德家的60头母牛，2011年也拿到了3000元的补贴款。

### （六）财政扶持少数民族发展资金

内蒙古自治区民委近年来通过少数民族发展资金支持鄂温克旗的“三少民族”发展，嘎鲁图嘎查是其重点扶持的单位。2005年，自治区民委给鄂温克旗拨款150万元，要求其落实好扶贫项目。具体落实到嘎鲁图嘎查的是人口较少民族试点村项目，即拨款30万元建设房屋。2006年，自治区民委拨款

① 鄂温克旗自治旗人民政府网，关于印发鄂温克旗良种肉牛基础母牛饲养补贴项目实施方案的通知，访问时间：2012－10－30。

旗里200万元扶贫资金，旗里分配给嘎鲁图嘎查20万元购羊项目款；2007年，自治区民委拨款旗里400万元扶贫资金，旗里分配资金，重点发展了牛舍以及民房改造项目；2008年，旗里分配资金，重点发展了牲畜棚舍、购置奶牛以及民房改造项目；2009年，自治区民委拨款旗里610万元扶贫资金，旗里分配给嘎鲁图嘎查25万元，重点建设牲畜棚舍；2010年，自治区民委拨款旗里700万元扶贫资金，旗里分配给嘎鲁图嘎查20万元购买奶牛项目款；2011年，自治区民委拨款旗里440万元扶贫资金。①

辉苏木嘎鲁图嘎查自2004年9月被列为全区“十万人口以下较少民族整体脱贫试点村”以来，短短两年时间嘎查发生了喜人变化。嘎鲁图嘎查当时有牧民58户，总人口373人，贫困户30户，鄂温克族贫困人口102人，嘎查实施试点村工作以来，嘎查为10户贫困牧民新建了砖木结构房屋，配备了机电井和卫星接收器，并为每户贫困户购置了生活用品和粮食，筹资30万元为嘎查贫困户购买基础母羊540只。2005年牧户们出售羊羔300只，实现纯收入3.96万元。嘎鲁图嘎查还利用自治区民委、自治区扶贫办下拨的专项资金改善贫困户居住条件，解决了22户贫困牧民的住房问题。②

嘎查村官介绍说，近年来，该政策与民委的游牧民定居项目相结合，改善了嘎查牧民的居住环境，许多牧户都搬到了砖瓦房里居住了。在该项目指引下，嘎查牧户还兴建了牛羊的标准化棚圈，每户棚圈的面积在120～150平方米，牧民自筹1.5万～2万元，剩下的资金都是财政出。关于是否需要建设这个标准化棚圈，一方面要尊重牧民的意见，另一方面要由牧户家中的牲畜数量来决定。牲畜达到一定数量，财政才会用项目资金去建设，并不是每家每户都能有这个标准化棚圈。牧民们对这一政策甚是满意，因为其不仅改善了牧民的居住环境，而且也使得牲畜的生存环境得以改善，对发展畜牧业很有帮助。

不仅如此，2009年嘎鲁图嘎查在国家扶持人口较少民族发展资金的支持下，实施了牧民新式游牧移动棚车项目，为10户鄂温克族牧户订做了新式游牧移动棚车。棚车价值约2万元，旗里给配套一部分资金，辉苏木配套一部

---

① 呼伦贝尔市民族事务委员会，财政扶持少数民族发展资金2005—2011。

② 呼伦贝尔日报网，国家扶持较少民族项目惠及鄂温克旗23个嘎查，访问时间：2012－10－30。

分资金，牧民自筹6000元。移动棚车内外结构设计极具人性化，配有保暖设施，安全性能好，居住生活更实用，适合游牧牧民四季快速便捷地游牧移动，从而全面提高牧区生产效率。我们调研组有幸进入其中的一辆棚车进行参观，棚车内外结构设计很具有人性化，配备有桌椅、床、炉具、橱柜、暖气、卫星电视接收和防火防盗防雷击等实用设施。嘎查牧民说："这次旗里给我们牧民发放了10辆新式游牧移动棚车，这些棚车的空间很大，里边还有暖气等设施，使牧民们的生活更舒适、更便捷。"

## （七）民委项目：游牧民定居工程

游牧民定居工程是党中央、国务院和自治区党委、政府为进一步增加农村牧区投入，关心扶持"三农"、"三牧"及少数民族地区经济发展的重要举措。游牧民定居工程是国家构建牧区和谐社会的一项民心工程，其实施将有效改善牧民群众居住条件，提高牧民生活水平。该工程2009年开始实施，规划期为三年，主要是建设游牧民定居房。2009—2011年三年间，呼伦贝尔市已争取上级投资13704.5万元，安排游牧民定居3641户，建筑面积186308平方米，[①] 提高了牧区游牧民抵御自然灾害能力，改善了牧区生产、生活条件，保护了草原环境，促进了牧区经济发展，提高了游牧民生活水平。根据呼伦贝尔市鄂温克旗游牧民定居工程项目的要求，项目房建筑设计需满足以下标准：砖木结构，56平方米主房外加5～6平方米门斗，总面积近62平方米。地基为墙的厚度70厘米高石头基础，上面水泥、钢筋混凝土圈梁；墙体为37厘米砖墙，水泥砂浆，中间夹6厘米苯板；地面为水泥垫底，铺地面砖；塑钢窗，实木门，彩钢瓦屋顶，内设保温黑白棚，炉灶火墙取暖。[②]

在此标准下，辉苏木在2009—2010年间兴建了266户项目房，其中2009年建176户，总投资880万元；2010年建90户，总投资450万元。[③] 2011年，根据投资计划安排，游牧民定居工程原则确定每户建筑面积为50平方米；其中中央投资2.5万元，自治区配套2万元，其他投资0.5万元。鄂温克旗将有

① 呼伦贝尔市人民政府网，呼伦贝尔市2012年争取到游牧民定居工程项目中央投资676.1万元，访问时间：2012－10－30。

② 呼伦贝尔市：鄂温克旗游牧民定居工程项目情况。

③ 内蒙古自治区发展和改革委员会文件2009—2011。

225户游牧民家庭在该项目中受益，项目预计2012年5月份动工建设，2012年8月末验收入住。[①]

游牧民定居工程是国家构建牧区和谐社会的一项民心工程，其实施将有效提高游牧民抵御自然灾害的能力，改善牧区生产、生活条件，保护草原环境，促进牧区经济发展，提高牧民生活水平。在嘎鲁图嘎查，每座安居房屋规定面积为56平方米，群众自筹一定金额，剩下的钱都是由专项资金解决，如有要扩大面积需求的群众需自付其他费用。牧民说由于牧区离旗里很远，盖房子的一些原材料运输成本比较高，还需耗费过多的人力以及时间，如若不是国家政策好，解决牧民住房问题，自己根本没有经济实力想到能盖起砖瓦房。在调研中，嘎查村官给我们介绍说，项目房自筹资金不一，从6000元到15000元不等，根据年份会有所差别。按照一个普通砖瓦房的建造报价，牧民自筹的这些资金是远远不够的，用于很多建筑材料都要从外地运进，成本很高，一个56平方米的普通砖瓦房的最低报价也得50000元以上。嘎查牧民都说感谢国家的好政策，牧民才能住进砖瓦房里。以前放牧都住在蒙古包，逐水草而居，冬天也住在包里。自从盖起了砖瓦房，嘎鲁图嘎查的牧民一般都选择夏天住在包里，因为夏天水草丰美，方便看护牛羊，冬天就搬到了砖瓦房里，做饭住宿都更方便了，取暖也很方便。在与嘎查牧民的交流过程中，牧民不时会表达自己的喜悦之情，但看到他们露出的纯真微笑以及频频颔首，我们知道牧民对这一牧民安居政策很是知足。

### （八）整村推进项目

按照自治区、呼伦贝尔市扶贫办的工作部署，鄂温克旗扶贫办重新编制完成了《鄂温克族自治旗整村推进扶贫开发“十二五”规划（2011—2015年）》。根据规划，“十二五”期间鄂温克旗将在20个嘎查实施整村推进扶贫开发工程，规划项目以养殖业为重点，加强基础设施建设，自治区财政扶贫资金投入达到2790万元。

近年整村推进项目继续实行扶贫资金“三专一封闭”管理，保证资金及

---

① 呼伦贝尔市人民政府网，鄂温克旗全力推进今年的游牧民定居工程建设，访问时间：2012-10-30。

时、足额拨付到位。在资金投向上，重点发展有产业支撑和市场竞争力的养殖业项目，保障扶贫项目优先覆盖贫困户，充分调动牧民发展生产的积极性，为牧民增产增收创造有利平台，努力实现整村脱贫。

在调研中，嘎查村官和我们说旗扶贫办的这个整村推进项目是为了扶持人口较少民族的发展而制定的。2011年，旗扶贫办给嘎查拨款90万元，用来购买牛、羊。嘎查将购买的牛、羊分给了贫困户，以帮助其脱贫。这一项目有效地改善了贫困牧民的生产、生活条件，加快了他们脱贫致富奔小康的步伐。嘎查达额尔敦尼也说2012年旗扶贫办整村推进的项目还会惠及嘎鲁图嘎查，但现在还不知道具体的内容是什么，这次应该会是棚圈建设了。在调研中，旗领导说近年整村推进项目继续实行扶贫资金“三专一封闭”管理，保证资金及时，足额拨付到位。在资金投向上，重点发展有产业支撑和市场竞争力的养殖业项目，保障扶贫项目优先覆盖贫困户，充分调动牧民发展生产的积极性，为牧民增产增收创造有利平台，努力实现整村脱贫。

### （九）金融支持

鄂温克旗自治旗成立最早的金融机构是人民银行，组建于1954年，称中国人民银行索伦旗支行，以后又陆续组建了工商银行、农业银行、建设银行、财产保险公司、人寿保险公司、农业发展银行、农村信用联社、包商村镇银行及其下属机构。全旗现有金融机构网点30余个。这些网点，对牧民贷款存款提供了很大的帮助，方便了牧民们的生产生活。

在调研中，我们了解到当牧民在生产生活中遇到资金困难，需要贷款时，他们一般会选择旗信用社，一方面是因为那里有“小额联保、小额信用”贷款，另一方面也是因为那里的利息低，牧民可以负担得起。牧民说他们有时候也会去其他银行贷款，但比较而言他们更偏爱的还是农村信用社。嘎查牧民芒来家在2011年向旗信用社贷款了5万元，缓解了旺季资金紧张的情况。嘎查牧民巴彦其其格家在去年也贷款了2万元，说预计2年内可以还清。嘎查牧民都说旗信用社能够结合牧区生产周期和牧业资金需求规律按季节合理投放资金，使牧民很是受益。牧区的资金季节需求旺季主要体现在1、2、3月（一季度）和7、8、9月（三季度）。因1、2、3月这个季节面临春节、子女上学、接羔保育、抗灾保畜高峰，故旗信用社在这段时期内投放一定数量的小额贷款。7、8、9月份是牧区打贮草旺季，牧民需购打草设备、油料等，生产费用支出较高，是牧区贷款需求集中期，故在此期间旗信用社发放了一些短期流动资金贷款，支持牧区生产经营活动。6月是牧区固定资产投资需求期，此季节，部分牧民要为建网围栏、建棚圈、草场改良作准备，因此需投放一些大额的基础建设资金，但不具有普遍性。9、10、11、12月是牧区大量牲畜出栏季节，资金回笼大需求小，是信用社收贷的最佳时期。据资料统计，鄂温克旗信用社从2001年到2008年年末累计投放农户小额信用贷款和农户联保贷款3.8亿元，充分发挥了农村信用社金融主力军作用，方便了牧民的生产、生活。

### （十）农牧业税改革

内蒙古自治区自2002年开展农村税费改革后，免除了牧民在草场承受限度内放牧牲畜所应缴纳的牧业税，仅对属于“超载过牧”范围的牲畜及机关、企事业单位和团体饲养的牲畜征收牧业税。这一政策实施后，2003年内蒙古全区的牧业税收入减少至1819万元，较2000年1.4亿元的牧业税收入下降了85%。2004年，内蒙古再次发出通知，在全区范围内全部取消牧业税。由于该项政策出台时当年牧业税征期已过，自治区政府要求征收机关在年底前将已经征收的牧业税退还给农牧民纳税人。目前这一政策已全部得到落实。①

在调研中，牧民也提到牧区早已停止征收牧业税了。党和国家的政策好，不仅不收税，还有各种补贴，牧民感到很满意。

### （十一）旗妇联妇女基金会项目

鄂温克自治旗妇联近年来也积极开展关爱妇女的活动。2011年，旗妇联来到了嘎鲁图嘎查，创建了10万元的妇女基金会，用来资助贫困妇女。这些资金主要是用来贷款给贫困妇女家庭，每户1万元，无利息，一年以后偿还。嘎查达给我们介绍说，这笔资金在2012年9月份就到期了，到期以后收回，再借给下一波需要帮助的贫困妇女家庭。

① 中国税务报，牧业税将退出历史舞台，2005-01-25。

## （十二）家电下乡

家电下乡是国家对农牧民购买指定的家电产品给予一定的补贴。目前指定的家电下乡产品包括彩电、冰箱（含冰柜）、手机、洗衣机、电脑、空调、热水器（含储水式热水器、燃气热水器、太阳能热水器）、微波炉、电磁炉9类。[①] 在我们入户调研时了解到，鄂温克旗相关部门在国家政策的指导下，也积极开展着家电下乡工作，按照产品最终销售价格的13%给予补贴。旗政府还充分利用广播电视媒体、手机短信、宣传单等大力宣传家电下乡的惠民政策，让农牧民家喻户晓。

在调研中，我们发现，在旗政府的宣传下，嘎鲁图嘎查也受益于家电下乡这一优惠政策。在调研的30户农牧民家庭中，家电产品比较完备，都拥有电视机、手机，还有一部分牧民拥有洗衣机、相机等家电产品。嘎查农牧民说家里的家电好多都是在家电下乡优惠政策实施以后才购买的，牧民巴彦其其格家就是其中之一。她家于2011年购买了一台电视机。按照优惠13%的原则，电视机总共花了2200元，在结账时就直接在原价基础上减去了。在访谈时，巴彦其其格的儿媳妇对我们说这一政策实施后，牧民们很受益，也带动了大家购买电器的热情，通常是一户购买后，其他户看着好也来购买。嘎查其他牧民也说到自从家电下乡补贴政策实施后，购买家电时也会优先考虑家电下乡的品牌，会去家电下乡的网点购买，因为这些品牌性价比较高。

在调研中，旗领导干部同我们说“家电下乡”对拉动消费带动生产，促进经济平稳较快增长，起到了积极的推动作用。销售网点企业、商务局、财政部门统一建立了“家电下乡”网络信息系统，实现了“家电下乡”工作网上操作管理。具体程序要求销售网点及时把牧民购买信息录入“家电下乡”网络信息系统，乡镇财政所根据申报数量情况，及时向财政局保送申报材料，共同完成“家电下乡”的备案、审核、补贴工作，保证补贴资金的及时拨付。补贴资金以现金形式足额发放到了牧民手中。旗领导接着说，下一步，我旗将把“家电下乡”补贴纳入惠牧资金“一卡通”发放系统管理，直接把补贴资金存入牧民卡中，保证补贴资金及时、足额发放到位，真正实现“牧民得

① “家电下乡”撬动农村消费市场 人民网，访问时间：2012－10－30。

实惠，企业得市场、政策得民心”的目标。

### （十三）汽车摩托车下乡

2010年，鄂温克旗实施了国务院作出的汽车摩托车下乡政策。这一政策是促进消费、拉动内需，应对国际金融危机的一项重要决策。此次可享受补贴的汽车主要是轻型载货车和微型客车（不包括轿车），具体补贴标准为：对购买轻型载货车和微型客车的，按销售价格的10%给予补贴，最高定额补贴5000元；对购买摩托车的，按销售价格的13%给予补贴，最高定额补贴650元。[①]

嘎鲁图嘎查年年都有牧民购买摩托车，因为摩托车是草原上性价比很高的交通工具，使用起来又很方便，嘎查牧民也很受益于这一政策。

### （十四）家电以旧换新

2011年，鄂温克旗财政局开始实施“家电以旧换新”政策。家电以旧换新工作是我国继“家电下乡”、“汽车摩托车下乡”、“汽车以旧换新”之后的又一项惠民政策，对于扩大内需、拉动消费、带动生产、改善民生、节能环保具有重要的现实意义。此政策对具有内蒙古自治区户口的个人和在内蒙古自治区注册登记的法人单位，交售旧家电，购买新家电，均可享受家电补贴。按新家电销售价格的10%给予补贴，补贴上限为：电视机400元/台、电冰箱（含冰柜）300元/台、洗衣机250元/台、空调350元/台、电脑400元/台。需要注意的是已享受“家电下乡”补贴政策的新家电不得重复享受以旧换新补贴，而且购买新家电不受交售旧家电品种对应限制，即交售旧家电品种与购买新家电品种不要求一致，交售五大类中旧家电，可换购五大类中任意品种新家电。[②] 和家电下乡政策相比，家电以旧换新政策的灵活性更大，因为其没有购买家电单价的上限，只有补贴额度的上限，对购买数量的要求空间性也更大。故嘎查牧民可以在比较中，选择使自己更受益的购买方式。

---

① 鄂温克旗自治旗人民政府网，我旗汽车摩托车下乡深受牧民欢迎，访问时间：2012－10－30。

② 鄂温克旗自治旗人民政府网，我旗将实施“家电以旧换新”政策，访问时间：2012－10－31。

## 四、社会事业发展情况

社会事业的发展是经济发展的晴雨表。社会事业的发展水平是随着经济发展水平的不断提高而提高的。而社会事业的发展又是推动经济发展的主要推进器。只有依靠医疗、养老、教育等社会事业保障机制的不断完善，才能调动人们的积极性，解除人们的后顾之忧去发展经济。嘎鲁图嘎查的鄂温克族牧民们常年生活在辽阔的草原上，在努力发展畜牧业经济的同时，现在的鄂温克族牧民也在享受着较为完善的医疗、养老和教育等社会事业发展所带来的福利。

### （一）医疗

嘎鲁图嘎查地处辉河沿岸，呼伦贝尔草原腹地。作为鄂温克族牧民的主要聚居区，嘎鲁图嘎查的医疗卫生事业经历了从萨满医、喇嘛医的民间游走治疗到现代化卫生院的建成与发展的跨越性转变。随着医疗卫生事业的不断发展，曾经流行于鄂温克族牧民中的结核病等流行病得到了有效的控制。再加之新型农村牧区合作医疗项目的实行，牧民看病难、就医贵的问题也在很大程度上得到了缓解。鄂温克族牧民的身体健康状况得到了保障，促进了嘎鲁图嘎查牧业经济的发展，并形成了医疗事业发展与经济发展互促互进的良性循环。

#### 1. 嘎鲁图嘎查医疗条件的历史变迁

与许多北方游猎、游牧民族一样，鄂温克族崇拜自然万物，信仰萨满教。在鄂温克族自治旗辉苏木嘎鲁图嘎查所在的地区，这种宗教信仰现象仍然十分普遍。虽然随着现代化医疗技术的不断发展，传统的萨满医疗已经淡出了鄂温克族牧民的日常生活。但漫长的历史岁月中，在寺庙未建立前，鄂温克旗草原上主要是由萨满和民间游走的蒙医诊疗治病。[①] 在原始社会，医疗资源十分匮乏，人们相信所罹患的疾病是由鬼魂侵入人体而造成的结果。因此，在《呼伦贝尔志略》中有这样的记载：“唯萨满者乃以通黑教鬼神之消息者

---

① 鄂温克族自治旗卫生局．鄂温克族自治旗卫生史（1958—2008）［Z］．鄂温克族自治旗卫生局，2008：67。

也，故属于黑教之人民，罹疾病时，试用医药无效，喇嘛无灵者，其结果必聘请萨满以治之，若唯一信仰者，则不用医药、喇嘛，专诚托赖黑教之鬼神，唯一萨满之言是听也。”萨满医师通过“念咒语”、“跳大神”等仪式首先对罹患疾病的人进行有效的心理暗示。再凭借多年的诊疗经验施以少量的药草和接骨等传统的治疗手段为鄂温克族牧民提供着医疗服务。

随着信仰喇嘛教的蒙古族巴尔虎部落和布里亚特部落迁入呼伦贝尔，藏传佛教寺庙在索伦旗（鄂温克族自治旗旧称）的锡尼河、南屯等地区开始建立。虽然嘎鲁图嘎查地区的鄂温克族牧民主要信仰萨满教，但是由于牧民长期与蒙古族、达斡尔族等民族进行贸易、广泛接触，很多鄂温克族牧民逐渐接受了蒙医诊疗，从而接受了与蒙医紧密相关的喇嘛教医疗服务。喇嘛教医疗虽然在蒙古族布里亚特、额鲁特等部落所在地区较为普遍，但在鄂温克族较为集中的嘎鲁图和整个辉河地区仍只是作为萨满医疗的辅助治疗方式。嘎鲁图的鄂温克族牧民在生小病的时候会吃药或请喇嘛医治。而当遇到重病时，他们通常会请哈拉中的萨满为其进行治疗。这主要是因为鄂温克族牧民普遍信仰萨满教，藏传佛教的信仰者不多。根据日本学者所著的《索伦族之社会》中的记载，在索伦旗的264名喇嘛中，鄂温克族出身的喇嘛仅有1人。由于萨满医和喇嘛医的诊疗条件和诊疗手段相对较差，在嘎鲁图嘎查所属的辉河地区曾出现过大规模传染病的流行。据《鄂温克族自治旗卫生史（1958—2008）》中的记载，辉河地区曾经在1902年流行肺鼠疫，死亡人数达到上百人。

1932年日本统治嘎鲁图及整个鄂温克地区之后，不但没有带来先进的医疗技术，反而对传染病在该地区的传播起到了推波助澜的作用。他们大力提倡吸食鸦片，以摧残鄂温克人的身体健康状况与反抗斗争意志，结果鄂温克青壮年男子大部分都吸食大烟，很多人失去了劳动能力，一遇传染病就大批死亡。[①] 在此基础之上，臭名昭著的日本关东军731部队的分支部队海拉尔345支队以海拉尔要塞丘陵台为阵地，不但大量培植黑老鼠、跳蚤、伤寒菌等，还对鄂温克族牧民进行细菌实验。这些实验直接导致辉河和嘎鲁图嘎查地区的人口锐减。在1943年，一次伤寒病就死亡200多人，[②] 南辉和北辉苏

① 国家民委民族问题五种丛书内蒙古自治区编辑组．鄂温克族社会历史调查［M］．北京：民族出版社，2009：313.

② 国家民委民族问题五种丛书内蒙古自治区编辑组．鄂温克族社会历史调查［M］．北京：民族出版社，2009：423.

木因海拉尔支队进行细菌实验进行细菌实验两次就死亡 320 人。[①] 而嘎鲁图嘎查在细菌战中共死亡 8 人，其中包含了一个死亡 7 人的家庭。日本在鄂温克地区 13 年的统治留给鄂温克地区的是梅病等传染疾病更为广泛的传播，丝毫没有发展的医疗卫生条件和广大鄂温克族牧民的丧亲之痛。

日本结束统治后，为了满足鄂温克族牧民的就医需求，嘎鲁图嘎查所属的辉河苏木于 1949 年 9 月建立了第一家卫生机构——辉苏木卫生所。此后，辉苏木卫生所一直作为最重要的对嘎鲁图嘎查服务的医疗卫生机构而发展。其发展的历程基本代表了嘎鲁图嘎查的卫生条件的发展历程。

刚成立的辉河卫生所条件十分简陋。卫生所的诊室是鄂温克族牧民自己动手盖起的两间土房，没有任何的医疗设备。卫生所所长兼唯一的医生乌力吉巴图和 2 名护士携带着一个就诊包游走于包括嘎鲁图嘎查在内的辉苏木各嘎查的鄂温克族牧户之间，为牧民们诊断和治疗一些常见病和多发病。虽然卫生所的诊疗条件在当时经济发展和社会时局的影响下十分简陋，但辉苏木卫生所的成立极大地改善了嘎鲁图嘎查牧民的就医环境。

1951 年，刚刚成立了两年的辉苏木卫生所就协助盟、旗“驱梅”工作队在嘎鲁图嘎查开展了性病普查与防治工作。性病多年来困扰着生活在内蒙古的广大牧民的身体健康和各民族的人口繁衍。为了向广大的鄂温克族牧民宣传卫生科学知识，开展检查治疗工作，嘎鲁图嘎查成立了驱梅委员会。嘎查驱梅委员会、辉苏木卫生所和苏木驱梅委员会、旗驱梅工作队积极配合，向广大牧民群众介绍性病的危害，普及性病治疗的知识。在此基础上，嘎查委员会和辉苏木卫生所还为驱梅工作队提供了蒙古包、马匹等，以方便鄂温克牧民和医务工作者的治疗与护理。在经历了普查普治、复查治疗和扫尾治疗三个阶段后，嘎鲁图嘎查地区的人口出生率明显增长，牧民的劳动能力逐步恢复，性病基本消灭。

在“驱梅”工作取得可喜成绩的同时，随着国家经济的发展和政府对少数民族群众的重视，作为在少数民族地区为牧民提供医疗服务最前沿的辉苏木卫生所的诊疗条件发生了根本的转变。1960 年，辉苏木卫生所改称辉公社卫生院，并于 1962 年搬入原乳品厂的院子。医务人员数量得到了有效的充实，从成立初期的 3 人增长为 8 人。卫生院还设立了内科、妇科、防疫科、

---

① 金成民. 日本军细菌战 [M]. 哈尔滨：黑龙江人民出版社，2008：230.

药房、注射室等科室，年门诊4300人次，营业额为30000元。①

1964年，在辉公社卫生院原有诊疗条件的基础上，鄂温克自治旗卫生部门从人员配备、基础设施建设、科室设立、设备投入与技术支持等方面进行改进与完善。成立了兼有结核病防治所和卫生院双重功能的辉河结核病防治所，将苏木卫生诊疗的重点放在长期危害牧民身体健康的另一重要传染病——肺结核病上面。在扎兰屯结核病院的帮助下，辉河结核病防治所于1965年对包括嘎鲁图嘎查在内的整个辉河苏木的1591户牧户进行了结核病普查，查出患者78人，患病率为4.9%，最终治愈62名患者。自此，辉苏木卫生院的医疗条件驶入了快车道。从表4－1中可以看出，从1964年至1986年的26年间，辉苏木卫生院的房屋使用面积和房屋条件都有了极大的改善，平均每十年就有一次门诊、病房的翻修与扩建；科室设置趋于专门化、多样化；医务人员数量在1964年后基本维持在20人以上；年门诊人次和年营业额也从1960年的4300人次和30000元上升到了1986年的9300人次和140000元，分别增加了约1.16倍和3.67倍。

表4－1 **辉苏木卫生院发展情况简表**

| 年份 | 基础设施情况 | 科室设置 | 医务人员（人） | 年门诊人次（人次） | 年营业额（元） |
|---|---|---|---|---|---|
| 1949 | 牧民无偿建设的两间土房 | 无专门科室 | 3 | | |
| 1960 | 乳品厂砖瓦房 | 5个科室 | 8 | 4300 | 30000 |
| 1964 | 新建500平方米门诊、500平方米病房 | 7个科室 | 23 | 7000 | 83000 |
| 1973 | 500平方米门诊、500平方米病房 | 9个科室 | 21 | 8060 | 63000 |
| 1986 | 新建500平方米砖木结构门诊病房 | 8个科室 | 21 | 9300 | 140000 |

数据来源：《鄂温克族自治旗卫生史》。

“驱梅”工作队和扎兰屯结核病院对嘎鲁图嘎查地区的医疗帮助不仅优化

① 鄂温克族自治旗卫生局．鄂温克族自治旗卫生史（1958—2008）［Z］．鄂温克族自治旗卫生局，2008：71。

了嘎鲁图嘎查地区的医疗设施条件，先进的医疗技术还极大地改善了牧民的身体健康状况，受到了牧民们的欢迎。而随着国家对少数民族地区的扶持力度的不断加大，支援医疗队成了帮助嘎鲁图嘎查地区医疗条件改善的中坚力量。在20世纪60年代至80年代末，嘎鲁图嘎查地区先后有扎兰屯结核病院、天津“6·26”医疗队、哈尔滨市第二医院、哈尔滨市第四医院等医疗服务队在嘎鲁图地区提供过医疗援助服务。其中，1973年，哈尔滨市第二医院医疗队在辉苏木提供医疗援助期间，遇到了嘎鲁图嘎查女牧民难产，医疗队当即进行剖腹产手术，母女俩双双得救，这也是辉河中心卫生院的第一例剖腹产手术。①

在辉苏木卫生院的医疗条件不断优化的同时，随着经济的不断发展及行政区划上的变化，也为了更好地为包括嘎鲁图嘎查牧民在内的广大鄂温克族牧民提供医疗服务，北辉卫生院于1989年12月1日在嘎鲁图嘎查成立。北辉卫生院的成立首先方便了嘎鲁图嘎查牧民就医。嘎鲁图嘎查到辉苏木卫生院所在地的距离是30公里。至北辉卫生院成立时，这条就医之路仍然是自然路，嘎鲁图嘎查的牧民们通常要骑5~6小时的马才能就诊，患有严重病情的牧民很有可能因此耽误了最佳治疗时间而威胁到生命安全。而北辉卫生院就设立在嘎鲁图嘎查，再加之嘎鲁图嘎查的牧户居住较为集中，嘎查牧民的就医距离和就医时间都得到了大大的缩减。其次，北辉卫生院的成立缓解了辉苏木卫生院的就诊压力，缩小了就诊服务半径，提高了出诊效率，两个卫生院都可以更为灵活地为服务半径内的牧民提供专业化、专门化的医疗服务。最后，从北辉卫生院的医务人员构成上来看，大部分医务人员都是由辉苏木卫生院充实过来的。这样也便于北辉卫生院的医务人员熟悉患者的病史和嘎鲁图嘎查传染病的发展情况，为更好地替患者诊疗和对传染病的防疫工作奠定了坚实的基础。

进入21世纪，随着经济的不断发展，政府对农村、牧区卫生工作十分的重视。2002年，中央下发《中共中央、国务院关于进一步加强农村卫生工作的决定》，自治区下发《内蒙古自治区农村牧区卫生改革与发展的试点意

① 鄂温克族自治旗卫生局．鄂温克族自治旗卫生史（1958—2008）［Z］．鄂温克族自治旗卫生局，2008：72。

见》。[1] 鄂温克旗作为内蒙古首批试点旗县，确定了以预防、保健、基本医疗服务、公共卫生、村级卫生组织管理及计划生育六大苏木卫生院职能。职能调整后的北辉卫生院共有7名卫生技术人员，在206平方米的卫生院内设有内科、儿科、外科、防保科、注射室、药房等科室，并拥有两张病床。2004年，卫生院又接受并执行了“农牧民健康工程”和“苏木乡镇卫生服务体系建设项目”两项工程。卫生院的基础设施通过这两项工程的建设得到了很大的改善与优化。截至我们在嘎鲁图嘎查调研时，北辉卫生院的房屋面积为230平方米，职工8人，并设有内科、儿科、外科、防保科、注射室、药房等专业科室。据北辉卫生院院长图力古尔介绍，随着交通设施的改善和牧民生活水平的提高，自卫生院职能调整后，卫生院医务工作者的出诊量有所减少，患有普通疾病的患者一般都是主动到卫生院进行治疗。而对于急症和重症患者则通常由家人直接送往鄂温克旗医院或海拉尔的一些医院进行救治。因此，北辉卫生院的基础设施基本能够满足嘎鲁图嘎查及周边嘎查牧民们的基本医疗服务需求。

卫生院基础设施改善的同时，为减轻牧民们看病的负担，增加基层医务工作者的收入，2007年，鄂温克族自治旗决定将鄂温克旗蒙医医院和包括北辉卫生院在内的10所苏木乡镇卫生院的经费由实行差额管理改为实行全额预算管理。实行全额预算管理后，卫生院不但实现了药品零差价，有效地减少了牧民们买药的支出，同时卫生院职工的工资收入增长幅度较大。据北辉卫生院院长图力古尔介绍，他2003年刚在北辉卫生院参加工作时，每月仅能领取到400多元的工资。实行全额预算管理后，他现在每月可以领取到4000多元的工资，在短短不到10年的时间里，他的工资上涨了10倍。在完善诊疗条件的同时，鄂温克族自治旗卫生局还积极地组织专家对嘎鲁图嘎查进行医疗援助。2011年11月中旬鄂温克族自治旗卫生局组织专家对150名嘎鲁图嘎查的牧民进行会诊。并根据会诊结果中高血压病等慢性病普遍的情况，明确了北辉卫生院的工作要点，并积极向牧民们宣传健康知识，组织牧民们定期体检。

随着经济的不断发展与城市化进程的不断深入使得嘎鲁图嘎查的医疗条

① 鄂温克族自治旗卫生局．鄂温克族自治旗卫生史（1958—2008）［Z］．鄂温克族自治旗卫生局，2008：68。

件有了很大改善，但其医疗条件的进一步可持续发展也面临了挑战。其中较为突出的就是基层专业技术人员的紧缺。我们在调研时了解到，为嘎鲁图嘎查服务的北辉卫生院共有8名职工。其中卫生技术人员为5人，包括2名医生和3名护士，并且其中一名医生常驻阿尔山诺尔嘎查卫生室服务。对于日均接待5名患者的北辉卫生院来讲，一名医生在提供医疗服务时难免会有些捉襟见肘，力不从心。院长图力古尔介绍，由于基层的生活条件较差，即便医务工作者的工资待遇在该地区较高，但也很难吸引到专业人才前来就业。自他进入北辉卫生院工作以来，每年参加工作的专业技术人员的学历普遍是大专和中专，且以中专学历者居多。本科学历的毕业生由于考虑到生活条件等因素大都不愿到基层服务。2011年7月鄂温克族自治旗卫生局曾尝试为北辉卫生院招聘医务人员，但由于报名人数较少，最终未能成功。

纵观嘎鲁图嘎查的医疗条件历史变迁的轨迹，不难发现从最初的萨满医、喇嘛医到现代化的卫生院的医疗服务，嘎鲁图嘎查的医疗条件发生了质的飞跃与改变。随着经济现代化和城市化的不断深入，人才发展将对未来嘎鲁图嘎查医疗条件的改善与优化形成挑战，并直接影响其未来的发展走向。

**2. 新型农村（牧区）合作医疗与其他医疗服务保障工程**

提供优质医疗服务的基础是医疗条件的优化与完备，而让牧民们享受这些先进的医疗服务，保障自身身体健康的关键是向牧民们提供经济上的援助与支持，减少牧民的就医费用，减轻牧民的经济负担，建立医疗服务保障制度。

为了切实保障牧民享受医疗服务，1958年，伴随着人民公社化运动，鄂温克自治旗开始了尝试。1958年，嘎鲁图生产队建立，其所归属的辉公社与其他索伦旗（鄂温克旗旧称）一起在“一大二公”的影响下，实行公社包揽医疗费，社员治病不花钱的“全保健”制度。但由于当时的经济基础相对薄弱，医疗条件相对较差，不但牧民享受不了优质服务，公社的经济发展还受到阻碍，“全保健”制度很快取消。

在“全保健”制度的基础之上，鄂温克旗于1970年进行了第二次尝试——推行“合作医疗保健制”。“合作医疗保健制”是以生产队为单位，根据生产队人数，人均缴费0.5元作为合作医疗基金并建立合作医疗站。患有疾病的生产队队员就诊时只收药品与材料费用而免收诊费。嘎鲁图生产队当时还派医生参加了旗卫生部门的赤脚医生训练班。赤脚医生学员经过3个月的培训后回到嘎鲁图生产队后在参加劳动记工分的同时，还可获得生产队的固定补贴工分，每月大概为5~7分，以作为其为社员免费看诊的生活补偿。但是随着商品经济的进入及人民公社制度的取消，合作医疗制度因无法继续执行而中止。

为了适应经济现代化的发展，同时又要确保农牧民享受先进的医疗服务，减轻农牧民就医的经济负担，2003年12月，根据国家《关于建立新型农村合作医疗制度意见的通知》，内蒙古自治区将鄂温克族自治旗确立为首批试点旗县之一。并于2004年7月1日在鄂温克族自治旗实行了新型农村（牧区）合作医疗。

所谓新型农村（牧区）合作医疗制度，简称“新牧合”，是由政府组织、引导和支持，农牧民自愿参加，个人、集体和政府多方筹资，以大病统筹为主的农牧民医疗互助共济制度。[①] 根据2004年鄂温克族自治旗公布的《鄂温克族自治旗新型牧区合作医疗管理暂行办法（试行）》的规定，鄂温克旗的新牧合的资金从个人缴费、集体扶持、政府补助三方面进行筹集。新牧合实行当年，参合的牧民每年每人缴费10元。为了照顾五保户、特困户，这些牧户的个人缴费由民政或扶贫部门从医疗救助基金中支出。在牧民缴纳费用的同时，中央财政每年对参合的牧民每年按人均10元的标准进行补助，内蒙古自治区按每年人均4元进行补助。而呼伦贝尔市和鄂温克旗两级财政每年分别按人均3元和6元的标准安排补助资金。为了更好地保证牧民享受医疗服务，2005年，地方财政的补助标准由每人每年3元提高到16元，2007年这一补助又上涨到22元。截至我们在嘎鲁图嘎查调研时，各级财政对参加新牧合的农牧民每人每年的补助达到了271元。其中，中央财政、自治区财政、呼伦贝尔市财政和鄂温克旗财政每人每年分别补助214元、58元、19元和70元。随着国家补助金额的增加，牧民们的个人缴费金额也适当地增加了。牧民的个人缴费金额从10元上升到了30元，据牧民陶克图介绍，这一金额自2011年年末又增加至50元。尽管牧民的缴费金额适当地上升了，但就筹资比例来讲，牧民的出资比例呈明显下降趋势。

---

① 鄂温克族自治旗史志编纂委员会．鄂温克族自治旗志（1991—2005年）［M］．呼伦贝尔：内蒙古文化出版社，2008：964。

为了实现对新牧合资金的有效管理，同时为使得资金可以实现专门化的使用，鄂温克旗将从个人、政府等汇集的新牧合资金再分为三类进行分配使用。第一类是按人均13元建立家庭个人账户基金。这部分账户基金主要用于参合牧民的门诊医药费用。普通门诊医药费报销比例为30%，封顶线为500元。慢性病门诊报销比例为40%，其中：一类慢性病封顶线为800元，二类为8000元。第二类是按人均17元建立的大病统筹基金。这部分基金主要用于参合牧民就医住院时的医药费用。与账户基金相似，大病基金也设有封顶线。鄂温克旗农牧民每年每人最高补助限额为60000元。而与账户基金不同的是，大病基金在报销时还根据医院等级不同设有不同的起付线，报销比例亦根据医药费用金额的不同而有所不同。详细的起付线与住院费的报销比例见表4－2和表4－3。第三类是按人均3元建立的风险资金作为以上两类的储备金使用。

表4－2　**鄂温克族自治旗住院费起付线**

| 医院等级 | 起付线（元） |
|---|---|
| 苏木乡镇卫生院 | 50 |
| 旗级医院 | 100 |
| 旗级以外医院 | 600 |
| 注：低保户、五保户、散居归侨侨眷取消起付 | |

数据来源：鄂温克族自治旗合作医疗办公室。

表4－3　**鄂温克族自治旗住院费用报销比例**

| 金额（元） | 苏木乡镇级（比例:%）（各苏木乡镇卫生院） | 旗级（比例:%）（旗人民医院、旗蒙医医院） | 旗外（比例:%） |
|---|---|---|---|
| 0～5000 | 75 | 70 | 60 |
| 5001～10000 | 80 | 75 | 65 |
| 10001～20000 | 85 | 80 | 70 |
| 20001以上 | 90 | 85 | 75 |

数据来源：鄂温克族自治旗合作医疗办公室。

除资金筹集和分配外，为了让参合牧民真正感受到新牧合制度的优越性、方便性，结合牧区实际，鄂温克旗简化了缴费和报销的流程，受到了包括嘎鲁图嘎查牧民在内的广大牧民们的好评。据负责嘎鲁图嘎查新牧合登记工作的嘎拉曾道力玛介绍，根据牧民分散式居住特点，参合工作从每年的 10 月份延续至翌年的 1 月份完成。以参合登记、参合缴费、开具发票、发证等“一站式”服务模式进行。同时由于嘎鲁图嘎查距离旗政府所在地较远，嘎鲁图嘎查的牧民在门诊治疗的可以直接在门诊办理报销。旗医疗合作办公室还根据牧民居住地理位置，在住院费用报销中，采取不定期巡回报账、医院直接报销以及定期巡回报账相结合的方式，使报销的医药费能方便、及时、快捷地送到牧民手中。

正是由于优厚的报销补偿、方便的缴纳报销机制，嘎鲁图嘎查的参合人数与报销人次、金额都基本呈现出了上升趋势（见表 4－4）。截至我们在嘎鲁图嘎查调研时，参加 2012 年新牧合的牧户为 74 户，参合人数为 205 人。参合户数和参合人数分别约占嘎鲁图嘎查总户数和总人数的 82% 和 67%。我们进行问卷调查的 28 个牧户和 111 个牧民均参加了新型农村（牧区）合作医疗保险。

表 4－4　　嘎鲁图嘎查历年参加新牧合情况简表

| 年度 | 参合户数 | 参合人数 | 住院 | | |
|---|---|---|---|---|---|
| | | | 报销金额（万元） | 报销人次 | 平均比率（%） |
| 2007 | 58 | 206 | — | — | |
| 2008 | 60 | 213 | 1.3 | 7 | 47.00 |
| 2009 | 64 | 224 | 2.8 | 14 | 42.00 |
| 2010 | 77 | 210 | 5.68 | 29 | 45.00 |
| 2011 | 74 | 202 | 9.16 | 26 | 60.00 |
| 2012 | 74 | 205 | 9.88 | 28 | 63.00 |

数据来源：鄂温克族自治旗合作医疗办公室。

在我们的调查采访中发现，嘎鲁图嘎查的许多牧户都是新型农村（牧区）合作医疗的受益者。孟和苏荣家就是其中之一。孟和苏荣的小儿子那日格勒的皮肤经常在被蚊虫叮咬后化脓。2011 年，那日格勒到鄂温克族自治旗蒙医医院住院治疗，共花费 2000 多元诊疗费用。由于参加了新型农村（牧区）合作医疗，住院费用的70%都由新牧合报销了。这为孟和苏荣家节省了不少的医疗支出。

在新型农村（牧区）合作医疗的基础上，考虑到牧户居住较为分散等因素，鄂温克旗还推出了“小药箱”工程和“流动医院”两大医疗服务保障工程。“小药箱”工程是在2011年年末开始实行的，主要是为了满足牧户的慢性病和普通疾病的药品购置需求。嘎鲁图嘎查的陶克图家就是“小药箱”工程的受益者。打开陶克图家的小药箱，发现里面装有感冒胶囊等常备药品。据陶克图介绍，牧民们只需花100块钱左右，就能得到这个“健康小管家”。这样在鄂温克草原寒冷的冬季到来时，牧民们就不必再为既要忍受疾病痛苦又要抵御严寒出去买药而发愁了。牧民们在续药时，上门送药的医务人员会当场按照新牧合规定的门诊报销比例30%或40%为牧民报销。

与“小药箱”工程相配合的是“流动医院”工程。借助送药及补药的时机，北辉卫生院还会为嘎鲁图嘎查的牧民，特别是患有慢性病的患者进行量血压、测血糖等基本的监测。据卫生院院长图力古尔介绍，北辉卫生院的流动车平均每三个月就要对管辖范围内的居民进行一次免费的体检。而作为硬件设施相对较好的辉苏木中心卫生院还会定期到各嘎查进行如X光、B超、心电等流动检查，在保障牧民们享受优质的医疗服务的同时，还向牧民们宣传了相关的健康知识。

## （二）养老

在中国的传统文化中，“孝”文化一直是其中的重要组成部分。出自清代王永彬《围炉夜话》的名句“百善孝为先”反映的就是中华民族重视“孝”的观念。为父母养老是中国传统“孝”文化最基本、最直接的表现，并由此形成了“家庭养老模式”。随着中国步入老龄化社会，“家庭养老”模式带给家庭的经济负担逐渐增大。为减轻农牧民的经济压力和社会压力，新型农村（牧业）社会养老保险等社会保障工程逐步在牧区开展，农牧民的养老条件正在逐步改善。

### 1. 嘎鲁图嘎查的养老模式

嘎鲁图嘎查的鄂温克族牧民主要由杜鲁基尔哈拉的锡阿潘·杜拉尔家族和锡阿林·哈瓦那家族的少部分构成。因此，嘎鲁图嘎查的鄂温克族牧民基本都有血缘关系。这种社会结构使得“血缘关系越近的族人之间，越有代偿债务和抚养孤儿、老人的义务。”[①] 并由此形成了鄂温克族独特的“莫昆式养老模式”。而家庭作为鄂温克社会中的最小单位一直承担着主要的养老义务。嘎鲁图嘎查的鄂温克族家庭主要有两种不同的“家庭养老模式”。他们分别是“子女养老型”和“第三代责任型”。

从嘎鲁图嘎查的牧民们的家庭养老类型来看，“子女养老型”家庭养老模式最为普遍。在我们采访的 28 个牧户中，有 12 户采用了这种类型的养老方式，约占调查总户数的 42%。“子女养老型”牧户与传统鄂温克家庭结构类似，或者说是从传统的家庭结构转化而来的。嘎鲁图嘎查的“子女养老型”牧户是儿子娶妻后，父母给儿子新购置或建设一个包或房子，分给儿子一部分家庭财产，各自在自己所拥有的房子居住。表面上看牧户由大家庭划分成了小家庭，但实质上这些包或房子与老人的居所还在同一院落内。牧户那琴家就是这样的情况。他与妻子与母亲生活在一起，但虽随处同一院落，却形成了名义上不同的家庭。鄂温克族牧民的习惯一般是由儿子，特别是幼子对老人的饮食起居进行照顾。但在家中没有儿子的情况下，女儿就成了照顾老人饮食起居的主体。因此，尽管女儿在夫家有住所，一般在娘家也会留有单独的住所。额尔登陶克套胡家就是这样的情况。在他们家砖瓦房的门口分别搭建着 2 顶包。其中一顶是大女儿家，另一顶则是给还未成家的小女儿优韩居住的。在嘎鲁图的鄂温克家庭中，一般赡养老人的费用主要由家中的幼子负担，也有牧户的赡养费用是由几个孩子均摊的。至于赡养费用的多少则主要取决于家庭的经济条件了。

“第三代责任型”家庭养老模式是将上面几种类型的养老模式综合后发展而来的。“第三代责任型”家庭中的老人一般都有一定的经济来源。他们通常居住在鄂温克旗政府所在地——巴彦托海镇。老人们在巴彦托海生活的主要目的是为了照顾自己的孙子、孙女，承担陪读第三代的责任。至于陪读和生活的费用则主要是由需要老人承担陪读责任的子女供给。于小家庭来讲，既能使子女安心进行生产活动，又可使第三代享受优质的教育资源。于老人内心来讲，每天能见到第三代，照顾他们茁壮成长无疑是最好的心灵汤剂。嘎

---

① 祁惠君．传统与现代：鄂温克族牧民的生活［M］．北京：中央民族大学出版社，2009：57.

鲁图嘎查的女大学生索努尔就是在巴彦托海由奶奶照看一直到她考入大学。而祖孙俩每年的费用都由索努尔的母亲来承担。现在索努尔的奶奶在将她送入大学校门后，又在以同样的方式来照看索努尔的表妹了。虽然在我们对嘎鲁图嘎查调查时发现属于“第三代责任型”的牧户并不多，但是随着城市化的纵深及学校合并，优化教育资源的推广，这种类型的家庭养老模式的数量可能趋于增长。

除了家庭养老模式和莫昆养老模式外，社会养老模式也可以成为嘎鲁图嘎查牧民的选择模式。鄂温克旗在1979年前就已经拥有一处简易敬老院收养“五保”孤寡老人。随着经济的不断发展，鄂温克旗福利院的基础设施条件和服务质量都明显提升，基本能够满足现有的养老需求。尽管截至我们调研时，嘎鲁图嘎查尚未有老人选择社会养老模式。但随着我国迈入老龄化社会及独生子女的养老负担的加重，社会养老模式可以有效地减轻牧民子女的养老负担。

**2. 新型农村（牧区）社会养老保险**

由于受到鄂温克族传统社会文化中“孝”文化的影响，嘎鲁图嘎查的老年牧民都幸福地享受着自己的晚年生活，养老问题在嘎鲁图嘎查并不突出。但是随着老龄化社会的来临及物价水平的提升，牧民们在养老方面的经济负担也逐渐加重。为了减轻牧民养老的经济压力，国务院和内蒙古自治区分别于2009年9月分别下发了《关于开展新型农村社会养老保险试点的指导意见》和《内蒙古自治区人民政府关于印发自治区新型农村牧区社会养老保险试点办法的通知》，开始实行新型农村（牧区）社会养老保险，并将鄂温克族自治旗再次选为试点旗县，率先施行。

新型农村（牧区）社会养老保险，简称“新牧保”。它是以“保基本、广覆盖、有弹性、可持续”为原则，与各地原有自我储蓄式的养老保险筹资方式所不同的又一项惠农政策。从上述定义中可以看出，新牧保的“新”主要体现在两个方面。一是参保范围的广泛。1994年鄂温克旗就开展了养老保险社会统筹，但当时的参保对象覆盖范围狭窄，主要针对城镇居民和大型企业职工。新牧保则有所不同，凡是年满16周岁（不含在校学生）并且未参加城镇职工基本养老保险的农村牧区居民均可自愿参保。新牧保的“新”还体现在筹资方式上。以往实行的社会养老保险基金主要为参保人的个人缴费。而新牧保基金主要由个人缴费和政府补贴构成，部分有条件的嘎查还会给参保人一定的补助。新牧保将牧民的年缴费标准划分为100元、200元、300元、400元、500元及500元以上6个档次，并按照牧民缴费的不同金额对参保牧民进行相应的补贴，具体补贴情况见表4-5。这些政府补贴是由内蒙古自治区财政负担50%，呼伦贝尔市财政负担10%，鄂温克旗财政负担40%。为了照顾中度残疾人、低保户，鄂温克旗还按每人100元的标准为其代缴养老保险费。

表4-5 新型农村（牧区）社会养老保险政府补贴标准

| 牧民缴费金额（元） | 政府补贴金额（元） |
| --- | --- |
| 100 | 30 |
| 200 | 35 |
| 300 | 40 |
| 400 | 45 |
| 500及以上 | 50 |

数据来源：《内蒙古自治区人民政府关于印发自治区新型农村牧区社会养老保险试点办法的通知》。

除了对牧民缴纳养老保险进行补贴之外，鄂温克旗还对在2009年新牧保开始实行时，年龄在60岁及以上的符合领取养老保险金的牧民全额支付基础养老金。鄂温克旗还将国家规定的每人每月55元的基础养老金的最低标准提高到了115元，提高的部分由鄂温克旗财政承担。在对嘎鲁图嘎查调研时，这一标准已提升为120元。在此基础上，年龄在70~79周岁的老人和年满80周岁及以上的老人则分别另加10元和20元。与新牧保实行时达到退休年龄的老人享受的待遇有所不同，鄂温克旗对参加新牧保的其他牧民设立了专门的个人账户。根据“多缴多得、长缴多得”的原则，参保人员在达到退休年龄时所获得的养老金月计发放标准为个人账户全部储存额除以139。既避免了单一标准给牧民的现实生活造成严重的经济负担，还可以获得在退休时获得更为丰厚的养老金，一举两得。

虽然有多项政府补贴和未来丰厚的养老保险金，但是在2009年刚推行“新牧保”时，许多牧民由于对政策不了解导致参与的积极性不高。据嘎鲁图嘎查负责社会养老保险工作的嘎查干部嘎拉曾道力玛介绍说，当时很多牧民由于不了解相应政策以致不愿意缴纳新牧保费用，认为没有实际的用处。后来她每天骑着摩托车到各个牧户宣传新牧保对牧民养老的积极作用，再加之鄂温克旗对新牧保的财政投入力度的加大，嘎鲁图嘎查的牧民参加新牧保的积极性被充分调动起来。截至我们在嘎鲁图嘎查调研时，全嘎查共有包括5名60周岁以上退休老人的156名牧民参加了新牧保。嘎鲁图嘎查参加新牧保的人数约占嘎查总人数的51.3%，约占鄂温克旗参保总人数的1.4%。嘎鲁图嘎查的牧民参保率不但大大提高，而且5名60周岁以上的退休人员也自2010年起享受到了每月120元的基本养老金，较全国最晚执行新牧保政策地区的农牧民预计提早享受了11年之久。

在我们对嘎鲁图嘎查采访的28户牧户中共有18个牧户参加了新型农村（牧区）社会养老保险。其中有9个牧户的参保人员全部选择每年缴费100元；有3个牧户参保人员全部选择每年缴费200元；有1个牧户参保人员全部选择每年缴费300元；有3个牧户参保人员全部选择每年缴费500元。嘎鲁图牧民兴发家则是根据年龄选择各人不同的缴费金额档次。现年56岁的兴发，还有4年就达到了退休的年龄，为了能够获得更多的养老金，他选择每年交纳500元。儿子芒来和儿媳妇苏日娜则分别选择了100元和200元的养老保险费档次。曾在嘎查委员会任职的图门吉日嘎拉家是交纳养老保险费用最高的一家。由于家庭经济比较宽裕，他们家每个参保人每年都交纳了1000元的养老保险费。

### （三）教育

经济的发展，从根本上来讲取决于人们的文化素质。而文化素质的高低主要取决于受教育的程度。嘎鲁图嘎查的教育事业兴起的较早，为鄂温克族培养了大量的人才。但是随着城市化的不断深入，仍有许多限制因素制约着嘎鲁图嘎查教育事业的发展。

#### 1. 嘎鲁图嘎查所在地区教育条件的变迁

鄂温克草原上的教育事业兴起于晚清时期。光绪三年（1877年），南屯（今巴彦托海镇）设立私塾。[1] 但是由于路途遥远而且交通极为不便等因素，

① 鄂温克族自治旗志编撰委员会．鄂温克族自治旗志［M］．北京：中国城市出版社，1997：751.

嘎鲁图嘎查牧民们的子女，特别是经济困难的牧民子女无法前往南屯就学。即便是经济富裕的牧户子女也大都是请家教到家教授知识。为了扭转鄂温克族牧民接受教育的窘境，当时鄂温克族上层中的有识之士决定振兴民族教育，在家乡创立一所学校。1927 年在鄂温克族正黄旗第二尼鲁将军布和等人的领导下，整个辉苏木地区的第一所学校——私立索伦西旗小学在嘎鲁图嘎查河西地区的洪和尔孰胡尔成立。布和担任学校第一位校长。学校最初建立时仅有 6 名教师和 17 名学生。学生中年龄最小的仅 10 岁，最大的却已达 25 岁。对于一所小学来讲，有 25 岁的学生就读在现在看来是一件不能使人信服的事情。但从就读者的年龄来看，一方面体现了嘎鲁图嘎查在学校成立之前教育发展程度的缓慢。另一方面，也体现了鄂温克族牧民对知识的渴望。

虽然索伦西旗小学的建立大大振奋了嘎鲁图嘎查地区的鄂温克族牧民。但是学校成立初期的教学条件、内容及其私立性都存在着一定的问题。索伦西旗小学成立时虽然有学生宿舍和食堂等生活设施，但仅有一间教室供所有的学生上课，教学条件十分简陋。由于鄂温克族只有语言，没有文字。在教学的过程中，老师和同学对鄂温克语的教与学只能通过蒙古语言文字来进行转化。这在一定程度上增加了教与学的难度。当时学校的教学内容以满、蒙文的礼书为主，毕业的要求则是对这些礼书的完整背诵，教学内容十分的落后。另外，由于学校是私立性质的。为了维持学校的正常运转，学校每月要向学生收取一只羊和四元作为学费。这无形中形成了对贫苦鄂温克族牧民无法跨越的入学门槛。

1932 年，嘎鲁图嘎查地区成为沦陷区。伪满洲国政府在今鄂温克族自治旗成立了文教股，领导全旗的初级和高级学校。并于 1935 年，将私立索伦西旗学校改为公立制，更名为辉完全小学。为了在鄂温克族牧民中普及学校教育，提高鄂温克族牧民的素质技能，著名鄂温克族学者杜·道尔基先生的父亲阿拉腾巴雅尔以民族大义为重，只得接受了校长的职位。虽然日本侵略者为了推行奴化教育，将日本语定位为必修课，并且要求教师与学生之间必须日语交流，而且给学校派驻了日本教师，但是这一时期的教学内容得到了极大的丰富。学生们学习的再不是八股文式的内容，之前未曾开设过的数学、书画、手艺、音乐、体育等课程成了学生们的必修课。辉完全小学的学制规定为六年，并实行了分班上课。由此，嘎鲁图嘎查的学校教育形成了现代教育的雏形。在阿拉腾巴雅尔校长的努力下，辉完全小学的第一批升入中学的 8

名学生于1939年毕业。他们以优异的成绩考入了兴安学校，继续深造。

1940年，由于东边河水暴涨，学生和教师上学的交通条件极为不便。为方便学生们上学，保证学生的安全，阿拉腾巴雅尔校长决定将辉完全小学搬迁到了嘎鲁图嘎查的阿麻吉地区。1941年，经索伦旗政府同意，学校又搬迁到了查干阿麻吉。阿拉腾巴雅尔校长的一生都奉献给了鄂温克族的教育事业，在他1943年去世时，辉完全小学已有6个班级，100多名鄂温克族学生就读。两年后，因为战争的原因，辉完全小学垮塌，学校无奈停课。在辉完全小学的发展历史上共培养出数百名优秀的鄂温克族学生。他们中的许多人后来成了国家干部，成了发展鄂温克族经济和保护鄂温克族文化的砥柱中流。

抗日战争结束后，重获自由的鄂温克族牧民们认识到了教育对民族发展的重要性。当时的索伦旗政府决定在东辉和西辉两个苏木都建立学校。东辉学校于1946年5月15日成立。而在此之前的1946年4月1日由西辉苏木政府拨款、筹建的学校在今翁格浩斯嘎查境内的浩日干阿木吉复课。当时的教育条件很差，教学楼是从牧民手中借用的两幢房子。嘎鲁图嘎查地区的牧民对复课的积极性很高，复课时有1至4年级的40多名牧民子女回到学校就读。为了改善学校的教育条件，许多辉完全小学毕业的学生和牧民纷纷为学校捐助牲畜，出钱出力帮助学校扩建。在各个嘎查牧民的帮助下，学校终于在1948年完成建设。建成后的辉完全小学建筑面积190平方米，建筑结构为木、土混合结构。这是在辉河地区鄂温克民族历史上对教育事业的第一次大规模的投资。

1948年，东、西两个辉苏木合并，东、西两所完全小学也随之合并。学校还设立在浩日干阿木吉。但是由于当时的牧民经济十分困难，教育师资严重匮乏等原因，辉完全小学的升学率和入学率都不高。为了缓解牧民的经济压力，普及学校教育，1956年起政府从校舍改建、学生补助、师资投入与培养等方面对辉完全小学进行改善。在校舍改建方面，政府一次性投入了四万元，新建了包括办公室、教室、宿舍、厨房、食堂在内的630平方米的校舍。到1958年时，辉完全小学的校舍面积达到了888平方米。为了缓解牧民的经济压力，减少牧民在学校教育方面的支出，政府为每个鄂温克族的学生每个月补助8元。后来内蒙古自治区政府又将助学金的金额提高到每月35元。在物质方面给予帮助的同时，学校教师的师资力量也在慢慢加强。首先，教师队伍在逐步扩大。1948年时，辉完全小学仅有教师4名。1958年时教师队伍已经扩大到了12名。其次，教师的文化程度也有所提高。新进入学校工作的年轻教师的受教育水平都达到了中专以上。还有就是学校加强了相关的教学工作。除经常组织教师互相听课外，学校开设了实验课并组织实践教学活动。

随着教学水平的不断提高，辉完全小学的毕业率和入学率都有了大幅度的提高。1959年，15名学生从辉苏木完全小学考入到海拉尔第一中学，书写了辉完全小学新的光辉历史。也正是因为教学水平的提高，旗政府于1960年在辉苏木完全小学设立1个初中班，招收了21名学生。在后来，又在初中班的基础上成立了嘎鲁图嘎查地区的第一所中学——辉河中学。但是好景不长，正在蒸蒸日上的嘎鲁图嘎查地区的教育事业受到了“文化大革命”的冲击，被迫中断。直到1976年学校教育才又重新进入嘎鲁图嘎查地区。1976年，辉完全小学在包括嘎鲁图嘎查在内的辉苏木9个嘎查建立分校。1981年旗政府又投入16万元将辉苏木完全小学的校舍面积扩建到1500平方米，并开设了学前班。同时旗政府和学校为了迅速扩大教师队伍，把培训教师的工作作为一项重大工作。分期、分批将辉苏木完全小学的教师送到区、盟、旗的示范学校进行培训，大大提高了教师队伍的整体素质。就此嘎鲁图嘎查地区的教育事业重新走向了健康发展之路。

1988年，随着辉苏木行政区划的重新划分，北辉小学从辉苏木完全小学中分离出来。北辉小学选定了北辉苏木政府的所在地嘎鲁图嘎查建校。经过8年多的发展，北辉小学的实际入学率和升学率都达到了100%。到2005年，北辉小学合并入辉苏木中心校之前，学校共有5个班级，在校学生42人，其中有13人在学校住宿。北辉小学教职工有18人，校舍面积达到了1252平方米。在学校成立的18年中，北辉小学为嘎鲁图嘎查及周边嘎查提供了完善的教育服务。许多鄂温克族的优秀学生在这里接受了优秀的启蒙教育。

2005年，为了整合教育资源，提供更好的教学服务。北辉小学与辉苏木中心校合并。辉苏木中心校成为辉苏木地区的唯一的学校，担负着苏木11个嘎查学生的小学教育任务。我们在嘎鲁图嘎查调研时就居住在辉苏木中心校中，也利用这个便利条件详细地了解了目前辉苏木中心校的运行情况。截至我们调研时，辉苏木中心校由小学部和附属幼儿园两个部分组成。学校现有教职工48名。由于辉苏木中心校承担着鄂温克民族文化传播者的角色，因此它的发展受到了社会各界的重视，其软、硬件设施条件都有很大幅度的提高。

首先，从辉苏木中心校的硬件设施来看还是十分完备的。学校正门口对着的3层楼房是小学的教学楼，是1997年时由鄂温克族自治旗政府投资160万元兴建的。据学校老师介绍，教学楼的面积是1158平方米。教学楼内学生教室、办公室、微机室、语音室等一应俱全。教学楼的侧面是2009年由辉苏木政府出资60万元兴建的80平方米现代化风雨体育训练教室。教学楼的后面是室外的运动操场。在操场的后面则是幼儿园的教室。幼儿园的教学楼虽然是平房，但里面的教室、保健室、室内洗手间等亦是十分的完备。从幼儿园的侧门出去正对着的几间平房则是教师和小学生的宿舍和食堂。它们是于2003年兴建的。由于需要住宿的学生不多，学生宿舍仅有3~4个房间，而且面积也并不十分大。食堂与宿舍的面积一共加起来为349平方米。但是就住宿和伙食条件来讲与旗里的小学相差无几。

在完备的硬件基础设施条件基础上，辉苏木中心校的软实力也是十分过硬的。首先从师资条件看，许多教师都毕业于呼伦贝尔学院。虽然年轻教师是辉苏木中心校的教学主力，但是每年这些教师都会到鄂温克旗和呼伦贝尔市的相关学校和教师进修学校进行学习。再从教学内容上看，辉苏木中心校的教学是蒙古语和汉语双语教学，由于鄂温克族只有语言，没有文字，嘎鲁图嘎查所在的鄂温克旗位于内蒙古，所以一直以来，这里都是蒙古语教学或蒙古语与汉语双语教学。同时为了保护并继承和发展鄂温克族的文化，学校还专门开设了鄂温克语和其他与鄂温克民族文化相关的课程。学生的语言类知识应该占有很强的竞争优势。2008年8月，全国新闻媒体访问团到辉苏木中心校捐赠了价值达1780元“草原书屋”工程图书。这项举措又适时地弥补了学校在发展过程中图书紧缺的不足。正因为有较为完备的软、硬件设施，辉苏木中心校获得了多项荣誉。其中包括“盟级义务教育示范校”、“中小学全面管理及实施素质教育综合评估优胜单位”等证明其教学实力和资质的荣誉称号。

虽然随着经济的发展，牧民们的生活水平不断提高，学校的基础设施和教学水平也大幅度提升。但是辉苏木中心校这个嘎鲁图嘎查地区及辉苏木唯一的学校却面临着生源不足的尴尬局面。据统计，2011年9月份，辉河入学前班儿童应是79人，其中目前在辉苏木地区上幼儿园的有18人，其余61人都是在外地求学。① 从辉苏木中心校2007—2012年毕业生人数（见表4-6）

① 内蒙古呼伦贝尔市鄂温克族自治旗辉苏木整乡推进示范点项目规划方案[Z].2011。

中也可以清晰地看出，自2007年起辉苏木中心校的毕业率就呈直线下滑的趋势。究其原因，可以归结为以下几点。首先，近些年来，随着牧民生育率的下降，以及牧民生活水平的改善，加之对教育重视程度的提高，越来越多的牧民将子女送至南屯（鄂温克旗政府驻地），甚至海拉尔上学。索努尔就是其中一例。在她上小学和初中的时候，父母把她交给生活在旗里的奶奶照看。同样是出于让孩子接受更优质的教育资源的原因，陶格图家也选择将小儿子送到鄂温克旗实验小学就读。其次，自南、北辉小学合并后，苏木小学校只有所在地的一所。加上地域特点，苏木南北跨度大，近90公里，尽管辉苏木中心校配有宿舍，但是把年龄那么小的孩子独自放在学校无人照料，家长始终是不放心的。因此，嘎鲁图嘎查的牧民子女到辉苏木中心校上学的难度很大。

表4-6　**辉苏木中心校2007—2012年毕业生人数统计表**

| 年份 | 毕业生人数（人） |
|---|---|
| 2007 | 51 |
| 2008 | — |
| 2009 | 34 |
| 2010 | 29 |
| 2011 | 8 |
| 2012 | 18 |
| 注：2008年为小学由5年学制转为6年学制，故无人毕业。 | |

数据来源：辉苏木中心校提供。

除了对于基础教育发展的重视，随着鄂温克族牧民的教育水平的升高，许多走出去的贫困牧户学生的大学生活也得到了政府的关注和关心。每年嘎鲁图嘎查的贫困大学生都会受到旗组织部和嘎鲁图嘎查和社会各界的资助。2009年，嘎鲁图嘎查的1名贫困大学生获得了时任鄂温克族自治旗旗委书记姚庆的个人资助。2010年，嘎鲁图嘎查还以集体经济资助了一名贫困学生1000元。而自2011年起，旗组织部每年都会对嘎鲁图嘎查的贫困大学生进行资助。2011年，旗组织部就向嘎鲁图嘎查的4名贫困大学生分别资助了5000元和3000元的教育费用。

**2. 嘎鲁图嘎查牧民的文化素质**

牧民是牧区经济发展的主体，而经济发展的快慢在很大程度上取决于牧民的文化素质的高低。随着政府和鄂温克族牧民对教育的不断重视，嘎鲁图嘎查的教育文化事业有了很大的发展。

在对我们走访的28个牧户家庭进行抽样分析的过程中，我们发现，嘎鲁图嘎查牧民的文化知识水平基本上可以分为三个层次：

一是50岁以上的牧民，大部分都接受过学校教育，但受教育的程度偏低。在19位50岁以上的老人中，有9位老人只接受过小学教育。其余的牧民基本上都是学习到初中。有2位牧民接受过高中或者中专的教育，在他们年轻时这是比较高的学历水平。从总体来讲，虽然嘎鲁图嘎查50岁以上的牧民受教育程度偏低，但结合时代背景看，他们与其他地区的牧民相比较，文化程度还是较高的。他们中上过学的人，在学校也接受的都是蒙语和鄂温克语教育，汉语是在后来的生活中慢慢接触学习的，而且现在日常生活中也基本都是鄂温克语交流。有的牧民能听懂汉语，但基本不会写汉字，有些汉语表述也并不清晰。

二是处于30~49年龄阶段的嘎查牧民，这一部分共有30个牧民。这一年龄阶段的牧民虽然都接受过学校教育，但是普遍存在教育程度偏低的问题。在这30位牧民中，有16位牧民只完成了小学教育，有7位牧民只完成了初中教育。这样计算，大部分的牧民只完成了义务教育，而没有继续学习。由于受教育程度偏低，这一年龄段的牧民的汉语水平也都不高。大部分只能进行简单的汉语交流，汉字的使用并不普遍。而蒙古语、鄂温克语和达斡尔语的使用水平还是比较高的。这些特点与50岁以上年龄段的牧民群体有相似性。

三是18~29岁的青壮年，他们大都受过高等教育，至少也是初中文化水平。这一年龄段的牧民汉语水平、蒙语水平都比较高。不但普通话十分的标准，而且汉文和蒙文的书写能力也很强。他们出生在一个安定富足的社会环境里，没有受过太多的挫折与磨难，生活得比较平静。他们大都向往嘎查外、草原外的生活，多数人离开了从小生长的嘎查，没有继续父母们的放牧生活。部分人走到了他们梦想的大都市，实现他们追求发展、追求超越的梦想，部分人在附近的苏木、镇或是旗、市里开始了另一种生活，或是经商，或是在单位、企业上班，抑或是自己创业，总之他们在寻觅一种与父辈们不一样的生活。

表 4 – 7　　嘎鲁图嘎查牧民受教育情况抽查表

| 序号 | 姓名 | 年龄 | 性别 | 文化程度 |
|---|---|---|---|---|
| 1 | 鑫鑫 | 18 | 女 | 高中 |
| 2 | 敖日格勒巴特 | 18 | 男 | 高中 |
| 3 | 敖日格勒 | 18 | 男 | 小学 |
| 4 | 哈尼 | 19 | 男 | 高中 |
| 5 | 丹德尔 | 19 | 男 | 初中 |
| 6 | 哈斯 | 20 | 女 | 初中 |
| 7 | 乌日汗 | 20 | 女 | 中专 |
| 8 | 萨奇日娜 | 20 | 女 | 大专及大专以上 |
| 9 | 那日格勒 | 21 | 男 | 大专及大专以上 |
| 10 | 索努尔 | 21 | 女 | 大专及大专以上 |
| 11 | 萨其日娜 | 22 | 女 | 高中 |
| 12 | 陶德 | 22 | 男 | 大专及大专以上 |
| 13 | 海兰 | 22 | 女 | 高中 |
| 14 | 优韩 | 22 | 女 | 高中 |
| 15 | 苏宁其其格 | 22 | 女 | 高中 |
| 16 | 诺琳 | 23 | 女 | 大专及大专以上 |
| 17 | 乌妮尔 | 23 | 女 | 大专及大专以上 |
| 18 | 敖德 | 23 | 男 | 高中 |
| 19 | 杜格根 | 23 | 女 | 高中 |
| 20 | 哈斯朝鲁 | 24 | 男 | 高中 |
| 21 | 阿丽娜 | 24 | 女 | 初中 |
| 22 | 牧仁 | 24 | 男 | 高中 |
| 23 | 温格 | 24 | 女 | 大专及大专以上 |
| 24 | 阿茹娜 | 24 | 女 | 中专 |
| 25 | 吉亚 | 25 | 女 | 高中 |
| 26 | 苏日格 | 25 | 女 | 初中 |
| 27 | 萨仁贵 | 26 | 女 | 大专及大专以上 |
| 28 | 苏伦古娃 | 26 | 女 | 初中 |

续表

| 序号 | 姓名 | 年龄 | 性别 | 文化程度 |
|---|---|---|---|---|
| 29 | 娜布莱 | 26 | 女 | 初中 |
| 30 | 爱兰 | 26 | 女 | 小学 |
| 31 | 芒来 | 26 | 男 | 中专 |
| 32 | 苏日娜 | 26 | 女 | 中专 |
| 33 | 阿拉苏 | 26 | 女 | 大专及大专以上 |
| 34 | 萨仁贵 | 26 | 女 | 大专及大专以上 |
| 35 | 嘎拉曾道力玛 | 26 | 女 | 大专及大专以上 |
| 36 | 娜日苏 | 27 | 女 | 初中 |
| 37 | 扎娜 | 27 | 女 | 初中 |
| 38 | 那琴 | 27 | 男 | 大专及大专以上 |
| 39 | 敖特根其其格 | 27 | 女 | 初中 |
| 40 | 苏热 | 27 | 男 | 高中 |
| 41 | 阿丽玛 | 27 | 女 | 大专及大专以上 |
| 42 | 赛义娜 | 28 | 女 | 大专及大专以上 |
| 43 | 讷仁 | 28 | 女 | 大专及大专以上 |
| 44 | 哈日呼 | 28 | 男 | 初中 |
| 45 | 萨日娜 | 28 | 女 | 大专及大专以上 |
| 46 | 那木吉拉 | 29 | 男 | 初中 |
| 47 | 额尔敦尼 | 30 | 男 | 中专 |
| 48 | 银花 | 31 | 女 | 大专及大专以上 |
| 49 | 敖日格勒 | 32 | 男 | 小学 |
| 50 | 萨仁其木格 | 33 | 女 | 小学 |
| 51 | 苏雅拉巴特尔 | 33 | 男 | 高中 |
| 52 | 金花 | 33 | 女 | 中专 |
| 53 | 莲花 | 37 | 女 | 大专及大专以上 |
| 54 | 娜仁其其格 | 37 | 女 | 小学 |
| 55 | 陈胜 | 38 | 男 | 中专 |
| 56 | 乌尤迪 | 38 | 女 | 小学 |
| 57 | 娜仁格日勒 | 39 | 女 | 小学 |

续表

| 序号 | 姓名 | 年龄 | 性别 | 文化程度 |
| --- | --- | --- | --- | --- |
| 58 | 陶格图 | 41 | 男 | 初中 |
| 59 | 逢春 | 41 | 女 | 初中 |
| 60 | 孟和达莱 | 41 | 男 | 小学 |
| 61 | 斯仁道力玛 | 42 | 女 | 小学 |
| 62 | 乌云毕力格 | 42 | 男 | 小学 |
| 63 | 道力格尔 | 42 | 女 | 小学 |
| 64 | 金莲花 | 44 | 女 | 高中 |
| 65 | 苏优乐扎布 | 44 | 男 | 小学 |
| 66 | 阿拉腾高娃 | 46 | 女 | 初中 |
| 67 | 娜仁其木格 | 46 | 女 | 小学 |
| 68 | 阿斯高娃 | 47 | 女 | 小学 |
| 69 | 孟和苏荣 | 47 | 男 | 小学 |
| 70 | 萨伊汗图雅 | 47 | 女 | 小学 |
| 71 | 图门那斯图 | 48 | 男 | 小学 |
| 72 | 达莱 | 48 | 男 | 初中 |
| 73 | 阿拉腾巴图 | 49 | 男 | 初中 |
| 74 | 娜仁高娃 | 49 | 女 | 小学 |
| 75 | 阿拉腾娜 | 49 | 女 | 初中 |
| 76 | 图雅 | 49 | 女 | 初中 |
| 77 | 杰日嘎拉 | 50 | 女 | 小学 |
| 78 | 哈斯孟克 | 51 | 男 | 初中 |
| 79 | 图雅 | 51 | 女 | 小学 |
| 80 | 图木日巴图 | 51 | 男 | 小学 |
| 81 | 都力玛 | 53 | 女 | 高中 |
| 82 | 皮华亚德 | 54 | 男 | 不识字或识字很少 |
| 83 | 巴音其其格 | 54 | 女 | 中专 |
| 84 | 图门吉日嘎拉 | 54 | 男 | 小学 |
| 85 | 孟和毕力格 | 54 | 男 | 小学 |
| 86 | 吉雅吉 | 56 | 女 | 小学 |
| 87 | 兴发 | 56 | 男 | 初中 |

续表

| 序号 | 姓名 | 年龄 | 性别 | 文化程度 |
|---|---|---|---|---|
| 88 | 那仁吉日嘎拉 | 57 | 男 | 小学 |
| 89 | 额尔登陶克陶胡 | 57 | 男 | 初中 |
| 90 | 乌云其其格 | 57 | 女 | 初中 |
| 91 | 娜仁格日勒 | 57 | 女 | 初中 |
| 92 | 特木日巴格那 | 58 | 男 | 初中 |
| 93 | 伊勒利特 | 60 | 男 | 小学 |
| 94 | 赛音德 | 60 | 男 | 初中 |
| 95 | 赛汗其其格 | 61 | 女 | 小学 |

数据来源：根据嘎鲁图嘎查调查问卷整理。

## 五、风俗习惯与文化生活

英国著名的人类学家爱德华·泰勒在其著作《原始文化》中对文化作了一个系统的解释。即“文化，或文明，就其广泛的民族学意义来说，是包括全部的知识、信仰、艺术、道德、法律、风俗，以及作为社会成员的人所掌握和接受的任何其他的才能和习惯的复合体。”① 但文化作为一种复合体，其形成并不是一蹴而就的。各民族的文化是在共同地域生活，使用共同语言的人们在共同经济生活活动的直接影响下凝结而成的。民族文化以复合体的形式反映着物质生活生产方式，同时又指引着人们共同经济生活的发展。

鄂温克是民族自称，意思是“住在山林中的人们”。根据所在地域的不同，鄂温克族可以划分为“索伦”、“通古斯”和“雅库特”三个部落。随着社会历史的发展，鄂温克族创造了灿烂的民族文化。但由于生活地域、经济文化类型的不同，鄂温克族三个部落的文化又存在着略微的差别。作为“索伦”部鄂温克族的嘎鲁图嘎查牧民们在鄂温克草原书写了浓墨重彩的文化诗篇，内容极为丰富。本章仅就调查组接触到的鄂温克文化，按照著名人类学家马林诺夫斯基从功能角度划分的四种类型，结合相关文献做一简单介绍。

① 爱德华·泰勒．原始文化［M］．桂林：广西师范大学出版社，2005：1.

在此基础上，对鄂温克族不同部落间文化的略微差异进行简单比较。

### （一）社会组织

社会组织是由人组成的从事共同活动的集团群体形式。鄂温克族的社会组织是以血缘纽带为基础的父系氏族。在相当长的一段历史时间里，父系氏族社会在鄂温克人的社会生活中扮演了重要的角色。而随着经济的不断发展，人口流动的加速，父系氏族社会组织虽然逐步瓦解，却由此形成了氏族式的鄂温克姓氏文化。

#### 1. 传统的鄂温克社会组织

鄂温克族传统的社会组织是由“哈拉”、“莫昆”、“乌力楞”及社会生产消费的最基本单位“传统家庭”构成的。此外，生活在牧区的鄂温克族部落还存在过以血缘为基础的，类似现在牧业合作组织的生产组织形式“尼莫尔”。

“哈拉”是鄂温克族社会组织的最高层次。“哈拉”是父系氏族，即带有同一血缘关系祖先的后代。据调查统计资料记载，鄂温克族人口可分为许多部落，有36个“哈拉”（氏族）。[①] 据鄂温克族学者杜·道尔基先生介绍，辉河地区的鄂温克族主要有两个“哈拉”。一个是杜鲁基尔“哈拉”（在学术著作中多称其为“杜拉尔”），另一个是达特“哈拉”（在学术著作中多称其为“涂格敦”）。由于各哈拉成员之间都有血缘关系，所以哈拉成员严格执行氏族外婚制。同样是因为血缘的关系，鄂温克族每个哈拉都有由氏族成员选举的氏族长。由于“哈拉”是父系氏族，因此，大多的氏族长都是由德高望重的男性老人担任，负责各哈拉内部的事物。当时的哈拉内部成员之间是较为民主的，当氏族长经常出现不公允的决定时，哈拉内部的成员可以举行会议对氏族长进行罢免。到清朝时，鄂温克族的社会从父系氏族社会向阶级社会开始转变，索伦部的“哈拉”也随之发生了一定变化。雍正年间，为了加强边境地区的防务，清政府抽调了布特哈地区的5个阿巴的鄂温克族索伦部编为八旗制中的5个旗47佐到现在的鄂温克旗地区进行驻守。其中在现在辉河地

① 鄂温克族自治旗志编撰委员会．鄂温克族自治旗志［M］．北京：中国城市出版社，1997：116.

区驻守的有正黄旗和镶红旗。正黄旗又设有3个牛录，分别由杜鲁基尔和达特2个“哈拉”的4个“莫昆”构成。为了加强对索伦八旗鄂温克军民的管理，清政府将原有的“哈拉”氏族长的“选举制”改为“世袭制”，每个旗都由世袭的章京进行管理。鄂温克“哈拉”中的氏族长逐步转变为封建贵族，“哈拉”中开始出现严重的贫富分化。

“莫昆”是“哈拉”的下一层社会组织。首先，“莫昆”的组织成员规模较“哈拉”小，一般多则十几户，少则不足十户。其次，“莫昆”成员的血缘关系也较“哈拉”更为亲密。“莫昆”是由同一哈拉祖先的后代组成的血缘组织，是哈拉的支系。[①] 最后，“莫昆”的成员是以嘎查为单位居住生活的，即使不在一个嘎查，通常也住在相邻的牧场中，并能形成一个统一的社会经济整体，并不会像“哈拉”成员那样居住分散，管理松散。综合上述三点，“莫昆”的实质是“宗族”。与“哈拉”类似，“莫昆”内部也严格的执行“莫昆”外通婚制。而且，“莫昆”的族长也是通过民主选举产生的，鄂温克人称为“莫昆达”。除了这两点以外，“莫昆”还具有较“哈拉”更为重要的作用，即组织集体生产劳动。对于从事畜牧业劳动的索伦鄂温克“莫昆”来讲，他们一般进行合群放牧，互帮互助进行劳动生产。此外，“莫昆”除有“莫昆达”管理之外，还有由各户老年人参加的最高权力机构——“莫昆达西楞”和专门负责管理宗教事务的“萨满”。在牧区，“莫昆”要开敖包会，由老年人轮流主持。[②] 在敖包会上，牧民们载歌载舞并进行体育娱乐活动。由此可见，“莫昆”的社会结构要更为严密，成员之间的交往也最为密切。

但到了清代，“莫昆”的“选举制”也与“哈拉”一样改为“世袭制”。清政府将原来的一到两个“莫昆”合并为一个牛录。每个牛录都由受旗世袭章京管理的佐领或将军掌管牛录事物。如上文所述，驻守辉河地区的正黄旗是由杜鲁基尔和达特2个“哈拉”的4个“莫昆”构成的。据杜·道尔基先生介绍，正黄旗共分为三个牛录。第一牛录是驻守在今辉苏木完工托海嘎查地区的杜鲁基尔“哈拉”的雅鲁·哈瓦那“莫昆”。这个“莫昆”以英雄和摔跤家多而出名，人口也是这四个“莫昆”中最多的。第二牛录是驻守在西

---

① 鄂温克族自治旗志编撰委员会．鄂温克族自治旗志［M］．北京：中国城市出版社，1997：115.

② 鄂温克族自治旗志编撰委员会．鄂温克族自治旗志［M］．北京：中国城市出版社，1997：116.

博山至嘎鲁图嘎查地区的达特“哈拉”的孟格·达特“莫昆”。这个“莫昆”的人数也较多。第三个牛录是由驻守在西博山至伊敏河以西的杜鲁基尔“哈拉”的锡阿潘·杜拉尔“莫昆”和少部分的锡阿林·哈瓦那“莫昆”成员构成。这两个“莫昆”的牧民由于安全受到了威胁，经与第一、二牛录商议后，这两个“莫昆”整体迁移到了两个牛录之间的嘎鲁图嘎查地区，并最终定居在了嘎鲁图嘎查。

“乌力楞”与“莫昆”相似，也是由同一父系祖先的若干代后裔组成的血缘集团。“乌力楞”的组织规模小，一般为4~5户。血缘关系也更为亲近。如布力托天氏族的一个“乌力楞”共五户，其中四户系亲兄弟，另一户则是他们的外甥。[①]“乌力楞”也是鄂温克族共同生产与生活的集团。但“乌力楞”组织在索伦部由“游猎”转向“游牧”时即已经消失。因此，在嘎鲁图嘎查的历史上，鄂温克族并没有出现过“乌力楞”。这与以“乌力楞”为基本生产和消费单位的敖鲁古雅部落的鄂温克族形成了鲜明的反差。

因为没有“乌力楞”组织，传统家庭成为嘎鲁图嘎查地区的基本经济生产与消费单位。所谓传统家庭，即主要由两代及两代以上的人共同生活在一起的家庭。由于传统家庭是父系氏族鄂温克社会组织中的一个重要组成部分。因此，在家庭生活中，父系长辈掌握着管理家庭经济、生产劳动等方面的权力。传统家庭内部尊重老人，关心后代，而且家庭成员间的生产分工十分的明确。传统家庭的改变发生在20世纪以后。嘎鲁图嘎查地区的鄂温克族家庭在子女结婚后要分家另过。子女可以从原来的大家庭中分得部分财产、生产资料，还有新的鄂温克包。尽管这样，子女结婚后一般仍与父母生活在同一个牧场并共同进行生产劳动。他们区分小家庭时，只是根据独立的鄂温克包或者房产的不同为区分标准的。这主要是由于牧区的特殊的生产方式及家庭成员的分工不同决定的。在嘎鲁图嘎查中有很多牧户都是这样的情况。牧户那琴家就是这样的情况。他与妻子、母亲生活在一起，虽处同一院落，却形成了名义上不同的家庭。

由于牧业生产的特殊性，随着“哈拉”和“莫昆”的逐渐瓦解，索伦部鄂温克人以血缘关系为纽带组成了游牧生产单位——“尼莫尔”。而所谓“巴特尔（英雄）顶不住一颗子弹，巴音（富牧）经不住一场风雪。”正道

---

① 满都尔图．鄂温克人的“乌力楞”公社［J］．社会科学战线，1981（1）：210.

出了鄂温克牧民们成立“尼莫尔”的初衷。在“尼莫尔”组织下，成员们有明确的生产劳动分工，在放牧生产中互相照看和保护牲畜。在进行打草、拉柴等生产工作时，同一“尼莫尔”成员都共同进行生产劳动。但随着生产力的发展，“尼莫尔”中开始出现阶级分化。据20世纪50年代初的调查，辉苏木6个嘎查222户中，有牧主2户（9人），占总户数的0.9%，却占有4000多头（只）牲畜，占牲畜总头数的11%；而占总户数67%的149户贫困牧民，仅占有29%的牲畜。[①] 为了帮助贫困牧民的经济发展，新中国成立后实行的合作化、公社化体制代替了原有的“尼莫尔”，也彻底消除了封建附庸的剥削性质。随着商品经济的发展，并结合牧区生产的特殊性，嘎鲁图嘎查在嘎查达额尔敦尼的带领下于2011年报鄂温克旗畜牧局备案，成立了具有平等参与性质的生产互助合作组织——“知达”牧业合作社。“知达”牧业合作社共吸纳12户牧户，由鄂温克旗组织部拨给合作社30万元用于合作社的肉羊养殖的发展。合作社的成立，不仅缓解了牧业生产中劳动力不足的问题，而且以富裕牧户带动贫困牧户的发展模式还可以使牧民们走向共同富裕的道路。

**2. 鄂温克民族的姓氏文化**

在中华民族五千年的历史上，姓氏不仅仅是人们日常生活中的一种代表符号，更是承载社会历史发展的文化现象。各个民族对于姓氏的选择渊源不仅不尽相同，还可以说是保包罗万象。有以图腾作为姓氏选取缘由的，有以宗教原因命名姓氏的，还有由古代的帝王赐予姓氏的，等等。鄂温克族是以其传统的社会组织“哈拉”和“莫昆”来确定姓氏的。因此，鄂温克人的姓氏都是复姓。但是，随着历史的发展，鄂温克族与周边民族的文化交流和通婚的增多，鄂温克族的姓氏也发生了一定的变化，出现了姓氏的俄罗斯化、汉语简化和蒙古族式不表示姓氏化等现象。

在历史上，嘎鲁图嘎查的鄂温克族牧民的姓氏主要有两个。一是杜鲁基尔·锡阿潘·杜拉尔氏，一是杜鲁基尔·锡阿林·哈瓦那氏。但是我们在嘎鲁图嘎查调研时发现，当地的鄂温克族牧民的姓氏发生了很大的变化。首先，受到周边汉民族文化的影响，当地牧民的姓氏由古老的复姓氏转化为现今的

---

① 鄂温克族自治旗志编撰委员会．鄂温克族自治旗志［M］．北京：中国城市出版社，1997：117.

汉字简化姓氏。以嘎鲁图嘎查的牧民达莱家的姓氏为例。达莱家姓杜。据他介绍，他们家的“杜”姓是由传统的复姓中的“杜鲁基尔·锡阿潘·杜拉尔氏”简化而来的。其次，嘎鲁图嘎查牧民们的姓氏还受到周边蒙古族文化的影响。他们通常在表述名字时，不表述自己的姓氏。如在牧民达莱家，除了女儿杜格根的名字中带有姓氏外，其他的家庭成员的名字中都不含有姓氏。这种情况在嘎鲁图嘎查是十分普遍的现象。在我们调查的26个鄂温克族牧户中，除了杜格根和牧民额尔登陶格特胡的名字中含有姓氏外，其他牧民在介绍自己时，都不表述自己的姓氏。由于牧民们在日常交流中长时间如此表述、交流，因此，嘎鲁图嘎查的牧民们对其他家庭的姓氏了解的不多。据翻译优韩介绍，即使是从小到大的玩伴，他们也很少谈及与姓氏有关的话题。她的朋友很少知道她姓“额”，而她也不是很了解她的朋友们的姓氏。但是据翻译索努尔介绍，根据嘎鲁图嘎查的历史情况和她所了解的情况，嘎鲁图嘎查的牧民以“杜”为姓的较多，也有不少牧民以“何因”和“达阿图”两个古姓氏的汉语简化“何”和“戴”为姓。但是像优韩家这样以“额”等为姓氏的牧户较少。

### （二）语言文字

语言文字作为各民族交流的媒介与信息的载体，不仅对民族的形成起到了推动的作用，成为民族的共同特征之一，还记录了各民族的发展历程，推动了社会的交流发展。鄂温克族是北方的古老民族，中国境内的鄂温克族有语言但没有文字。鄂温克语属阿尔泰语系，通古斯语族，鄂温克语支。[①] 由于没有文字，鄂温克族通常使用其他民族的文字或者以国际音标标注的形式用以书面记录。中国的鄂温克族各部落生活的区域、生产方式及居住条件都有所不同，因此形成了辉河、莫日格勒河、敖鲁古雅三大方言。嘎鲁图嘎查的鄂温克语言保留的较为完好。生活在那里的鄂温克族牧民使用辉河方言。因生产方式为游牧，与布里亚特、厄鲁特等蒙古族部落相邻，再加之很多鄂温克族牧民的学校教育都是由蒙古文完成的。因此，嘎鲁图嘎查方言除语言受

① 鄂温克族自治旗志编撰委员会．鄂温克族自治旗志［M］．北京：中国城市出版社，1997：115.

到蒙古语的影响较大外，文字也一般通用蒙古文字。

从总体来讲，嘎鲁图嘎查牧民使用的辉河方言与其他地区的两种方言的差别主要集中在语音方面。在发音中，辉河方言中的［ʃ］、［ʤ］、［x］等与其他两地的发音不同。除了发音方面的不同，辉河方言与其他两种方言在词汇和语法结构上也存在着差异。从词语方面看，三种方言的固有词是一样的。只是个别固有词的解释上存在差异。虽然固有词一样，但由于与不同的民族相邻，外来词的使用上有一定差异。嘎鲁图嘎查的鄂温克族牧民使用的辉河方言中借用蒙古语的词汇较多。由于曾被日本占领过，有部分词语跟日语的发音相近。而随着网络时代的发展，许多汉语词汇也被牧民夹杂在鄂温克语中使用。从语法方面看，三种方言的差异较小。在格、复数等语法运用的附加成分中略有不同。从三种方言的总体差异比较看，辉河方言虽与其他两种方言在语音、语法结构等方面有所不同，但是辉河方言与莫日格勒河方言差异较小，不妨碍基本的沟通交流。但是敖鲁古雅方言与辉河方言之间的语言障碍有时甚至需要通过其他民族的语言来解释和沟通。

在我们调查的28户嘎鲁图嘎查的牧户中有26户是鄂温克族，2户是蒙古族。所有的鄂温克族牧民在日常生活中都使用鄂温克语的辉河方言进行交流。2户蒙古族牧户因常年与鄂温克族牧民生活在一起，因此，他们都能熟练地使用鄂温克语。不仅蒙古族牧户可以使用鄂温克语，鄂温克族牧户也都可以熟练地使用蒙古语。他们中的大部分甚至可以使用达斡尔语和蒙古族的布里亚特语进行交流。一些受过学校教育的牧户还能书写蒙古文。这主要是由于嘎鲁图嘎查的鄂温克族牧民常年与达斡尔族、蒙古族的布里亚特、厄鲁特等部落为邻。而且鄂温克族没有文字，牧民们接受的学校教育主要是以蒙古语言文字来完成的。如嘎鲁图嘎查的女大学生索努尔从小学到高中甚至到大学预科班都是采用蒙古文进行学习的。在嘎鲁图嘎查的牧户中能够流利地使用汉语的牧民主要集中在40岁以下。这是因为40岁以上的牧民大部分没有接受过汉语教育。即便可以听懂汉语，但大多数无法准确地用汉语表达。而40岁以下的牧民大部分都在学校接受过汉语学习，不但能准确使用，部分牧民还可以用汉文进行书写。在采访中我们还发现，有少数年龄较大的牧民还略懂日本语，牧民皮华亚德就是其中的一例。这与日本占领时期推行的日语教育有一定的关系。

除了牧民日常的交流使用鄂温克语外，作为鄂温克族的一个主要聚居区，嘎鲁图嘎查周边的许多地名都是使用鄂温克语来命名的。例如，嘎鲁图嘎查在历史上的曾用名乌日切西嘎森就是鄂温克语。乌日切西是鄂温克语“天鹅湖”的意思，而嘎森则是鄂温克语村庄的意思。再如，嘎鲁图嘎查内的湖泊萨嘎阿木吉，是鄂温克语酸奶湖的意思。还有嘎鲁图嘎查周边的西博山，是鄂温克语尖尖的孤山之意。这样优美又富有文化内涵的鄂温克语地名在嘎鲁图嘎查地区可谓是比比皆是。

## （三）物质文化

所谓“物质文化”，是指劳动工具和人们为了满足生活需要而创造出来的一切财富。[①] 简单地说，人们日常生活中的“衣、食、住、行”都属于物质文化的范畴。由于生产力水平和生产方式的不同，每个民族、每个家庭，甚至于每个个体所获得的物质形式、数量都有着鲜明的差异。鄂温克族作为一个兼有游猎、游牧、农耕等多种生产方式的民族，其物质文化是相当丰富的。作为以游牧为生产方式的嘎鲁图嘎查地区的索伦鄂温克人，为了适应游牧生产方式，牧民们的住房、服饰及交通运输工具等日常生产、生活工具都带有浓厚的游牧文化特色。

### 1. 服饰文化

鄂温克人的民族服装具有鲜明的民族特色和地区特点。随着经济的发展，嘎鲁图嘎查的牧民们在日常生活中很少穿着民族服饰，但是每逢瑟宾节、祭敖包等重要的节庆活动时，牧民们都会着传统的民族服装出席，以示隆重。因此，在我们调查的28个牧户中，仅有2户没有传统的民族服装。其余的26户牧户都保存着传统的鄂温克族服饰。如表5－1所示，拥有鄂温克族传统服饰的牧户中最少的是1人1套。而最多者则保留着十多套民族服装。

① 林耀华．民族学通论［M］．北京：中央民族大学出版社，1997：406.

表 5-1　**抽样调查嘎鲁图嘎查牧户拥有民族服装情况表**

| 序号 | 户名 | 拥有男士民族服装件数 | 拥有女士民族服装件数 |
|---|---|---|---|
| 1 | 那木吉拉 | 5 | 5 |
| 2 | 哈斯孟克 | 5 | 2 |
| 3 | 陈胜 | — | — |
| 4 | 阿拉腾巴图 | 7 | 8 |
| 5 | 陶格图 | — | — |
| 6 | 皮华亚德 | 1 | 3 |
| 7 | 孟和苏荣 | 12 | 8 |
| 8 | 那琴 | 4 | — |
| 9 | 苏雅拉巴特尔 | 4 | 7 |
| 10 | 那仁吉日嘎拉 | 4 | 4 |
| 11 | 巴图达来 | 4 | 6 |
| 12 | 图门吉日嘎拉 | 4 | 5 |
| 13 | 阿拉腾娜 | 2 | 2 |
| 14 | 兴发 | 3 | 3 |
| 15 | 额尔登陶克陶胡 | 3 | 3 |
| 16 | 斯仁道力玛 | — | 2 |
| 17 | 图门那斯图 | 4 | 9 |
| 18 | 特木日巴格那 | 2 | 3 |
| 19 | 孟和毕力格 | 10 | 10 |
| 20 | 伊勒利特 | 4 | 11 |
| 21 | 赛音德 | 3 | 3 |
| 22 | 那仁满达呼 | 4 | 2 |
| 23 | 孟和达莱 | 1 | 2 |
| 24 | 乌云毕力格 | 1 | — |
| 25 | 那木拉 | 11 | 9 |
| 26 | 达莱 | 1 | 4 |
| 27 | 苏优乐扎布 | 7 | 7 |
| 28 | 娜仁格日勒 | 2 | 2 |

数据来源：根据嘎鲁图嘎查调查问卷整理。

嘎鲁图嘎查牧民们的民族服装按材料划分可大体分为皮料服饰和布料服饰。皮料服饰通常在寒冷的秋、冬季节穿着。由于我们调研时，正值夏季，未能在嘎查的牧民家中看见皮料服饰，但是由于地域的一致性，我们在当地的服装店看到了大毛长袍、短皮衣、羔皮袄、羔皮裙等多种皮料服饰样式。在调研过程中，我们发现，皮料服饰在嘎鲁图嘎查的牧民中并不十分多见。这主要是因为嘎鲁图嘎查冬季寒冷，牧民们的节庆活动也相对较少。因此，一般只有拥有4件及以上民族服饰的牧民才有1到2件皮料服饰，且一般拥有皮料服饰的牧民多为女性。

与皮料服饰相比，嘎鲁图嘎查的牧民们保留更多的是布料服饰。布料服饰主要是供牧民们在夏季穿着。我们在牧民皮华亚德家见到了他的布料服饰。他的鄂温克袍是用灰黑色的麻布料制成。与额尔敦尼、孟和苏荣、哈斯孟克等牧民的鄂温克袍相同，他的服饰扣子是统一的并排直立着的三个。扣套在上面，而扣头在下面，很是整齐划一。嘎鲁图嘎查的男士鄂温克袍一般都是单一的颜色，稍有绣制的图案。且男牧民在身着鄂温克袍时通常会系腰带。而腰带的面料是以绸缎为主。这两点与嘎鲁图嘎查的女性牧民们略有不同。在我们采访的诸多女性牧民中，只有诺琳在腰间系有蓝色的腰带，而其他的女性牧民并没有腰带系于身上。且女性牧民的鄂温克袍则多在袍子袖口、领口处绣有“云卷”的图案，面料上也多绣有其他的陪衬图案。在布料和绣图的颜色上有所不同。女性牧民的鄂温克袍的颜色更为鲜艳。如优韩的鄂温克袍布料为蓝绿色，诺琳的为宝石蓝色，索努尔的母亲的鄂温克袍则是红色的。但从款式上看，女性牧民们的鄂温克袍基本与男性牧民的鄂温克袍无异。据孟和苏荣介绍，一般嘎查要结婚的新人都会到南屯做两件以上新的民族服装。而那琴则为我们介绍了制作的费用。通常布料的费用在400元左右，手工费则在300元左右。

**2. 饮食文化**

在长期的历史发展过程中，鄂温克民族的饮食受生产力和生活环境的影响逐渐形成了富有特色的饮食文化。由于鄂温克民族不同的生产方式，不同部落间的饮食文化不尽相同。我们调查的嘎鲁图嘎查的鄂温克族以畜牧业生产方式为主，因此，嘎鲁图嘎查的牧民们在饮食上主要以白食（即奶食）和红食（肉食）为主。

嘎鲁图嘎查的牧民们的奶食主要分为奶茶和奶干两种。我们在嘎鲁图嘎查调研期间，奶茶是嘎鲁图嘎查牧民们招待我们的必备食品。据嘎查牧民苏日娜介绍，嘎鲁图嘎查的牧民们通常每天要煮2~3次奶茶。除了要供自家早晨和午间的饮用外，奶茶是嘎鲁图嘎查牧民们招待客人的重要饮品。而嘎鲁图嘎查的奶茶制作方法与周边地区的各民族的奶茶制作方法基本相同。只是各牧户熬制奶茶的炊具有所相异。如苏日娜家熬制奶茶是用电饭锅熬制，而牧民额尔登陶格特胡家则是使用传统的黑锅熬制奶茶。通过调查我们发现，在接受调查的28个牧户中，使用这两种炊具熬制奶茶牧户数量基本上是相等的。据苏日娜介绍，两种炊具熬制出的奶茶在味觉上有一定的差异，但是作为年轻人的她更喜欢用操作简便的电饭锅来熬制奶茶。苏日娜的话正代表了许多嘎鲁图嘎查年青牧民的心声。通过调查，我们发现在炊具的选择上，年青人多偏爱使用电饭锅来熬制奶茶。

除了奶茶之外，奶干是嘎鲁图嘎查部分鄂温克族牧民生活中另一重要的奶食。我们在优韩家采访时，正巧碰上他们家在晾制奶酪。优韩告诉我们，奶干的学名实际上是干奶酪，是嘎鲁图嘎查牧民们的重要美食。随着商品经济的发展，奶干被越来越多的城市人口所喜爱。因此，除了自家食用外，奶干如今还为像优韩家这样的鄂温克族牧民家庭创造了一部分的经济收益。在索努尔家我们见到了一个高大的圆形木桶，据她介绍这是做奶干时发酵牛奶用的。当牛奶发酵好后会变成类似奶油状的东西，最后经过分离和晾制就成了奶干。据牧民斯仁道力玛介绍，她们家每头牛每年可以产5个月的牛奶，35头牛每天的奶产量在240公斤左右。其中7、8、9三个月是制作奶干的时间。这几个月所产的牛奶共可制成500斤的奶干供自家食用和销售。这种鄂温克族的传统奶食共可为她家带来每年约20000元的收入。

除奶食之外，肉食也是嘎鲁图嘎查牧民们的主要食物。嘎鲁图嘎查的牧民们的肉食主要以牛、羊肉为主。在我们调查的28个牧户中，所有的牧户都将肉食列为家中的重要食品。据与我们同行的司机杜斌介绍，嘎鲁图嘎查的牧民们主要是将牛、羊肉做成手把肉食用。而且据他介绍，在吃手把肉时，最应注意的礼节是在使用刀具时，禁止在别人面前晃动刀子，更不允许用刀尖指人。而且在分肉时，嘎鲁图嘎查的牧民们也是很讲究的。鄂温克族是尊敬老人的民族，分肉时一定要从长辈开始，依次分赠。这些饮食上的文化传统不但被嘎鲁图嘎查的牧民们完好地遵守着，而且充分向我们展示了鄂温克民族那种热情好客、尊重长辈的饮食文化精髓。

随着经济水平的不断提高，嘎鲁图嘎查的牧民们在饮食上虽仍然以奶食和肉食为主，但是蔬菜开始逐渐走入牧户的生活中。嘎鲁图嘎查的逢春家作为嘎查中为数不多的商店之一，成为嘎查牧民们采购蔬菜的主要渠道。我们在逢春家的商店看到了土豆、白菜等蔬菜。据逢春介绍，虽然随着运输条件的改善和物流的畅通，嘎鲁图嘎查牧民的们对蔬菜的食用量明显增加。但由于受到天气的影响，冬季蔬菜没有其他季节丰富，仍然给牧民们的饮食生活上造成了一定的困扰。

**3. 居住文化**

当谈到鄂温克族居住文化的时候，对鄂温克族文化稍有了解的人首先会想到的就是传统的“撮罗子”。这种传统的居住形式虽然也曾被生活在牧区生活的鄂温克族牧民使用过。但为了适应游牧这一特殊的社会生产方式，更易运输和组装的“俄儒格纠”和“奥布海纠”成了嘎鲁图嘎查所处的辉河地区鄂温克族牧民的两种主要住房形式。其中，居住在“俄儒格纠”的牧户数量较多。

“纠”在鄂温克语中是住房的意思。“奥布海纠”是一种简陋的蒙古包式的住房。在历史上，这种“住房”类型一般只是供牧民们打草时使用。后来随着“尼莫尔”组织中阶级剥削的出现，许多的贫苦牧民不得已居住在这样的“住房”形式中。“奥布海纠”虽然与蒙古包一样成锥形。但是它基本上以材质并不坚实的苇子搭盖成屋，并在外面简单的围上毡子。“奥布海纠”没有成形的门。一般向南开一小口出入，仅以苇捆及毡子作门而已。由于居住在“奥布海纠”中的牧户数量不多，再加之中华人民共和国成立后阶级剥削被消灭，牧民们的经济水平普遍提高。这种居住形式在五十多年前就已经消失了。

所谓“俄儒格纠”是鄂温克族的蒙古包，有时也称为“鄂温克包”。“俄儒格纠”之所以被称为“鄂温克包”，主要是因为它在传统的蒙古包住房形式上加以改良和创新，更突出了嘎鲁图嘎查地区的地区特点和鄂温克族牧民的民族特色。“俄儒格纠”与传统蒙古包的结构是一样的。都是由套脑（顶）、乌尼、哈那和门组成的上、中、下三节的木架结构。但传统的蒙古包是将毡子围在哈那的外面。冬季将毡子加厚几层，夏季则使用较薄的毡子。毡子是由羊毛加工而成的，遇雨水后很容易变形。毡房的使用寿命也因此大大的折损。为了更好地适应呼伦贝尔冬日极寒、夏季炎热的气候，延长“俄儒格纠”

的使用寿命，聪明的鄂温克族牧民在大约100年前在传统蒙古包结构上以辉河地区特有的低矮红毛柳和湿地上生长的芦苇作为材料对它进行了改良和创新。嘎鲁图嘎查的牧户大概在每年的5月20日至9月20日将冬季使用的毡子取下，用以柳条串成的帘围在哈那外面，并用芦苇串成的伞形帘盖在“俄儒格纠”的上面。这样的做法不仅使毡子和用来困住毡子的马尾绳在多雨的夏季不会受潮、变形、腐烂，延长了使用寿命。而且增强了“俄儒格纠”的透气性，防止了蚊虫的进入，芦苇伞顶还具有极强的防风挡雨功效。

随着经济水平的不断提高和国家对少数民族生活条件改善的重视，嘎鲁图嘎查建起了许多较“俄儒格纠”更为坚实耐用的砖瓦房屋。但是由于长期在草原上形成的生产、生活习惯，在我们调查的28个牧户中，约95%以上的牧户不仅有蒙古包，并且还保存着在蒙古包中生活的习惯。唯一的变化是多数牧户的蒙古包的基座是以水泥抹制而成。蒙古包的架子都是自海拉尔的蒙古包生产厂商处购置的金属架。帆布也取代了毡子和柳条，成为围住哈那的新型材料。马尾绳也被更为结实的尼龙绳取代。但在调查采访中我们也发现集聚鄂温克民族特色和地区特点的“俄儒格纠”还被少数牧户使用和完好地保存着。女大学生索努尔家就是这样的一户。索努尔家的院子是由细细的铁丝线捆绑着一根根的沙柳条编制而成的。院子内有一个“俄儒格纠”和一个土坯房子。据索努尔介绍，土坯房子只是留作秋冬时节居住，春夏时则住在由红毛柳条编制的蒙古包内。我们到她家采访时正值炎热的夏季，但是用柳条制成的帘使得在这里对她家采访的调研组成员丝毫感受不到外面的酷热。索努尔告诉我们，“俄儒格纠”的制作方法并不难。只要把四根柳条分别交叉成两个十字，再把一个十字放在另一个上面，重叠以后再交错开来，变成一个米字状，然后把下端都弯回来。按照这种编法，把众多编好的柳条再横着编住，围成一个圆形即可。由于采用柳条编制，“俄儒格纠”既用材少又分量轻，搭盖、拆卸都十分容易。通过她的介绍和我们的观察，所有调研团的成员都被鄂温克民族的创新能力和他们所创造的住房文化深深折服。

### （四）精神文化

精神文化是对经济社会发展的一种在人们头脑中的反应，精神文化的内容会随着社会经济发展而进行变革与调试以适应社会。与此同时，精神文化又潜移默化地影响着社会经济的发展，形成推动力或阻碍力作用于社会经济发展。嘎鲁图嘎查的鄂温克族在保留了鄂温克族的民族文化基础上，结合其游牧的生产方式，在社会经济发展的过程中，不断对精神文化进行调适，形成了独具特色的精神文化。

**1. 宗教信仰**

在远古时代，由于生产力水平的限制，鄂温克人无法解释诸多的自然现象。因而产生了万物有灵的观念，对自然万物都加以崇拜，并由此形成了对原始宗教——萨满教的宗教信仰。随着生产力的发展和鄂温克民族生活地域的不断变迁，有部分鄂温克族人的宗教信仰受到了周边民族的影响，开始信仰藏传佛教、东正教等宗教。尽管如此，与其他曾经信仰萨满教的民族不同，大部分的鄂温克族人还保留着对萨满教的信仰。在嘎鲁图嘎查调研时，除1户蒙古族牧户信仰藏传佛教和4个牧户无宗教信仰外，其他的23户牧户均信仰萨满教。究其原因，一是与萨满医长期为鄂温克族牧民提供医疗服务有关；二也是因为在鄂温克族的社会组织中，萨满法师拥有极其重要的地位。

"萨满"这一称谓来源于古代鄂温克语，意为"狂欢、激动、不安"的人，又称"先知者"（沙曼）、"神通者"、"通晓者"，意思是什么都知道的人。[①] 萨满并不是选举出来的，而是由老萨满在从重病——尤其是癫痫病——的初愈者中进行选择产生的。这些初愈者答应成为萨满后，由老萨满对其传授萨满的相关知识，不久就会痊愈。从这点可以看出鄂温克族信仰萨满教的原因。也正因为萨满多为患有过癫痫病的人，所以鄂温克人选择了带有"激动"等意思的词语——萨满来代表这种宗教。

在老萨满传授三年之后，新萨满的"舍温"（神灵）已经附体。这时，新萨满才有资格为他人看病，并在哈拉和莫昆中开展宗教活动。由于萨满是"舍温"附体，因此他在哈拉和莫昆中拥有崇高的宗教地位。在鄂温克族的社会组织中，每个哈拉和莫昆都必须有至少一名萨满来从事宗教活动。与敖鲁古雅地区的鄂温克族崇拜"熊"图腾，并进行相关的萨满宗教活动有所不同。嘎鲁图嘎查地区的鄂温克族的主要萨满宗教活动是"奥米那楞"法会。萨满会身披由鹿皮等制成的精致的绣花长袍"萨满西克"，头戴用铁条或铜打制的

① 鄂温克族自治旗志编撰委员会．鄂温克族自治旗志［M］．北京：中国城市出版社，1997：150.

并带有数量不等鹿角的“优热日阿温”（头盔），手持“温屯”神鼓来主持“奥米那楞”法会。“奥米那楞”法会一般都在八月举行。在举行时，各哈拉或莫昆的成员要准备牛、羊等牲畜来进献。萨满则会在“奥米那楞”法会上进行跳神和请神的活动，并吟唱萨满歌曲。一般来讲，萨满一生之中至少要主持四次“奥米那楞”法会。而萨满主持的“奥米那楞”法会越多，他（她）头盔上面的鹿角数量也越多。这也从侧面证明了这名萨满的资历。

现在嘎鲁图嘎查的牧户虽然大部分仍然信仰萨满教，但是整个嘎查已经没有萨满了。在我们采访时了解到牧民那琴已经过世的奶奶曾经是嘎鲁图嘎查的萨满。为了表达对这位萨满师的尊重，那琴的屋子里供奉着奶奶的相片。相框上面放了一条蓝色的哈达，相框前方摆放着香炉。而且每月阴历的九号、十九号、二十九号全家人都要给这位萨满师上香。由于萨满并不是继承制或选举制的，那琴家虽然仍然笃信萨满教，家中现在并没再出萨满。也正是因为嘎鲁图嘎查的萨满后继无人，当地的“奥米那楞”法会逐渐淡出了人们的视野。而且许多节庆中的宗教活动，特别是敖包会，也大部分由喇嘛代替萨满主持。即便没有喇嘛参与，也经常出现藏传佛教化了的宗教仪式。

2. **婚丧习俗**

在嘎鲁图嘎查，依然保持着传统的鄂温克婚俗习惯。就通婚范围来讲，虽然传统的社会组织哈拉和莫昆已经不复存在，但是鄂温克族牧民们还是严格地执行哈拉、莫昆内部成员不能通婚的习俗。随着经济的不断发展，不与外族通婚的习俗被逐步打破，与蒙古族、达斡尔族等周边民族通婚的现象比较普遍。嘎鲁图嘎查的牧民敖日格勒的妻子萨仁其木格就是蒙古族，是敖日格勒从呼伦贝尔市的陈巴尔虎旗娶进家门的。嘎查达额尔敦尼的妻子嘎拉曾道力玛也是蒙古族。两人在海拉尔相识后喜结连理。此外，牧民孟和毕力格的妻子杰日嘎啦也是蒙古族。有部分牧民认为孩子的民族属性与父亲相同也可以保持民族血统的纯正。所以嘎鲁图嘎查与外族通婚的牧民中，男性鄂温克族牧民与外族女性通婚的情况较多。

嘎鲁图嘎查牧民严格按照《婚姻法》的要求，实行一夫一妻制，传统的婚姻习俗包括：媒人求亲、订婚、纳彩礼和举行婚礼等过程。青年男女定亲时，男方需委托媒人带一瓶酒前往女方家。说明来意后，男方要给女方父亲敬酒，如果女方父亲将酒喝下，则婚事即成。反之，则有变数。但一般来讲，女方都是同意的，只是有时会刁难媒人，让其反复介绍男方的优点，才会同意喝酒。

订婚后不久，男方须向女方纳彩礼。彩礼数量视男方家庭经济状况，由两家协商而定。值得注意的是，在鄂温克族的传统婚礼中，新婚男女的舅舅扮演着重要的角色。在纳彩礼时，必须要有女方舅舅的一份，否则视为失礼。婚前，男方的“鄂温克包”会搬到女方家的“鄂温克包”旁。结婚之日，男方则会携带酒、羊等前往女方家举行婚礼。男方家一般会过来十几个迎亲的人，鉴于草原儿女各个能饮善酒，每逢喜庆之日更是把酒言欢，所以来的人大都酒量不错。迎亲人员和女方家人共用喜宴之后，再把新娘子迎回新郎家。陪伴新娘去男方家的也不是新娘的父母，而是新娘的姑姑。新娘进了男方的家门后，要把头发扎成两条辫子，以示嫁为人妇。婚礼通常一天就能完成。女方嫁妆一般为四季衣物、篷车以及数目不定的牛羊。如前所述，新娘还必须向新郎的舅舅敬献礼品，一般为衣帽等。婚礼中，鄂温克人喜欢打趣，女方一般会故意刁难男方，说一些自谦或者恭维的话，而男方则必须及时附和，以取得女方的欢心。婚礼后，女方陪送人员中会留下一位善于持家的主妇。这位主妇需在新郎家住一夜，以便帮助新娘学会处理家务。

嘎鲁图嘎查书记金花结婚的时候，由姑姑和妹妹送她到男方家里，并由她们一直陪着她直到回门。按照当地习俗，姐妹出嫁，其余已婚兄弟姐妹会视自家经济状况而赠予新娘一定的牛、羊、马等牲畜。金花书记因为兄弟姐妹多的缘故，嫁妆也就相当地丰厚：一共是 50 只绵羊，5 头牛，5 匹马，分别代表着 5 个兄弟姐妹的心意。另外还有 4 件民族服装，和亲戚朋友送的 2 万元现金。这些东西到男方家后，由新郎、新娘自己保管和经营，并以此作为新家庭再生产的物质基础。随着经济水平的不断提高，男、女双方的嫁妆和彩礼也更多了。我们在采访金花书记时，她正在与家里的其他人筹备弟弟的婚礼。其中的一个重要工作就是赶搭“鄂温克包”。这些“鄂温克包”主要是为了接待参加婚礼的亲戚朋友而准备的。据金花书记介绍，婚礼时整个家族的人都会来参加。所以一般还会举办一些家族的文体项目比赛。这样会使得婚礼更为热闹。

除了婚俗，鄂温克族对丧事也有一定的讲究。鄂温克族过去有风葬的习俗，现在则一般选择土葬，但并非所有人都适用土葬。例如，死于雷击或者难产等非自然死亡的人，会采取特殊的丧葬方式。以寿终正寝的老人为例，老人寿终后，家人需为其更换新衣，将灵体置于蓝布帐篷下方，头前祭有羊肉、乳食、果点等，且在灵前焚烧金银箔纸。停灵数日后，用牛车运送棺木至氏族墓地。下葬之前，喇嘛或萨满会向山神求取亡人安身之地，埋葬时，用金银箔纸做成日、月形，埋进死者头顶稍前的地下。死者的遗物，贵重的一般会被家人送给念经引路人，其余则除秽之后留作他用。如果是氏族中的萨满死亡，一般都会将萨满土葬。在萨满所葬之地插上柳条，放上石头，使其成为敖包供萨满的徒弟和哈拉中的其他成员进行拜祭。

3. **节庆文化**

由于平日的生产劳作繁重，嘎查的基础设施条件较差。勤劳的鄂温克族牧民们每年的休息与娱乐活动都集中在传统的民族节日之中。这些节日在漫长的鄂温克族历史发展中形成，并一直影响着鄂温克族牧民的生活。其中，瑟宾节、敖包会和那达慕是嘎鲁图嘎查鄂温克族牧民们一年之中较为重要的节日。

瑟宾节是鄂温克族传统的节日。瑟宾是鄂温克语，意为“欢乐祥和”。在鄂温克族还没有信仰萨满教的时候，瑟宾节是氏族成员祭祀“巴依安奈”神（山神）的节日。根据苏联研究者戈戈列夫的记述，古时候的鄂温克族猎民在庆祝“瑟宾节”时都会由氏族首领主持宴会。氏族成员们在宴会中围绕着篝火载歌载舞，欢度佳节。16世纪时，鄂温克族开始笃信萨满教。代表图腾意义的瑟宾节则随着萨满教的不断发展而淡出人们的视野。经过鄂温克族民俗研究者的努力，1994年鄂温克族自治旗恢复了已经消失多年的“瑟宾节”。自此，每年的6月18日嘎鲁图嘎查的鄂温克族牧民都会与来自其他地区的鄂温克族牧民们一起相聚在巴彦呼硕敖包山庆祝这个民族节日。在每年瑟宾节的庆祝会上，鄂温克族牧民会身着传统的民族服装载歌载舞。还会参加抢“枢”、摔跤、赛马等体育活动。

敖包会是与瑟宾节紧密相关的鄂温克族传统宗教节日。敖包会的举办没有一个准确的日期，只是一般在农历的五月间举行。作为一个宗教节日，在瑟宾节从鄂温克族牧民的生活中消失后，鄂温克族牧民都是在敖包会上对山神、水神进行祭拜，以求整个哈拉的牧民风调雨顺。供鄂温克族牧民祭祀的敖包分有很多的种类。其中有家族的敖包、氏族的敖包和萨满敖包，也有盟、旗祭祀的敖包、苏木敖包。我们在嘎鲁图嘎查调研时发现，有一部分牧户会参加氏族的敖包会。如前所述嘎鲁图嘎查的鄂温克族牧民基本上都是杜鲁基尔哈拉的后裔。所以，他们通常会选择前往查干套拉盖敖包进行拜祭。绝大部分牧户都会选择参加自己家族的敖包会，这些家族敖包散落在牧户们的牧场中。一般祭“敖包”时参加者为敖包换上新的柳树，摆放祭品并进行叩拜。之后进行赛马比赛，然后由萨满或长者念祭辞，烹煮牛、羊肉后，又有喇嘛念经致祭。最后进行其他体育活动。因为敖包会是鄂温克族唯一的宗教节日，祭拜又会产生一定的费用。所以，一般参加敖包会的牧民都会缴纳祭敖包的费用，或者贡献自家鲜美的肉食品、奶食品等。这部分费用构成了牧户每年宗教方面支出。由于每次敖包会所缴纳的费用都是牧户根据自家的家庭收入情况而自愿缴纳的。因此，如表 5－2 所示，在我们调查的嘎鲁图嘎查的 28 个牧户中，每年的宗教费用的支出额也从 200 元到万元以上不等。甚至有个别牧户的宗教支出高达 40000 元之多。

表 5－2　　**嘎鲁图嘎查牧户宗教支出调查表**

| 序号 | 户名 | 宗教支出 |
|---|---|---|
| 1 | 那木吉拉 | 200 元 |
| 2 | 哈斯孟克 | 1000 元 |
| 3 | 陈胜 | 1000 元 |
| 4 | 阿拉腾巴图 | 500 元及一只羊 |
| 5 | 陶格图 | 无 |
| 6 | 皮华亚德 | 4000 元 |
| 7 | 孟和苏荣 | 500 元 |
| 8 | 那琴 | 无 |
| 9 | 苏雅拉巴特尔 | 10000 元 |
| 10 | 那仁吉日嘎拉 | 15000 元 |
| 11 | 巴图达来 | 2000 元 |
| 12 | 图门吉日嘎拉 | 40000 元 |
| 13 | 阿拉腾娜 | 无 |
| 14 | 兴发 | 100 到 200 元及一只羊 |
| 15 | 额尔登陶克陶胡 | 无 |
| 16 | 斯仁道力玛 | 2000 元 |
| 17 | 图门那斯图 | 无 |
| 18 | 特木日巴格那 | 1500 元 |

续表

| 序号 | 户名 | 宗教支出 |
|---|---|---|
| 19 | 孟和毕力格 | 2000 元 |
| 20 | 伊勒利特 | 500 元 |
| 21 | 赛音德 | 无 |
| 22 | 那仁满达呼 | 300 元 |
| 23 | 孟和达莱 | 500 元 |
| 24 | 乌云毕力格 | 500 元 |
| 25 | 那木拉 | 4000 元 |
| 26 | 达莱 | 1000 元 |
| 27 | 苏优乐扎布 | 5000 元 |
| 28 | 娜仁格日勒 | 1000 元 |

数据来源：根据调查问卷整理。

那达慕是嘎鲁图嘎查地区的鄂温克族牧民的又一重要节日。“那达慕”是蒙古语的音译，也同样是蒙古族的传统节日，本意是“玩、娱乐”。随着索伦部鄂温克族驻守呼伦贝尔草原以后，由于与周边的布里亚特和额鲁特等蒙古族部落进行了广泛的交流与融合，那达慕逐渐成为嘎鲁图嘎查地区鄂温克族的一个重要的节日。那达慕没有统一的召开时间，通常都是在 7 月份召开，但是具体日期由各个主办者自主确定。调研组在嘎鲁图嘎查调研时，正值该地区唯一的小学——辉苏木中心校筹办建校 85 周年的那达慕大会。这次那达慕大会将于 7 月 15 日举办。据学校老师介绍，每年的那达慕大会上，除了会有传统的文体比赛外，学校的师生都将奉献精彩的文艺节目。学校有部分孩子是来自嘎鲁图嘎查的，所以很多的嘎鲁图嘎查牧民都会来参加学校的那达慕。在正式的文艺表演和比赛之后，嘎鲁图嘎查的牧民们通常都会继续进行篝火晚会，载歌载舞，把酒言欢到天明。丰富的节庆活动不仅丰富了牧民们的业余生活，而且还增强了牧民之间的沟通，凝聚了鄂温克族的民族情感。

**4. 传统体育运动**

鄂温克民族在认识自然、改造自然并与自然和谐相处的社会生产实践中逐渐创造了传统的体育项目。这些传统的体育项目不但成为鄂温克民族各种节日中重要的娱乐活动，还肩负着增强民族的凝聚力，强健鄂温克人身体素质等方面的功能。在嘎鲁图嘎查调研时，我们有幸了解到了鄂温克族的两种传统体育项目——摔跤和抢“枢”。

摔跤是生活在内蒙古草原上的多个民族的体育项目。但是不同的民族在摔跤的规则上也存在一定的差异。嘎鲁图嘎查的鄂温克族牧民的传统摔跤要求与其他民族最大的不同是摔跤时要求选手必须系腰带。比赛时，主要依靠手臂和腿部的力量，配合以绊、踢、缠等摔跤技巧进行，绝对不允许摔跤手在比赛时有扯裤腿的行为。当摔跤手膝部以上的部位着地时，摔跤手就输掉了这局的比赛。在历史上，摔跤高手受到牧民们的崇敬。据杜·道尔基先生介绍，在清代时，生活在辉苏木地区的杜鲁基尔哈拉的雅拉·哈瓦那莫昆就以英雄辈出、摔跤家多而闻名于鄂温克草原，使得这个家族成为正黄旗第一等的尼鲁。时至今日，摔跤已经成为鄂温克族牧民在传统节日中最主要的传统体育运动。很多牧民都是摔跤的一把好手。嘎鲁图嘎查的嘎查达额尔敦尼就是其中的一位。据额尔敦尼介绍，在众多的体育活动之中，他对摔跤情有独钟。为了实现自己的理想，他在初中毕业后成了呼伦贝尔市体育运动学校的国际式摔跤专业的一名学生。在 2002 年 7 月结束学习生涯后，他被宁夏体工大队选中，成为了一名专业的运动员。他曾经代表宁夏体工队参加了很多的比赛，并获得过全国摔跤第三名的好成绩。一直到 2007 年 6 月，因为身体原因他才不得不放弃自己的职业生涯。虽然职业生涯结束了，但是每年的各种节日中，嘎查达额尔敦尼的身影还是经常出现在摔跤场上。从他的身上我们看到了鄂温克人对摔跤运动的执着和热爱。

抢“枢”是我们在嘎鲁图嘎查调研时了解到的第二项鄂温克族传统的体育运动项目。这项体育项目的一个重要头衔——内蒙古自治区第一批非物质文化遗产，让我们对这项运动肃然起敬。抢“枢”是鄂温克族一种古老的竞技游戏。1995 年，由鄂温克民族中学的老师和学生进行挖掘和整理后恢复了这项运动。并于 2007 年成为非物质文化遗产。我们对这项运动的了解是从一位叫作哈斯额尔德尼的前专业运动员那里获得。他不仅是嘎查的摔跤高手，而且是嘎鲁图嘎查的畜牧综合服务站的站长。他曾于 1999 年参加了在北京举办的第六届少数民族传统体育运动会。并在运动会上表演了鄂温克传统民族运动项目——抢“枢”，获得了表演二等奖以及鼓励奖。据哈斯额尔德尼介绍，抢“枢”在鄂温克语中被称为“枢体能”。而“枢”实质上是游牧中的交通运输工具——勒勒车的上面的“销子”。抢“枢”运动有一套非常完整的规则。哈斯额尔德尼为了使我们对这项运动有一个形象的认识，将它比喻为“鄂温克式的现代橄榄球”。虽然我们并未亲眼看到这个精彩的传统体育项目，但是从哈斯额尔德尼的精彩介绍中，我们充分体会到了抢“枢”运动所体现的鄂温克族奋发向上的民族精神和机智勇敢、顽强的生存意识。

# 第二部分　牧户

截至2011年底，嘎鲁图嘎查共90户，304人，大部分家庭从事畜牧业生产，畜牧业收入是这些家庭的基本收入来源，各个家庭之间的生产类型差异不大。本次调研，我们填写了28份问卷，考虑到问卷内容比较复杂，牧民的年龄、文化程度的差异性，以及老年人很少能完全用汉语交流，需要通过翻译帮助，并且为了得到尽可能详细的资料，我们采取了一对一入户问答的方式填写问卷，同时就一些问题与当地牧民进行广泛的交流。嘎查户与户之间的差异或差距主要来自牛、羊等牲畜数量的多少和所承包草场面积的大小，进而也影响了家庭收入的多少，牲畜数量多、承包草场面积大的家庭收入明显高于牲畜数量少、承包草场面积小的家庭。我们在进行牧户分类时，很难找到其他的差异和标准，所以把收入作为主要标准，这里的收入是毛收入，没有去除成本，家庭纯收入要低于标题中的收入。在嘎鲁图嘎查由于草场面积大，收入高的同时支出也高，很多高收入的家庭也都是各项生产性支出高的家庭，不能用其他地区的标准衡量。同时，畜牧业生产不同于农业生产，除了受到不同年份降水及水草情况的影响外，还看家庭牛羊出栏情况，有的年份出栏多，收入就高，有的年份出栏少，收入就低，如果正好本年度购买的牛羊多于出栏，就可能支出大于收入，出栏多于购买，就收入大于支出。所以，同一个家庭不同年度的收支情况差异较大。

## 六、收入在10万元以下的牧户

### （一）热情好客的那仁满达胡家

时至傍晚，夕阳红彤彤的挂在草原上，一切都显得那么安详宁静。我们顺着嘎查的土路来到了那仁满达胡家，整体看去他家的房子显得有点陈旧。

估计是听到了自己家狗的吠叫声，那仁满达胡的儿子苏热出来了。那仁满达胡家是我们临时调研的牧户，所以对于我们的到来苏热显得有点茫然，在我们说明来意之后，小伙子很热情地让我们到屋里坐，之后我们就开始聊了起来。

苏热说他们全家都是鄂温克族，并且都信仰萨满教，大哥已经结婚搬出去住了，房子就在马路对面离他家不远处。父亲那仁满达胡，今年 54 岁，初中文化程度；母亲哈森其木格，53 岁，初中毕业；苏热，今年 27 岁，高中毕业，2007 年复原的退伍军人，现在在辉苏木工作。畜牧业是这个家庭的主要收入来源。我们问他怎么家里的房子看起来和其他家的不一样，他解释说这两座砖瓦结构房子的年头都比较长，一座是建造于 1991 年，共有 5 间；另一座建造于 1998 年，共有 2 间。两座房子的面积总共有 120 平方米，冬天都是用煤炉取暖。另外还有一个 40 平方米的车库，和其他牧民家庭稍微不一样的地方就是他家没有蒙古包。

苏热告诉我们他家一共承包了 6200 亩草场，其中打草场有 2000 亩，放牧草场 4200 亩。在苏热家的草场上放养着马、牛、羊这三种牲畜，其中马饲养了 8 匹，羊群的数量是 225 只，绵羊数量为 210 只，其余是小部分的山羊，只有 15 只；有 23 头牛，奶牛有 20 头，其他 3 头是公牛，奶牛挤下的牛奶他们一般都不卖，直接喂牛犊或者缺少羊奶的羊羔。苏热说这些牲畜都是自己家里人在放养，没有雇人。每年牛羊的出栏量都不一样，在 2011 年牛基本没怎么卖过，因山羊主要是用来产羊绒，一般也不会出售。绵羊就不一样了，主要是为了卖羊肉，2010 年家里就卖了 40 只绵羊羔，每只价格在 500 元左右，他说羊的售价高低主要是看当年的羊膘情况如何，归根到底还是看当年的雨水多少，雨水多了草就长得好，羊就能吃肥，价钱也就跟着上去了。

2011 年，苏热家的家庭收入为 48400 元，主要是来源于以下几方面：羊绒的收入在 2000 元左右，同时还以 500 元的价格卖了 40 只羊羔，养羊的总收入为 22000 元。苏热在辉苏木政府工作，每月可以领到 2200 元的薪水，这样的话一年工资收入就在 26400 元左右。

当我们问到对家里的牧业收入是否满意的时候，苏热告诉我们不是很满意，接着我们就询问是什么原因制约了经济的发展，他解释说要增加收入最大的阻碍还是草场的承载量，因为牲畜的数量是固定的，所以收入的增加也是有限度的。其次就是家里劳动力不足，他现在要做的事情很多，没有时间和精力再做其他的事了。再次就是缺少资金，他也想过搞些副业，可是自己没有足够的资金。还有就是市场销路不好，一般夏、秋季节的时候基本没什么收入，就说像现在有好多户人家都在做奶干，他家并不是没有考虑过，刚开始做的人少，奶干的价格还挺高，现在逐渐做的人多了奶干收购的还是那些人并没有增多，这样供大于求的时候收购价就不停地下降。我们问他如果缺少资金的话怎么办，苏热告诉我们向朋友借和银行贷款，不过他家现在还没有贷过款，用他的话说就是“大钱没有，小钱不缺”。遇到养殖技术瓶颈的时候，他一般会向苏木的技术服务人员请教，或者通过看电视、拿手机上网等多种途径解决。

我们又询问了苏热家2011年的支出情况。苏热家的支出可以分为生产性支出和生活性支出。生活性支出首先是用于食品消费方面的，苏热家的主食是米、面、肉，还有少量的菜，家里吃的肉基本都是自己家的牛、羊，这样每个月大概需要600元，一年下来这项支出为7200元左右。每年买衣服是必不可少的支出，2011年全家人添置了不少新衣服，粗略估计有8000多元。苏热自己平时要上班，节假日经常要去旗里休闲娱乐，夏天的话自己家的摩托车就解决了交通问题，到了冬天就得坐公交车，他告诉我们每个月怎么也得300元。苏热家都参加了新型农村（牧区）合作医疗保险和新型农村（牧区）社会养老保险，新型农村（牧区）合作医疗保险的费用是每人每年交50元，而新型农村（牧区）社会养老保险自己每月交100元。父母由于在2002年的出行骑摩托的时候出了事故导致残疾，新型农村（牧区）社会养老保险统一由国家给缴费。一般感冒之类的小病，他们就选择在嘎查诊所进行治疗，其他疾病的话就去旗里的大医院，每年用于医疗的费用在5000元左右。通信费用为3600元，苏热说家里有3部手机，每人每个月的电话费是100元左右。苏热说像他们这样的年轻人闲下来一般都喜欢去旗里打打台球，或者几个朋友聚在一起打几圈麻将，一年用于这方面的支出也就600元左右。他还表示，父母和自己的亲戚朋友比较多，经常会遇到红白喜事，所以人情往来的费用也是不可避免的，每年都得花5000元左右。自己家族每年都会举行祭敖包仪式，这是必须参加的，每当这个时候家里就会捐300元，以贡献出自己微薄的力量。

除了以上这些生活性支出以外，苏热家还有相应的生产性支出。他家去年买了350元的草料，苏热解释说这些都是冬天给牲畜买的，冬天草场基本没草，家里打的草料刚刚够吃，可是为了让牛羊能长得比较肥硕，就得额外的补贴，要不来年太瘦卖不了好价钱。2011 年苏热家花 200 元维修过一次围栏，他告诉我们维修费这么低的原因就在于是自己动手修的，省了不少人工费。为了让自己家的羊羔更优良，2011 年苏热家的羊交配过新的品种。

当我们问到家里有没有民族服饰时，苏热告诉我们家中所有人都有民族服装，每当有重要的活动或者一些重要的节日，他们就穿上民族服装庆祝。爸爸和他各有 2 件，妈妈也有 2 件，都是冬天 1 件，夏天 1 件。我们又问他家里有没有其他手工艺品，苏热说现在家里比较忙，父母也没时间做。

苏热说如果有了闲暇的时间，他就看看电视，不过父母的闲暇时候很少。家里的牧场有很多活要干，很多国家政策都是嘎查传达给他们的，嘎查很关心牧民的生活，嘎查有大事或者有新的政策出台，都会派专人来家里通知，不会漏下任何大事。当我们问到全家人有没有想过外出旅游的时候，苏热告诉我们，父母以前去过北京旅游，而自己就是在当兵的时候去过哈尔滨。苏热希望新牧区建设能增加牧民们的收入，提高牧民的生活水平，改善生产条件。这样以后有时间、有多余的资金时，他就有机会去祖国各个地方旅游一下。

谈到生活条件时，苏热告诉我们现在家里用电方便，那些基本的家用电器家里也比较齐全了，电视机家里就有 2 台，冰箱、洗衣机也各有 1 台，DVD 有 1 个，电磁炉、电饭锅家里也有了。我们问他家里有什么生产机械没有，他告诉我们家里有 1 台打草机、2 台拖拉机和 2 辆摩托车。他深情地告诉我们现在国家的政策好，像他父母这样身体有残疾的牧民每个月国家都会给 100 元的生活补贴，到过年的时候还会给 500 元，另外还有 1 袋大米和 1 桶油。

当提及对教育的看法时，苏热说家里从小就重视家庭教育，他从小学开始就一直在旗里上学，直到高中毕业。现在苏热也挺喜欢学习的，他告诉我们 2011 年自己花钱在外面参加了一个配种培训讲座，而且为了增加自己的技能，他还参加了汽车驾驶培训班。对于本民族的文化教育苏热也十分关心，认为鄂温克民族的语言应该被好好地传承下来，希望以后的孩子都能接受双语教育。谈到小孩我们想知道他对不同民族通婚的看法，家人和他对民族都没有什么限制，而且自己觉得生男生女都一样，现在提倡的就是男女平等。他还表示父母是比较保守的，希望自己以后能生个男孩。

关于“围封转移”这个政策，苏热认为比较合适，但是和鄂温克民族游牧的习性发生了冲突，而且公用的草地也基本没有了，他希望这些政策以后能改变得更贴近游牧民族的生活。调研的最后我们表达对于他积极配合入户调研的谢意。

### （二）善良淳朴的阿拉腾娜家

进入嘎鲁图嘎查，放眼望去便是无边茂盛的草原，今年的雨水充足，牧草长势也很好。在刚刚修缮完的平坦公路上行驶了一段时间后，我们注意到了距离路边不远处散布着几座砖房和蒙古包，于是锁定了今天的访谈对象——阿拉腾娜一家。进入蒙古包说明来意后，阿拉腾娜很热情地接待了我们，并欣然接受访谈。

阿拉腾娜，女，49岁，初中文化水平，一家人都是鄂温克族，无宗教信仰。丈夫阿拉腾蒙和（1963—2006），生前任嘎鲁图的副嘎查达，为人老实热心，经常走访关心周边牧民的生产生活状况，甚至还帮他们偿还贷款。平日里他少言多行，对待工作认真负责，是一名1986年入党的老党员。阿拉腾娜一家共有三个子女，大女儿讷仁，28岁，是家里唯一的大学生，大女儿的丈夫阿拉腾，与讷仁同岁，初中文化程度，现同其妻子一起住在讷仁的妈妈家，是家里的重要劳动力。二女儿爱兰，26岁，小学文化程度，也已成家。小儿子名叫海兰，22岁，现为北辉卫生院司机，未婚，与其母亲住在一起。

阿拉腾娜一家现居住在一个54平方米的砖瓦房里，她告诉我们，这个房子是于2001年建成的，女儿和女婿住过来后，在2009年又申请了国家的“游牧民定居工程”的项目房，最早住的蒙古包现在用作了厨房，这样就足够一家四口人居住。在寒冷的冬季，阿拉腾娜家主要靠煤和晒干的牛、羊粪取暖，去年冬季采购了煤炭5吨，每吨价格在320元左右，花费共1600元。

阿拉腾娜家承包着3000亩的草场，其中700多亩用于打草，打出来的草全部用于自家牛羊冬季所用，另外的2000余亩用于放牧和进行牲畜的散养。说到牲畜，阿拉腾娜向我们详细地介绍了家里的牲畜种类和数量：牛20头，去年出生牛犊共计11头，卖了6头，平均每头价格在2600元左右。现有羊100只，其中绵羊80只，山羊20只，去年总共增加羊羔50只，卖了36只，平均每只370元。这是一个相对较低的价格，但是养羊的经济价值不止在于羊羔，每到仲夏季节，成年山羊身上的羊绒都是可观的经济收入，平均每只山羊每年产羊绒量为一斤左右，羊绒目前的市场价格为每斤 150 元，阿拉腾娜家的山羊数量较少，去年产出的羊绒只卖了 4500 元。此外家里还有 22 匹马，去年没有出售。阿拉腾娜告诉我们，家中用于生产生活的机器设备主要是 2 台打草机和 2 台拖拉机，去年一年游牧生产过程中机器运转所消耗的柴油价格为 4000 元，家中还有 1 台摩托车，主要用于放牧也是日常的短途交通工具。全年柴油、汽油的消费总数在 5500 元左右。由于地处牧区，水利设施不发达，家中日常生活用水以及牲畜的用水都靠水泵抽取地下水来解决。

2011 年，阿拉腾娜家的经济收入大约为 57500 元。具体收入来源主要是以下几部分：畜牧业的收入在 45000 元左右，其中出售羊的收入为 16000 元，出售牛的收入为 13400 元，羊绒收入为 4500 元；此外，政府每年每头牛有 50 元补助，折算下来有 1000 元。

在交谈中，我们了解到了阿拉腾娜家去年一年的支出情况。2011 年，阿拉腾娜家的总支出为 45000 元。其中生产性支出相对较少，只需在每年的牲畜防疫上固定支出 1000 元，家庭支出主要用于生活消费。阿拉腾娜一家一年的食品开销大概为 15000 元，平日里只需要购买一些蔬菜，牛、羊肉基本自给。在穿着方面，由于孩子们都是 80 后，他们相对追求时尚，每年购买服装支出大约 10000 元。此外，阿拉腾娜一家都上了医疗保险，保险标准每人每年 50 元，女主人阿拉腾娜还交了养老保险，每年 100 元。一家人得病通常是去旗县或是市医院进行治疗，去年阿拉腾娜因治疗腿疾花费了大约 4000 元，得益于新型农村（牧区）合作医疗保险的实施，报销了大约 1000 多元。由于朋友较多，在人情往来上，阿拉腾娜全年开销也要在 4000 元左右。阿拉腾娜的兄弟姐妹都居住在外地，联系密切且主要靠电话联系，再加上儿子海兰也因工作繁忙需经常电话联系，故通信费用每年约 4000 元。亲戚每年定期走动拜访，交通费约 1500 元。

阿拉腾娜家中的电器设备很齐全，2 台电视机，1 台收音机，电冰箱、洗衣机、照相机一应俱全。阿拉腾娜的汉语不是很好，通常只看蒙语台，但是她的孩子们则更喜欢观看国产电视剧和综艺节目。这也是他们一家主要的娱乐方式，并以此了解嘎查以外的动态信息及新出台的惠及牧民的国家政策。小儿子海兰还参加了今年的病虫防害培训，获益匪浅。嘎查里的干部会经常走访牧民家庭，向他们宣传、普及新的农牧业政策，阿拉腾娜一家人对目前的生活比较满意。

在访谈过程中我们询问了制约嘎查经济发展和当地牧民生活条件进一步改善的问题时，阿拉腾娜的大女婿和儿子告诉我们，草原上的鄂温克族，主要以游牧为生，牲畜长得膘肥体壮与否直接影响到出售时的价格的高低，呼伦贝尔草原的承载能力极大，但是最关键也是最直接的还是要看当年的雨水量，雨水充足了，草场的草就长得茂盛、长得高，牛羊才会吃的充足，长得肥壮。另外就是在信贷方面，如果农村信用社能够进一步扩大针对牧民的贷款数额，出台有利于牧业发展的经济刺激政策，牧民便可以拥有充足的资金去扩大自己的牲畜群，从而改善生活水平。海兰告诉我们，由于地处草原，资源相对单一，以游牧为主的鄂温克族人就是靠这一片蓝天碧草为生，他们热爱劳动，渴望致富，希望国家重视畜牧业发展，对一些濒临沙化的草地进行治理，让草原更富生机。

谈及对孩子教育问题的时候，阿拉腾娜告诉我们大女儿学习很好，很顺利地念完了大学，小儿子高中毕业，因为父亲离世便辍学回家，成为家里的顶梁柱，没有继续深造，这也是阿拉腾娜最遗憾的事情。二女儿小学文化水平，现已经出嫁。接着，我们又询问了大女婿怎样看待自己孩子的教育问题，他很实在地说："我们平常就生活在草原上，对外面的世界、外面的生活不甚了解，我曾去过北京感受过大城市的繁华，觉得很吸引人，很有意思，所以打算努力干活儿多赚些钱，作为自己儿女以后的上学费用，一定让自己的孩子尽可能地多读书，有机会去看看外面精彩的世界。"听到这些，我们都很欣慰也很感动。大儿子海兰接着说道："我们的文化程度比较低，有时候遇到困难很难解决，目光总会有些短浅，这就制约了我们游牧民族的经济发展，也是我们生活条件难以提高的一个主要原因，以后一定让自己的孩子多学知识，我想那时候他们回来放牧，一只羊卖的价钱会比我们多很多。"

最后，当我们问及是否关心村镇的大事的时候，阿拉腾娜表示，自己还是很关心苏木、嘎查的发展，因为嘎查的变化影响着每个牧民的生活，嘎鲁图嘎查好了，牧民自然也会受益，比如刚刚修好的公路，就为她们的生活带来了很大的便利，采买、亲戚之间走动方便了许多。尤其是通电之后，感觉做什么都方便了，也丰富了业余生活，一家人对目前生活环境还是很满意的，希望有朝一日自来水和网络也能方便地使用。

临别前阿拉腾娜对我们说她相信以后的生活会越来越好，也希望有机会我们能再到她的家里做客。随后，我们为阿拉腾娜家拍了全家福，祝愿这一家人永远幸福快乐。

### （三）家住湿地边的特木日巴格那家

我们驱车走过几片牧场之后，来到了特木日巴格那家。特木日巴格那家也是辉腾河西为数不多几家住户之一，当我们快到门口的时候，家里的大狗就开始提醒主人有人来了。特木日巴格那老人不在家，出门迎接我们的是老人的大女婿布大哥，布大哥长得很魁梧，他家住在伊敏苏木，这次是来看望两位老人。说明来意后布大哥把我们带进屋，他爱人给我们递上可口的奶茶，并和我们热情地交谈起来。

我们从交谈中得知，特木日巴格那家是嘎查的低保户，家里有 3 口人，全都是鄂温克族，并且都信仰萨满教。特木日巴格那，现年 58 岁，初中文化程度。妻子乌云其其格比特木日巴格那小一岁，也是初中毕业。还有一个小女儿敖特根其其格，27 岁，初中毕业，在家里帮着放牧。在蒙古包里我们看到了各种家用电器一应俱全，电冰箱、洗衣机、DVD 机、收音机等，还看到了正在播放的电视节目是中央电视台 1 套的新闻节目，布大哥告诉我们嘎查现在买书看报很不方便，而且家住辉腾河西交通也不是很方便，看电视、听广播就是他们获得政策信息的渠道。当我们问他怎么家电都在蒙古包里放着，布大哥介绍说家里主要的住房建筑就是蒙古包并没有砖房，另外就是在两年前通过国家的扶持补贴政策花 6000 元买了一辆篷车，除此之外家里还有一个牛棚。

特木日巴格那家共承包了 3954 亩草场，其中 909 亩用于打草，3045 亩用于放牧。特木日巴格那家的牧场全部供自己家放牧使用，共放养了 220 只羊，其中山羊 100 只，这些山羊基本都是用来产山羊绒的，去年的山羊绒价格为 140 元/斤，由于价格的原因家里在 2011 年没怎么卖羊绒，这方面的收入仅为 1000 元左右；绵羊 120 只，基本就是供自己家食用或者产羔卖。2011 年特木日巴格那家卖了 20 只羊羔，每只的价格大概在 500 元，绵羊的总收入就在 10000 元左右。和其他牧户一样，家里还养了牛，其中公牛 12 头，奶牛 11 头，并在 2011 年以 8000 元的价格卖了两头。大部分的牧户为了放牧牛、羊的方便而饲养马匹，特木日巴格那家也不例外，他家总共有 10 匹马。这些基本就是2011年全部的家庭收入。

了解完家庭收入以后，我们又接着询问了2011年的家庭支出情况。他家用于生产性的支出可以细分为以下几个方面。第一，雇工费用。布大哥介绍说，虽然现在家里有三口人，但是岳父岳母年纪大了，而且身体也不好，所以真正的劳动力只有小女儿敖特根其其格一个人。正是觉得劳动力不足，他和大女儿才会经常过来帮忙干活，即使这样到了打草时节，人手就开始显得吃紧。为了解决这个问题，他们就在每年打草时节请个雇工过来，工资按一天120元算，基本上得雇2个月左右，2011年这方面的花销就在7000元左右。第二，生产机械的燃料费。布大哥解释说，别看现在每个牧户的收入都很多，但是生产成本也在增加，油价一直居高不下，加之机械化的提高，这方面的消费占到总消费的比例也居高不下。2011年特木日巴格那家仅柴油就消耗了6桶，每桶的价格在1500元，最后柴油的总支出就在9000元左右。每天还有摩托车汽油的消耗，这项每年大概也得2000元左右。第三，生产工具的维护费。所有生产工具和设施投入都不会是一劳永逸的，每天都会消耗着，拖拉机、打草机坏了的话就得维修，围栏、牛棚随着日晒雨淋也会有损耗，这些东西的维修费用在2011年就达到了3000多元。

和我们聊完生产支出以后，布大哥又细细的和我们数落起了2011年岳父家里的生活性支出。关于饮食方面，布大哥说草原牧民一般都很少吃菜，多以面食、大米为主，牛、羊肉是必不可少的。除了肉类以外家里都得花钱买，家里主要是老人和妇女，所以每个月的花销在500元左右，一年这方面的花销在6000元左右。每年家里人总得添置几件新衣服，这些花销2011年估计在5000元左右。至于交通费用，初步估计在300元左右。家里三个人都有手机，初步估算每月话费花销在200元。亲戚朋友除了平时打电话联系感情外，就是结婚或聚会的时候见见面，人情往来的费用也就是必不可少的。特木日巴格那家一年这方面的花销大概在3000元。2011年的家族祭敖包活动，家里就出了1只羊，价值在1500元左右。至于娱乐方面的消费，布大哥告诉我们每天的时间都干活了，没有时间进行娱乐活动。由于家里是低保户，每年每人50元的新型农村（牧区）合作医疗保险费用就由政府补贴，自己交的就是新型农村（牧区）社会养老保险的费用，每年每人交100元。布大哥还告诉我们，虽然有了医疗保险，但是医疗花费对于整个家庭来说也是一个沉重的负担。特木日巴格那老两口都身体不好，每人每月都有300元的医药花销。

2011年乌云其其格得了一种红色的疹子，在旗里的医院看不好就去了市里的医院，经过了三四天的折腾花费了4000元才治好。老太太还有肝硬化，每天都得吃药，特木日巴格那患有高血压也得天天吃降压药，俩人心脏还都不好也需要吃药。老两口这两天又去医院检查身体，每次去总得花个几千块钱，家里的钱大部分都用于医疗方面了，已经让这个家庭入不敷出了。为了解决资金紧缺的问题，特木日巴格那家2011年从银行贷了15000元，还从亲戚朋友那里借了15000元。疾病使得特木日巴格那家有了这么多的借款、贷款和花销，布大哥告诉我们说现在就希望政府能在医疗领域有更大的投入，使得牧民们不要再因为有了疾病而太多的影响他们的生产、生活。

我们又聊起了他们家的一些具体生活情况。布大哥告诉我们一般他们凌晨4点左右起床开始喂牛、喂马，中午基本不怎么休息，一直劳作到晚上7、8点才收工休息。收工之后或者闲下来的时候，他们会看看电视或者一起聊天。每天他们都要挤牛奶，这些牛奶一般都不卖，供家里用，每到接羔的时候母羊会奶水不足，这样他们就自己用牛奶喂羊羔。他还告诉我们这个地方属于辉腾河西，没有通电，所以家里就靠风力发电机和太阳能电池板发电。布大哥指着外面的太阳能发电机告诉我们说那是他自己花4500元购置的，又指着家里的冰箱说这是花3000元新买的。我们问到家里有几件传统服装的时候，他告诉我们说特木日巴格那有2件，冬夏各1件，乌云其其格和敖特根其其格总共有3件，这些服装只有在节日的时候才穿。除了这些民族服装以外，家里还有一把做工精美的蒙古刀，上面还有一块碧绿色的玉佩，和蒙古刀整体看起来民族特色十分浓郁。特木日巴格那家有1台打草机、1台拖拉机和1台水泵，这个水泵是用来抽井水以解决家里用水问题。布大哥还告诉我们家里还有1辆摩托和1辆私家车，这些都是他们平时出行的交通工具，如果走远路的话坐公共汽车就成了他们最经常的选择，因为价格比较合理，节省生活成本。当问到是否对牧业收入满意的时候，布大哥表示不是很满意，市场销路不好、缺少资金都是原因，他还举例说明了一下："去年羊毛收购价格才6.8元/公斤，牛奶价格更是低得可怜，才1.5元/公斤，山羊绒今年价格稍稍涨起来了，那也才280元/公斤。"想到我们来辉腾河西的时候路比较难走，就继续询问是否希望修一下这边的路，他表示那些在湿地实在无法行走的道路可以适当地修一下，但不希望修成主公路那样，因为这里有美丽的天鹅湖，有很好的生态系统，他怕来的人多了影响了这里的生态平衡，进而影响天鹅在这里的栖息。关于新牧区建设有什么自己的想法，布大哥表示希望以后的牧区紧跟国家的政策，做到公开、公平、公正，做到财务透明化，还希望牧民大会可以一年举办1、2次，让那些在外面接受过良好教育的大学生能在牧区政府和嘎查工作，发挥这些人所学的知识，借此改善牧民的生活水平，提高牧民的生产条件。对于鄂温克民族文化和血统的传承，布大哥有自己独到的见解，他并不反对民族间的通婚，但是他希望按照鄂温克民族的传统孩子的民族随父亲，一是可以保证鄂温克民族血统的纯正，二是防止一些非鄂温克族的人利用党和政府对鄂温克族的照顾政策，让每一分钱用在刀刃上。

最后，问到未来有什么打算时，布大哥告诉我们，其实国家政策很好，只要自己努力，生活一定会越来越好，希望以后经济和时间富裕了经常到外地去转转。我们也盼望特木日巴格那大爷和乌云其其格大娘身体变好。

### （四）住在辉河西的图门那斯图家

太阳早早地就在呼伦贝尔草原升起来了，辽阔的草原一望无际，偶尔会看见散落在草地上的牛、羊群。今天我们要去的图门那斯图家住在辉腾河西，根据翻译优韩介绍，辉腾河西离我们所在的地方比较远，而且路也不好走。汽车驶离公路进入了土路，我们只能沿着车轮印缓慢前行，大约颠簸了半个小时，只见一望无际的草原上星星点点坐落有几户人家，离我们最近的那一家就是图门那斯图的家。

图门那斯图家刚开始没人在家，优韩联系完之后告诉我们，他儿子马上就回来。不久就看见有个年轻人骑着摩托车风尘仆仆的赶来，这就是图门那斯图的儿子敖德。为了接受我们的调研，他专门从牧场赶回来。家里共有5口人，全部都是鄂温克族，也都信仰萨满教，户主图门那斯图，今年48岁，小学文化程度；妻子阿拉腾高娃，46岁，初中毕业；大女儿阿拉苏，今年26岁，大专毕业；二女儿阿茹娜，比大姐小两岁，中专毕业；儿子敖德，23岁，高中毕业。接受我们调研的是敖德，他以前在辽宁朝阳当兵，3年前复员回家，到现在已经在鄂温克旗畜牧局综合站工作2年了。他家的住房有2个蒙古包和2套砖瓦结构的房子，其中一套是自己盖的，面积为140平方米的3室1厅，另一套为60平方米国家补贴的游牧民定居工程，结构为2室1厅，除国家补贴外，自己另外还花了15000元。

敖德去年基本上很少在家，所以对家里的情况不是十分地了解，关于家庭收入和支出方面的细节有很多无法给出数据，我们也就无法对他家的经济状况做一个全面的了解。图门那斯图家周围就是家里承包的草场，其中有打草草场1600亩，放牧草场3200亩。现在家里的劳动力还够用，所以放牧都是自己家放，不会额外雇羊倌。他家在这片草场上放牧着750只羊，其中山羊有230只，其余都是绵羊；还有73头牛，奶牛60头，其余为公牛；除了这些，还有70匹马，这些马匹去年都没卖过，只是放牧的时候会骑一骑。敖德告诉我们他每月有1000元的固定工资，至于家里2011年卖了多少牛、羊不太清楚，只知道当年生的牛犊价格为2000元左右，2岁牛犊的价格在4000元左右。

介绍完收入的来源，敖德又向我们介绍了他们家的支出情况。图门那斯图家的支出主要可以分为两个部分：第一部分是生产性支出，第二部分则是生活性支出。他家的生产性支出主要包括雇工剪羊毛、机械燃料费、兽用医药等。生活性支出包括饮食、衣着、医疗卫生费用、人情往来费用和手机费等。敖德告诉我们，虽然家里一般不雇佣羊倌，但是到了剪羊毛的时节家里还是会雇一个人专门剪羊毛，不过一般不给这个雇工现金，而且直接拿所剪的羊毛冲抵工钱。家里牧用机械燃油费由于不是自己买的，所以无法给出一个数字。一般嘎查都会免费一年给牛羊打两次防治病害的疫苗，除了这个之外，家里为了能让牛、羊更健康，还专门买防治虱子的药。除了这些生产性支出以外，敖德还大概给我们回忆了2011年他所知道的生活支出费用。在饮食方面的支出，他估算了一下有20000元，由于住在辉腾河西，离卖菜的地方比较远，买回来也不便于存放，所以饮食消费中蔬菜、水果的比例不高。关于衣着方面的支出，敖德只知道自己加上日用品这方面的花销大约为每年10000元，基本上都在海拉尔买衣服，其他人的花销他没注意过。他的亲戚朋友2011年结婚的比较少，每人的随礼也就在200元，所以在人情往来方面他的支出为1000元。家里五个人每人都有一部手机，每个月5部手机的花费在700元左右，一年下来话费支出大概在8400元。每当家族祭敖包的时候，家里就会送一只羊。谈到医疗和保险花费的时候，敖德告诉我们社会保险家里每人每年交100元，还有就是新型农村（牧区）合作医疗保险五个人每年每人交50元。比如感冒、咳嗽这样的小病嘎查诊所一般都能处理，如果是其他大病的话他们一般都去旗以上的大医院去看。他还告诉我们爸爸图门那斯图由于得了尿毒症，一直住在市里的医院，医疗方面的支出就给这个家庭带来了沉重的负担。为了照顾父亲，两个姐姐就只好轮流在医院看守。敖德还告诉我们，虽然现在收入比较多，但是家里情况特殊，每年的收入和支出基本是持平的，基本没有什么盈余。当我们问道如果家里缺少资金的话，会怎么解决的时候，他说一般都是从银行贷款，有时候也会问朋友们借钱，不过朋友们的钱也多多少少要付利息。

当谈起生活条件和嘎查的基础设施建设情况时，敖德向我们作了详细的介绍。图门那斯图家是嘎查很少几户住在辉腾河西的人家，住户分散的原因使得这里的基础设施建设一直很落后，到现在为止也没有通电，现在家里日常用电也就是通过唯一的家用风力发电机提供。除了希望以后电力设施能有改变之外，敖德还希望这里能修一条路，每逢下雨天气的时候，骑摩托出行是一件相当困难的事情。他还告诉我们既然连路都没有，那邮寄东西也就很不方便了，对于这几个基础设施建设敖德显得很无奈。家里现有 1 台水泵用来抽井水，吃水还是比较满意的。虽然家里用电不是很方便，但是家用电器还是比较齐全，电视机就有 2 台，冰箱和冰柜各有 1 台，其他的像洗衣机、DVD 机、照相机和收音机也是一应俱全。敖德还告诉我们家里的生产用具也比较齐全，有 2 辆汽车、2 台打草机、5 台拖拉机和 1 辆叉车。关于出行的问题，敖德说如果去离家比较近的地方，比如苏木或者旗里，他一般就骑摩托车去，如果去比较远的地方，比如海拉尔等，人多的话就会开车一起去；如果就自己一个人的话，就会坐公共汽车去。虽然已经淘汰了马匹作为交通工具，但是图门那斯图家仍完好地保存着民族服装等传统服饰和用具。图门那斯图有 3 件民族服装，敖德自己有 1 件，妈妈和两个姐姐都各有 3 件，其中基本都是冬夏各 1 件，春秋合用 1 件。敖德还向我们展示了他家 3 个马鞍中的 1 个，做工十分精细，看起来非常的漂亮。敖德介绍说家里在冬天都是用炉子取暖，那些平时积攒的牛羊粪已经足以维持日常生活需求和取暖所用，去年就没有额外的买煤。当我们问起敖德怎么现在不上班在家时，他告诉我们现在不是防疫时节单位基本没什么事，所以就帮着家里放牧，遇到突发疫情或者打疫苗的时候，他每天基本就没有什么时间在家里了。这样他就没什么时间去比较远的地方旅行，现在他最远就去过辽宁，家人在他当兵探亲的时候顺便也去过天津。平时闲下来无聊的时候他就看电视或者拿手机上上网。国家或者嘎查有什么新的政策出台实施的时候，他家一般都通过村委会传达或电视、广播知道。为了进一步提高养马技术，2011 年敖德还参加了马协会举办的养马技术培训讲座。

当提及希望新牧区建设能带给嘎查来哪些好处的时候，敖德告诉我们希望能够增加牧民的收入，毕竟现在他家属于收支平衡的状态，还希望能进一步改善牧民的生产条件和生活条件。说到婚姻问题，敖德并不局限于非要鄂温克族的女孩才结婚，他认为现在的社会是一个开放包容的社会，结婚的前提是两个人情投意合，民族间的通婚也是很正常的。对于下一代的教育，他认为要积极地把本民族的语言传承下去，而且民族服装也要传承下去，升学和职业教育也同样很重要。

我们在结束调研时，向敖德表达了谢意。并祝愿他父亲早日康复。

### （五）乐观向上的娜仁格日乐家

我们的调研已经进行到尾声了，绿色的草原在夕阳的映衬下显得那么的安详。汽车奔驰在去往娜仁格日乐家的路上，不时地闪过一片片的牛群和羊群。草原牧民的家里一般都养着一只或者几只大型的草原犬，娜仁格日乐也有一条。这条草原犬非常护院，一看到有陌生人接近不停地狂吠。娜仁格日乐和优韩交谈之后，女主人很好客地请我们进蒙古包就座。娜仁格日乐虽然能听懂部分汉语，但是完全不会说，所以这次调研还需要优韩帮助我们进行。

我们看到蒙古包的顶部晒着娜仁格日乐做好的奶干，一进蒙古包娜仁格日乐就给我们盛上香喷喷的奶茶。娜仁格日乐家现在总共有三口人，都是鄂温克族，宗教信仰为萨满教，户主就是娜仁格日乐，今年 39 岁，小学文化程度，在家放牧和操持家务。女儿萨其日娜，今年 20 岁，现在在河北一个汽车专修学校学习汽车装潢，今年上大学二年级。儿子丹德尔，今年 19 岁，初中毕业以后就在家放牧。娜仁格日乐家的住房有 1 个蒙古包，还有 1 套 60 平方米的砖瓦房，共有 4 间，属于 2011 年的游牧民定居工程房。

娜仁格日乐家总共承包了 2075 亩草场，其中打草草场有 675 亩，放牧草场有 1400 亩。现在家里饲养了 30 只山羊，20 只绵羊，还有 6 头公牛和 10 头奶牛。2011 年，畜牧收入情况大概如下，以每只 600 元的价格出售了 40 只山羊，获得了 24000 元的收入；除了羊之外，还以 2000 元每头的价格卖了 3 头牛犊，得到了6000元的收入，总的畜牧收入为30000元。家里还喂养了2匹马，是用来放牧的。娜仁格日乐家是低保户，每年可以获得政府提供的4000元的低保金。

娜仁格日乐家的收入不多，但是花销却不少。2011年，单单食品一项的花销就有10000元左右。服装方面，虽然自己很少买衣服，但是有两个年轻的孩子，总是免不了每年购置几件新衣服，这方面一年大概需要4000元左右。娜仁格日乐告诉我们家里现在最大的支出项目是教育费用，女儿在河北上学花销是很大的，每年需要21000元左右。平时在嘎查的交通工具是家里的摩托车，要去比较远的地方就会选择其他的交通工具，比如公共汽车等，女儿在元旦、五一、十一以及寒暑假都会回来，这样一年下来所需要的交通费用大概有6000元之多。家里虽然没有什么人有重大疾病，但是一些小疾病还是避免不了，估算一下有4000元的开支。人情往来的费用一年有2000元左右。参加家族的祭敖包是她家最重要和隆重的活动之一，每次参加要么送去一只羊，或者直接给钱，2011年娜仁格日乐家就送了1000元。她家现在有2部手机，娜仁格日乐无法回忆每个月需要多少话费，她只能估算出一年大概需要3000元的话费。娜仁格日乐家的另一项支出就是保险，家里3口人都参加了每人每年50元的新型农村（牧区）合作医疗保险，同时也缴纳了每人每年100元的新型农村（牧区）合作养老保险，这两个保险让娜仁格日乐觉得生活比以前有保障多了。

面对这么多的生活支出，收入又没有什么其他来源，娜仁格日乐表示不是太满意，她说技术、资金、市场销路等制约了她家经济的发展。我们又询问怎么解决资金紧缺难题的时候，娜仁格日乐告诉我们一般都是从亲戚那里去筹借，一般不去银行贷款。她还告诉我们2011年的时候就向亲戚们借了10000元。每当缺少技术的时候，娜仁格日乐就会向苏木的技术人员和兽医请教。她还告诉我们家里维修过围栏，但是自己没花钱，基本都是政府补贴了。政府不仅在这方面进行补贴，在家里购置太阳能发电板的时候也有补贴，当时家里只掏了1000元就拿到了太阳能板。这样再加上原有的风电机，就基本可以满足全家的用电需求，只不过有时候电压会不稳定，影响某些家用电器的使用。娜仁格日乐家的家用电器有1台电视机、1个DVD和1个用了两年的收音机。随着经济的发展，家里现在不仅仅只有牛粪作为生活燃料，有时候还会使用液化石油气做饭。生活电器的数量不是很多，生产机械的数量也不是太多，有2台拖拉机，1台手摇水泵和2台电动水泵，另外还有2辆摩托作为出行工具。

娜仁格日乐家有2件男士的民族服装，娜仁格日乐和女儿各有1件民族服装，比较有民族特色的物品还有自己带的一个手镯。娜仁格日乐一般在凌晨3点半就开始劳作了，我们问及原因的时候，她说家里本来劳动力就少，如果不起早的话一天的活都无法完成。在她劳动的时候都会听着广播，所以有什么比较现代化的东西她一般都是通过收音机里了解到的。中午不休息，一直要劳动到晚上9点，闲下来的时候她也基本没精力做别的，就直接睡觉了。儿子丹德尔参加了2011年马协主办的养马培训。娜仁格日乐告诉我们她比较关心村里的大事，比如补贴政策等，因为这些与自己的切身利益有着直接的关系。她同时也很关心下一代的职业教育，也希望下一代能够传承本民族的文化。当问到如何看待儿女的婚恋问题时，娜仁格日乐表示她没有硬性的规定，希望只要是两个人情投意合就可以。对于“围封转移”政策，娜仁格日乐觉得还是不错的，因为这样别人家的牛就不会进来，而且自家的牛如果草料不够的话，可以去公共草地进行暂时的放牧。当我们问及她有什么愿望时，娜仁格日乐希望自己家的经济情况可以更好一些，房子可以更大一些，最好能把通电问题解决掉，同时也希望嘎查的生产、生活条件可以进一步提高。

在愉快的气氛中，我们送上我们对她家的祝福，也顺利结束了一天的调研。

### （六）防疫员那木吉拉家

在本次入户调研中，我们的调研团队分为两组，那木吉拉家是我们这组走访的最远的一户。从苏木出发后，车子走了半个多小时才到达那木吉拉家住的地方。在那木吉拉家附近总共住着十来户牧民，我们经过询问后来到了那木吉拉家。车刚刚停稳，就看见那木吉拉的妻子娜日苏和儿子敖希塔在院子里，小男孩看到我们来，跑过来给我们开了门，高兴地迎我们进去。那木吉拉因在鄂温克旗参加培训，并不在家。在说明来意后，那木吉拉的妻子和儿子热情地邀请我们进屋就座。那木吉拉的儿子敖希塔是个非常活泼可爱的小男孩，一路领着我们进屋。就座后，那木吉拉的妻子给我们倒了奶茶，然后坐在桌边与我们聊了起来。

从调查中我们得知，那木吉拉全家总共三口人，全都是鄂温克族。那木吉拉，29岁，初中文化程度，是苏木综合服务站的防疫员，在我们调研期间没能见到那木吉拉本人。接受我们访谈的是那木吉拉的妻子，名叫娜日苏。娜日苏比那木吉拉小两岁，今年27岁，初中文化程度。他们的儿子名叫敖希塔，今年3岁，已经开始上幼儿园了。娜日苏向我们介绍说，儿子敖希塔从2012年3月份开始上的幼儿园，现在刚好是孩子放暑假的时间，等到9月份开学的时候再把孩子送去。那木吉拉和妻子娜日苏这一对年轻的夫妇，没有跟父母一起居住，他们现在住的房子建筑面积总共120平方米，共5间。娜日苏说从他们结婚的时候就住在这房子里了，具体是哪年盖的房子她不是很清楚。

那木吉拉家共承包了1000亩草场，他家的草场没有像其他牧户一样分为打草场和放牧场，全部作放牧场使用。目前那木吉拉家的草场总共放养着150只绵羊，2011年这些羊总共产羔110只。牛45头，2011年新生的小牛犊总共20头。马22匹，2011年新生的小马驹总共12匹。娜日苏告诉我们，2011年，家里没有卖羊和马，只卖了10头牛，都是两岁大的，平均价格是3000元每头。

2011年，那木吉拉家的总收入主要有以下几部分：卖牛的收入30000元，总共10头牛，每头价格3000元。卖牛奶的收入为9720元，娜日苏告诉我们家中的奶牛每头能产60公斤牛奶，2011年他家牛奶的卖价是每公斤1.8元。由于内蒙古地区的气候原因，当地牧民每年挤奶的时间大概3个月左右，因此，我们以挤奶时间90天，价格1.8元/公斤的标准，估算了2011年那木吉拉家卖牛奶的收入。由于2011年那木吉拉家没有卖羊和马，所以畜牧业的收入只有卖牛这一项。除去经营牧场的收入外，还有来自政府的补贴收入。那木吉拉家共养了45头奶牛，娜日苏告诉我们，政府给牧民发放的养牛补贴，只给大牛发放，小牛不给补贴。每头大牛政府每年给补贴50元，2011年那木吉拉家享受补贴的奶牛总共有30头，因此，养牛的补贴收入总共1500元。另外，还有工资性收入8600元，娜日苏告诉我们，她的丈夫那木吉拉在苏木综合服务站工作，是综合服务站的防疫员，主要工作是给苏木的牲畜做防疫。今天我们调研的时候那木吉拉不在家，就是去鄂温克旗接受专业培训去了。当我们问到那木吉拉平时的工作忙不忙时，娜日苏告诉我们，那木吉拉工作最忙的时候是在每年的五月份到七月份之间，每年这个时候是给牲畜打防疫针的时候，全苏木的牧户都要给家里的牲畜做防疫，所以工作量很大。平时如果牧户家的牛羊生病了，也会请他过去给看，但是平时的工作相对轻松一些。不忙的时候，那木吉拉会去鄂温克旗参加技术培训，平常在家的时候那木吉拉也会看相关的节目和书籍来丰富自己的专业知识。从妻子娜日苏的口中，我们感受到了那木吉拉对工作的认真负责，以及他对自己的严格要求。

当问到制约家里农副业收入增长的主要原因时，娜日苏说，首先是家里的劳动力不够，家里就只有他们夫妻两人，丈夫那木吉拉还有综合服务站的工作要做，放牧已经占用他们很大的精力，没有办法去发展其他的副业了；其次是资金的缺乏，她说家里2011年还在信用社贷过款，总共贷了15000元，钱买牛都用掉了，2011年她家总共买了2头牛，是在嘎查附近的牧户家里买的。

了解了收入情况后，我们又对那木吉拉家2011年的生产性支出情况和生活性支出情况进行了解。生产性支出主要有以下几个方面：购买草料的支出为20000元，2011年那木吉拉家总共买了10车草，是那种农用四轮车，每车草的价格是2000元。娜日苏说买草很方便，一般在嘎查里就能买到，嘎查里草场大牲畜少的人家每年都会卖草。到了秋天买草的时候大家都会互通消息，谁家有草要卖他们都会知道，这是草原牧区最普遍的资源有效配置。另外，牲畜的防疫费用2000元。娜日苏说，牛的防疫针都是嘎查给免费打的，这些全主要是家里的牛羊生病的时候买药用的。例如，羊的身上生虫子了，就会买驱虫药，然后到河边给羊洗澡，这种驱虫药是20元一瓶，他家的羊用10瓶左右就够了。我们问道，那这么多羊都是她一个人洗吗，娜日苏说每次去河边给羊洗澡的时候，都是好几家一起去，大家互相帮助。娜日苏还告诉我们，一般羊比较爱生病，其次就是小牛爱生病。家里大牛生病的时候少，马也很少生病，都不怎么管，每年的医药费不多。2011年，那木吉拉家还修了网围栏，不过没有花钱，只是自己家把损坏的地方补修了一下，没有大面积维修。

除去生产性支出外，娜日苏也向我们介绍了她家生活方面的支出。2011年，那木吉拉一家人花在食品方面的支出为10000元，是全家人购买食品的支出。衣着方面的支出为7000元，那木吉拉和娜日苏是一对年轻夫妇，他们用在衣着方面的支出相对较多，此外，他们儿子敖希塔今年3岁，是个活泼可爱的孩子，他们夫妇给儿子敖希塔买衣服的支出也很多。2011 年，那木吉拉家没有教育方面的支出，因为他们的儿子敖希塔 2011 年只有 2 岁，还没到上幼儿园的年纪。但是 2012 年敖希塔已经上幼儿园了，每个月的费用是 450 元，截止到我们采访的时候敖希塔总共上了三个月的幼儿园，是从 2012 年的三月份到七月份。娜日苏介绍说家里人生病了一般都会去鄂温克旗的医院，2011 年全年家里人看病吃药等的支出为 5000 元。那木吉拉家有 1 辆摩托车和 1 辆小轿车，还有拖拉机等机械设备，家中所有车辆 2011 年加油总共花费 20000 元，娜日苏说每年打草的时候油费用的多，其余就是家中车辆日常用油的花费。人情往来对于每个家庭来说都是必不可少的，那木吉拉家也不例外。娜日苏说，嘎查里的亲戚朋友家有红白喜事都会叫他们去参加，每次 100 元或者 200 元，关系特别好的朋友礼钱会多些，据此推算，一年下来人情往来的支出大概有 3000 元。2011 年，那木吉拉家宗教活动方面的支出为 200 元，娜日苏告诉我们，家里一年祭一次敖包，每次都是去嘎查的敖包。那木吉拉全家都缴纳了医疗保险，医疗保险每人每年缴纳 50 元，2011 年医疗保险的支出为 150 元；另外，那木吉拉和妻子娜日苏还缴纳了养老保险，每人每年缴纳 100 元，2011 年他们家养老保险的支出为 200 元。那木吉拉和妻子娜日苏都有手机，每人每月 100 多元话费，全家每月总共要 200 元左右，一年下来就是 2400 元左右的话费。

在闲暇时间，那木吉拉家的娱乐和休闲方式是看电视和听收音机，娜日苏说很多国家政策都是她自己看电视了解的，她晚上没事的时候就看看电视。娜日苏说平常嘎查的新政策会有专人通过电话通知，有时候也开会传达，嘎查的活动家人都会参加，每年的种养技术培训、病虫害防治培训、身体健康和保健培训、文化知识培训等家人也都会参加。

当我们问到是否重视下一代的教育问题时，娜日苏尔说非常重视，虽然现在她的儿子敖希塔只有 3 岁，还在上幼儿园，但是她希望儿子敖希塔将来能考上大学，她说只要儿子愿意读书，她和丈夫一定会全力支持。娜日苏还谈了她对民族文化教育的看法，她认为鄂温克族人口较少，民族传统文化的保持非常重要。尤其是民族语言的保持，她希望孩子以后出去读书也不要忘记自己的民族语言。娜日苏还说今后会跟孩子多沟通，多用鄂温克语交流，让孩子能有环境学习本民族语言，我们也非常支持娜日苏的想法。

娜日苏说丈夫那木吉拉作为嘎查综合服务站的工作人员，对嘎查的一些大事和政策变动很了解，她本人也非常关心嘎查里的大事。她说嘎查这两年变化非常大，这两年苏木到嘎查的路修好了，给嘎查大部分牧民提供了便利。现在嘎查的基础设施比较完善。作为生活在牧区的牧民，看到嘎查近两年的变化，娜日苏心里非常高兴，她认为这些变化不仅会让牧民的生活越来越好，也会让嘎查的发展越来越好。

当我们谈到关于鄂温克族未来发展的想法，娜日苏说现在国家的政策很好，对农牧区的支持力度很大，她希望国家能进一步加大对农牧业的投入，帮助牧民解决生活中的困难，让牧民的生活条件越来越好。

### （七）低保户乌云毕力格家

乌云毕力格是乌优迪的哥哥，调研乌优迪的时候就是在乌云毕力格家进行的。乌云毕力格看起来是一个很安静的中年人，穿着也很朴素，优韩告诉他还需调研他时，乌云毕力格表示乐意接受。

当我们问到乌云毕力格家的基本情况时，乌云毕力格说他们家全是鄂温克族，宗教信仰是萨满教。他本人 42 岁，文化程度为小学，平时在家放牧。妻子娜仁其其格，37 岁，小学毕业，除了做家务以外，也配合丈夫放牧。大儿子敖日格乐，今年 18 岁，小学毕业以后就没有上初中，现在在家帮着父亲放牧。小儿子那仁巴图，14 岁，现在在苏木上小学，国家实行九年义务教育制度，所以基本免费。乌云毕力格说小儿子十分懂事，每到放假的时候就回来帮着做家务、放牧，是个孝顺的好孩子。乌云毕力格家有一套建于 20 年前的砖瓦结构的住房，有 5 间房间，其中包括一个车库，面积总共有 85 平方米。另外还有一个蒙古包，基本上只在夏季使用，冬季就会在砖瓦房里生活。

乌云毕力格家承包的草场面积有 2200 亩，这里面包含有放牧草场 1600 亩，打草草场 600 亩。畜牧业是这个家庭的主要收入来源，乌云毕力格家在养殖畜牧的种类方面和妹妹乌优迪家的情况比较相似，都没有养山羊和绵羊，只有牛和马匹。乌云毕力格家在这片草场上总共放养了 50 头牛，其中有母牛 16 头，公牛 34 头。这 16 头母牛所产的奶都卖给了奶站，2011 年牛奶的价格普遍偏低，只能卖到 1.5 元/公斤。这一年的牛奶的收入在 7500 元左右，再加上卖了 4 头小牛犊，每头牛犊的价格为 2500 元，2011 年牛群总共的收入为 17500 元。家里只有 1 匹马，这匹马是用来放牧的。乌云毕力格告诉我们这些牲畜他家都是圈养起来的。因为乌云毕力格家是低保户，所以除了这些牧业收入以外，每年政府还给他家 1500 元的社会补贴救济金。在 2011 年秋天的时候，嘎查有了低保户新的补助资金，以补助牲畜的形式分给了乌云毕力格家 4 头牛；冬天的时候，嘎查政府还给了 500 元的慰问金和一袋米、一桶油。以上这些就是乌云毕力格家全年的收入。

了解完乌云毕力格家的收入以后，我们又和他聊起家里的支出情况。2011 年，这个家庭用于食品方面消费的总金额大概在 2000 元左右，其中以米、面等主食为主，基本不怎么吃蔬菜和水果。乌云毕力格全家衣着方面的支出每年在 5000 元左右。至于交通费用，家里人基本不怎么出远门，基本就是去南屯，去南屯都是坐 3 元一次的公交车，这样四个人一年的费用大概在 1000 元出头。说到教育费用，乌云毕力格告诉我们这是他家最主要的支出费用之一，由于小儿子在苏木上学，虽然接受的义务教育不用出学杂费，但是住宿费和伙食费还是得开支的 ，这些花费一年估算下来也在 10000 元左右。人情往来的费用，2011 年乌云毕力格家支出了 2000 元左右。住在这里的人每年基本都会参加家族的祭敖包活动，为了表达自己家的诚意都会送羊或者一定数额的钱。2010 年，乌云毕力格家就送了 500 元。乌云毕力格家 2011 年还新购置了 1 台拖拉机，这笔钱的来源基本就是一年卖牛奶的钱。乌云毕力格告诉我们现在家里有 3 部手机，每月总共的手机话费大概在 100 多元，一年合计下来用于通信的费用支出在 1500 元左右。乌云毕力格说 15 年前他驾驶拖拉机拉东西的时候把腿给压坏了，由于伤势特别严重，最后不得不做了截肢手术，当时的医疗费用就是亲戚给凑的。尽管做了手术，但每隔三五年还得做一次假肢替换，每次的花费在 5000～10000 元，这部分医疗费占到家庭收入的很大一部分。这几年家庭收入的 50% 都用于医疗，2011 年的花费在 3000 元左右。乌云毕力格家的新型农村（牧区）合作医疗保险是由国家补贴的，他家所参加的新型农村（牧区）社会养老保险每人所交费用为每年 200 元。

通过对乌云毕力格家全年收入和消费支出的对比，发现 2011 年他家入不敷出，我们就询问遇到这种缺少资金的情况家里怎么处理。乌云毕力格告诉我们，有时候会向亲戚朋友借，但大部分情况是向银行贷款，2011 年的时候就从农村信用小额信贷那里贷了 20000 元。对于牧业收入的这种情况，乌云毕力格表示不满意，并且告诉我们制约收入增长的因素，比如像市场销路这方面，附近的奶站离这里都很远，卖奶很不方便，这样价格也上不去。家里也缺乏劳动力，现在乌云毕力格由于残疾不能太多的参加劳动，放牧和其他体力活都落到大儿子的身上。缺少资金的问题就不言而喻了，技术也是制约他家经济增长的另一个因素。我们问他怎么解决技术难题时，乌云毕力格告诉我们一般都是向苏木的技术人员请教。

调研的时候我们看到乌云毕力格家蒙古包的中间摆放着一个具有鄂温克民族特点的蓝色柜子，禁不住就问这个柜子是不是已经有年头了，乌云毕力格告诉我们这是他们结婚时候妻子带过来的嫁妆。民族服装作为鄂温克族的传统服饰，乌云毕力格也保留了一套。除去民族服装之外，作为游牧民族的象征——马鞍虽然已经不在现代的生产生活中使用，但是仍然被乌云毕力格家完好地保存着。乌云毕力格家因为经济因素家用电器的数量并不是很多，有1台电视机、1个电饭锅和1台收音机。我们接着了解没有电冰箱在夏天怎么存放肉类等易腐烂的食物的情况，他说一般都把这些东西放到别人家的冰箱里。除了这些家用电器以外，乌云毕力格家还有1台打草机、1辆拖拉机和1台水泵。为了出行的方便，家里还买了一辆摩托车。家里人最远的活动范围就在呼伦贝尔地区。因为买书、看报很不方便所以他们休息下来的休闲方式基本就是聊天。关于现代化信息的传播，乌云毕力格表示现在有广播、电视和手机等工具，比以前方便多了，信息到达牧户的时间明显的缩短了。现在国家有什么政策一般都是手机短信通知或者嘎查来人亲自通知。由于2011年家庭劳动力短缺，基本没有什么时间和精力参加马协举办的养马培训。

当提及对于嘎查公共基础设施的评价时，乌云毕力格认为在通电、通路和医疗保障方面嘎查的设施比较完备，但在用水和通邮方面的设施有些落后。在教育方面，乌云毕力格很关心孩子的升学教育，希望他能多读书，用知识武装自己的头脑，改变自己的命运。同时也表示希望本民族的文化可以完好地保留和传承下去。说起“围封转移”政策，乌云毕力格觉得围起来可以更好地保障各个牧户自己的利益，也避免了牧户之间因为草场分界问题而产生过多的矛盾。最后他希望新牧区建设能让自己的收入增加，改善一下自己的居住条件，同时生产条件和生活条件都能有所提高。他还希望每年嘎查能多给低保户分些牛羊，以使这些经济困难的家庭有更多的生产资本，加快他们进步的步伐。

在祝福当中我们结束了对乌云毕力格家调研，希望他家生活越来越好。

## （八）渴望继续学习的达莱家

我们到达嘎鲁图嘎查后，根据我们的调研计划嘎查委员会挑选了 28 户不同类型牧户，我们的入户访谈就是围绕这 28 户展开的。但在具体调研过程中，由于很多牧户在外放牧，有时我们赶到牧民家后，家里没人，有的通过电话联系把他们叫回家，有的则因无法马上回来，临时调整调研对象。达莱家就是我们临时确定的调研家庭，经过十几分钟的颠簸之后，我们来到了达莱家，远远地望去达莱家的住房只有一个蒙古包，旁边好像还有一个在建的游牧民定居工程房，不知道是不是他家的，我们带着疑问对他家进行了调研。

出来迎接我们的是达莱的女儿杜格根，是一个比较害羞的女孩。她向我们解释说家里的蒙古包里现在坐着好多亲戚朋友，不方便在里面做调研，所以我们决定席地而坐，以地为庐，以天为盖，在完全自然的环境下进行调研。达莱家总共有 3 口人，全部都是鄂温克族，父亲达莱，今年 48 岁，初中毕业；母亲萨伊汗图雅，今年 47 岁，小学文化程度；女儿杜格根，今年 23 岁，高中毕业以后由于经济原因就辍学在家放牧。由于母亲有类风湿病，父亲在一次放牧的时候从马背上摔下来，所以家里的体力活都压到了杜格根的身上，这也是她高中毕业后没有继续读书的原因之一。达莱家现在的住所就是我们眼前的这一个蒙古包，旁边还有一个在建的游牧民定居工程房，面积为 50 平方米，总共有 3 间，杜格根告诉我们除了国家的补贴之外自己家还花了 17000 元。

达莱家总共承包了 1900 亩草场，其中打草草场有 400 亩，放牧草场有 1500 亩。在这片草场上达莱家放养着 70 只山羊，这些山羊是用来剪羊绒的，在 2011 年这些山羊总共产了 4000 多元的山羊绒。她家的绵羊并不多，只有 2 只。家里还有 40 头奶牛，2011 年达莱家卖了 4 头牛犊，每头的价格为 2500 元，成年牛以 5000 元的价格卖了 3 头，除了这些牛以外，还有 6 头饿死的牛也卖了，价格非常低，每头的价格为 300 元，这些牛全年的收入总共为 26800 元。除了牛羊之外，达莱家还有 3 匹马，这些马都是用于放牧的。以上这些就是达莱家 2011 年大概的收入来源，总共有 30800 元左右。

杜格根告诉我们说家里现在最大的花销是医药费，母亲萨伊汗图雅得了类风湿病必须每天吃药，父亲达莱因为头部伤的原因在 2011 年看过 3 次病，每次的花费为7000元，父母每年的医药费花销需要30000元左右。食品的花销是达莱家的第二大生活支出，杜格根粗略的回忆了一下，告诉我们需要20000余元。杜格根告诉我们现在的物价水平太高，尤其是女士的衣服价格居高不下，这样一来全家一年这方面的花销就需要15000元左右。达莱的家人基本不怎么出远门，最远就是去旗里的医院看病，加上每天骑摩托的油费，家里的交通费用一年下来也需要5000元左右。家里现在没有上学的孩子，所以教育费用的支出为空白。人情往来对于草原牧民也是必不可少的支出，亲戚朋友结婚需要随礼，2011年达莱家这方面的支出为5000元左右。娱乐方面的支出大概需要2000元。每年达莱家都要参加家族举行的祭敖包仪式，有时候捐羊，有时候捐钱，2011年她家就捐了1000元。杜格根告诉我们牧区没有固定电话，手机就成了牧民之间，家人之间的主要的通信工具，每个月家里花费支出都在200元左右，全家大概需要2400元。达莱家的劳动力只有女儿杜格根一人，所以每当秋天需要打草的时候就感觉到劳动力的不足，为了弥补劳动力的不足，她家在2011年秋天雇用了4个人打草，时长大概为半个月，4个人总共的工资支出为10000元。杜格根还告诉我们，家里承包的草场面积比较少，每年打的草不够牲畜吃，2011年家里还另外购置了10000元的草料，就是这样还饿死了3头牛。虽然平时生活燃料基本牛、羊粪就可以满足，但是冬季的草原十分寒冷，需要额外的煤炭来取暖，2011年冬天达莱家烧了4吨煤，每吨的价格为230元，一年的燃料费就需要支出920元。现在每个牧民都有统一的新型农村（牧区）合作医疗保险，达莱家3口人，也全都交纳着每人每年50元的新型农村（牧区）合作医疗保险费。父母每年还交纳了每人200元的新型农村（牧区）合作养老保险，杜格根自己还没有交。

当我们问及杜格根是否对收入满意的时候，她表示不满意，家里劳动力不足，产品市场销路不好，缺少项目支持，缺少资金和技术，这些都严重地制约了家庭收入的提高。她还指出比如牛奶和肉类的收购价格太低，成本又太高，这样一年下来净收入并没有多少。我们继续询问了缺少资金时候她该怎么解决，杜格根告诉我们她家一般都是向亲戚朋友借，偶尔还会向银行贷款，2011年为了维持正常的生产、生活就向亲戚朋友们借了50000元。在遇到牲畜养殖的难题时候，杜格根一般自己读书或者向长辈请教来解决。

杜格根告诉我们说家里现在每人都有民族服装，父亲有1件，她和母亲每人有2件。达莱家的家用电器不是很多，只有1台电视机、1部照相机和1

部收音机。一般的交通工具是家里的那辆摩托车，如果要去比较远的地方就坐公共车。家里的牧用机械有1台拖拉机，还有2台打草机，用水的时候还是需要用抽水机抽水。杜格根告诉我们收音机是她家接受信息的主要媒介，每天凌晨4点她就听着收音机开始了一天的劳作，一般到晚上9点才结束一天的劳动。休息下来的时候，一家人就聚在一起聊天，有时候自己还会用手机上网看看新闻之类的。

达莱家并没有参加马协举办的养马培训。我们问到杜格根为什么不继续读书时，她眼中流露出了无奈的神情，告诉我们其实自己很想上学，只是迫于家里的经济情况无法继续下去，如果有机会的话她还想学习其他技能。她现在很关心职业技术方面的教育，同时也希望嘎查能注重教育，这也是阻碍嘎查经济发展的一个重要原因。关于“围封转移”政策，她觉得不适合鄂温克族，因为鄂温克族是一个游牧民族，比较习惯游牧的生活方式，而且把牧场围起来使得走路也不是很方便，万一自己家的羊跑到别人的草场，还需要花钱赎回来。杜格根还认为总体来说嘎查还是向前发展的，她希望本民族的语言、文化可以传承下去，也希望国家的扶持政策还能多一些。最后她希望新牧区建设可以使得牧民的经济得到发展，有新房子住，使得牧民的生产、生活条件进一步提高。

### （九）草原监理陈胜家

陈胜家就住在公路边上，我们印象最深刻的就是他家的小院，在嘎查调研的几天，从住地到嘎查每次经过我们都会注意到。他家的院子是用白色的木栅栏围成的，靠近公路的一边种着青储玉米，另一边就是他家的房子，院子周边青草。白色的栅栏加上红墙和绿草地，勾勒出一幅优美的田园生活美景，让我们不禁在想，这个院子的主人到底是什么样子的。

到陈胜家时，正好是中午，草原牧区的夏天，天气非常热，走到哪里都没有乘凉的地方。站在草原上一眼望去，除了蓝天白云绿草，就是成群的牛羊和牧民的房子。我们把车停在靠近路边的地方，随后步行来到陈胜家门前。他们家的门是背对着公路开的，来到门口时首先看到了一个开着门的修理铺，里面有两个年轻人在。在向他们说明了来意后，他们告诉我们陈胜不在家，他们是陈胜的朋友，可以帮我们打电话给陈胜。我们表示了感谢，就在陈胜家门口等着他回来。大概十分钟左右的时间，陈胜就骑着摩托车回家了，看到我们还站在门口等他，就赶紧热情地请我们进他家里坐。我们一边聊着一边随着陈胜进了他家，据陈胜介绍，他家的房子是在 2002 年的时候从别人手里买的，当时总共花了 15000 元。一开始住进来的时候，房子只有 56 平方米，后来他在房子的旁边接着建了一间房，现在建筑面积是 96 平方米，共有 3 间房。我们进屋就座后，继续和陈胜聊着，陈胜是个非常健谈的人，很配合我们的调研工作，也给我们的调研提供了很多信息。

从与陈胜的交谈中，我们了解到了陈胜家的基本情况。陈胜是蒙古族，会说蒙语和鄂温克语两种语言，出生于 1974 年，今年 38 岁，毕业于内蒙古牧业学校，是一所中专院校。陈胜告诉我们他是内蒙古通辽市奈曼旗人，1988 年来到鄂温克旗读高中，1990 年读了中专，1993 年中专毕业后就分配到鄂温克旗北辉苏木综合服务站工作，也就是现在的辉苏木。当时辉苏木是分为南辉苏木和北辉苏木，后来两个苏木合并为一个辉苏木，不过现在当地的居民还是习惯称为南辉苏木和北辉苏木，其实指的是辉苏木的南半部分和北半部分。据陈胜介绍，他刚参加工作的时候，综合服务站只有 3 个人，主要工作是草原监理和防护，他还清楚地记得，刚参加工作的时候每月的工资只有 160 元。随着综合服务站工作的开展，现在工作人员已经发展为 9 人了，工作的主要职责是宣传贯彻草原法律、法规和政策、检查监督草原法律、法规和政策的实施；处理草原争议和核定草原载畜量、对草原的保护、管理、建设利用实施监督；查出违反草原法规、破坏草原和草原建设设施的行为；会同森林草原防火部门做好草原防火工作等。陈胜也给我们举例说明了他工作的具体内容，他说草原上有很多野生的药材，像嘎鲁图嘎查这边就盛产柴胡，外面每年都会有人来偷挖，这对草原的破坏很大。因为草原的野生植被很脆弱，野生植物土层很薄，挖药材的人把药材采走了，挖出来的土不回填，土挖走的地方就不长草了，这种破坏很难自然恢复，所以国家严禁任何单位和个人在草原上非法采挖药材、收购药材、蘑菇等。除了对生态环境的破坏，偷挖药材留下的坑，很可能成为草原上的绊马坑，这也会给牧民造成一定的经济损失。为了防止这种情况的发生，陈胜和他的同事们就负责在草原上巡查，遇到有人挖药材的情况要及时制止，必要的时候还会处以罚款和没收工具。除此之外，陈胜还介绍说，每年二月份到三月份给牲畜打防疫针、草原的防火、牲畜的统计等工作也是由综合服务站负责。

在介绍完他的工作后，陈胜也跟我们谈了他的家庭基本情况。陈胜说，他之前有过一段婚姻，前妻名叫金莲花，内蒙古锡林郭勒盟人，今年44岁，高中文化程度。他们是1994年结的婚，后因两人感情不和，于2010年离婚。之后陈胜一直单身，至今没有再婚。陈胜和前妻金莲花有一个儿子，名叫青德门，出生于1995年，今年17岁，在海拉尔职业中学读书，专业是商贸旅游。他和前妻离婚后，孩子由他抚养。问到家庭情况时，我们担心陈胜不愿提及往事，陈胜只是笑笑，大方地向我们介绍了情况，这一举动让我们觉得他是一个心胸非常宽广的人。

在了解完家庭基本情况后，我们又向陈胜询问了他家的收入来源。陈胜告诉我们他家的收入来源比较单一，主要收入来源是他的工资，2011年他的工资水平是每月2900元，据此推算，2011年他的工资收入为34800元。除此之外，2011年，陈胜还帮嘎查的牧民打草，收入为10000元。我们了解到陈胜家没有承包的草场，就向他询问了原因。陈胜告诉我们，在1998年的时候嘎查里给他承包了480亩草场，其中有300亩是打草场，180亩是放牧场，但是因为陈胜不是当地的牧民，是后迁入嘎鲁图嘎查的，所以在2001年的时候嘎查又把承包给他的草场收回去，因此，目前陈胜家并没有草场。我们进门之前看到他家院子种着青储玉米，就问陈胜这些青储玉米是不是准备出售的，陈胜告诉我们，种青储玉米是给自己家牛做饲料用的。2011年，他在信用社贷款35000元，他用这些钱买了十来头牛，因为自己家没有草场，所以就在院子种了青储玉米给牛作饲料用。陈胜家种植青储玉米的面积大概是10亩，2011年总共收了10万斤青储玉米，都用作牛的饲料了，没有出售。在交谈中我们发现，陈胜是个很有经济头脑的人，他向我们介绍说，其实他参加工作两年后就开始养牛、羊了，嘎查把草场收回后就不养了。后来他在嘎查里开了个商店，经营了一年，由于赊账的人太多，资金周转不过来，他就把商店关了。三年前他还养过梅花鹿，后来因为梅花鹿对当地环境不适应，集体生病，最后仅活下来一只，这次养鹿的经历让他遭受了重大的经济损失，几乎花光了家里所有积蓄，也影响了他和前妻的感情。聊到这里的时候，陈胜的声音也透出几分无奈。从与陈胜的谈话中，我们觉得陈胜是一个不甘平庸的人，敢于尝试各种新鲜事物，虽然经受了挫折，但是并不认输，总是总结经验继续前行。

我们又继续询问了陈胜有关他们家的支出情况。2011年，陈胜家的生产性支出总数为40490元，2011年陈胜用信用社的贷款买了十多头牛，总支出为35000元。因为没有草场，家里的牛没有草料来源，所以陈胜就在自己家院里种植的青储玉米作为牛的饲料，从播种到收割都是陈胜自己家完成的。陈胜告诉我们2011年，他家总共买了70斤玉米种子，价格是每斤7元，购买青储玉米种子的支出为490元。除去自己家种植的青储玉米外，陈胜家还需要另外购买草料，2011年陈胜家购买草料的支出为5000元。另外，生活消费支出为70900元，其中用于食品的支出为10000元，主要父子两人吃喝的花销。衣着支出为10000元，主要用于全家人过节和平常购置新衣。陈胜说人情往来是生活中必不可少的，嘎查里朋友家有事他都会过去，2011年他家人情往来方面的支出为3000元。陈胜的儿子还在读书，每年的开支也是一笔不小的数目，陈胜告诉我们，孩子每年的教育支出是30000元，其中有2000元是学费，其余的主要是每年的学杂费和生活费。交通费用为10000元，陈胜家有1辆摩托车、3台打草机和1台拖拉机，这些钱是2011年家中所有车辆加油的支出。陈胜和儿子的身体都比较健康，2011年全家医疗方面的支出很少，大概在300元左右。陈胜和他的孩子都有手机，父子两人每月话费是300多元，据此推算，2011年他家通信方面的支出为3600元。2011年陈胜家还有1000元的宗教活动支出，是参加祭敖包活动时的礼金。取暖费为3000元，主要是冬天家里买煤的费用，他家去年用了10吨煤，每吨的价格是300元。当我们问到家中有没有医疗保险和养老保险的支出时，陈胜介绍说，孩子的医疗保险都是入学的时候在学校统一缴纳的，不用自己再交了，他本人的医疗保险和养老保险都是从工资中按比例扣除的，缴纳金额是工资的3%，不用自己另外交钱。

陈胜告诉我们，他平时主要娱乐和休闲方式是看电视和看书报，他最喜欢看的就是政治类和历史类的书，一些领导人的自传故事他也比较喜欢。因为工作性质的原因，陈胜也会非常关注种养殖技术类的书籍，陈胜告诉我们看书能拓宽他的视野，丰富他的知识，也会给他带来很大的启发，尤其是一些领导人的自传，能让他从中学到很多做人的道理。

当我们谈到孩子的教育问题时，陈胜认为现在国家的教育政策很好，就拿儿子上学来说，每学期国家都会给发750元的补助，一年就是1500元，国家对教育的投入力度很大，他希望孩子能好好学习，等毕业之后有一个好的发展机会，不过陈胜说，他不会勉强孩子，不管将来孩子选择做什么，他都会尊重孩子的选择。

作为综合服务站的工作人员，陈胜也从他的角度谈了国家对农牧业政策的看法。陈胜说，在他的记忆中，国家是从 2008 年开始对草原重点保护的，那时候的做法是把草场用围栏都围起来，牧民最少三年不打草、放牧，这样能让草场有充足的时间恢复。围了草场的牧民国家会给发放补贴，形式是现金或者草料，这样做的目的就是更好地保护草场。但是很多牧民不了解政策意图，依然在围起来的草场里打草、放牧，这样政策的效果就大打折扣了。陈胜认为造成这种局面的原因主要有三方面：首先是发放的补助不够牧民养牲畜的成本，牧民不在草场里打草放牧的话，只能自己购买草料，这是很大的一笔开支，国家发放的补贴根本不够用，所以牧民只能在草场里放养牲畜。其次是牧民保护的草原的意识还不够，因为政策的效果还是要看牧民的执行力，这就需要牧民对草原有强烈的保护意识，自觉地按国家政策做。最后就是没有惩罚措施，国家虽然制定了好的政策，但是没有建立相应的惩罚措施，出现了违反政策的情况，也不知道该怎么处置，所以陈胜建议立法，建立相应的惩罚措施，这样才能更好地保护好这片草原。

作为嘎鲁图嘎查所在地辉苏木的基层工作人员，我们也让陈胜谈了对嘎查发展的看法。陈胜认为，现在国家有很多好的政策，但是效果却体现不出来，这跟牧民的思想保守也有关系。陈胜举了个改良种羊的例子，他说，之前畜牧局给牧民推广过一个品种，叫杜泊羊，原产于南非，是世界著名的肉用羊品种。畜牧局当时在 11 月份的时候，从每户牧民家挑 50 只羊给配种，但是由于当地每年五月接羔的时候有暴风雪，这种羊的羊羔的成活率低，牧民们觉得大范围改良有风险，都不愿意改良，认为还是自己的羊品种好。陈胜认为这一方面要通过宣传教育转变牧民的思想，让他们学习科学的养殖技术。另一方面畜牧局也要优化自己的工作方式，在给牧民做完配种改良后，提供后续的技术指导。或者在嘎查里挑选几户做实验，让他们参加培训，学习养殖技术和科学的管理方法，实验成功后牧民看到改良的效果了，肯定愿意跟着改良。这毕竟是对牧民们有好处的事情，应该认真去做。陈胜的一番话也让我们从中得到了启发，人是需要一些尝试的勇气和冒险的精神的。作为一名普通的基层工作人员，陈胜不仅对自己的工作认真思考总结，还考虑着广大牧民的利益，这种精神值得我们学习。

随着谈话的深入，我们聊到了陈胜作为一个蒙古族，生活在鄂温克族聚居区已经将近二十年了，他是怎样的感受。陈胜说，自从他来到这里之后，与周围的鄂温克族相处得很友好，他也有很多鄂温克族的朋友。平时大家并没有太刻意区别自己的民族，生活上也尽量互相帮助，大家相处得很愉快。

在访谈的最后，陈胜说，他热爱自己的工作，也热爱这片草原。现在国家政策很好，牧民的生活条件也越来越好了，他希望大家都能通过自己的努力让生活越来越好，同时，他也希望嘎鲁图嘎查今后的发展越来越好。

## （十）德高望重的皮华亚德家

在去皮华亚德家的路上，翻译告诉我们，这户人家的主人是一位德高望重的长者，这次采访肯定会对我们了解鄂温克族的文化大有裨益。因此，对这次访谈我们都很期待。皮华亚德一家住在蒙古包里，我们进入蒙古包后向皮华亚德一家说明了来意，并双手送上我们带来的砖茶以表心意。皮华亚德一家热情地招待我们坐下，随后给我们倒上奶茶。由于皮华亚德本人汉语说得不大好，最后由皮华亚德的女儿代为转述，我们对皮华亚德进行了采访。

皮华亚德全家都是鄂温克族，他本人 54 岁，小学文化程度，认识蒙文。我们听到皮华亚德这个名字的时候觉得很特别，皮华亚德就向我们展示了他的身份证，好让我们准确地知道他的名字。皮华亚德的妻子名叫吉雅吉，56 岁，文化程度为小学。大女儿苏伦古娃，26 岁，初中文化程度。小女儿阿丽娜，24 岁，初中文化成程度。我们看到皮华亚德一家住在蒙古包里，就问到家里有没有别的房子，皮华亚德告诉我们，他家在牧场上有房子，现在借给别人当婚房了，所以家人都住在蒙古包里。访谈结束从皮华亚德家出来的时候，我们看到了他家的房子。据皮华亚德介绍，他家的住房面积约为 60 平方米，共 4 间房，建筑时间是 2011 年，冬天的取暖设备是火炉。我们注意到皮华亚德家的房子是新盖的，我们猜想这也是别人借他家的房子做新房的原因。当我们问家里人有什么宗教信仰时，皮华亚德说他家里人都信仰萨满教。萨满教是鄂温克族的古老宗教信仰，在嘎鲁图嘎查里，多数鄂温克族都信仰萨满教。

皮华亚德家里共承包了 3000 亩草场，其中打草场 2400 亩，放牧场 600 亩。皮华亚德家的牧场全部供自家放牧使用，目前总共放养了 400 多只羊，绵羊 60 只左右，其余的都是山羊。2011 年，皮华亚德家总共卖了 60 多只羊羔，其中有20只是绵羊羔。另外，皮华亚德家还养了28头牛和5匹马，2011年皮华亚德家的牛和马都没有出售。

在交谈中我们也了解到，皮华亚德家2011年的收入情况。皮华亚德家的收入主要来源于畜牧业，2011年，皮华亚德家出售了60多只羊羔，平均每只价格在600元左右，卖羊羔的总收入为36000元。由于皮华亚德家2011年没有出售牛和马，所有只有卖羊羔这一项收入。除去经营牧场的收入外，还有来自政府的补贴收入。皮华亚德家总共养着28头奶牛，每头奶牛的补贴是每年50元，养奶牛的补贴总收入为1400元。

介绍完收入的来源后，皮华亚德又向我们介绍了他家的支出情况。皮华亚德家2011年没有雇工，因为一家四口人经营牧场劳动力足够用，不需要找别人帮忙。他家的草场承载量与他家的牲畜放养量匹配得也很好，所以他家不需要再额外购买草料。至于牲畜的防疫方面，每年嘎查会有专人给牛羊打免费的防疫针，2011年皮华亚德家也没有这方面的支出。皮华亚德在四年前维修过网围栏，近两年都没有这方面的支出。因此，2011年皮华亚德家没有生产性支出。但是，在2012年皮华亚德家花3000元买了一个打草机，是去海拉尔买的，算上路费总共花费5000元。

同许多嘎鲁图嘎查的牧民家庭一样，皮华亚德一家的支出主要集中在生活性支出方面。虽然这方面的支出都十分的琐碎，皮华亚德还是尽可能详细地向我们介绍了他家2011年生活性支出情况。据那皮华亚德介绍，2011年家中食品方面的支出是15000元左右，主要是一家人购买米、面、蔬菜等生活食品的支出。除了食品支出外，衣着支出也是皮华亚德家的支出大项，2011年皮华亚德家衣着方面的支出为15000元。皮华亚德告诉我们，他每月都要去海拉尔三四次，每次来回的路费是60元，一年下来交通费大概是2880元。在日常生活中与其他牧户相似的是礼金同样是他家一项花费较大的支出项，皮华亚德在嘎查里的威望很高，人情往来也多，嘎查里谁家有红白喜事，大多会邀请他出席。所以皮华亚德家的人情往来支出比较多。皮华亚德告诉我们，他参加嘎查里亲戚的朋友的红白喜事都会随礼，每次200元左右，关系好的朋友礼金还会多些，2011年，家中的随礼钱大概为5000元。2011年，皮华亚德家与宗教活动相关的支出也不少，皮华亚德家有自己家的家族敖包，祭祀敖包的支出为4000元，此外，皮华亚德还会经常去参加朋友家的祭敖包等宗教仪式，部分活动也会随礼，这部分支出一起算在人情往来的支出项中。

皮华亚德家的生活性的支出还主要集中在手机通信和医疗上。他们家总共有三部手机以方便彼此的交流、沟通，全家人的手机费用大概为每年5000元。皮华亚德和妻子的身体都很健康，两个女儿身体也很好，2011年，皮华亚德全家买药等的医疗费用支出大概是在500元的范围之内，医疗保险还报销了30元的医药费。皮华亚德还向我们介绍，当家庭成员遇到感冒等轻微疾病时，会选择嘎查的诊所进行治疗。但若遇到比较严重的情况时，他们会选择鄂温克旗医院进行治疗。皮华亚德家2011年还有一项重大的支出项，是家里的住房修建支出，总支出为10000元。皮华亚德和妻子都参加了养老保险，皮华亚德介绍说，他本人每年缴纳养老保险180元，妻子吉雅吉每年缴纳养老保险300元，这样算下来，他们老两口2011年的养老保险总支出为480元。①

向我们简要地介绍完他们家的收支情况后，皮华亚德又与我们聊起了他们家的生活情况。我们首先关注的是他们家的饮水与电力方面的问题。皮华亚德告诉我们，家里是两年前开始用水泵抽取地下水用的，以前都是饮用河水，水泵的使用给生活提供很大的便利。至于电力方面，他们家的情况与嘎查中的部分居民相同，没有高压电，目前主要靠风力发电，皮华亚德告诉我们，预计今年秋天他们家就能通电了，这样就不用受到电压不稳等因素的限制了。

接下来，我们又询问了牧业生产工具的有关情况，皮华亚德介绍，他们家拥有2台打草机和2台拖拉机，主要是用于每年秋天打草。与农业发达的地区不同，在内蒙古草原，牧民们每年秋天需要打草，为家中牲畜过冬储备饲料。一般的牧民家的草场面积都比较大，少则几百亩，多则几千亩，甚至上万亩，在这样的情况下，拖拉机和打草场机就成了牧民家中必备的机械设备。

当问到制约家里农副业收入增长的主要原因时，皮华亚德表示主要是资金的缺乏，牧业生产的收入是有季节性的，这在一定程度上限制了资金的使用。我们接着问他缺资金的时候都从哪里借，他说资金紧缺了一般都会到信用社贷款，很方便，利息也不高，大多数牧民都是选择信用社贷款。

在我们要结束访谈时，皮华亚德将手机号留给了我们，方便我们日后补充访谈中遗漏的问题。最后，皮华亚德用鄂温克语说欢迎我们再来，我们对他表示了感谢，并送上我们最真诚的祝福，愿他们全家幸福美满。

① 数据根据牧民自述得来。

## （十一）努力致富的孟和达莱家

草原的太阳夏天升起得很早，一般4点多天就开始微微亮。在嘎鲁图嘎查不少的牧户都集中在公路两旁，我们今天要去的孟和达莱家也在离公路不远的草地上。我们到孟和达莱家在呼叫了几声没人回应之后，让翻译优韩帮我们电话联系户主，原来孟和达莱已经出去放牧了，而他的妻子乌优迪在哥哥家帮着干活。我们记下地址之后，驱车前往乌优迪的哥哥家，期待对乌优迪的访谈。

我们见到乌优迪并说明来意之后，便开始聊起她家的情况。孟和达莱家，共有4口人，全是鄂温克族，都信奉萨满教。户主孟和达莱，年龄41岁，小学文化程度，一直在家放牧；妻子乌优迪，今年38岁，小学毕业，料理家务和放牧；儿子敖日格乐巴特，今年18岁，正在旗里上高中；女儿其乐木格，年龄15岁，现在在旗里读初中。家里的住房类型有两种，一种是传统的蒙古包，另一种是砖瓦房，面积有85平方米，建筑年代为1986年，到了冬天都是使用炉子取暖，所用的燃料只有牛粪。

我们首先详细了解了孟和达莱家的生产情况。孟和达莱家共承包草场2300亩，打草场800亩，其余1500亩是用来放牧的。他家承包的草场较少，所以放养的牲畜也不多。与别人家不一样的地方就是，孟和达莱家没有山羊和绵羊，只有牛和马。饲养马匹是为了出去放牧的时候比较方便，家里一共有4匹马。他家的牛群共有70头，其中有20头公牛，50头奶牛，乌优迪告诉我们去年的奶价太便宜，每公斤才1.5元。2011年全家畜牧业的总收入只有10000元左右。

尽管2011年孟和达莱家的收入不是很多，但是有两个孩子在旗里上学，加之其他的开销，家庭支出一点都不少。乌优迪说家里经济条件不好，所以饮食基本以米、面和挂面为主，很少吃菜，一年的花费也就3000元左右。她和丈夫也很少买衣服，两个孩子是这方面消费的主力军，一年下来多多少少也得花4000元。乌优迪和丈夫孟和达莱最远就去过旗里，平时也不怎么出去，每年两个孩子寒暑假或者五一、十一的时候回来，用于交通的费用粗略计算一下需要2000元左右。说起教育费用，乌优迪告诉我们这是她家最庞大的支出，孩子们都在旗里上学，每年的学费、书费、生活费总共下来得花

40000 余元。她还说家里每人都有一部手机，一年的花费总共加起来需要支出 2000 元左右。祭敖包在草原人民的心中有及其重要的地位，每年是必须要参加的，每年参加祭敖包她家大约需要开支 500 元。人情往来一年的费用在 2000 元左右。孟和达莱的脚 2011 年因为疾病做过一次手术，花费了将近 5000 元。她们夫妻俩都参加了新型农村（牧区）社会养老保险，每年每人交 200 元，同时也参加了新型农村（牧区）合作医疗保险每人每年缴费 50 元。

我们接着询问乌优迪对于牧业收入是否满意，她表示不满意，并且告诉我们市场销路不好，前两年牛的价格一直都很低；缺少相应的资金支持，像他们这样的牧民要想扩展自己的牛群，增加羊群都需要大笔的资金投入，现在她家的花销又这么多，基本上入不敷出，每年草料牲畜都不够吃；缺少先进的养殖技术。我们问乌优迪缺钱怎么解决，她告诉我们一般都从亲戚、朋友那里借，有时候也从银行贷款，在 2011 年她家就从银行贷了 20000 元，利息为 0.011%。如果缺少技术的话她们只能寻求兽医的帮助。

乌优迪还向我们介绍家里现在有 1 台电视机，1 台电冰箱和 1 个 DVD 机。除了这些家用电器之外，家里还有相应的生产机械，有 1 辆摩托车、2 台打草机、2 台拖拉机和 1 个水泵。2011 年，孟和达莱家为了改良家里牛群的品种专门花 10000 元引进了一头良种公牛。

当问到家里有没有民族服饰时，乌优迪说丈夫孟和达莱有 1 套，自己有 2 套，到了大的节日都是要穿的，出席一些礼节性的活动也是要穿的。平时闲下来一家人就会聚在一起聊聊天，有时候还会看电视、听广播，这样也会及时了解国家对牧区的政策。

提及教育问题时，乌优迪表示她很重视对下一代的教育，自己这一代就是吃了没有好好学习的亏，不希望孩子们再走自己的老路，希望他们能上大学，而且也希望他们能很好地传承鄂温克族的民族传统。

乌优迪认为现在嘎查电、路情况都比较好，基本上每家都有水井，用水也比较方便，新牧区政策的实施给牧民带来很多实惠，近几年的基础设施建设越来越完善，只是现在大家还没有达到科学养牧的水平，她希望政府以后能在这方面多提供支持。对于“围封转移”政策的态度，乌优迪觉得这项政策很好，可以控制别人家的牛进不了自己家的草场，保护了自己的利益，而且自己家的牛到时间也会自动回到自家的牛棚。

当问到对于加快嘎查经济发展有什么想法时，乌优迪说，首先，经济方面政府可以给牧民提供一些帮助，如适度增加贷款额度、提供启动资金等。其次，牧业技术方面多做宣传，让牧民能够转变思想；改变技术培训方式，最好是能入户宣传。再次，可以建立合作社，通过合作社统一谈价钱，牧民只要向合作社交货就行，这样统一收购、统一销售卖，能实现效益的最大化，羊、绒、肉都能建立合作社，这样一来，整个嘎查就实现了规模经营。

调研结束之际，她希望不停地通过自己的努力改变家庭经济条件不好的现状，走上致富的道路，同时也希望整个鄂温克族人民未来的生活越来越好。

## （十二）低保户哈斯孟克家

嘎鲁图嘎查的嘎查委员会办公室是一排平房，其中还分出了一间嘎查活动室以及一间图书室。办公室的后面是一处院子，哈斯孟克家住在嘎查委员会办公室后面的院子里。我们调研开始之前，曾在嘎查委员会办公室里与金花书记见过面，向她说明了我们此行的目的，并向金花书记了解了嘎鲁图嘎查的相关情况，因此我们对嘎查委员会办公室的位置比较熟悉，来哈斯孟克家时比较顺利。

哈斯孟克家的院门是用铁丝网简单围成的，我们来到哈斯孟克家时，哈斯孟克正好在家，我们向哈斯孟克说明来意后，他和妻子图雅热情地招待我们进屋。哈斯孟克家的房子是两间土坯房，一进门的一间是厨房，正对门的墙边放着一些杂物，左手边的一间是卧室。哈斯孟克把我们请到卧室里就座后，开始向我们介绍家里的情况，他说以前家人是住在蒙古包里的，后来到这边给嘎查看活动室，这两间房子就是他开始看活动室的时候自己建的，建筑面积是 54 平方米，共 2 间房，建筑时间是 2009 年。

通过跟哈斯孟克的交谈，我们了解到，哈斯孟克家总共 5 口人，他本人今年 51 岁，初中文化程度。他的妻子名叫图雅，跟他同岁，也是 51 岁，小学文化程度。哈斯孟克的长子名叫哈斯朝鲁，24 岁，中专文化程度。长女名叫哈斯，20 岁，初中文化程度。小儿子名叫哈尼，19 岁，现在鄂温克旗职业技术学院读书。在我们此次的调研中没有见到哈斯孟克的孩子们，在我们谈话的过程中，哈斯孟克的妻子图雅一直坐在哈斯孟克的旁边，哈斯孟克记不清的问题，她会在一旁小声地提醒，看着哈斯孟克和妻子图雅坐在一起，让我们感受到了这是一个幸福的五口之家。

哈斯孟克家共承包了 3200 亩草场，其中有 2200 亩是放牧场，其余的 1000 亩是打草场。目前哈斯孟克家的草场只放养着 10 头奶牛和 4 匹马，哈斯孟克家没有养羊。在我们走访过的牧户中，他家是少数几户没有养羊的牧民。我们询问了原因，哈斯孟克说，以前家里养了两百多只羊，后来孩子们都上学了，家里人手不够，他和妻子忙不过来，就把羊都卖掉了，所以现在家里就只养了牛和马，没有养羊。2011 年哈斯孟克家的 10 头牛总共生了 4 头小牛犊，另外还有一匹新生的小马驹。

2011 年，哈斯孟克家的总收入主要有以下几部分：卖草的收入 7500 元，哈斯孟克家草场面积总共有 3200 亩，但是他家养的牲畜总数相对较少，所以卖草的收入成为哈斯孟克家经营草场的一项重要收入来源。2011 年哈斯孟克家总共卖了 1500 亩的草，每亩草的价格是 5 元。除去经营牧场的收入外，还有来自政府的补贴收入，补贴收入分为两个部分，一部分是养牛的补贴收入，另一部分是对草场的补贴收入。哈斯孟克家共养了 10 头奶牛，哈斯孟克告诉我们，每头大牛政府每年给补贴 50 元，他家的 10 头牛都享受政府发放的补贴，2011 年他家养牛的补贴收入总共 500 元。因为哈斯孟克和妻子在给嘎查看活动室，所以每年嘎查委员会给他们发工资，2011 年他们两人的工资收入是 12000 元。另外，哈斯孟克和妻子都享受政府发放的低保收入，哈斯孟克告诉我们低保金是三个月给发一次的，他和妻子两人每次能领到 1050 元，这样算下来，他们两人的低保收入每年有 4200 元。

当问到制约家里农副业收入增长的主要原因时，哈斯孟克说，首先是家里的劳动力不够，自从孩子都开始上学后，家里的人手就不够用了，所以他家就把羊都卖了，到现在都没有再养羊，目前他们家只养了 10 头牛和 4 匹马。其次是资金的缺乏，哈斯孟克告诉我们他家里牲畜不多，每年经营牧场的收入有限，家中没有其他的收入来源，想发展副业没有资金支持，这对他们家来说也是一项制约家庭农副业增长的主要原因。

了解了收入情况后，我们又对哈斯孟克家 2011 年的支出情况进行了解。由于哈斯孟克家养的牲畜较少，所以没有购买草料的支出。哈斯孟克家 2011 年也没有购买牲畜和维修网围栏。另外，每年嘎查里会免费给牧民的牲畜打防疫针，加之牛和马本来就不怎么爱生病，所以哈斯孟克家基本没有生产性支出。对于哈斯孟克家而言，生活性的支出是家中开支重要的部分，所以我们详细地了解了哈斯孟克家的生活性支出。食品和衣着的费用一般是人们生活中一笔庞大的支出，对于哈斯孟克家而言亦如此。2011 年，哈斯孟克一家人花在食品方面的支出为 10000 元，这部分支出用去了全家总收入的一半左右，对于哈斯孟克家这样的牧民家庭来说，这部分食品支出显得尤为庞大。虽然家庭收入在整个嘎查来讲并不算高的，但是哈斯孟克和妻子还是非常疼爱他们的孩子，尽量从各个方面满足孩子的需求，对于穿衣也是一样，加上现在年轻人对穿着比较注重，所以哈斯孟克家用在衣着方面的支出也用去了很大一部分的家庭收入，2011 年，哈斯孟克全家用在衣着方面的支出为 4000 元。哈斯孟克家的小儿子哈尼在鄂温克旗职业学院读书，每年的费用是 1200 元，哈斯孟克告诉我们哈尼读书是不收学费的，每月还会有一定的生活补助，这些钱是学校的住宿费和学杂费。哈斯孟克和妻子图雅都患有高血压，2011 年，哈斯孟克和妻子图雅去参加了鄂温克旗人民医院的免费体检活动。此次免费体检活动给鄂温克旗的群众提供了很好的就医机会，也充分体现党和政府对鄂温克旗医疗事业的重视。哈斯孟克告诉我们，家里人生病了一般都会到鄂温克旗看病，2011 年全家没有大的医疗支出，只是感冒、头疼脑热的时候买药的支出，一年下来这部分的支出大概 500 元左右。哈斯孟克家有 2 辆摩托车，2 台拖拉机，还有 2 台打草机，家中所有车辆 2011 年总共用了一吨油，支出是 1800 元。人情往来对于每个家庭来讲，都是生活中一项重要的内容。人情往来的过程就会涉及礼金，据哈斯孟克介绍说，2011 年他们家这部分的支出为 2000 元，这些礼金主要用于亲戚、朋友的红白喜事上。哈斯孟克家的另一项重要支出项是通信费，他们全家都有手机，哈斯孟克本人的话费花的多些，全家每月的手机话费在 300 元左右，据此推算，他们家全年的话费支出是 3600 元。哈斯孟克告诉我们，祭敖包是一项重要的活动，家里每年都很重视，2011 年他们祭敖包的支出是 1000 元。哈斯孟克和妻子图雅都缴纳了医疗保险和养老保险，医疗保险每人每年缴纳 50 元，2011 年医疗保险的支出为 100 元；养老保险每人每年缴纳 100 元，2011 年养老保险的支出为 200 元。

在闲暇时间，哈斯孟克家的娱乐和休闲方式是看电视和听广播，哈斯孟克说他没事的时候就喜欢听广播，一般都会听些新闻类的节目，晚上没事的时候也会看看电视节目。我们问到嘎查的新政策都是怎么了解的，哈斯孟克说嘎查里有专人会通知这些事情，一般都是打电话通知，有时候也开会传达。

当我们问到最关心新农村、新牧区建设所带来的那些变化时，哈斯孟克告诉我们，首先最关心的就是生活条件变好，自从国家实施新农村、新牧区建设以来，明显感觉到了嘎查里的变化。现在嘎查的道路顺畅了，方便了与外界的来往，不管是牧民买卖牲畜还是其他东西都比以前方便多了，广大农牧民从中享受到了好处。其次就是新牧区建设能给牧民带来更多的收入，他希望国家能对新牧区建设加大投入，为广大牧民提供更多的致富机会，让牧民的生活越来越好。最后，就是家里能有新房子住，哈斯孟克的大儿子哈斯朝鲁准备 2013 年结婚。像困扰很多年轻人的问题一样，哈斯朝鲁目前还没有结婚用的房子。哈斯孟克告诉我们他家已经申请了嘎查里的游牧民定居工程，这个定居工程房是政府统一给盖的，但是自己家还是要出一部分钱，他准备盖房的时候向信用社申请一部分贷款。在嘎鲁图嘎查调研期间，我们看到了许多蓝色屋顶，红色砖墙的房子，有单独一户的，也有一排几户的，在嘎查的公路两边比较密集，我们的车经过的时候总能看见，这些就是游牧民定居工程。嘎鲁图嘎查里许多牧民已经住进了游牧民定居工程住房，哈斯孟克要申请的就是这样的住房。

访谈结束之际，我们提出要为哈斯孟克和他的妻子图雅合影留念，他们高兴地答应了，还特意换上了鄂温克族的民族服装。我们在哈斯孟克家的屋门口为他们夫妻二人合影留念，并向哈斯孟克和他的妻子图雅致以最诚挚的谢意。

### （十三）科技示范户巴图达来家

调研的第三天，调研小组早上八点准时出发，巴图达来家是我们的第一个目的地，他家并不在嘎鲁图嘎查公路两侧的聚居区，路程有些遥远，汽车在通往巴图达来家的路上由于路况原因出现了很大程度的颠簸，也让我们调研小组亲身的经历了牧民出行的不易和艰辛。

到达巴图达来家已经上午九点钟了，汽车渐渐驶近巴图达来家时，看到院中的人正在热火朝天地忙碌着，房屋旁边整齐摆放着盖房用的红砖，不远处是一栋已经成型的砖房。汽车在院门前渐渐停稳，小组成员准备下车时，发现四只威猛而强壮的大狼狗已经把我们包围住了，就在我们束手无策时，巴图达来微笑着向我们走来，并将狼狗召唤回院中及时为我们解了围。当我们说明来意后，巴图达来热情地招呼我们进了自家的蒙古包，并解释手中还有一点活交代一下就来访谈。

在调研的过程中，调研小组发现嘎鲁图嘎查的牧民虽然大部分人家都聚居在公路的两侧，家家都有砖房或土房，但是家家基本上都在自家院中搭起了蒙古包，牧民更多的还是喜欢在蒙古包中生活和居住。在等待巴图达来的闲暇时间里，我们仔细地观察了一下蒙古包里的设施。巴图达来家的蒙古包铺的是橙红色的地板，在蒙古包的正中间设了一个方形的独立灶台，正对着蒙古包门口的地方摆放着现代风格的白色电视柜，电视柜上面摆放着等离子电视，电视柜的旁边摆放着一台电冰箱，在电冰箱和电视柜的两侧各摆放着一张单人床，左侧单人床旁边放着一个简易的小型橱柜。整个蒙古包摆设整齐干净而不失现代气息。这时女主人进来热情的招待我们，为我们准备了飘香的奶茶，女主人体型微胖，身穿紫罗兰色衬衣，配着黑色布料裤子，显得格外大方和利索。

巴图达来，鄂温克族，1970 年生人，在家里排行老大，有 3 个妹妹和 1 个弟弟，大妹名叫斯仁道力玛，42 岁，小学文化，现生活在嘎鲁图嘎查；二妹名叫斯木吉德，37 岁，卫校中专文化，现在鄂温克旗里工作；三妹名叫塔娜，30 岁，高中文化水平，现生活在乌兰图嘎查；弟弟名叫巴图朝格，39 岁，当兵转业回来，现在鄂温克旗的房管所工作。父母现在都是 65 岁，身体健康状况良好，在鄂温克旗单独居住。巴图达来与妻子乌云于 1990 年结婚，有两个女儿一个儿子，大女儿素优乐玛，现就读于内蒙古师范大学，小女儿索伦佳，就读于海拉尔一中，小儿子刚刚高中毕业，九月准备上大学。巴图达来的妻子乌云是蒙古族，夫妻恩爱，分工明确，我们想这也是巴图达来家能够致富一个因素。由于自己的婚姻就是鄂温克族和蒙古族的结合，而且生活美满幸福，所以巴图达来并不介意自己的子女和其他民族通婚，但是巴图达来要求子女不能摒弃自己民族的语言，而且要一直传承下去，他说语言代表着一个民族，语言能传承民族文化，语言还能是本民族的同胞拥有更强烈的民族认同感。虽然巴图达来只是小学文化，但是他对民族文化传承的认识有着自己独到的见解和深刻的认识。

巴图达来向我们介绍家庭的基本条件，现居住房屋的建筑面积是 70 平方米，总共 4 间房，问及建筑时间时，巴图达来不能回忆起建筑房屋的准确时间，所以他推算是 2000 年左右。调研小组成员对进院门时看到的未完工的新房进行询问，巴图达来笑呵呵的告诉我们，那盖的不是新房，那是国家免费修建的羊棚，经过详细询问后，我们了解到在嘎鲁图嘎查拥有 200 只以上基础母羊的牧户，政府出资免费给牧户修建羊棚，巴图达来家进行了申请，2011 年申请得到批准，羊棚是标准大小的，建筑面积 150 平方米。巴图达来家的新羊棚很快就能竣工了，一家人都很高兴，他们特别感谢政府的政策，巴图达来说政府帮家里改善了养殖的环境，他现在有充足的优越的条件去计划和调整自己的养殖规模，宽敞保暖的羊棚也为他来年接生羊羔的成活率提供了方便的条件和重要的保障。

在访谈过程中，我们了解到巴图达来家的家用电器配备和使用情况，目前家中有 2 台电视机、1 台 DVD、1 台照相机、1 台洗衣机、1 辆摩托车、1 辆私家汽车。另外，畜牧业使用的器械有：1 个水泵、2 台打草机、2 台拖拉机。

巴图达来家共承包了 7000 亩草场，其中包括 5500 亩放牧场，1500 亩禁牧场，2400 亩的打草场。目前总共放养了 300 多只羊，其中包括山羊 60 多只，绵羊 270 多只；牛 90 多头，其中奶牛 40 多头，肉牛 50 多头；马 70 多匹；骆驼 30 多只。由于受家庭条件和草场限制等因素的影响，在嘎鲁图嘎查，养殖骆驼的牧户是屈指可数的，大规模饲养马的牧户也不多见，巴图达来家就养殖骆驼和马匹的规模来看，在嘎鲁图嘎查已属于养殖大户。在接下来的访谈中，我们了解到 2011 年巴图达来家新生羊羔 200 只，新生牛犊 30 只，新生马驹有 20 匹，新生骆驼 4 只。在这部分的访谈中，我们了解到巴图达来家的羊羔成活率相当高，他虽然没有上过有针对性的牲畜养殖培训课程，但是凭借着从父辈们那里学来的经验和技术，再加上巴图达来自己的动脑钻研，研究出了一套属于自己的接羔技术，也正因为有技术，巴图达来靠着自己的技术，逐步扩大了自己的养殖范围，最终成为嘎鲁图嘎查现在的养殖大户。也正因此，早于 2000 年，巴图达来家就被评为“科技示范户”，这是经过基层层层推荐和严格按照科技示范户的标准评选出来的。在 2000 年以后，巴图达来家又一次被评为“科技示范户”，巴图达来已经想不起具体是哪年评定的，但是他带我们参观了挂在房屋门口的“科技示范户”牌匾，“科技示范户”的荣誉是对巴图达来的勤奋和技术的一种肯定，也是巴图达来家发家致富过程的一种见证。

巴图达来家 2011 年的总收入主要有以下几个部分：2011 年巴图达来家卖了 100 只羊，羊的平均价格为 500 元/只，共计 50000 元；卖了 10 头牛，牛的平均价格为 3500 元/头，共计 35000 元。除了卖牲畜的收入外，巴图达来家收入中还包括一部政府补贴，政府对种公羊的补贴为每头补贴 800 元，共补贴了4头，共计3200元；柴油补贴按人口发放，每人200元，共计1000元。奶牛补贴每头牛50元，共补贴了2000元。

了解了收入情况后，我们又进一步询问了巴图达来家的生产性支出和生活性支出的情况。生产性支出主要有以下几个方面：由于巴图达来家中的养殖规模较大，而且牲畜品种齐全，不适合统一管理，需雇专人放养，据统计2011年巴图达来家雇佣1个工人，工资1500元/月，雇工时间为一年，雇工主要为巴图达来家管理放养牛群，雇工总支出为18000元。巴图达来和妻子一起管理草场和其他牲畜。巴图达来家比较重视子女的教育问题，现在两个女儿都在校学习，儿子刚刚高中毕业，在家过暑假才会帮家里干些力所能及的事情。平时在家里，巴图达来从不要求孩子干活，他和妻子乌云全力为孩子创造和提供学习的时间和机会。

2011年巴图达来家的生活性支出主要有以下几个部分：2011年家中饮食方面的支出是10000元左右，主要包括米、面、蔬菜等生活食物支出；服装方面的支出是20000元左右，其中为孩子够买新衣物的支出为主；巴图达来在当地是养殖大户，而且与嘎查的牧民相处融洽，并深得牧民的支持和爱戴，巴图达来在日常生活中的人情往来也比别的牧户家支出多些，2011年人情往来支出总计30000元左右；另外，巴图达来每年参加的必不可少的活动就是宗教活动（如祭敖包活动）了，这是属于鄂温克族的一种宗教信仰，参加的人或提供牛羊，或提供资金，每次支出500元到1000元不等，所以每年参见宗教活动的开支也是必不可少的，在2011年里，巴图达来家宗教活动开支为2000元；巴图达来重视子女的教育问题在家庭支出中也得到了很好的体现，每年的家庭支出中，最大的一部分开支就是在子女的教育培养方面，在2011年，巴图达来用于子女教育的开支为40000元。巴图达来家的生活性支出还包括手机通信方面，每个家庭成员都有一部手机，每月手机费用平均500元，2011年共计6000元左右。2011年里，巴图达来家基本无人生病，所以医疗费用的花销基本可忽略不计。另外家中成员均上着医疗保险，每人每年缴费金额为50元，巴图达来和妻子都上着养老保险，每人每年缴费金额为500元。2011年，巴图达来家的缴纳医疗保险和养老保险的开支总计为1250元。巴图达来家冬天主要以火炉作为取暖设备，以煤块和牛、羊粪便作为主要燃料。2011年冬天购煤5吨，煤价300元/吨，取暖购煤总支出为1500元。2011年的畜牧器械耗油费为10000元。

调研小组问到制约养殖规模发展的因素有哪些时，巴图达来认真地思索了一下说，一方面还是缺少养殖技术，另一方面就是资金限制以及工具不足。2011年，巴图达来向乡信用社贷款50000元，为家里新购了一台打草机。

接着我们又聊到了嘎鲁图嘎查的医疗条件时，巴图达来说这几年嘎查的卫生所医疗条件改善了很多，各种常用药品和常用设备配备齐全。家中成员，如有小病，在嘎查的卫生所里就能得到很好的治疗，相比之下，巴图达来对嘎查现在的医疗条件很满意，而且国家提够了牧民医疗保险政策，为牧民带来了很多方便和利益。

我们在进入蒙古包之前，看到巴图达来家房屋外立着用于风力发电的风车，对他进行了询问。巴图达来告诉我们，家里的风力发电设备20世纪90年代时就有了，风力发电的使用，解决了牧区的用电困难，嘎鲁图嘎查牧民的生活现状也得到了很大的改善，巴图达来认为风力发电是嘎鲁图嘎查经济发展的一个新阶段，但是风力发电自身也存在着缺陷，缺少持续性，受草原天气影响严重，极为不稳定，而且蓄电池蓄电量有限，家中还是经常出现断电的情况。现在嘎鲁图嘎查公路附近聚居区附近电网建设基本完成，聚居区牧民家的用电不稳定问题得到了解决，巴图达来家距离聚居区较远，目前铺设电网困难，还无法到达。巴图达来希望家里能尽快使用上高压电，这一问题已向政府反映，政府正在为解决偏远牧户用电问题而努力，相信巴图达来家的用电问题也会得到完善的解决。

巴图达来闲暇时间，经常会看新闻，听广播，尤其关注政府对牧民的优惠政策，他说国家的优惠政策，他总能第一时间从新闻中了解和知道。另外，巴图达来还说，他现在已经充分意识到了对下一代教育的重要性，他认为制约嘎鲁图嘎查经济发展的最主要的因素就是缺少人才。可见培养有知识有思想有技术的人才，大力提高嘎查人口素质，重视子女教育已经成为嘎鲁图嘎查未来经济发展的一个重要课题。

### （十四）开朗的大学生索努尔家

我们到索努尔家时已经是下午4点了，当车快要靠近索努尔家的时候，那几条体型庞大的草原犬径直向我们咆哮着冲过来，似乎告诉我们这是它们保卫的领土，需要主人的允许才可以进去。果然，当女主人出来和那几条大狗进行交流之后，它们就温顺多了。我们下车和女主人说明我们的来意之后，她热情地将我们领进蒙古包，听说我们来调研的同学有很多来自内蒙古的时候，索努尔一家显得十分高兴，拉近了我们彼此间的距离。斯仁道力玛不会说汉语，所以就让女儿索努尔代做调研。

女主人，斯仁道力玛，年龄 42 岁，文化程度是小学。家中一共有 3 口人，大女儿，索努尔，21 岁，现在在内蒙古师范大学人力资源专业学习，马上就升大学二年级。二女儿，鑫鑫，今年 18 岁，在海拉尔一中上高二汉授班。三个人都是鄂温克族，并且都信仰萨满教。我们所在的蒙古包周围并不是用布料围起来，而是用细木条扎成的，夏天在这里住的确很凉快。除了这个蒙古包，家里还有在 2002 年购买的 60 平方米的房子，格局为 2 室 1 厅的砖瓦房，当时的花费为 8500 元。在此之前，家里的住房就一直是蒙古包，冬天的取暖工具只有炉子。索努尔还告诉我们政府已经给安排好了安居工程的游牧民定居工程，很快家里将会有新房住了。

斯仁道力玛家总共承包了 1500 亩草场，其中打草场 500 亩，放牧草场 1000 亩。和其他家庭一样，畜牧业是斯仁道力玛家的支柱产业。现在家里总共有绵羊 300 只，其中羊羔有 150 只，2011 年的时候家里已经卖了 100 只羊羔，每只的价格为 500 元。斯仁道力玛家总共养着 40 头牛，其中有 35 头是成年奶牛，有 5 头是小牛犊。这些牛基本都是用来产奶的，每头牛每年可以产 5 个月的牛奶，35 头牛每天的奶产量在 240 公斤左右。但是，这些奶并不是用来直接卖的，而是通过自己加工成奶干之后再卖，这样做的原因是，奶价比较便宜，而且收奶的人也比较少。这几个月所产的牛奶一共可以做 500 斤的奶干，每斤奶干的价格在 40 元，这项每年可以获得 20000 元的收入。斯仁道力玛家牛羊总共的收入可以达到 70000 元。她还告诉我们家里还有 2 匹马，这 2 匹马都是用来给羊倌骑的。由于索努尔家境的特殊情况，而且她本身学习也很努力，所以学校会每年提供 2000 元的助学补助给她。家里现在有两个女孩，而且有一个人又考上了大学，再根据家庭情况综合评比，每年都会有一个 1000 元的“计划生育补助”名额，2011 年这个就落到斯仁道力玛家了。去年嘎查政府也是因为斯仁道力玛家的经济条件免费提供了 10 头牛，这就她家全年的基本收入。

虽然是三口之家，但是草原游牧生活的特点就是生活性成本也比较大。2011 年用于吃喝的费用，索努尔和她妹妹两个人就得 20000 元，全家人这项支出大概是在45000元。每年置换新衣服的费用一般为6000元，现在家里通电了，电费支出去年在500元左右。据索努尔介绍，人情往来是他们家日常生活中支出比较大的项目。2011年她们家在亲戚、朋友的红白喜事方面支出4000~5000元。斯仁道力玛家每人都有一部手机。三个人每人每月的平均通信费用为40~50元。一年下来，她家在手机通信方面的支出为1800元。每年家里还会参加祭敖包、那达慕等活动，去年在这方面的支出为2000元。每个人总会偶尔得个小病痛，医疗方面的支出就成了生活支出的一部分，索努尔说一般的小病嘎查的卫生所基本都能解决，只有那种卫生所无法处理的疾病她们才会去旗医院去看，去年医疗方面的花费在1000元左右。索努尔每年只有寒、暑假回家，她妹妹由于在海拉尔一中上学，平时偶尔也会回来，这就是全家大部分的交通费用，大概在2000元。另外一个主要的生活支出就是教育费用，这两个学生上学的家庭在教育方面的支出为每年10000元。在学校两个女儿还都有每年每人50元的医疗保险费用，覆盖全部牧民的新型农村（牧区）合作医疗保险也涵盖了这个3口之家，每年需要支出的费用为150元。索努尔告诉我们妈妈还参加了每年100元的新型农村（牧区）社会养老保险，这三个保险支出看似是支出，其实是一个对未来最基本生活的保障，可以减轻不少的家庭负担。

除了以上的生活性支出，就是家庭生产性支出了。虽然家里的牛、羊不是很多，但是既要照顾家里的生活，还要照顾生产，让这个家庭显得劳动力很吃紧，所以家里常年雇一个羊倌帮助放牧，这个羊倌是不管剪羊毛的，每月羊倌的工钱是2000元，这24000元就成了最大的生产性支出。按照国家对牧民的补贴政策，家里牛羊所需的疫苗费正好可以减免，也省下了一笔不小的开支。斯仁道力玛家用于生产的机械有2台拖拉机、2台打草机和1台水泵。同时，为了改进羊群的质量，家里还从外旗花2000元引进了新的绵羊品种。在我们调研的时候蒙古包周围不断传来牛犊的叫声，那些雪白的小羊羔也在我们周围不停地转悠。

索努尔接着又向我们介绍了他们家日常生产生活的其他情况。虽然家中早已经通常电，但是用水仍然主要依靠地下水。生活燃料方面还是以牛、羊粪为主要燃料，冬天比较冷，就需要额外的购置一些煤炭，去年消耗了5吨煤，每吨的价格是180元。由于有比较稳定的电力供应，索努尔家的家用电器较为齐全，家中有1台电视机、1台电冰箱、1台洗衣机、1台DVD。家里有1辆摩托作为交通工具，现在交通比较方便，要出嘎查的话一般都是坐公交车。当问到家里的成员最远去过哪里的时候，索努尔告诉我们因为上学的缘故她们最远就去过呼和浩特市。每天虽然有繁重的生产工作，但在闲暇时，家庭成员会通过看电视和聊天等方式休息一下。在她们家的日常生活中，除了会通过电视、无线广播等现代化传播渠道了解国家的相关政策之外，嘎查的及时传达和电话、短信的及时通告都使她们详细了解到相关的政策，她家最喜欢看的电视是鄂温克电视台。尽管现在嘎查的生产生活条件都在不断地提高，但是还是有很多因素制约的经济的发展，索努尔认为政策的力度不够、自然条件不好、缺少资金以及缺少技术，这些都有影响。当问及缺少资金会向谁借钱的时候，她告诉我们亲戚、朋友、农村信用社都会借。索努尔还向我们介绍家里每人都有2件民族服装，冬、夏各1件，还有2个比较有特色的马鞍。谈及饮食方面的时候，她说因为是草原，蔬菜品种很少，水果也很少，每天多以面食和肉类为主。在我们旁边有一个高高的木桶，索努尔说这就是用来做奶干的工具，一般都是先把牛奶放里面发酵好之后再做。

索努尔表示，妈妈一直很关心她们的升学教育，要不然自己也不会成为一名大学生，自己同时很关心本民族的文化教育。从小到大索努尔就很喜欢学习，而且为了能让自己和妹妹接受良好的教育，姐妹两个从小学开始就在旗里上学，奶奶一直住在旗里当她们的陪读。当我们提及新牧区建设的时候，索努尔明显有很高的期待，不仅希望能增加收入、可以有新房住，还希望自己家的生活生产条件越来越好。她觉得现有的牛、羊品种应该集体改良一下，这样可以使牧民的收入整体得到提高，也想让草原的牛、羊实现规模化放养，但要注意过度放牧的害处。还觉得嘎查的医疗设施和人员都应该得到相应的增加，技术水平也需要提高一下，以满足牧民日益增长的医疗需求。对于“围封转移”索努尔给出了她自己的看法，认为这个比较不符合鄂温克游牧民族的传统习惯和游牧的生活方式，而且也使得牛、羊吃草不足，交通也不是很方便，以前去哪里只要一直向前走就行，现在遇到围栏就不得不绕弯走。毕业之后索努尔希望自己能回到鄂温克族自治旗工作，一方面，她不喜欢大城市的拥挤，而且生活压力比较大；另一方面，她希望自己能为鄂温克族的发展壮大做出应有的贡献。

调研结束以后，我们向斯仁道力玛一家道谢，并希望她们能穿着民族服装和我们合影，一家人高兴地答应了我们的要求。

## （十五）慈祥和蔼的初乐利特老人家

虽然时至中午，但为了能节约时间多做些调研，我们也顾不得吃饭，紧接着就去往另一户人家。在优韩的陪同下，我们来到了初乐利特老人家，一进大门，就感觉初乐利特老人家的院子很大，院子里堆放最多的就是日常生活所需的牛、羊粪，这是牧区的主要燃料，被码放得整整齐齐。初乐利特老人看到我们进来有点意外，在向他说明来意之后，他热情地请我们进家里坐，初乐利特老人性格非常直爽，让我们在房子里先随便看。

我们询问了初乐利特老人家的家庭基本情况。初乐利特说，他家全是鄂温克族，并且都信仰萨满教。初乐利特，今年 60 岁，文化程度为小学；妻子娜仁其木格，今年 46 岁，小学毕业；女儿苏日格，今年 25 岁，初中文化程度。牧业是这个家庭的主要收入来源。初乐利特老人家有一个蒙古包，同时还有 76 平方米的砖瓦房，共有 5 间，是建于 2007 年的游牧民定居工程。

初乐利特老人家共承包了 3000 亩草场，其中有打草场 1000 亩，放牧草场 2000 亩。女儿苏日格告诉我们家里饲养有 27 只山羊，82 只绵羊，山羊 2011 年没产多少羊绒，加起来才有 300 多元，成年绵羊本身数量就不多再加上羊羔也少，所以基本没有怎么出栏。除了这些羊之外，初乐利特老人家还放养着 85 头牛，公牛有 58 头，奶牛有 27 头，这些奶牛一般都不卖，留着产奶，所产牛奶由于奶价太低的缘故都留作自用。2011 年以 4200 元/头的价格卖了 10 头牛犊，以 6000 元/头的价格卖了 6 头大牛。为了方便放牧，家里还饲养了 5 匹马，苏日格还告诉我们她父亲年轻的时候非常喜欢赛马，只是现在年纪大了，就放弃了这项运动。这些就是初乐利特老人家在 2011 年的收入情况。

当问及制约牧业收入增长的主要原因时，苏日格说最主要的原因就是缺少资金和自然灾害和自然条件差。如果她有多余的钱，主要还是想要引进新的高产奶牛和种羊，而且和十多年前相比，草场的草明显没有那时的好，如果遇到比较恶劣的天气，将会对牧民的家庭收入造成很大的影响。牧民的收入主要还是来源于畜牧业，现在草场负荷比以前大得多，草场环境对畜牧业的影响很大，进而也对收入产生影响，所以他有了资金就会投入到牲畜改良和草场的环境保护上。当我们问到资金紧缺时去哪里借款时，苏日格说家里需要资金她就向当地的农村信用社贷款，贷款比较方便，现在很多牧民资金紧张时都从信用社贷款，当然有时候也会向朋友们临时借钱。

我们又接着询问了初乐利特老人家的开支情况。他家因为就两个老人和一个女儿三口人，吃饭的花销只有米面和数量不多的蔬菜，而且自己有牛、羊，吃肉就基本没有开支，2011 年全年这方面的花销粗略估计在 5000 元左右。当我们问到每年礼金大概要花费多少时，苏日格说，这个也是看关系的，关系一般的 100 元到 300 元不等，关系好的就还得多，她们家的亲戚、朋友加起来也不少，一年下来人情往来要 3000 多元；交通费主要用在摩托车所耗的油费和家人坐公共汽车等，一年的花费大概在 4000 元。作为年轻女孩苏日格还是喜欢漂亮的新衣服，她告诉我们家人每年都会添置几件新衣服，自己也不时地会买几件，用于衣着方面的花销 2011 年大概在 6000 元。父母都上了年纪，身体明显不如以前硬朗，所以医疗支出是必不可少的，这笔花销一年粗略估计有 5000 元左右。草原人民每年都参加自己家族的祭敖包仪式，初乐利特家每年参加仪式的时候平均都会开支 500 多元。家里有三部手机，每月平均话费在 100 元左右，一年下来总的费用在 1200 元左右。苏日格说家里的砖瓦房在 2007 年的时候花 26000 元建的，2011 年的时候又花 200 元修缮了一下。她还表示现在政府替牧民想得比较多，建立了牧民医疗和养老保障系统，比如她们一家每年每人只要交 50 元的新型农村（牧区）合作医疗保险费，就可以享受医疗报销；每年每人交 100 元的新型农村（牧区）社会养老保险费，在 60 岁以后每月就会领到相应的养老金，对于这两项政策一家人都表示感谢政府。说到补贴，苏日格还向我们介绍了嘎查的机械补贴，她家在买生产机械的时候就享受过拖拉机 50% 和其他机械 30% 的补贴，大大减轻了牧民们的负担。

闲暇时间，初乐利特一家的娱乐和休闲方式是看电视和聊天，平时通过看电视了解国家政策。苏日格告诉我们嘎查的一些重大事情，都是有人专门来家里或者电话通知她们的。苏日格很关心对牧民有利的一些嘎查大事，比如参加一些养殖培训，2011 年家里有事所以就没有参加嘎查组织的养马培训。

初乐利特老人表示现在牧民的生活比以前好多了，通了电之后各种电器也都能使用了，家用电器也基本普及了。现在家里有 1 台电视机、1 台电冰箱、1 台洗衣机，还有 DVD 机和电饭锅。家里平时做饭还是使用牛、羊粪，冬天取暖也离不了，2011 年的燃料比较充足家里就没有买煤。

我们询问到家里有几套民族服装，苏日格告诉我们一共有 15 套，其中 4

套是爸爸的，其余都是她母女俩的，这些服装都分为了春、夏、秋、冬四个季节的。她说不仅有鄂温克的民族服装，家里还有比较有特色的马鞭、马鞍和女士戴的帽子。她还专门带领我们去看了一下这些物品，同时告诉我们这个马鞭和马鞍是父亲特别喜欢的，父亲年龄大了不能赛马了，所以就收藏起来了。我们看到马鞍被放置到一个精心制作的木头支架上，马鞭也被细心的收藏在一边。苏日格指着帽子说我们有人愿意的话可以戴着它照相。

我们刚进门的时候看到初乐利特老人家客厅的桌子上放着一盆奶油状的东西，问他这个是不是奶油，初乐利特老人告诉我们这是做奶干用的。以前做的奶干基本都是自己家吃了，后来有人尝了之后一直问他家的奶干卖不卖，所以从 2012 年开始家里的奶干也开始外卖了，一是可以避免浪费多余的牛奶，二是可以增加家庭收入。每天必须得早早地起来喂牛、挤牛奶，一般 4 点就起床，一直忙碌到傍晚 7 点才休息。我们问到家里的牛羊打不打疫苗，他说一年打两次，不过这些疫苗费都是国家全额补贴的。当向他了解对嘎查的医疗有什么意见或者建议时，老人说有了小的疾病基本都首先在嘎查诊所治疗，只有诊所无法治疗的才去旗里的医院，他觉得有时候诊所的医药还是不太齐全，而且希望人员配备能在有所提高。平时出行的话摩托就可以解决，像去旗里或者更远的地方就得选择公共汽车等，他们全家目前为止最远去过的地方是呼伦贝尔市。对于嘎查的公路、电力、用水等设施，初乐利特老人表示很满意，唯一美中不足的就是邮寄个东西比较麻烦，他希望能改善一下通邮条件。

当问到对于民族间通婚有什么看法的时候，苏日格很害羞地低下头，不好意思地告诉我们她对于民族没什么特定的要求，只要两个人愿意就可以。我们进一步又问到如果有了下一代，她是否关心他们的教育，她说她很关心下一代的教育，肯定会把他们送到旗里去上学，那里条件好，不过她希望小孩会汉语和鄂温克语，这样既能传承自己民族的文化，又能与外界很好地交流。关于“围封转移”这个政策，她觉得需要分开来看，一方面保护了自己的草场免受其他人家牲畜的侵扰，但是另一方面又使得在牧场的行走很不方便，必须绕道走。她希望新牧区建设可以增加牧民的收入，让她们有更宽敞的房子居住，同时能让生产、生活条件进一步的提高。

我们调研临近结束，希望她们一家人可以和我们合影留念，初乐利特老人更是以节日的盛装来打扮自己。

## 七、收入在10万元至20万元的牧户

### （一）科技示范户兴发家

兴发大叔家是我们此次牧户调研的第一家。通过当地向导司机师傅的帮助我们来到了兴发大叔家，出来迎接我们的是他热情好客的儿子和儿媳。砖红色的院墙里面是整洁的院落，中间是一座砖房，旁边是一个干净的蒙古包。顺着视线我们还可以看到国家资助的游牧民定居工程，都统一是红砖蓝顶，房门上面有政府颁发的“全国农技推广示范县科技示范户”的牌匾。在院落的墙角有一个用铁皮做的储衣箱，是放在小铁车上，基本都是用来存放服装和杂物的。我们这次调研是在兴发大叔家的蒙古包进行的，主人告诉我们一般冬天就不住蒙古包，只是在天气回暖之后在里面做饭居住。里面的一切都被摆放的井井有条，显示出了女主人的勤劳，男主人很热情好客地给我们递上了一碗可口的奶茶。

兴发、儿子和儿媳都是鄂温克族，并且都信仰萨满教。兴发，男，今年56岁，初中文化程度。他的儿子芒来，今年26岁，中专计算机专业毕业。儿媳，苏日娜，26，也是中专编辑专业毕业。芒来和苏日娜是在2011年10月份结婚的。他家居住的房屋是砖瓦结构，正屋有5间，共120平方米，最初是建于1992年，后来还经过了一次修缮。旁边还有一个带卧室的车库，面积大概在50平方米。

兴发家承包了4900亩草场，其中用于打草草场有1300亩，用于放牧草场有3600亩，打草场不用专门的种草，都是天然的牧草。在这片草场里养有羊、牛和马。家里有山羊185只，绵羊290只，去年总共接生羊羔200只，其中山羊羔卖掉50只，绵羊羔卖掉100只，其余的基本都是母羊羔用于扩大羊群留下来接着饲养。一般都是在八月中旬卖羊羔，每年的收购价格都不一样，去年山羊羔的价格为230元一只，绵羊羔的价格为500元一只。每年山羊所产羊毛都免费给了家里的羊倌，所以家里是没有出售羊毛的收入，羊群的收入基本都来自卖羊羔。兴发家还有拥有115头肉牛和55头奶牛，这些奶牛都不是高产奶牛，所产的牛奶基本都自用或者喂养羊羔和牛犊。牛犊一般每年

会在5月份和11月份各卖一次。去年牛犊的价格为每头4100元，大牛价格为每头6000元，去年兴发家卖牛犊的收入大概为80000元，大牛没有卖。家里除了牛羊之外，还有28匹马，马匹数量在整个嘎查属于中等水平。这些马匹一部分用于赛马，一部分用于配种，还有一部分用于买卖的。除了这些收入之外，每年国家给予每头牛50元①的防疫补贴。这些就是兴发家的基本收入来源。

生产性收入是建立在一定的支出基础之上的。2011年，兴发家的支出开销还是比较大的。为了让家里的绵羊种群有一个好的发展，兴发家去年在别的旗购买了50只新的绵羊品种，这笔花销为50000元。而为了使资金能良好地运转，这50000元是从农村信用社贷的低息小额贷款。尽管国家给了防疫补贴，但是为了牲畜的健康兴发家还另外花4000余元进行额外的牲畜防疫。由于牲畜比较多，加之家里人手不够，家里需要常年雇佣一个羊倌，工资每月为2000元，不管吃住。草场的围栏是在2008年在国家补贴下花6000元修缮一新的，所以2011年在这方面基本没有什么花销。

除了这些生产性支出外，牧区的生活性支出也是一笔不小的开支。由于这方面的开支比较琐碎、庞杂，就是比较细心的人也很难给出详细的数据。苏日娜回忆说，在2011年，仅仅是用于吃喝两项的开支家里就达到了20000元。苏日娜还说人情往来也是这个家庭支出的重要组成部分，遇上别人家红白喜事的话，给亲戚的礼金会在1000～2000元不等，朋友间的礼金也会在100到200元不等，去年这方面的支出达到了5000元。每年瑟宾节的时候，家族还会进行祭敖包仪式，每次不是给200元就是送一只绵羊。随着牧区机械化程度的提高，用于各种机械的燃料费，每月平均是在400元左右。三个人都有手机，用于通信的费用每月得400元。兴发一家三口都有政府给统一办理的新型农村（牧区）合作医疗保险，相当于医疗保险，每人每年的费用为50元，可以报销70%的医药费。除此之外，兴发家三个人都交了新型农村（牧区）社会养老保险，兴发每年交500元，儿子芒来每年交200元，儿媳苏日娜每年交100元，到了60岁以后就可以领取养老金，多交多领。兴发家以前每年用于医疗支出的费用在2000元左右，生病以后一般都是在嘎查诊所就医，比较重大的疾病才会去更大的医疗机构。芒来患有鼻中隔病和耳膜炎，

① 这里的养牛补贴根据大多数牧户的信息和嘎查的文件为每头50元。

2011年在北京海军总医院进行治疗，医药费花销为20000元，路费及食宿费为10000元。由于参加了新型农村（牧区）合作医疗保险，医药费的70%都可以报销。兴发的院落靠近公路，所以已经通电了，每年的电费大概有3000元。我们看到兴发家院落前面有一大垛晾干的牛粪，这些都是平时做饭烧水用的，广袤的草原到了冬季变得十分寒冷，集中供暖又很难实现，日常的做饭再加上冬季的取暖光靠牛、羊粪做燃料是不够的，2011年家里使用了将近10吨煤炭，每吨的价格在500元左右。草场的草基本都不会进行人为的灌溉，所以草长势的好坏就与雨水充沛与否有很大的关系，幸好去年的雨水不错，草场里草的长势也不错，兴发家就没有额外购买草料饲养牲畜。生活性的支出除了这些，还有用于衣着方面的。去年一家三口在衣着上的花销大概在3000元，作为一个年轻爱美的女性，苏日娜在这方面所占的消费比例也会比其他两位男性多。

在了解完家里的收支情况后，我们又聊起了“全国农技推广示范县科技示范户”的牌匾。这个牌匾是因为家里在育马方面有贡献才被授予的，不由得让我们想起了小平同志的“科技是第一生产力”。由于家里通电了，各种电器就可以方便的使用了，现在就配备了电视机、电冰箱、洗衣机、DVD机、照相机，还有电磁炉和电饭锅等生活电器，这一点丝毫不差于非牧区的生活水平。不过家里看电视节目需要使用卫星接收器，这是“村村通”工程的一部分项目。苏日娜还告诉我们整个嘎查都是用的井水，她家现在就有两眼井，一个是手摇取水，一个是电动抽水。水电的使用都很方便，我们就很想了解一下她们的出行是否也是如此的方便。苏日娜说：“北辉有去旗政府所在地南屯的公共客车，车费每人30元，一天有两趟，很方便的。”家里还有两辆摩托车，不走远路的时候就使用它们，冬天下雪之后基本就不骑了。我们在门口还看到了一台754型号的新拖拉机，还有一台304型号的旧拖拉机。除此之外，生产性机械还有打草机和捆草机。当问及生产之余她是不是会唱歌，苏日娜不好意思地摇了摇头，她告诉我们大部分时间会和家人一起看电视、聊天，电视节目一般都是看蒙语台。她还说虽然平时不喜欢唱歌，但是在过节的时候还是喜欢穿着自己民族的服装一起唱歌庆祝。她家每人都有三套传统的民族服装，以备三个不同季节之需，同时还给我们展示了鄂温克族特有的配饰——太阳花。苏日娜还告诉我们嘎查每年都组织各种活动，尤其是重要节日，比如三八妇女节、五四青年节等，在这些节日或多或少都会举办赛马、摔跤等比赛。嘎查不仅举办节日的活动，如果有什么生产生活的重大政策嘎查也会通知，如果嘎查不通知的话就会派宣传员到户通知。2011 年她家还参加了养马技术培训讲座，而且还希望这种技术讲座多举办一些。如果缺少技术的时候她们一般会到嘎查里找相关的技术人员，或者去苏木请教那里的技术人员。虽然没有小孩，但是提及对于下一代教育是否关注的话题时，苏日娜还是表示十分注重对小孩的教育。在有些牧区为了更好控制生态平衡往往会限制草场牛羊的数量，在嘎鲁图嘎查还不存在这个问题，实行的是“围封转移”的政策。对于新牧区建设所能带来的变化，她希望可以进一步增加牧民的收入，改善一下生产条件，同时也让生活变得更加便利。

调研结束后，我们送上了从北京带来的精美纪念品，并送上对这个三口之家最真诚的美好祝福。

### （二）热心翻译优韩家

我们在司机小斌的带领下，驱车来到了优韩家。优韩家就在公路旁边，远远地就能看见一座砖瓦房前面有两个对称的蒙古包，据介绍一个是她和二姐住的，另一个是已经出嫁的大姐住的。优韩是一个二十出头的美丽姑娘，由于最近空余时间比较多，可以当我们这几天的翻译。事先已经和优韩约好了，所以当我们到达的时候她已经在家里等着了。看到我们的到来，优韩热情地出门迎接，鄂温克民族热情好客的风俗已经无意中就流露出来。

优韩告诉我们，她家全是鄂温克族，一共有 5 口人，由于大姐出嫁，家里有 4 口人，并且全都信仰萨满教。她自己现在 22 岁，高中毕业后就一直在家和二姐帮着干活。爸爸额尔登陶格特胡，年龄为 57 岁，初中毕业，每天家里的牛羊都是由他负责放牧。妈妈图雅，现年 49 岁，初中毕业，负责全家在牧场的生活。二姐，23 岁，初中毕业。优韩，22 岁，高中毕业，和二姐在家里劳动。优韩家现在所居住的砖瓦房是在 2011 年通过国家补贴帮助建成的游牧民定居工程，面积为 60 平方米，共 3 间，冬天用炉子取暖。

优韩家总共承包了 2600 亩草场，其中放牧草场 1800 亩，打草场 800 亩。草场的草基本够她家的牛羊食用，也就是说这里的草基本没有出售给别人。据优韩介绍，这片草场上她家放养着 125 头奶牛。虽然家里养的全是奶牛，但是由于今年的牛犊年龄都比较小，而且今年的奶价太便宜，所以就没怎么产奶。2011年家里总共卖了20头牛，根据牛本身的情况不同价格不同，一般的成年牛价格在8000元，瘦弱一点的价格在6000元，而牛犊的价格在2000元，这项收入大概在100000元。母牛犊一般是不卖的，留下来产奶或育种。除了养牛，家里还放养了125只绵羊，去年并没有养山羊，羊羔总共出栏60只，每只的价格在570元，还有10只老绵羊，每只成交价为400元。家里的羊毛都是父母自己剪，根据羊毛质量的不同，收购价也不同，有的可以高达7元/公斤，而去年她家的羊毛价格在3.8元/公斤，加上羊毛的收入，养羊的收入在50000元。以前家里一直住的是蒙古包，国家为了改善牧民的居住条件启动了游牧民定居工程，去年优韩家自己出15000元，其余由国家补贴，建造了砖瓦游牧民定居工程房，大大改善了生活环境。除了这些收入之外，每只牛还有50元的牲畜补贴，这项补贴大概可以获得10000余元的收入。优韩还告诉我们家里现在还饲养了8匹马，这些马都是由最初的两匹马慢慢繁殖出来的，一般也就是父亲放牧的时候骑，并不用来赛马或者买卖。

了解完优韩家的收入之外，她又为我们详细地介绍平时日常生活、生产的一些支出。2011年，优韩家用于食品的支出约为30000元，然后就是衣着方面的支出大概也为30000元。说到买衣服她就和其他女孩一样表现得很有兴趣，告诉我们现在交通方便了，可以直接到北辉坐公共汽车去海拉尔，一般买衣服也都在海拉尔，基本上每个季节都要去一次，如果家里有事要办的话一月可以去3、4趟。来回一次车费花销为60元，一年用于交通的花销大概在1000元左右。优韩说现在她高中毕业了，去年家里用于教育的费用基本就没有了，往年每年的支出大概在70000元，这些包括了她和姐姐的学费、生活费还有其他一些支出。现在的人情往来支出也是一笔不小的开支，一般随礼金亲戚在2000~3000元，朋友的话在200~300元，总的支出2011年为13000元。优韩姐妹两个和妈妈都人均一部手机，每月三个人总共的花费为300元。父母身体都很好，而且也没什么其他的事情要做，家里也就没有和其他家庭一样专门雇羊倌放牧，只有在每年打草的时候需要雇一个人，费用为每天120元，去年花费3600元。畜牧综合服务站在每个季节都过来给牛羊打一次防疫疫苗，这些都是国家补贴的，基本家里没什么额外的花销。优韩家现在有两只种羊，根据国家的补贴政策其中一只可以享受每年800元的补贴。2011年优韩家参加那达慕和祭敖包活动的花费为700元，她还向我们介绍，祭敖包不仅是神圣和庄严的祈福和祭奠活动，也会在家族内部组织一些传统的比赛项目，也是亲朋好友的重要聚会。现在嘎查每个人都有新型农村（牧区）合作医疗保险，优韩家也不例外，每人每年交50元，遇到医药费的花销可以报销70%，除了这些医疗保险支出以外，家里其他的医疗支出大概在600元。姐妹两个没有交新型农村（牧区）社会养老保险，这个只有父母交，每年每人新型农村（牧区）社会养老保险的费用为300元，优韩母亲每年还自己额外交一个4000元的平安保险。取暖费为3000元，主要是冬天家里购买煤炭的费用，她家去年用了15吨煤，每吨的价格是200元，优韩还告诉我们煤的价格根据含碳量的不同价格也有所变化，含碳量越高煤价越高。当我们问到如果家里收入不能满足生产生活性支出的时候一般向谁借钱，优韩告诉我们现在国家有了农村信用社小额信贷业务，基本可以满足牧民的资金需求，再也不用像以前对于缺少资金一筹莫展了。虽然现在家里不用交水费和电费，但是抽水机要用燃油，每天自己骑摩托也需要燃油，还有家里的各种机械都需要燃油，费油就成为家里必不可少的支出项目，2011年这项支出大概在4000元。

我们注意到蒙古包中有许多小孩的玩具，就饶有兴趣地向她了解情况。优韩告诉我们说这是大姐孩子的玩具，那种幸福之情溢于言表，当问到她对于自己以后的另一半有什么民族要求时，她说只要性格合适、人品好就可以，虽然自己是纯纯的鄂温克人，但是完全可以接受不同民族间的通婚。她还说对于生男生女也没什么太多的要求，感觉社会越来越平等男女之间也越来越平等，还有就是希望小孩可以同时学会鄂温克语和汉语，希望自己民族的语言可以一直流传下去。除了小孩的玩具之外，里面还有各种生活用具，煮奶茶的大锅被洗得干干净净，电冰箱、洗衣机、电视机摆放得整整齐齐，午后的阳光从蒙古包的上面投射进来，让人觉得心情愉悦。我们问她闲下来是否以看电视作为消遣的时候，她说现在家里还没有通电，用的是自己家的风力发电和太阳能发电，白天就基本不看电视，只有晚上偶尔看看，节约用电以免电力不够用。她还介绍说风力发电机转一天如果用电不是太多的话可以支撑4、5天，还说今年九月份就会拉电网过来，到时候用电难的问题就可以得到解决。她消遣除了看电视之外就是拿手机上网，这也是她获得各种娱乐、社会、政策新闻的主要途径。当问到民族服装时，优韩告诉我们她家每个人都有3件传统的民族服装，夏天2件、冬天1件，同时还向我们展示了她手上鄂温克传统的民族首饰，十分精美，样式显示了鄂温克民族的风格。不仅如此，她继续向我们展示了自己正在制作的十字绣，图案也具有浓郁的草原风情。以前的民族服装都是妈妈自己亲手做，现在家里条件好了，为了节约时间，都是自己将衣料买好让专门做服装的人帮着做。由于牧场比较忙，全家基本都没什么时间出去游玩，最远也就是去海拉尔购物和办事。每次出去也都是坐公交车，在自己家去辉腾河西牧场的话一般都是以马匹作为交通工具，因为那边水比较多，骑摩托在那里行走不是很方便。冬天，父母一般都在辉腾河西放牧比较健壮的牛群，那些比较瘦弱的牛羊就由优韩和她二姐在家里养着。夏天如果要挤牛奶的话，一般她们都是凌晨 3 点起床，工作时间大概为 2 个小时。说到门前的公路，优韩并不喜欢把公路修到家门口，她觉得这样占用了较多的牧场，还有就是邮寄东西的时候只能去苏木，很不方便。家里现在有 3 台拖拉机，2 台打草机，1 个水泵，还有 1 辆叉车，优韩告诉我们现在国家的补贴还是挺多的，比如家里购置拖拉机的话，可以享受 30% 的农机补贴；购置捆草机的话，可以享受 50% 的农机补贴。这些政策一般都是由嘎查来人到户通知。

优韩的父母现在都在辉腾河西放牧，我们提出是否可以过去了解一下她家那边的牧场，优韩很爽快地答应带我们过去。驱车十分钟，我们看到了成片绿绿的牧草，弯弯曲曲的河流，优韩告诉我们那个房车就是她父母在辉腾河西牧场居住的地方。这个房车是在“国家扶持人口较少民族项目”资金补贴下，以 6000 元的价格买下来的，如果没有补贴的话，这个房车需要 20000 元。房车是一室一厅的结构，白墙蓝顶，里面可以做饭。我们还看到优韩母亲自己在外面已经晾制了许多奶干，优韩还让我们品尝了一些，这些都是来自纯天然无污染的大草原，味道很香。妈妈图雅穿着节日的盛装出来迎接我们，图雅告诉我们那边骑马放牧的就是优韩的父亲，去年参加了嘎查举办的养马知识讲座。还说由于在辉腾河西这边没有任何电力设施，所以收音机就是她们获得外界消息的唯一途径。我们还了解到虽然国家没有政策要分片禁牧，但是老人为了能使生态平衡自己开始禁牧措施，大概是将草场划分为几片区域，轮流禁牧，时长大概是在 1 到 2 个月。图雅希望新牧区建设可以使得她们的生活条件加以改善，收入可以更上一个台阶，她还觉得制约嘎查经济发展的原因主要是生产、生活设施还需要进一步改善。

我们愉快了结束了对优韩一家的调研，这次调研不但是我们感受到了浓郁的草原游牧文化，也使我们对牧民那种关心生态的先进思想有了更深入的了解。

### （三）嘎查女书记金花家

初见金花，给人干练能干的印象，到嘎鲁图嘎查的当天就在嘎查委员会办公室见过她。今天在他父亲家见到的金花是另一个样子，她干家务活儿也是一把好手，烈日炎炎下，金花正在为弟弟的婚礼搭建蒙古包，见我们下车，金花连忙放下手中的活儿，热情地将我们领进屋，寒暄过后，我们开始了这次的访谈。

金花今年33岁，高中文化程度，一家人都是鄂温克族，现任嘎鲁图嘎查书记，她的丈夫苏雅拉巴特尔，1979年出生在新巴尔虎左旗。一家人虔诚地信奉着萨满教，全家一共三口人，除金花和她的丈夫外，他们还有一个九岁的女儿，名叫伊茹，现在正在鄂温克旗里上小学。经我们了解，原来金花家住在辉河西岸，而我们现在所在的正是辉河东岸金花的父亲家。金花结婚后不久，她的三妹妹嫁给了丈夫的弟弟。就这样，金花和妹妹两家合为一家，冬天一起住在妹妹家的砖房，夏天回到自己家的蒙古包里生活。两家的草场也加在一起，共同管理。两家共承包了草场5003亩，其中放牧场有4000亩，打草场有1003亩。共放养着1000只羊，270头牛，60匹马。这些牲畜是两家的共同财产，平时一起放牧，每一样都是一家一半。另外，家里还有8匹骆驼，这是金花的父亲在伊茹1岁时送给她的。

金花告诉我们，家里1000只羊中有200只是山羊，其余都是绵羊。去年家里的1000只羊一年生产了400多只羊羔，这些羊羔平均一只大概能卖550元，基本上全部都卖了。270头牛去年生产了60头小牛，以去年的情况来说，卖了40头，一头2500元左右。家里也有马，但是都不卖。我们好奇地追问为什么，金花书记说现在嘎查里马的数量很少，希望能好好地发展。另外，200只山羊也拥有着很高的经济价值，山羊绒是价值很高的工业原料，出售山羊绒也是金花家的一笔收入。去年的山羊绒收购价格是180元/斤，年产接近50斤，收入共计9000元。我们继续问道，家中牛奶出售情况时，金花表示说，随着近几年国内奶制品市场的萧条，也影响到了牧民出售牛奶的价格。去年的牛奶收购价格是1.5元/斤，由于金花家的奶牛数量较多，又没有雇佣工人来帮忙，所以金花家目前没有再出售牛奶。

2011年，除去妹妹家的收入，金花家的总收入为174500元。具体收入来源主要分为以下几部分：畜牧业收入为164500元，其中出售羊的收入为110000元，售牛的收入为50000元，售羊绒的收入在4500元左右。金花书记的工资每月800多元，算下来一年大概10000元。

乍看来，金花书记家的收入真的很高。可是细想下来，她家的支出也很大。我们了解到，2011年，金花家总支出为152000元。其中，生产性总支出为44000元。家里草场牧场一共有5000亩左右，远远不够供应大数量的牲畜，所以，一年要买入1万亩的草，这些草每亩价格为7元，核算下来为70000元。和妹妹家平摊后，也要支付35000元。由于畜牧业的经营规模很大，加上冬天两家人要分开住，劳动力不足，不能把偌大的草场照顾妥当，所以需要雇佣2个工人来帮忙。每个工人一个月的工资是1500元，一个月两个人的工资加起来就是3000元，由于气候原因，每年家里雇工人的时间大概有5个月左右，所以去年雇工支出7500元。嘎查里定期会有专业人员为牛羊打免费的防疫针，但处理一些非常见牲畜疾病的费用还需要自家承担，去年金花家为牛羊治病花费了1500元。另外生活性消费支出为97500元。一年下来，在吃喝方面的正常花销大约要在12000元，主要用来购买粮食和蔬菜水果。为了让孩子接受更好的教育，金花将自己的女儿送到了旗里的学校上学，女儿伊茹就寄养在姐姐家。金花很实在的告诉我们，因为是自己家的姐姐，所以这个寄托费每年也只是象征性给500元。而除了吃喝，买衣服的钱也是一笔不小的数目，每年要花上15000元左右。金花笑着抱怨道："孩子也大了，爱美了。"看到金花满脸的笑容，我们可以想象出，那个九岁的小女孩一定是被百般宠爱着。在闲暇时候，金花一家也会进城去，跟姐姐家一块出去吃吃饭、唱唱歌，这方面去年花了大约5000元。

金花家里有1辆汽车、1辆拖拉机、3辆摩托车、3台打草机、1台水泵，这些可都是烧油的机器，除了汽车是金花自己家的以外，其余的都是两家人的共同财产，费用自然也是两家一起出。所以除去妹妹家那一份儿钱外，金花家在油费上的花销每年在31000元左右。金花家和很多当地牧民一样，由于风俗和习惯的原因，在婚丧嫁娶以及人情往来上的花销比较多。当问及这方面的花销时，金花书记笑言，一年差不多有20000元。祭祀敖包基本上是每个鄂温克家庭每年都要参加的仪式，牧民带着自己供奉的物品和心意，围绕着敖包，祈求风调雨顺、四季平安、牛羊兴旺。去年是由金花家主要负责举办敖包的祭祀仪式，所以一共花费了10000元。金花书记和丈夫都有电话，作为一个嘎查的领导，金花书记的电话显然要更繁忙一些，她一个月的话费要200元，一年下来差不多就是2000多元。加上爱人的那份共有3000元。

医疗费用在任何一个家庭中都必定是一笔不小的开支，这个问题在金花书记家也不例外。但由于新型农村（牧区）合作医疗保险制度的普遍实施，金花一家人去年的医疗费只花费了500元。说到医保问题，她有些担忧地告诉我们："可能跟草原上的普遍饮食有关，嘎查里高血压的人很多，90%以上的人都多少会有血压偏高的情况出现。近三年有医疗保险了，不知道情况会不会好一些。"她和丈夫两人都交了医疗保险，每人每年50元，养老保险每人每年200元，通常家人得了小病一般都是去嘎查的卫生所，只有得了大病才会去旗里医院治疗。目前金花一家的身体都很健康，看病花的钱少了，金花觉得很满意。当问到还有没有其他方面的花销时，金花书记没有直接回答，而是告诉我们家里的收入和支出基本持平。因为要不定期的添加机器设备，去年金花家向信用社贷了50000元主要用于添加农机具和购买草料。

了解了这些基本的信息之后，我们询问金花，认为自家经济的发展过程中还有哪些制约因素，金花告诉我们，嘎查牧业的生产方式相对原始，同时也缺少现代化技术支持，这很大程度上的限制了每个牧民家庭收入。在放养牲畜的过程中遇到牲畜饲养或者生病问题时，金花一般会向苏木技术员请教，偶尔也会自己参阅相关书籍，查找问题的答案。

问到最应该传承和发扬的民族文化的时候，金花书记选择了自己民族的节日——瑟宾节。在节日里大家会穿上自己的民族盛装载歌载舞，欢聚在一起，十分快乐惬意，她自己有时候也会去跟着跳舞。关于民族工艺品，她说家里没有，但家里每个人都有自己的民族服装，自己有4件，丈夫也有4件，小孩有3件。

金花介绍说，由于自己家所在的嘎查地处偏远，并没有接通高压电缆。个别人家会通过小型的风力发电机自己发电，虽然电力不十分稳定，但也能满足基本的需求。金花家中的家用电器很齐全，1台电视机，1台VCD机和1台电脑，但是嘎查没有接通网线，所以电脑暂时还不能上网。金花家为了平常出游还购买了1部照相机。在生活用水上，金花所在的嘎鲁图嘎查与其他嘎查基本相同，都是靠自己的水泵来抽取地下水使用，很方便。

在我们来到嘎查前，已经了解到，国家对于牧区的牧民提供"游牧民定居工程"的项目房的申请政策，问及金花为何没有申请"游牧民定居工程"

的项目房，而依然在冬季住在这样一个虽然温暖但却略显简单的蒙古包。金花解释说，依照国家对牧民的优惠政策，每年每个嘎查“游牧民定居工程”的项目房数量十分有限，一般只有5~6个名额，自己作为嘎查书记，应该把有限的名额先让给更需要的牧民，自己不可以，也不应该着急申请，等解决了整个嘎查住房问题后再去申请。自己在位的时候就要多为牧民们考虑，因为自己是干部，福利政策就要先让牧民来享用。金花的这一段朴实而笃定的话，让我们对她的敬重之情油然而生。

谈及去过最远的地方是哪里时，金花说自己去过澳大利亚，我们有一点吃惊，继续问下去，金花告诉我们，1999年，自治区妇联组织的去国外学习先进的放牧技术和管理模式，金花的父亲认为是个难得的机会，于是出钱，让金花出去开阔眼界。正是这样的学习机会，让金花了解到了外面世界的精彩。所以谈及对自己孩子的期望时，金花说要教育孩子多读书，尽可能深造，最好能够出国留学，走出牧区，也许生活会更丰富精彩。可见金花对自己的孩子教育的重视以及对其未来前途的期望之高。但金花希望自己的孩子能够把自己本民族的语言继承下去，无论以后生活在哪里，从事什么工作，希望自己的孩子在心底记得自己的民族，并因依然掌握着自己本民族的语言而感到骄傲。金花说虽然自己希望孩子走出嘎查，出去生活，但是自己却还是深深热爱着这片草原，对于一些人想要在嘎查附近开煤矿的想法，金花表示坚决反对，她说这会对草原带来伤害，草原遭到破坏是大家都不想看到的。在了解金花家是否有重男轻女这种现象时候，金花表示，完全没有重男轻女的观念，很喜欢自己可爱的女儿。我们提到目前国家对人口较少民族生二胎还有奖励措施时，金花说到，是的，这个政策是从今年开始的，第二胎每年补助10000元，直到孩子长到八岁截止，在给第二胎落户时还会给予400元补助，但是金花说目前也并没有打算再多要一个孩子。

谈到日常的工作如何展开时，金花说，当有一些新的牧区政策出台后她主要通过挨家挨户的给牧民打电话进行解读和宣传。金花很关心国家的相关政策的出台，也重视国家对牧区未来发展方向的规划，所以新闻联播是金花每天必看的节目，但是由于工作原因，还有电力系统的原因，不能保证每天都看到新闻，所以金花就委托自己在旗里的姐姐帮忙记录下当天的新闻大致内容，待工作完毕后自己在进行了解。另外，金花说自己会很自觉地参加定期举行的种养技术培训和病虫害防治培训。自己现在最大的心愿就是希望大家都能过上好日子。

对于新牧区建设政策给金花家带来的改变，金花谈到，自从新牧区政策实施以来，家里的收入明显增加了，生活的环境也得到了改善，整个生活质量都有了一个不小的提高，自己感到很高兴。但嘎查的发展还有很多困难，主要是缺少技术，地处草原腹地，完全的靠草地生活，如果有什么新技术引入嘎查，带给牧民一些新的投资项目，相信牧民的生活会变得更富足。金花对嘎查目前的发展也提出了自己的一些想法，她提出了一个“十户联营”的计划，让大户帮协小户进行牧业生产，让贫困户尽快摆脱生产困境，这样有利于牧民收入的增加和嘎查经济的整体发展。

此外，金花对鄂温克整个民族未来的发展也很关心，因为鄂温克族是人口较少民族，在内蒙古与鄂伦春族、达斡尔族并称为“三少”民族，绝大部分生活在呼伦贝尔草原上，而且受教育程度普遍不高，要想民族得到长远的生存和发展，她希望鄂温克民族的人民能更重视教育，提高整个民族的文化水平，这将会对本民族的发展起到关键的作用。金花对我们说，她相信鄂温克民族以及它独有的文化一定会在中国悠久的历史长河中历久弥新，鄂温克族人民将会为国家和社会做出更多的贡献，创造出更多的价值。

### （四）热情开朗的那琴家

从孟和苏荣家出来后，我们就来到了那琴家。他们两家离得很近，我们很快就到了，附近一连住着好多户牧民。在内蒙古地区，牧民都是散居在草原上，户与户之间的距离少则几公里，多则十几公里，这是由传统的游牧方式决定的。现在内蒙古大多数牧民的居住方式也大抵如此，但是在辉苏木，除去苏木所在地有较多牧民过着聚居的生活外，我们在嘎鲁图以及其他嘎查，也看到了牧民沿公路聚居的现象，很多牧民的定居工程房都建在通往苏木和嘎查之间的道路两旁。究其原因，一方是因为沿路居住为出行和生活提供的便利，另一方面，政府为牧民建的定居工程房集中建在路边，为施工提供方便，也便于统一规划。

那琴家的院子用铁丝网简单的围着，院子前面不远的地方整齐的停放着拖拉机，打草机等农（牧）用机械。我们走进院子就看到一位穿着民族服装的年轻姑娘在洗奶桶。询问之后我们得知那琴和母亲巴音其其格祭敖包去了，并不在家，她是那琴的未婚妻，名叫诺琳。在向诺琳说明来意后，她热情地请我们进屋就座。一进屋就听到屋里播放着蒙语歌，诺琳笑着说她喜欢听歌，平时流行歌、蒙语歌和鄂温克语歌她都听。就座后诺琳就开始向我们介绍那琴家的情况了。

从诺琳那我们得知，那琴全家都是鄂温克族。那琴今年 27 岁，毕业于锡林郭勒盟职业学院。母亲巴音其其格，今年 54 岁，毕业于海拉尔蒙古族师范学院，曾经是苏木的小学教师，在苏木小学教了很多年书，现退休在家。姐姐名叫南丁，今年 29 岁，现在蒙古国国立大学攻读博士学位，专业是民俗学，本科的时候学的专业是蒙古语言文学。母亲巴音其其格在 2011 年 7 月份的时候前往蒙古国看望了女儿南丁。那琴的未婚妻名叫诺琳，今年 25 岁，毕业于集宁师范学院，也是辉苏木人。那琴的父亲早年过世了，姐姐还在外读书，家中的草场和牲畜都是由那琴负责照料。诺琳和那琴感情很好，诺琳也经常到那琴家帮忙照料家事，已经相当于那琴家里的一员了。诺琳告诉我们她和牡丹是好朋友，现在牡丹（我们调研的另一户牧户家的准儿媳）要结婚了她很高兴，她和那琴也有结婚的打算了。谈到婚事的时候，我们问到新房在哪，诺琳说，现在还没有准备新房，结婚的时候会把现在的住房装修一下作新房用。那琴家的住房是泥土结构的，面积 84 平方米，共 7 间，建于 1992 年，冬天取暖使用火炉。2011 年，那琴家总共用了 4 吨煤，是以每吨 260 元买回来的。在交谈中我们也了解到那琴家家用电器的拥有情况，他家目前拥有 2 台电视机、1 台洗衣机、1 台电冰箱、1 部照相机、2 辆摩托车、1 辆小轿车、3 部手机。另外，畜牧业使用的机械有：2 台打草机、2 台拖拉机、1 个水泵、1 台推草机。

那琴家共承包了 3000 亩草场，其中有 2000 亩是放牧场，其余的 1000 亩是打草场。那琴家的牧场全部供自家放牧使用，目前总共放养了 200 多只羊，2011 年新生的羊羔有 80 只；牛 50 头，其中有 20 头是奶牛，2011 年新生的小牛犊有 10 头。

我们从诺琳那了解到，那琴家 2011 年的总收入主要有以下几部分：卖羊的收入为 48000 元，2011 年那琴家卖了 80 只羊，平均价格在 600 元左右。卖牛的收入为 30000 元，2011 年那琴家共卖了 10 头小牛犊，每头价格是 3000 元。那琴家养的羊不是很多，所以自己家的草料用不完，每年都会卖掉一部分。2011 年那琴家卖草的收入是 20000 元，诺琳说 2011 年总共卖了二十多车草，是专门跑运输用的大货车，每车1500元左右。另外，2012年春天也卖了两车草，当地的牧民都会通过这种方式解决草料的供需平衡，达到资源的有效合理利用。卖牛奶的收入11475元，由于那琴家养的也不是高产奶牛，每天早晚各挤一次牛奶，二十多头奶牛每天的产奶量在80～90公斤。诺琳说2011年牛奶价格高，平均每公斤1.8元。2012年每公斤牛奶只能卖1.5元，每天的收入是140多元，并且只有夏天的三个月能挤。在这里，我们以挤奶时间90天，价格1.5元每公斤的标准，估算了2011年那琴家卖牛奶的收入。那琴的母亲是退休教师，除去缴纳医疗保险和养老保险外，每月能领到退休金3000元，全年的退休金收入有40000元。除去经营牧场的收入外，还有来自政府的补贴收入。那琴家共养了二十多头奶牛，每头牛政府每年给补贴50元，养牛的补贴收入总共1000元；柴油补贴600元，这个是按照人口数给发放的，每人每年200元。

了解了收入情况后，我们又对那琴家2011年的生产性支出情况和生活性支出情况进行了调查。生产性支出主要有以下几个方面：那琴家在2011年11月份到12月份之间雇工一个月，支出是2000元。牲畜防疫的费用1000元，牲畜的防疫针嘎查里都是免费提供的，这些钱是给牛羊买兽药的支出。

2011年那琴家的生产性支出并不多，家庭的主要支出都集中在生活方面。诺琳向我们详细地介绍了那琴家的生活方面的支出。2011年，那琴一家人花在食品方面的支出为15000元，是全家人购买食品的支出。衣着方面的支出为20000元，主要用于每季度和过年添置新衣服。说到这的时候诺琳告诉我们，那琴的母亲巴音其其格2012年还做了一件新的民族服装，总共花费700元，其中手工费是300元左右，自己买布料的费用是400元左右。衣服是在鄂温克旗找人专门制作的，她还把巴音其其格新做的衣服拿出来给我们展示了一下。其中还有一个鄂温克族的特色挂饰“太阳花”，是用鹿皮制作的，在征得了诺琳的同意后，我们为服装和饰品照了照片。这个时候我也注意到了诺琳佩戴的耳环很有民族特色，就问她这对耳环的来历，诺琳说这是从蒙古国带回来的，她很喜欢，就一直佩戴着。我们也觉得诺琳戴着很漂亮，让她更添了一分浓郁的民族气质。2011年，那琴的母亲巴音其其格在海拉尔中蒙医院做了去除胆囊结石的手术，因为巴音其其格是退休教师的身份，住院的医疗费报销了80%，最后总共花了2000多元，再加上全年家里人看病吃药等支出，那琴家全年医疗方面的支出为3000元。那琴家有2辆摩托车和1辆小轿车，还有拖拉机、打草机等农机设备，家中所有车辆2011年用掉十桶油，每桶1000元，加油总共花费10000元；另外，那琴的母亲巴音其其格前往蒙古国探望了女儿南丁，路费和吃住的支出总共15000元。人情往来对于每个家庭来说都是必不可少的，那琴家也不例外。诺琳说，嘎查里一般是夏天和每年十月份的时候随礼多，2011年家里总共随礼20多份，每次100元或者200元，关系好的朋友礼钱会多些，据此推算，一年下来人情往来的支出大概有3000元。诺琳告诉我们未婚夫那琴的奶奶是萨满师，早年已经过世了，他们全家每年7~8月份会祭祀。每次去办祭祀活动的时候要带着蒙古包、食品等，2011年那琴家祭敖包的支出是5000元。那琴全家都缴纳了医疗保险，每人每年缴纳50元，2011年医疗保险的支出为150元。那琴家每人都有手机，全家每人每月100多元话费，全家总共要400元左右，一年下来就是4800元左右的话费。此外，那琴家冬天取暖用的火炉，2011年使用煤炭4吨，每吨的购买价格是260元，共计1040元。

在了解完那琴家的基本情况和2011年收入支出情况后，我们聊起了诺琳平时的生活。诺琳说每天都有很多事情要做，虽然不是很累，但也会占去大部分时间。在闲暇时间，诺琳的娱乐和休闲方式是看电视和听音乐，她晚上没事的时候就看看电视。另外，诺琳很喜欢听歌，在我们刚进门准备采访的时候，诺琳就在边听歌边洗奶桶。听歌是许多年轻人的爱好，当遇见一个在边听着优美的民族歌曲边做事的鄂温克姑娘时，让我们对年青一代牧民平时的生活有了感性的认识，让我们意识到，他们跟生活在城市里的年轻人一样，有着共同的休闲娱乐方式。

随后我们跟诺琳聊起了现在草原畜牧业的发展问题，诺琳表示现在草场跟从前比差远了，嘎鲁图这边的草场情况还比较好，尤其2012年的雨水充足，草长得好。草场退化严重的地区，即使雨量够了，草的长势也一般。我们就原因进一步询问了诺琳的看法，她认为首先是现在草场的牛羊放养的太多了，超过了草场的承载量。其次是现在不像从前一样游牧了，牧民都把牛羊放养在自家承包的草场上，每家草场情况不同，对草场使用程度也不同，这对草场的恢复也有影响。要保持草原畜牧业的长久发展，一定要保护好草原，这是发展的基础。

当谈到制约家里农副业收入增长的主要原因时，诺琳说，首先是家里的劳动力不够，那琴的母亲巴音其其格年纪大了，不能让老人太辛苦，家里主要的劳动力就是那琴，放牧已经占用很大的精力，没有办法去发展其他的副业了；其次是资金的缺乏，每年三四月份接羔的时候，是资金最紧张的时候。2012年那琴家还在信用社贷了20000元。诺琳说信用社贷款是三年给贷一次，不是每年都能有的。这也限制了家庭农副业的发展。

在访谈的最后，我们聊起了鄂温克族的未来。诺琳说对于鄂温克族来说，最应该做的就是保护民族文化。首先，就是民族语言的保护，这是鄂温克民族最具特色的。鄂温克族属于人口较少民族，本来人口就少，如果再不重视语言的保护，很可能就会失传了。其次，就是鄂温克人生活的环境，鄂温克人世代生活在这片草原上，如果草原被破坏了，那鄂温克族未来的生活无法想象。最后，要注重民族人口的素质教育，提高民族整体的素质，合理增加人口。

访谈结束之际，我们准备跟诺琳合影留念，诺琳高兴地答应了。在她到其他房间去换民族服装时，我们注意到了我们坐在的房间左手边还有一间小卧室，等诺琳换完衣服回来后，告诉我们那是那琴的卧室。经诺琳同意后我们进了这间小卧室，布置简单，但干净整洁。床头上面的柜子上供奉着奶奶的照片，照片是黑白的，放在金色的相框里，相框上面放了一条蓝色的哈达，相框前方摆放着香炉。诺琳说奶奶以前是萨满师，家人每月阴历的初九、十九、二十九都要给奶奶上香。我们想这既是对奶奶的缅怀，也是对一位萨满师的敬重。我们看到照片里是一位慈祥的老人，面带微笑。我们心里不禁在想，奶奶作为一位萨满师，她的一生是多么富有传奇色彩。

访谈结束后，我们为诺琳拍照留念，把这位美丽鄂温克姑娘的笑容记录在相机里，并送上最真诚美好的祝福。

### （五）畜牧大户图门吉日嘎拉家

图门吉日嘎拉家是我们调查访谈的牧户中距离牧民聚居区较远的一户人家，汽车驶下嘎鲁图嘎查公路后，在草原上行驶了大概20分钟的路程后，远处一户人家渐渐清晰，经过询问后知道，这就是我们准备采访的畜牧大户图门吉日嘎拉家。汽车刚刚停稳，就有5只黑色蒙古犬包围了我们，听到犬吠声后，一名皮肤偏黑的中年男子弯腰走出蒙古包查看，司机大哥用鄂温克语进行交谈后了解到，这名男子就是我们要采访的人物——图门吉日嘎拉。

图门吉日嘎拉面相慈善，脸上的皱纹显示出他是个经验极为丰厚的养殖能手。司机大哥向图门吉日嘎拉说明我们此行目的后，他热情地邀请我们进了蒙古包，并欣然地接受了我们的访谈。

图门吉日嘎拉，1958 年生人，鄂温克族，小学文化，在兄弟中排行老二，有一个姐姐，一个哥哥，一个妹妹，三个弟弟。图门吉日嘎拉与妻子都力玛于 1986 年结婚，都力玛，1959 年生人，鄂温克族，高中文化。夫妻俩共养育了三个孩子，大女儿叫温格，1988 年生人，本科学历，2010 年毕业于重庆师范大学育才学院，语文教育专业，现在没有正式工作；小女儿叫乌妮尔，1989 年生人，专科学历，2012 年毕业于郑州科技学院，电子商务专业，现没有正式工作；小儿子陶德，1990 年生人，专科文凭，2012 年毕业于锡林郭勒盟职业学院，计算机信息管理专业，现没有正式工作。三个孩子现在均居住在南屯（即鄂温克旗巴彦托海镇）。图门吉日嘎拉家尤其注重子女的教育问题，三个孩子现在居住的楼房就是图门吉日嘎拉于 1994 年购买为了方便照顾孩子上小学用的。图门吉日嘎拉很自豪地告诉我们现在三个孩子均已大学毕业，虽然还没有找到稳定的工作，但是他相信孩子们有知识、有文化，将来的生活一定不会像他和妻子一样艰辛。

图门吉日嘎拉向我们介绍了家庭的基本条件，现居住房是砖瓦结构的，一共有 3 间房，使用面积 59 平方米，此房屋是于 2002 年搬迁现居地时修建的。这栋房子多用于冬季居住，其他时间图门吉日嘎拉夫妇偏爱居住在蒙古包。

在访谈过程中，我们了解到图门吉日嘎拉家有 2 台电视机、1 台电冰箱、1 台洗衣机、1 台 DVD、1 部照相机、1 台两轮摩托车。另外，畜牧业使用的器械有：1 个水泵、2 台打草机、2 台拖拉机。虽然家中电器配备齐全，但是图门吉日嘎拉和妻子平时很少使用电视机、DVD、照相机等电器，夫妻俩更多的是听蒙文电台的广播或与嘎查牧民聊天。

图门吉日嘎拉家共承包了 7300 亩草场，其中包括 2300 亩打草场，5000 亩放牧场。在自家草场上放养着 70 多头牛，700 多只羊，60 匹马。2011 年，图门吉日嘎拉家新生羊羔 300 多只，新生牛犊 20 头，新生马驹 10 匹。调研小组在通过走访牧户过程中了解认识到图门吉日嘎拉家的养殖规模在嘎鲁图嘎查中属于规模较大的。

图门吉日嘎拉家 2011 年的总收入有以下几个部分：2011 年，图门吉日嘎拉家共卖了200只羊羔，由于品种和大小存在差异，所以价格也各不相同，平均价格在570元左右，经计算他家卖羔羊的收入为114000元；2011年家中新生牛犊并没有卖，选择了自己留养；卖了4匹马驹，每批马驹的价格平均在5000元左右，所以卖马驹的收入为20000元左右；除此之外，收入部分还包括各种国家补贴，奶牛补贴每头牛50元，共补贴了3000元；政府对种公羊补贴为每头800元，补贴了4头，共3200元；柴油补贴按人口发放，每人200元，共补贴了1000元。

了解了收入情况后，我们调研小组进一步询问了图门吉日嘎拉家的生产性支出和生活性支出的情况。图门吉日嘎拉家生产性支出主要包括：由于图门吉日嘎拉家的养殖规模较大，家中只有两个劳动力，所以图门吉日嘎拉家常年雇佣一对夫妻，工资按每年闲、忙季节的替换而不同，一般秋、冬季节，雇工工资为每月1500元，两名雇工每月工资支出3000元；春、夏季节雇工工资为每月1000元，两名雇工每月工资支出为2000元，所以在2011年，图门吉日嘎拉家春、夏季节雇工支出为12000元，秋、冬季节支出为18000元，一年雇工总支出为30000元。另外，由于家中养殖规模偏大，草场有限，2011年牲畜的饲料出现缺口，故购买草料支出4000元。虽然嘎查免费给牲畜打防疫针，但是牲畜平时需要的药品，需牧户自己负担，在2011年，图门吉日嘎拉家牲畜药品支出为3000元。图门吉日嘎拉家每年都会购买一匹上等的好种马，2011年也不例外，家中购买了一匹种马，支出10000元。在2011年，图门吉日嘎拉还对自家的围栏进行了维修，支出在1000元左右。另外，2011年，图门吉日嘎拉向信用合作社成功贷款50000元，还款期限为3年，贷款部分用于购买257型大拖拉机。

除了这些生产性支出外，图门吉日嘎拉还向我们介绍了家中生活方面的支出。由于图门吉日嘎拉对日常开支没有明确的账目记录，所以只能大概估算。2011年，图门吉日嘎拉一家买米、面、粮、油等食品方面的支出大概在10000元。购置服装方面的支出大约在10000元，其中图门吉日嘎拉和妻子都力玛各为自己添置了一套鄂温克族民族服装。图门吉日嘎拉向我们介绍，鄂温克族人人都有自己的民族服装，家中成员一年四季的民族服装都配备齐全，他说民族服装能展示鄂温克民族的特色和风情，所以在重要的节日或者在参加婚礼时，他们都要穿上民族服装并且佩戴一些民族饰品。我们询问图门吉日嘎拉平时所穿的民族服装都是从哪里购买的，他告诉我们，鄂温克族的民族服饰是买不到的，鄂温克族的民族服装都是自己买布料，然后找本民族会做服装的人制作而成，其实原因很简单，就是因为其他民族的人一般都不能精确的制作出鄂温克民族服装的样式和特点。图门吉日嘎拉接着补充到，现在会做本民族服装的人越来越少了，而且都是些上了年纪的老人，民族服装制作的精髓没有得到很好的传承，图门吉日嘎拉很关注这个问题，他希望政府能对民族文化的保护和传承更加重视。除以上提到的食品和服装支出外，由于家中有摩托车和畜牧设备，2011 年，图门吉日嘎拉家的燃油支出在 10000 元左右；另外，图门吉日嘎拉和妻子的身体都不是很好，尤其妻子患有高血压和心脏病，需要常年吃药，加上家庭成员的其他药品支出，2011 年的医疗费用支出为 2000 元。图门吉日嘎拉解释到，现在国家的政策好，给我们牧民上了医疗保险，住院治疗费用可报 70%，平时买药的费用也会报销 30%，极大地给牧民提供了实惠。图门吉日嘎拉家在 2011 年参加祭敖包等宗教活动的支出为 4000 元；支出内容中必不可少的一部分就是人情往来，在 2011 年的人情往来支出中，图门吉日嘎拉家共支出 1000 元；在日常生活中，图门吉日嘎拉与孩子们经常通过手机打电话联系，家中成员共计拥有 6 部手机，每月总支出平均在 600 元左右，则图门吉日嘎拉在 2011 年里的通信支出共计为 7200 元。图门吉日嘎拉家冬季用煤炉取暖，2011 年购买燃煤 5 吨，单价为 260 元，燃煤支出共计 1300 元。但是这些支出还不是图门吉日嘎拉家全年支出的最大比重，2011 年，图门吉日嘎拉家最大的开支就是供三个孩子上学所花费的费用，包括学费和生活费，总计 70000 元。通过对孩子教育的开支，我们更加深刻的感受到图门吉日嘎拉对孩子培养的重视程度。调研小组在对嘎查其他牧民的采访中发现嘎鲁图嘎查的牧民对孩子教育的重视程度是相当高的，也反应出嘎鲁图嘎查牧民思想意识的开通。针对上面所叙述的情况，我们问图门吉日嘎拉对现在的家庭收入是否满意，他还是满足地点了点头，他说和原来的生活相比，现在的生活条件是他不敢想象的，对现在的生活条件他已经很满足了。

图门吉日嘎拉闲暇时间，经常会听一些蒙文电台的新闻广播，去关注国家对民族地区的相关政策和一些关于畜牧养殖技术的信息，并利用这些信息来提高自己的养殖技术，从而扩大了自己的养殖规模。他说，这些年自己通过电台已经学习了不少有关畜牧养殖方面的知识，这对他非常有帮助。以前，在没有学过这些技术的时候，比如在接羊羔时，总会出现一些羊羔不能成功存活或是出现一些别的情况。但是现在有了这些知识，再加上这些年来自己总结出的经验，现在每次接羔时，幼崽的成活率都相对高了许多，同时再加上自己和妻子对新生的幼崽都照顾得格外精心，幼崽的成活率都高了，牲畜的总数量也跟着多了，规模也扩大了。善于动脑，精于技术，再加上辛勤的劳动，这就是图门吉日嘎拉家的致富经验之道。

### （六）勤劳朴实的阿拉腾巴图家

阿拉腾巴图家是我们采访的最后一户牧民，至此，我们此次的调研也接近尾声。在前一天的调研中我们已经来过阿拉腾巴图家，但是来的时候他们家没有人在。阿拉腾巴图家离苏木比较近，而且他家的房子就在路边，在我们调研期间阿拉腾巴图家正在盖羊棚，所以每次经过我们都会注意到他家。

我们在嘎鲁图调研期间，找到了一个在读的大学生做翻译，她的名字叫索努尔，是内蒙古师范大学人力资源管理专业的学生，我们调研期间索努尔刚好放暑假在家，所以我们就邀请她做了我们的翻译。在索努尔的陪同下，我们来到了阿拉腾巴图家，到阿拉腾巴图家后，我们发现阿拉腾巴图本人并不在家，家中只有阿拉腾巴图的小女儿萨其日娜在。我们见到萨其日娜时，她显得很腼腆。索努尔跟萨日其娜是好朋友，她向萨其日娜说明了我们的来意后，萨其日娜放热情地请我们进客厅坐。大家都入座后，我们就与萨其日娜聊了起来。

从与萨其日娜的交谈中我们得知，她们全家总共5口人，都是鄂温克族。她的父亲阿拉腾巴图，今年49岁，初中文化程度。母亲娜仁高娃，今年也是49岁，小学文化程度。姐姐萨仁贵，26岁，上过大专。她本人今年22岁，高中文化程度。她还有一个弟弟，名叫满达汗，今年17岁，初中文化程度。和嘎鲁图许多的牧民家庭一样，她们家既有砖瓦房也有蒙古包。她们家的砖瓦房建筑面积是86平方米，总共有6个房间，建成时间是2002年。萨其日娜告诉我们，她们家夏天的时候住在蒙古包里，冬天的时候住在砖房里。大多数嘎鲁图嘎查的牧民还保留着居住在蒙古包里的习惯，蒙古包反映了游牧民族的生产和生活方式，使我们感受到游牧民族的生存智慧；蒙古包在某种意义上也是游牧民族文化的象征。虽然现在牧民们对蒙古包的使用已不再像从前那样频繁，但是蒙古包依然是牧民生活中不可或缺的一部分，尤其是年纪大一些的牧民，他们更习惯生活在蒙古包中。

阿拉腾巴图家承包了 5000 亩草场，其中有 3800 亩是放牧场，其余的 1200 亩是打草场。阿拉腾巴图家的牧场全部供自家放牧使用，目前总共放养了 300 多只羊，其中山羊 80 多只，其余的是绵羊，2011 年家中所有的羊总共产羔 200 多只，但是 2011 年阿拉腾巴图家里没有卖羊，都留下继续发展了。阿拉腾巴图家养的母羊比较多，符合当地政府给免费盖羊棚的条件。我们来他家时，看到工人们正在施工，有了羊棚以后会给牧民家提供很大的便利，也有利于羊群的过冬和良性发展。在嘎鲁图嘎查里，基础母羊达到 200 只以上的牧户，当地政府都会免费给盖羊棚，这是一项重要的惠民工程。阿拉腾巴图家总共养了 90 头牛，其中的大部分为奶牛，2011 年新生的小牛犊有 30 头。另外，他们家还养了 30 匹马，2011 年新生的小马驹有 6 匹。阿拉腾巴图的小女儿萨其日娜告诉我们，她们家 2012 年还买了一头种公牛，是在鄂温克旗里买的，花了 7000 元。

在与萨其日娜的交谈中我们也了解到了 2011 年她家的收入情况，据萨其日娜介绍，她家的收入来源主要分为经营牧场的收入和政府的补贴收入。首先是经营牧场的收入，主要有以下几部分：卖牛的收入为 67500 元，萨其日娜说她们家 2011 年没有卖羊和马，只卖了牛，总共 27 头，都是二岁的牛，平均价格是每头 2500 元。卖牛奶的收入为 23400 元，阿拉腾巴图家养的大部分是奶牛，他家的奶牛平均每天的产奶量是 100 公斤。阿拉腾巴图的小女儿萨其日娜告诉我们，她们家每天要挤两次奶，早晚各一次，每次大概能挤奶 50 公斤。每年挤奶的时间是五月份到八月份，大概三个月左右，2011 年她们家的牛奶卖价是 2.6 元/公斤，我们以时间 90 天，价格 2.6 元/公斤计算了阿拉腾巴图家 2011 年卖牛奶的收入。阿拉腾巴图家总共养了 80 多只山羊，2011 年他家卖羊绒的收入是 10600 元。由于经营习惯和环境特点，嘎鲁图嘎查的牧民养山羊的并不多，阿拉腾巴图家养的山羊数量，在嘎鲁图嘎查里算是比较多的，在我们走访的牧户中，也是为数不多的有卖羊绒收入的牧民家庭。卖草的收入为 12000 元，阿拉腾巴图家草场打的草自己家用不完，所以多余部分会卖掉，这也给他家带来了一笔不小的收入。2011 年阿拉腾巴图家总共卖了 10 车草，每车的价格是 1200 元。除去经营牧场的收入外，还有来自政府的补贴收入。阿拉腾巴图家总共有 30 头奶牛享受政府发放的补贴，每头奶牛的补贴是每年 50 元，养奶牛的补贴总收入为 1500 元。阿拉腾巴图家 2011

年还收到了养种公羊的补贴，每只种公羊的补贴是每年 800 元，总共有 3 只，养种公羊的补贴收入为 2400 元。

了解完阿拉腾巴图家的收入来源后，我们又详细的询问了他家的支出情况。阿拉腾巴图的小女儿萨其日娜向我们介绍了她们家的支出情况。支出主要分为两个部分，第一部分是生产性支出，第二部分则是生活性支出。她们家生产性的支出情况比较明了，只有牲畜的防疫费一项，没有雇佣工费用和买草料等费用。萨其日娜告诉我们，每年嘎查里都会有工作人员到家中给牲畜免费打防疫针，自己家只是在牛羊得病的时候买些药，这项支出不是很多，2011 年大概有 500 元左右。她们家的生活性的支出则主要包括食品和衣着的费用、交通费用、医疗费用、人情往来的花费、参与宗教活动的费用、手机通信的支出和房屋维修的费用。萨其日娜向我们介绍，2011 年，她们一家人花在食品方面的支出为 20000 元，这部分支出在全家所有支出项目中占的比重是最大的。2011 年阿拉腾巴图家用在衣着方面的支出也用去了很大一部分的家庭收入，是跟在食品支出之后第二项重大支出项，2011 年，阿拉腾巴图全家用在衣着方面的支出为 15000 元。阿拉腾巴图家的三个孩子现在都不读书了，所以没有教育支出这项。我们发现阿拉腾巴图的小儿子满达汗今年只有 17 岁，就问萨其日娜为什么他弟弟年纪这么小就不读书了，萨其日娜说，她也不明白弟弟当时是怎么想的，但是家人都尊重他的选择。现在弟弟满达汗也在帮助家里做事，是个比较懂事的孩子。阿拉腾巴图和妻子娜仁高娃都患有风湿病，娜仁高娃一直在吃药，除此之外全家没有大的医疗支出，2011 年，包括他们夫妻二人在内，他们全家医疗方面的支出为 1000 元左右。阿拉腾巴图家有 2 辆摩托车和 1 辆小轿车，另外还有 2 台拖拉机、2 台打草机，家中所有车辆 2011 年加油的支出是 15000 元。据阿拉腾巴图的小女儿萨其日娜介绍说，家里每年人情往来的支出都不少，一般亲戚朋友家有红白喜事都会请她们家过去，每次去了都会随礼，从一两百到五六百不等，关系好的人家礼金也会多些，2011 年，他们家人情往来方面的支出为 5000 元。阿拉腾巴图家的另一项重要支出项是通信费，他的小女儿萨其日娜说他们全家人都有手机，全家每月的手机话费在 500 元左右，据此推算，他们家全年的话费支出是 6000 元，这样算下来也是一笔不小的开支。2011 年阿拉腾巴图家参加祭敖包活动的时候，没有给现金，送了办活动的人家 1 只羊，折算价是 500 元。2011 年阿拉腾巴图家重新粉刷了房子，添了两个炉灶，总共花费了 2500 元。

阿拉腾巴图全家都缴纳了医疗保险和养老保险，医疗保险每人每年缴纳 50 元，2011 年医疗保险的支出为 250 元；养老保险每人每年缴纳 100 元，2011 年养老保险的支出为 500 元。

在了解完阿拉腾巴图家的收入支出情况后，我们又与他的小女儿萨其日娜聊起了闲暇时间她的兴趣爱好。萨其日娜说，她也没有什么特别的兴趣爱好，在闲暇时间，她主要娱乐和休闲方式是看电视，偶尔也会到朋友家里坐坐。牧区的生活比较单一，没有太多的娱乐活动，但是她喜欢这种简单自由的生活。

当我们谈到对未来的想法时，萨其日娜说，目前她还没有想过这个问题。但是将来她有了孩子，她希望自己的孩子能走出去，到外面的世界去发展。我们问为什么会这么想时，萨其日娜说，虽然现在牧区的生活条件比以前好多了，但是牧民的生活还是很辛苦的，她自己体会到了生活的辛苦，不想让孩子受苦，所以希望自己的孩子将来能好好学习，到外面的世界去，体会另一种生活。萨其日娜的话让我们体会到了年轻一代牧民的对生活的感受，他们到外面读过书，了解外面的世界，然后又回到家乡生活，因此在他们心中就产生了对两种生活的比较，也让他们对生活有了自己的认识。

在访谈的最后，我们聊到了关于鄂温克族未来发展的想法，萨其日娜说，现在国家对鄂温克族有很多政策上的优惠，给鄂温克族的发展提供了强有力的支持，作为一个鄂温克人，她心里很感谢国家对鄂温克族的照顾。最后，她希望广大牧民的生活越来越好，家乡嘎鲁图的发展越来越好。

### （七）小康户苏优乐扎布家

太阳已经开始慢慢下移，我们继续进行入户调研，这次我们来到了苏优乐扎布家。还没进门就看见他家的大黑狗直奔我们狂啸而来，犬吠声引来了主人的注意，我们和苏优乐扎布简单说明情况以后，就跟随他进入了家里。

苏优乐扎布是一个非常和蔼的中年男子，汉语说得比较流畅，在调研中偶尔还会和我们开玩笑。他家现在一共有 3 口人，苏优乐扎布本人，现在 44 岁，小学毕业；妻子道力其格，年龄为 42 岁，也是小学文化程度，在家帮助丈夫放牧、做家务；女儿苏宁其其格，今年 22 岁，高中毕业，现在已婚。苏优乐扎布家现在有一个蒙古包，使用时间已经有 20 年了，还有一个 60 平方米的土房，共有2间，是在2002年花了10000元建造的。据苏优乐扎布回忆，这笔买房子的钱是他的卖牛钱。旁边还有一个80平方米的砖瓦房，总共有5间，建筑年代是2009年，另外还有一个牛棚，这两个新建的房子都是游牧民定居工程房。这些房子在冬天都是使用炉子取暖，燃料就基本是牛粪。

苏优乐扎布家总共承包了2200亩草场，其中打草草场有700亩，放牧草场有1500亩。畜牧业是这个家庭的主要收入来源，在这片草场上苏优乐扎布放养了50只山羊和20只绵羊，还有120头奶牛、6匹马。从山羊群得到的收入主要来自于羊绒，2011年羊毛的收入很少，只有2000元左右。绵羊一般不卖，主要是为了解决家庭的肉食来源才饲养。奶牛的收入是苏优乐扎布家畜牧业收入的主要来源，今年牛奶价格太低，所以基本都用来喂养自己家的牲畜。2011年苏优乐扎布家总共卖了40头2岁的牛，每头的价格为3200元，总金额为128000元。家里的马匹有几匹是用来赛马用的，其余的都是放牧时候用的。这些就是苏优乐扎布家的全部收入。

苏优乐扎布告诉我们别看家里收入挺多，其实草原生活的花销也是挺多的。虽说家里吃的都是些粗茶淡饭，而且牛羊肉也都不需要从外面购置，但是主食和蔬菜，还有水果都比较贵，这样一年下来这方面的花销约为8000元。全家用于衣着方面的消费并不是很多，每人每年都是添置几件新衣服，2011年衣着方面的支出为5000元左右。说到看病，苏优乐扎布告诉我们现在每个牧民每年都有交纳了50元的新型农村（牧区）合作医疗保险，看病的时候可以有不少的优惠。2011年苏优乐扎布在骑摩托的时候摔成了骨折，在医院进行了手术治疗，花费了家里将近20000元，这一项就成为了全年家里最多的花销。除了新型农村（牧区）合作医疗保险以外，全家人都交着每人每年100元的新型农村（牧区）合作养老保险，这是为了让自己以后生活的可以更有保障。苏优乐扎布家全家人最远去过的地方就是满洲里，苏优乐扎布告诉我们并不是自己和家里人不想出去，而是都没有时间出去。如果出去旅游的话，家里放牧或者其他的活就得雇人做，然而现在人工的价格比较高，所以旅游计划就暂时搁浅了。他们现在最想去的地方就是北京，特别想看一下首都是什么样的。一年下来全家的交通费用也就没有多少，估算下来也就2000元左右。苏优乐扎布家娱乐这项的支出主要是在参加那达慕和平时玩耍的花费，大概需要5000元左右。祭敖包是草原牧民一项重要的家族活动，苏优乐扎布家参加祭敖包的花费为5000元。亲戚朋友们的婚礼都必须随礼，在人情往来这方面苏优乐扎布家一年的花销约为3000元左右。家里现在总共有2部手机，每部手机一个月的开销大概为50元，一年下来用于通信的费用大概需要1200元。房屋一般每隔几年都需要进行修缮，苏优乐扎布家的房屋在2011年进行过修缮，支出费用为3000元左右。

除了这些生活方面的支出以外，生产方面的支出也是必不可少的。苏优乐扎布为了让自己家的牛群有更好的质量，在2011年花费15000元换良种公牛，他说这样前期投入虽然很高，但是从长远来看对家庭收入的增长是有利的。家里的劳动力在秋天打草时节就显得比较缺乏，2011年打草季节，他以每天120元的工资雇用了一个工人进行为期60天的打草劳动。苏优乐扎布还告诉我们，家里的围栏基本每年都会维修一次，2011年的时候是雇用了2个人维修，总共花费了2000元。苏优乐扎布表示他对收入还是比较满意的，但是也有手头比较紧的时候。为了节约人力，提高劳动效率，家里购置了新的搂草机和双割刀，当时家里比较缺钱，苏优乐扎布就从银行贷了50000元的低息贷款。

我们看到了苏优乐扎布家的门口有一块“小康户”的牌子，就问他是什么时候获得的，他说那是15年前就获得的，满脸洋溢着自豪的喜悦。他还说现在经济条件好了，家用电器也多了起来，家里电视机有2台，电冰箱和洗衣机各有1台，DVD有1台，电磁炉、电饭锅各有1台，照相机也有1部。苏优乐扎布还开玩笑说家里其实收音机不止1个，有3个，电视机其实也有3个，我们十分不解地问道为什么和他刚才的说的数目不一样，他微笑着告诉我们没报数目的都是坏了的。在嘎查生活有些基础设施还是不完善的，像电器坏了一般都没法维修，而且也没有回收的地方，要么放在家里，要么拉到上一级的城市。我们接着询问家人怎么解决就医的问题，苏优乐扎布说一般小病的话在嘎查诊所就能解决，买药的话就去苏木，如果比较大的病就去旗里的医院。家里现在吃水也比较方便，只要一开水泵就可以了，很方便的。他还告诉我们家里除了牛、羊粪做燃料之外，还配备了石油液化气，共有2个气瓶，有一个是备用，这套装备一般是在出去放牧的时候用的。

苏优乐扎布家的农用机械也有不少。打草机就有4台，还有1台大拖拉机和1台小拖拉机，除此之外，作为交通工具的摩托也有3辆。每天和其他牧户一样，凌晨4点就起床劳动了，一直会忙到晚上7、8点，闲下来就会和家人一起看看电视、聊聊天或者看看报纸。苏优乐扎布说现在获得现代化知识的途径比较多，像电视、无线广播还有书报等。现在有些国家政策村委会还会到户传达或者电话通知。苏优乐扎布现在最关心的就是国家对牧民的项目和政策，用他的话说就是项目多了自己家就可以富裕起来。听说他女儿结婚了，我们就打探了一下他对下一代教育是否关注，苏优乐扎布希望小孩们可以从小就去旗里上学，而且他还希望女儿可以有两个孩子，最好是一男一女，这样可以保持男女平衡。从这样可以看出苏优乐扎布还是比较与时俱进的一个人。

苏优乐扎布认为“围封转移”这个政策不错，可以防止别人家的牛进了自家的草场，减少牧民因为草场划分而出现的纷争。调研结束以后，我们送给苏优乐扎布从北京带来的礼物，各自道谢，继续我们的下一户调研。

## （八）老书记那仁吉日嘎拉家

在去那仁吉日嘎拉家前，我们了解到那仁吉日嘎拉曾经是嘎鲁图嘎查的书记，同时也是现任嘎鲁图嘎查书记金花的父亲。那仁吉日嘎拉之前担任了多年嘎查书记，这次采访肯定会对我们了解嘎查的变迁和鄂温克族的文化大有裨益。因此，对这次访谈大家都期待已久。

我们去那仁吉日嘎拉家时，时间是中午，太阳非常晒人，这是草原最热的时候。当车子从公路开下来，在附近的自然路行驶的时候，我们远远地就认出了那仁吉日嘎拉家，因为远远地就看见他家前面的几个蒙古包。前一天从金花书记那儿，我们得知那仁吉日嘎拉的小儿子，也就是金花书记的弟弟，几天后就要举行婚礼了，现在家人都在忙碌筹备婚礼中。车子走到近处的时候我们看到，院外还有人正在搭建蒙古包。地上放着蒙古包的木栅，蒙语称“哈纳”，顶棚、白色外罩、毡门、围绳等。蒙古包是游牧民族为适应游牧生活而创造的居所，易于拆装，便于游牧。现在内蒙古牧区的牧民大都建了固定的住房，使用蒙古包的人越来越少了。但是在婚礼、重大节庆日、民族旅游景点等场所，还是能见到蒙古包的身影。

下车进入院子后，我们首先看到的是迎面和左右两边建的房子，住房建成了回字形。房子围住的地面建了平台，高三十厘米左右，放着洗衣机，晾衣架等生活用品。院子里铺了石子，准备用水泥做地面硬化。环视一周后我们注意到，左右两侧的墙边分别种了几棵小树，他家的布局是我们走访过的牧户中比较有特色的一户。

我们赶得不巧，去的时候刚好那仁吉日嘎拉不在家，去家里的放牧点放牧去了。但是金花书记安排了家人为我们带路，去放牧点采访父亲那仁吉日嘎拉。在此次调研期间，金花书记为我们的调研提供了很多便利，我们非常感谢她。

那仁吉日嘎拉家的放牧点在一个小山坡顶上，我们去的时候只有那仁吉日嘎拉老人自己在。向他说明来意后，那仁吉日嘎拉热情地请我们进他的房车坐。房车是“国家扶持人口较少民族项目”，牧民可以通过优惠的价格购买，其余部分由国家补贴。那仁吉日嘎拉家的房车里面布置很简单，一进门有一个做饭用小炉子，右手边是一个小隔间，左边依次是桌子、床和凳子。入座之后，我们的访谈便开始了。

那仁吉日嘎拉全家一共 8 口人，都是鄂温克族。那仁吉日嘎拉本人今年 58 岁，小学文化程度。妻子赛汗琪琪格，今年 61 岁，小学文化程度。大女儿莲花，1977 年出生，在海拉尔市读大专，学习的是会计专业，毕业几年后，考上了旗里的公务员，现在在鄂温克旗开发区工作。二女儿金花，1980 年出生，毕业于呼和浩特市的畜牧业大学，现在年仅 33 岁的她已经是嘎鲁图嘎查的党支部书记。三女儿、四女儿和唯一的儿子在中学毕业后，回家乡当了牧民。最小的女儿也是大学生，今年刚本科毕业，以后打算在呼和浩特发展。在我们调研期间，我们只见过那仁吉日嘎拉本人和他的二女儿金花。由于那仁吉日嘎拉家喜事临近，家人都很忙。在我们这次调研中，那仁吉日嘎拉和二女儿金花能够抽出时间接受我们的访谈，我们大家都表示十分感谢。与那仁吉日嘎拉老人的交谈中我们了解到，我们之前去过的宅院，房屋建筑面积是 300 平方米，共 10 间房，建筑时间是 1983 年。在交谈中我们也了解到那仁吉日嘎拉家家用电器的拥有情况，他家目前拥有 2 台电视机，1 台 VCD，1 台照相机，1 台电脑，2 台洗衣机，1 台电冰箱，1 辆摩托车，1 辆小轿车。另外，畜牧业使用的机械有：3 台打草机，4 台拖拉机，1 个水泵。

那仁吉日嘎拉家总共承包了 10000 亩草场，其中有 2200 亩打草场，7800 亩放牧场。那仁吉日嘎拉家的牧场全部供自家放牧使用，目前总共放养了 500 多只羊、80 多头牛，其中有 35 头奶牛、40 多匹马、8 头骆驼。2011 年那仁吉日嘎拉家羊产羔 180 多只；新生小牛犊有 20 头、新生马驹 7 匹。那仁吉日嘎拉家是我们走访的牧户中为数不多的养驼户之一，现在牧民养骆驼的很少了，大多数牧民家里只养牛、羊和马。另外，那仁吉日嘎拉家养的马匹也很多，在过去的几百年间，马与草原牧民的生活息息相关，它们给人代步、驮运。随着现代交通工具的发展和普及，现在牧民们出行都骑摩托车或开车，马在生活中实用性降低，因此养马的牧民也在逐渐减少。当了解到那仁吉日嘎拉养马的数量后，我们心里感到非常欣喜。

在交谈中我们也了解到，那仁吉日嘎拉家 2011 年的收入情况。那仁吉日嘎拉家承包的草场面积比较大，在这片草场上放养着 500 多只羊，2011 年，这些羊总共产羔 180 多只，那仁吉日嘎拉家大羊家小羊羔总共卖了 80 多只，平均每只羊的价格是 550 元，收入为 44000 元。2011 年，那仁吉日嘎拉家新生的牛犊总共 20 头，大牛加小牛总共卖了 15 头，平均每头价格 5000 元，总共收入 75000 元。2011 年，那仁吉日嘎拉家新生的小马驹总共 7 匹，大马加小马总共卖了 2 匹，每匹价格是 5000 元，总共收入 10000 元。除去经营牧场的收入外，还有来自政府对养奶牛的补贴，那仁吉日嘎拉家总共养着 35 头奶牛，每头奶牛的补贴是每年 50 元，养奶牛的补贴总收入为 1750 元。

了解了收入情况后，我们又进一步向那仁吉日嘎拉老人询问了他家 2011 年的支出情况。2011 年那仁吉日嘎拉家的生产性支出主要有以下几个部分：雇工的支出 45000 元，2011 年那仁吉日嘎拉家雇工 5 人，每人每月工资是 1500 元，雇工时间是六个月。那仁吉日嘎拉家的牛马羊数量在嘎鲁图嘎查算是比较多的，因此雇工支出也较多。那仁吉日嘎拉老人大多数时间都是自己管理牧场和牲畜，他说自己早就习惯了放牧的生活，平常他还是愿意亲力亲为，能做的事情都自己去做，只有春、秋比较忙的时候会雇人帮忙。在内蒙古草原，牲畜较多的牧民家庭，每年都会另外购买用于牲畜过冬的草料。那仁吉日嘎拉家里不例外，由于家中牲畜多，除去自己家草场的草料，那仁吉日嘎拉家 2011 年还另外购买了 20000 元的草料。2011 年那仁吉日嘎拉家还维修了网围栏，网围栏主要用于牧区草原建设，可以围建草原和实行定点放，有计划的使用草场资源。便于牧民界定草场归属，同时还能防止牧民牲畜走失。牲畜多了，防疫费用也就随之增加，那仁吉日嘎拉家总共养了 600 多头牲畜，2011 年仅牲畜的防疫费用就有 5000 元。那仁吉日嘎拉老人说，每年嘎查都会统一免费给牧民家的牛羊打防疫针，这个费用是牛羊生病的时候买药的支出。草场的面积大，自然网围栏的使用量也就大，维护成本也高。那仁吉日嘎拉家的草场总共有 10000 亩，2011 年用于网围栏的翻新、维护的支出为10000元。这对于牧民来说是一笔不小的开支，但是网围栏并不需要每年都维修，使用寿命比较长，只是在破损的地方小面积修复即可。

除了生产性支出外，生活性的支出也在悄无声息的从牧民的手中流出。但由于这方面的支出都十分的庞杂、琐碎，即便是十分细心的人都很难准确地给出具体数额。尽管如此，那仁吉日嘎拉老人还是尽可能详细地向我们介绍了他们家2011年生活性支出情况。据那仁吉日嘎拉老人介绍，2011年家中食品方面的支出是20000元左右，主要是一家人购买米、面、蔬菜等食品的支出。衣着方面的支出为8000元。在日常生活中与其他牧户相似的是礼金同样是他们家一项花费较大的支出项，2011年，这部分的花销大概为20000元。作为曾经的嘎查书记，那仁吉日嘎拉老人在嘎查里的威望很高，人情往来也多，嘎查里谁家有红白喜事，大多会邀请他出席，所以那仁吉日嘎拉老人家的人情往来支出比较多。正因为那仁吉日嘎拉老人的人际交往广泛，他们家与宗教活动相关的支出也不少。除去祭祀自己家的敖包，那仁吉日嘎拉老人还会经常去参加亲戚朋友家的祭敖包仪式等，每次所支出的礼金额一般在500元左右，对于一些关系十分亲密的朋友或者血缘十分相近的亲属则每次要支出的礼金就更多。那仁吉日嘎拉家的生活性的支出还主要集中在手机通信和医疗上。他们家每人都有一部手机以方便彼此的交流、沟通。那仁吉日嘎拉老人一家的手机费用大概为每年15000元左右。就医疗费用支出而言，那仁吉日嘎拉老人家的花费也不少。2011年，全家买药等的医疗费用支出大概是在10000元的范围之内。那仁吉日嘎拉老人还向我们介绍，当家庭成员遇到感冒等轻微疾病时，会选择嘎查的诊所进行治疗。但若遇到比较严重的情况时，他们会选择鄂温克旗医院进行治疗。那仁吉日嘎拉一家不但参加了新型农村合作医疗，还参加了养老保险。2011年那仁吉日嘎拉老人和妻子每人每年的医疗保险的缴费金额是50元，养老保险的缴费金额是500元，这样算下来，老两口2011年的医疗和保险的总支出为1100元。另外，2011年，取暖用煤的支出为1800元，2011年他们家总共用了10吨煤炭，每吨的购买价格是180元。由于牧民居住不集中，没有办法集中供暖，所以每家每户只能购买煤炭，用火炉取暖过冬，这也属于大多数内蒙古牧区生活特色。

向我们简要的介绍完他们家的收支情况后，那仁吉日嘎拉老人又与我们聊起了他们家的放牧情况。老人介绍说，现在嘎查中还保持着传统的放牧形式，每家都有夏牧点和冬牧点，我们访谈的位置就是他家夏天放牧的草场。

牲畜在这片草场一直会待到秋天打草时，等到打草场打完草以后，再把牲畜放到打草场吃一段时间。那仁吉日嘎拉老人说，虽然放牧占去了他大部分的时间，但他还是经常关注嘎查的大事，除了嘎查委员会的传达外，他还会及时通过电视和收音机了解国家和内蒙古自治区有关农牧业发展的政策。那仁吉日嘎拉老人告诉我们现在国家对牧区实施了很多的优惠政策，嘎查牧民的生活越来越好了，他心里非常高兴。曾经担任过多年嘎查书记的那仁吉日嘎拉老人，不但通过自己的努力让生活越来越好，还关心着嘎鲁图嘎查其他牧民的生活，关心着嘎鲁图嘎查的未来。

最后我们与那仁吉日嘎拉老人了谈了有关民族文化和嘎鲁图嘎查建设的话题。老人十分关心民族文化教育，他说鄂温克族人口本来就少，如果不注重对下一代的民族文化教育，那民族的未来十分堪忧。那仁吉日嘎拉希望鄂温克族的年轻一代能够把鄂温克族的语言和文化传承下去，希望他们能够把鄂温克族的文化展现给更多的人。

访谈结束后，我们与那仁吉日嘎拉老人合影留念，并送上了从北京带来的纪念品。同时，我们也送上对这位关心民族未来的老人最真诚、最美好的祝福。

### （九）经营商店的陶格图家

在嘎鲁图嘎查走访的过程中，我们注意到在牧民小范围聚居的区域，开着三家商店，面向公路的墙上用白色墙粉刷了“商店”两个字。里面的货物虽然谈不上琳琅满目，但也十分齐全，从日用品到食品，牧民日常所需的物品都有出售，这为嘎鲁嘎查图牧民的生活提供了极大的便利，陶格图家也经营着一家这样的商店。我们来到陶格图家时，他正好在家，在说明来意后，他热情地招待我们进屋坐。来陶格图家时，已经是中午一点钟了，调研小组成员还没有吃午饭，得知这个情况后，陶格图的妻子逢春拿来开水，让我们泡面吃，逢春的举动让我们心里感到很温暖，觉得这家人心地善良，为人朴实。

通过与陶格图的交谈，我们得知陶格图全家都是蒙古族。他本人今年41岁，初中文化程度。他的妻子名叫逢春，跟他同一年出生，今年也是41岁，初中文化程度。陶格图的女儿名叫乌日汗，今年20岁，中专文化程度。陶格图的儿子名叫乌日嘎，今年8岁，还在上小学。陶格图一家住房的面积为76平方米，共2间，是多年前从别人手里买的，具体花了多少钱已经不记得了。由于不是自己建的房子，所以房子的建筑时间陶格图也记得不是很清楚，他只说，房子是在北辉苏木成立时建的。现在北辉苏木已与南辉苏木合并为辉苏木，但是当地的牧民还是习惯性的称为北辉苏木和南辉苏木，实际上是指辉苏木的北部和南部。了解完陶格图家的家庭基本情况后，我们也了解了陶格图家的家用电器拥有情况，他家目前拥有1台电视机，1台VCD，1台照相机，1台洗衣机，1台电冰箱，1辆摩托车，1辆小轿车，3部手机。另外，还有1台供畜牧业使用的拖拉机和1个水泵。

陶格图家并不是当地的原住户，所以家里没有承包草场，而是从其他牧民家中转包了草场。他家里共转包了1500亩打草场，是15年前转包的，当时总共花了8万元，草场2018年到期。在我们走访的牧户中，陶格图家并不是唯一没有承包草场的牧户。此前，我们走访的陈胜家也是同样的情况。目前陶格图家的草场上放养着65头牛，2011年新生的小牛犊有27头。除了牛之外，陶格图家的草场没有放养马和羊。

2011年，陶格图家的总收入主要有以下几部分：卖牛的收入为40000元，2011年陶格图家共卖了20多头小牛犊，平均每头价格是2000元。除去经营牧场的收入外，还有来自政府的补贴收入。首先是养牛的补贴，每头牛政府每年给补贴50元，陶格图家总共有27头牛享受政府发放的补贴，养牛的补贴总收入为1350元。2011年，政府还给他家发放了经营商店的补贴，总共是4000元。因为草场是转包其他牧民的，所以陶格图家没有对草场的补贴收入。柴油补贴800元，这个是按照人口数给发放的，每人每年200元。此外，就是陶格图家经营商店的收入。陶格图说，他家的经营的商店每月的收入在5000元左右，以此推算，陶格图家全年经营商店的收入在60000元左右。

在交谈中，我们也了解到陶格图家的生产性支出和生活性支出的情况。2011年，陶格图家在生产性方面的支出不是很多，主要是在打草的时候雇工的支出，这笔支出的总数为5000元。由于牛不容易生病，并且嘎查里每年都会给牲畜免费打防疫针，所以陶格图家基本没有防疫方面的支出。另外，陶格图家转包的草场也能承载他家的牲畜饲养量，所以每年也不需要购买草料，因此没有购买的支出。2011年，陶格图家也没有维修网围栏、购买幼羔等。

2011 年陶格图家的生产性支出并不多，家庭的主要支出都集中在生活方面。陶格图说，他们全家每月花在食品方面的支出为 300 元，主要是买米、面等的支出。以此推算，陶格图家 2011 年食品方面的支出大概为 3600 元。在我们走访的牧户中，很少有牧民能准确地说出自家在食品上的支出，原因主要有两方面，一方面是在草原地区，购买米、面和其他食品不是非常的方面，许多家庭都是一次性购买适量的米、面存放在家中；另一方面，食品是生活必需品，也是牧民的经常性支出项目，大多数牧民家庭都是吃完了就去购买，并不会特意记住购买的数量和所支出的金额。正是由于这两方面原因，我们本次调研采访中所得经济数据，都是根据牧民的记忆或者是经验判断得出。由于陶格图家经营着商店，所以家庭许多支出可以依据商店进货时间来计算，这也为陶格图一家回忆生活支出提供了很好的线索。据陶格图介绍，每个月外出给商店进货的时候，家人也会购买衣服和生活用品等，2011 年全家人平均每月购买衣着方面的支出大概在 1000 ~ 2000 元，我们取一个中间值 1500 元，这样算下来，他们家一年用在衣着方面的支出大概为 18000 元。因为陶格图家经营者一间商店，所以他家每月都要到鄂温克旗或者海拉尔进货。陶格图对他家的交通费支出记得比较清晰，陶格图告诉我们，他家每月进货的交通费用是 1500 元左右，全年下来，商店进货的交通费用要 18000 元左右。除去进货外，陶格图一家也经常去鄂温克旗或者海拉尔办事，每月 5 ~ 6 次，每次的班车费是 60 元，以此推算，他们一家人全年的班车费大约是 3600 元。陶格图的两个孩子都在上学，每个月两个孩子的教育支出也是一笔不小的开支。陶格图告诉我们，他的小儿子乌日嘎以前在海拉尔呼伦小学读书，后来转到鄂温克旗实验小学读书，两个学校都是蒙语授课。因为要到鄂温克旗读书，孩子们的教育支出也是一笔不小的数目，他家两个孩子每个月的花费是 3500 元，2011 年，两个孩子的教育支出为 42000 元。陶格图全家人身体都很健康，2011 年他们全家用在医疗方面的支出并不多，据陶格图介绍，2011 年全家的医疗支出大概为 300 元，都是在感冒或者身体不舒服的时候买药的支出。人情往来对于每个家庭来说都是必不可少的，陶格图家也不例外。陶格图告诉我们他们家 2011 年人情往来方面的支出为 3000 元，都是参加嘎查里亲戚朋友家红白喜事的随礼钱。除去小儿子乌日嘎以外，陶格图一家都有手机，全家每月的话费大约 500 元，2011 年通信方面的支出为 6000 元。陶格图全家都缴纳了医疗保险和养老保险，医疗保险每人每年缴纳 50 元，2011 年医疗保险的支出为 200 元；养老保险每人交纳的金额陶格图不是很清楚，他告诉我们全家 2011 年缴纳养老保险总共支出为 500 元。

了解完陶格图家的收入和支出情况后，我们又和他聊起他家的日常生活情况。陶格图告诉我们他家的主要娱乐和休闲方式是看电视和聊天，偶尔还会和朋友们打打麻将。打麻将对于草原的牧民来说并不是常见的娱乐方式，因为在草原地区牧民们居住的大多比较分散，常常是一眼望去只能看到一户人家的情景。在嘎鲁图嘎查，我们发现许多牧民都是沿路而居的，虽然不像其他地区的农村那样户挨着户，但是几户牧民小范围聚居的情况很普遍，所以牧民们闲暇时间可以方便的聚在一起聊天、打牌等，这也为当地牧民的娱乐和休闲方式提供了更多的选择。另外，陶格图还会上网，闲暇时间他会上网看看新闻，关注最新的讯息，还会跟妻子逢春一起在网上看电视剧。网络作为现代化的传播模式，已经走进千家万户的生活，但是在草原牧区，互联网的用户相对稀少，有电脑的家庭并不多，会使用网络的牧民就更少了，而陶格图就是我们走访过程中见到的，为数不多的会使用网络的牧民之一。

随着访谈的深入，我们聊到了陶格图每天的工作，陶格图告诉我们，他家总共养了 60 多头牛，每天早晨把牛放到草场里吃草后，就不怎么管了，其余的工作就是经营商店。因为不知道什么时候就会有人来买东西，所以商店每天要有人看着，缺货的时候也要及时到鄂温克旗或者海拉尔进货，以便满足周边牧民的需求。经营商店的收入是陶格图家一项重要的收入来源，所以他非常用心地经营着。

在我们与陶格图聊到嘎查的建设和国家对农牧业政策的看法时，陶格图告诉我们，他对现在的政策很满意，他认为，目前嘎查的通水、通电、道路和医疗等方面的基础设施都很完善，尤其是苏木到嘎查的路修好之后，为牧民们的出行提供了很大的便利。此外，他认为国家对农牧业的政策也很好，为牧民提供各项补贴，帮助牧民缓解了经济压力，只是希望今后补贴能有所增加。

结束访谈结束后，我们向陶格图一家表示了我们最诚挚的谢意后与他们合影留念。

## 八、收入在20万元以上的牧户

### （一）嘎查达额尔敦尼家

经过中午的短暂休整，我们又坐上小斌的车向下一个要入户调研的牧户出发。我们驱车路过茫茫的草原，望着洁白的羊群，不经意间便到达了额尔敦尼家。额尔敦尼是嘎鲁图嘎查的嘎查达，在我们整个的调研过程中给予了我们很大的帮助。为了不打扰他的正常工作，我们一直都没能够对他进行深入详细的调研访谈。前一天我们和嘎查达约好了调研的时间，以便他安排好手头的工作抽出时间接受我们的调研。

刚开始额尔敦尼并没有在家，我们和他妻子聊了一会儿以后，嘎查达骑着摩托风尘仆仆地赶回来。额尔敦尼顾不上休息便和我们聊起来，他告诉我们家里现在总共有6口人，除了妻子以外都是鄂温克族，并且都信仰萨满教。家里的户主是嘎查达的父亲那木拉，今年50岁，初中文化程度。母亲赛汗其木格，年龄也是50岁，小学毕业，平时在家做家务。长子额尔敦尼，今年30岁，中专毕业，以前是职业摔跤手，并获得过全国摔跤第三名的好成绩，后来因身体原因回到嘎鲁图嘎查，从事畜牧业生产。固定工资和畜牧业收入是这个家庭的主要收入来源。额尔敦尼的妻子嘎拉曾道力玛，蒙古族，今年26岁，大学毕业，现在在嘎查政府工作，每月有固定的收入。长女萨日娜，今年28岁，大学毕业并去日本留学，如今已回国准备工作。次女阿力玛，今年26岁，也是大学毕业，现在在家放牧。额尔敦尼家总共有2个蒙古包和11间砖瓦房，这11间砖瓦房面积有220平方米，建筑时间是2002年。冬天的取暖设备在蒙古包里是使用的炉子，砖瓦房里使用的是火炕和土暖气，由于草原冬天的气温比较低，所以家里会使用煤炭作为燃料，2011年家里总共消耗10吨煤，每吨的价格为210元。

额尔敦尼家总共承包了10000亩草场，其中有8000亩的打草草场，2000亩的放牧草场。在这片草场上放牧着230只山羊和180只绵羊，12头公牛和90头奶牛，还有120匹马匹和50头双峰驼。在2011年，大概卖了300只山羊羔，每只的价格为520元，这一项收入达到了156000元；山羊毛的收入大概有12000元。成年绵羊卖了25只，每只的价格为1200元，绵羊的总收入为30000元。牛犊以4000元的价格销售了15头，成年牛也以9000元的价格卖了5头，同时还有2头被淘汰的高龄牛，价格为7000元，牛群的收入总共达到了119000元。同期出售的牲畜还有6匹马，每匹的价格为5500元，马匹的总收入为33000元，其余的马匹有的被用来娱乐赛马，有的被用来放牧。额尔敦尼家的双峰骆驼一般是用于拉草料和驮东西，因为骆驼现在是国家保护动物，所以一般不可以随意买卖。这些牲畜和草场一年的总收入就达到了350000元。

额尔敦尼家之所以有这么高的收入，不仅是由于家里承包的草场面积大，还由于家庭实行机械化的结果。我们所调研这些牧户很少家里配备有大货车，在一进他家的时候我们就注意到1辆大卡车停在了房屋的旁边。不仅如此，额尔敦尼家还有5台打草机，1台大型拖拉机和5台小型拖拉机，这些机械的购置都是为了能很好地满足家里牧业生产的需要。这些只是生产投入的一小部分，除了机械投入以外，2011年给马匹购置草料就花费了10000元，给牛、羊购置草料费也达到了15000元。还有就是每年雇用人工的费用。嘎拉曾道力玛向我们介绍说，2011年家里全年都雇用了羊倌、牛倌，在春季还要雇用专门接羔的工人，在秋季收草的时候还要雇用打草的工人。羊倌的工资一个月需要支出3500元，牛倌的工资一个月是3000元，这两个雇工的工资一年下来就需要78000元。在春季接羔的时候，一般需要雇佣4个人，时长大概在3个月左右，每月每人的工资是1500元，总共就需要开支18000元。在秋季打草的时节，一般需要雇佣6个人，这些人雇佣的时间比较短，大概是在2个月左右，每月每人的工资也是1500元，这项所需要的费用也是18000元。全年雇人所需要的总费用就达到了114000元。额尔敦尼家没有额外的给牛羊等牲畜打疫苗，所需要的疫苗费用全部由国家补贴。

除了这些生产支出以外，家里人口多使得生活支出也是一笔不小的数目。额尔敦尼家经济条件不错，每天的吃喝也不仅仅局限于消费主食，对于蔬菜消费的比例也是在逐渐提高，这也是生活质量水平提高的一个衡量标准。全年额尔敦尼家用于食品方面的消费大概有30000元，太细化的方面很难记得很清楚。其次就是衣着方面的消费，额尔敦尼家女性多，所以平时和过节购置新衣服的数量就很多，这方面的支出粗略估算也需要30000元左右。关于交通方面，额尔敦尼家有3辆摩托，一般在嘎查之内的行动就用摩托，去南屯或者更远的地方就坐公交车去，每次需要 30 元。加上机械消耗的燃料费，这些开支全年大概需要 10000 元。在医疗方面，额尔敦尼的家人生病的话一般都去南屯看，而且家里每个人都参加了新型农村（牧区）合作医疗保险，这样一年额尔敦尼家所要支付的医药费大概有 5000 元。额尔敦尼家年轻人居多，朋友和家人间的娱乐活动就是必不可少的，每当那达慕的时候家里人就会参加，这也是草原牧民重要的节日，2011 年这方面的消费大概有 3000 元。人情往来对于草原人家来说是一个促进牧户之间感情的好方式，额尔敦尼家也不例外，他家的亲戚朋友也比较多，这方面的费用自然也就少不了，嘎拉曾道力玛回忆说人情往来方面的费用 2011 年大概需要支出 9000 元。还有就是每个家族的祭敖包活动，也是他们必须参加的，就像在 2011 年额尔敦尼家就捐了 2 只羊，折合人民币大概有 4000 元。嘎拉曾道力玛告诉我们说现在通信发达了，而且手机这类通信产品价格也很便宜，品牌也多，让牧民有很多的选择，所以手机在草原也是一件很普通的工具，就像她家现在每人都有手机，平均每个月家人所需要的通信费为 600 元，一年下来大概需要 7200 元。2011 年，额尔敦尼家房屋进行了修缮，大概花费了 19000 元。我们接着询问是不是家里也和其他牧户一样缴纳新型农村（牧区）合作养老保险，嘎拉曾道力玛告诉我们说她家全家人都缴纳了每年 100 元的国家新型农村（牧区）合作养老保险和每年每人 50 元的新型农村（牧区）合作医疗保险，另外还每年给父母办理了平安保险，妈妈赛汗其木格每年缴纳 6000 元的保险费，爸爸那木拉每年需要缴纳 5000 元。这些就是额尔敦尼家的全年的生活支出，大概有 129100 元。

我们询问嘎拉曾道力玛家里有没有什么民族特色的服装，她告诉我们每个人都有，爸爸那木拉夏天的有 2 件，秋天的有 1 件，冬天的有 2 件；妈妈赛汗其木格有 2 件；额尔敦尼也有 5 件；2 个妹妹 1 人各有 1 件；嘎拉曾道力玛自己有 5 件，她告诉我们自己还有 1 个蒙古族的头饰和一些蒙古族的嫁妆，家里还有 5 个马鞍。调研到这里，我们说可不可以让我们看看她的民族服装，嘎拉曾道力玛和额尔敦尼不仅答应给我们展示一下，还答应穿上让我们拍照。额尔敦尼家人出行的范围很广，额尔敦尼本人因为是摔跤运动员，所以全国很多地方都去过，父母亲也都去过大连、上海、长春等其他地方，妹妹萨日娜还远渡日本求学。额尔敦尼不仅爱好摔跤，还喜欢骑马，嘎拉曾道力玛向我们介绍说额尔敦尼每天都出去和朋友们赛马，她指着蒙古包外面一匹马说那就是刚才出去赛马骑的马匹。说到这里嘎拉曾道力玛还带着我们去看她家美丽的马鞍，其中有一个特别漂亮的，她说那是自己的嫁妆，一般不用。

我们看到额尔敦尼家房门上有一个科技示范户的牌匾，嘎拉曾道力玛解释说那是因为家里2010年进行牛群和羊群的品种改良。以前家里牛肉的产量比较低，家里引进了良种肉牛西门塔尔肉牛，同时也引进了锡林郭勒盟的大尾寒羊。嘎拉曾道力玛表示别看改良牲畜品种时候前期投入比较高，等到牲畜数量达到一定规模的时候，收益率就开始提高。我们看到蒙古包里有一个大的木质圆桶，就询问是不是家里还做奶干卖，嘎拉曾道力玛说家里产的牛奶一般不卖，收的价格太低，还不如自己做奶干吃，这样可以保证牛奶不被浪费，又能满足家庭的需要。她告诉我们牛奶一般要经过7~10天的发酵，才可以形成最初阶段的奶干，1斤奶干需要30斤牛奶做原料。草原的牧民一般在夏天起的都很早，额尔敦尼的父母亲一般凌晨4、5点就起来劳动了，孩子们一般都在5、6点起床，休息的时间大概在9、10点。休息时候的娱乐方式主要有唱歌、跳舞、打麻将还有看电视和聊天。

额尔敦尼家没有通高压电，所以用电不是太方便。为了用电方便，家里配备了风力发电机，同时还有太阳能，我们看到有大太阳能板和小太阳能板。额尔敦尼告诉我们小太阳能板是给家里的小功率电器提供电力的，比如灯泡之类的，这个是自己掏的钱，大太阳能板是在国家补贴之外自己又花了2000元购置的。这些发电设备基本满足了他家的用电需求，只是电压有时候会很不稳定。尽管这样额尔敦尼家的家用电器还是比较齐全的，有1台电视机、1台电冰箱、1台洗衣机、1个DVD、1台电脑、1个摄像机、2个照相机、1个电饭锅、1个电磁炉。家里没有自来水，需要用水泵抽水。

嘎拉曾道力玛告诉我们家里对于新事物很关心，对于现代科技也很关注，一般都是通过电视机、收音机和手机上网获得。对于国家的政策主要由村委会传达，有时候还通过电视和广播得到。2011年额尔敦尼到贵州参加了民委合作社培训，这个合作社不是集体经济的合作社，而是自愿参加的，名称叫知达合作社，现在已经有9户牧户参加了。额尔敦尼还告诉我们2011年他帮嘎查申请到了90万元的贫困补助金，还有10个篷车项目。贫困户按等级的不同可以分得不同的牛犊，有的可以获得1头牛和1个牛犊，价值大概有7000元，有的获得1头牛，价值大概有5000元。

关于制约嘎查经济发展的主要原因，嘎拉曾道力玛告诉我们说有些牧民的生活习惯不好，喜欢酗酒，给了牛羊不积极劳动，喜欢坐享其成。她希望所有的牧民都可以自己动手丰衣足食。关于国家“围封转移”政策的看法，嘎拉曾道力玛认为不太适合鄂温克民族的游牧习惯，使得交通很不方便，遇到围栏还得绕道而行，而且自家的牛羊进了别人承包的牧场被抓到的话就要按头数交纳2000～3000元的罚金。相比之下游牧的生活很环保，而现在的生活不是那么环保。她希望新牧区建设可以使得牧民的收入进一步提高，生产、生活水平都能变好，还希望牧区可以连接网络，让牧民获得知识和娱乐更加方便。

调研结束之后，额尔敦尼和嘎拉曾道力玛穿着民族服装和我们合影留念，并祝愿我们可以有更多的收获。

### （二）退休干部萨音德家

我们来到萨音德家的时候家里没人，优韩帮我们联系之后，告诉我们萨音德一会儿就回来，我们只好在他家门口等着。不一会儿就看见一辆越野开过来，车上下来一对年龄在60岁左右的夫妇，女主人下来和我们用汉语打招呼，优韩说这是萨音德的爱人娜仁格日勒，另外一个老人就是萨音德。娜仁格日勒会说汉语这让我们很惊讶，因为在嘎鲁图嘎查上了岁数的人很少有会流利地使用汉语的。

简单地聊了几句之后我们就开始了问卷调研。娜仁格日勒介绍说，现在家里有四口人，都是鄂温克族，并且信仰萨满教。户主萨音德，今年60岁，初中文化程度，1972年开始在嘎查小学当老师，后来通过工作调动去了苏木政府工作，现在退休在家。妻子娜仁格日勒，今年57岁，初中毕业，刚开始工作的时候也是在嘎查小学当老师，并且于1983年当选第六届全国人大代表。后来去了苏木政府工作，在1996年的时候当选为妇联主任，于2000年的时候出任苏木达，时隔两年之后当选为人大主席。家里总共有5个孩子，大女儿，高中毕业，在苏木卫生局上班；二女儿，大学毕业，现在没有固定工作，在家放牧；三女儿，高中毕业，在苏木上班；四女儿，大学毕业，现在在苏木开着兽医药店；儿子，今年23岁，高中毕业，现在在部队当兵。娜仁格日勒告诉我们家里现在有一个蒙古包，并且还有一套砖瓦结构的房子，面积有92平方米，共有5间房子，建筑年代是2005年。

在了解完这些家庭的情况后，我们又对萨音德家的收入来源进行了了解。他家的主要收入来源有两方面，一方面是牧业，另一方面就是固定工资。萨音德家总共承包草场5000亩，其中打草场1500亩，放牧草场3500亩。这片草场上共放养着600只羊，其中绵羊占绝大多数，有500只，其余为山羊100只。2011年，他家总共出售了200只羊，每只的价格为700元，这些羊的出栏折现为140000元。家里还饲养了牛，其中成年母牛50头，成年公牛23头，牛犊32头。娜仁格日勒告诉我们2011年卖了10头牛，每头牛的价格为5000元，牛群的总收入为50000元。除了牛羊之外，家里还饲养有23匹马。萨音德家另一方面的收入就是老两口的退休金，每个月萨音德有3500元的退休金，娜仁格日勒退休了，是正科级的待遇有4800元的退休金，两个人每年这方面的收入有99600元。

介绍完收入情况，娜仁格日勒又向我们介绍了她们家的支出情况。所谓只有好的投入才会获得高额的回报，所以对生产的支出是家庭支出中的一个重要方面。萨音德家为了保证牧场中放养的牲畜的正常生长，在冬季和雨水不丰沛并致使草场质量下降的时节都必须对牲畜进行草料喂养。除了自己家草场生长的牧草，2011年萨音德家为了保证草料的充足又购进了35000元的草料。如果对牲畜的喂养是为了保证它们的正常生长，那么良好的防疫就是为了保证牲畜的健康。嘎查对牧户的牛羊免疫实行免费政策，这方面就没有任何费用。关于围栏维修这一项，牧场的围栏2011年基本没怎么坏，所以在这方面也没有什么费用。儿子在外当兵，老两口常在南屯住，所以放牧的事情就交给羊倌。一般是雇佣3~4个人，有2个是常年雇佣的，这些人的工资也不是固定的，一般是夏季工钱相对较少，冬天较多，冬天2个人每月的工钱就得5000元，每当打草的时节还得另外雇人，工钱是按天算，每天每人120元，所有这些雇工家里都是管饭的，2011年雇工的费用在70000元左右。虽然生产方面的支出额度比较大，但也正是因为有了这些必要的投入才能使牧户获得稳定的收入来源，也才能保证生活方面的支出。娜仁格日勒为我们介绍了他们家的日常生活支出情况：首先是食品方面的。娜仁格日勒告诉我们以前交通不方便，蔬菜运输很难保障，家里主要吃米、面和肉，现在生活好了，蔬菜、水果所占饮食的份额也变大了，所以家里饮食的花销也变多了，2011年每个月家里大概需要2000元，一年下来就需要24000元左右。生活达到小康之后当然也就会多多的考虑衣着方面的需求，每年这方面的开支在

30000～40000元。当问及每年在人情往来方面的花销大概是多少时，娜仁格日勒说她家基本不给现金，每次都是直接送牛或者羊，2011年大大小小的牛总共送了15头，大牛的价格一般在6000元左右，小牛的价格大约为4000元左右，折合成现金大概有70000余元，主要是花在亲戚、朋友的红白喜事上。萨音德家人身体都很健康，而且两个老人的医保可以报销90%的医药费，所以每年基本上都控制在2000～3000元这个范围之内。萨音德家另一个重要的支出就是通信费，家里每人都有一部手机，每部手机一个月的花费在100元左右，这样算下来全年的通信费就大概需要4800元。萨音德家的房子2011年并没有维修，冬季取暖主要是用炉子和土暖气，燃料有牛、羊粪和煤炭，由于煤炭不是他们买的，所以这方面的花销就没法估算。

在调研完收入支出的情况后，我们又询问了萨音德家生活中的一些细枝末节。我们首先关注的是他们家的饮水与电力方面的问题。家里的引用水源就是院子里的那口井，用水泵抽水很方便的。至于电力方面，他们家的情况与嘎查中的部分居民相同，还没有接通高压电。萨音德家的电力供应除了靠风力发电外，还依靠太阳能进行发电，但是由于电压不稳定，他们就很少看电视，基本就是听广播。尽管电压不稳定，萨音德家的家用电器还是比较齐全的，有1台电视机、1台电冰箱、1台洗衣机、1个DVD，还有照相机、电磁炉等。一般萨音德家也主要是通过电视、广播和嘎查的传达来了解一些国家的政策。平时的休闲娱乐活动就是偶尔看电视和经常聊天。接下来，我们又询问了牧业生产工具的有关情况，娜仁格日勒介绍说，她们家在牧业生产中使用现代化的生产工具，极大地提高了生产能力，节约了人力，家里现在有1辆叉车、3台打草机、3台拖拉机和2辆摩托车。接着我们询问了他们家的社会保障和医疗等有关情况。娜仁格日勒向我们介绍，她们家的家庭成员在遇到一般疾病时，通常都会选择嘎查诊所进行治疗，只有诊所处理不了的情况下才去旗里的医院进行治疗。作为原来苏木的领导，每年要参加不少的会议，自然也就去过了不少地方，娜仁格日勒告诉我们她不仅到过国内的好多地方，同时也去过缅甸等南亚国家。

家里出了这么多大学生，我们就想知道一下她对下一代教育的看法以及对本民族文化传承的看法。娜仁格日勒说她本人很关心教育，在她当苏木达的时候对教育方面就很关心，认为只有掌握了文化知识才能增强竞争力，所以她很鼓励孩子们多上学、多读书。还表示现在每家每户的经济条件好了，基本上嘎查的小孩从3岁开始就在旗里的幼儿园上学，一直到初中、高中，而且都有家长陪读，花销都很大，这也从一个方面反映了经济的发展。当我们聊起了嘎查牧户经济不平衡的时候，娜仁格日勒说嘎查现在每年都有专项扶贫资金为贫困户购买牛、羊，那些勤劳的人家就可以发展起来，在政府的帮助下还是需要个人的努力。比如那些家里没有牛、羊的低保户，政府每月还会发放给每人280元的最低生活保障金。在是否支持自由通婚的问题上，娜仁格日勒说自己的小姑娘就是嫁的蒙古族，认为只要子女幸福就没什么不可以。当我们问到关于“围封转移”这个政策的看法，娜仁格日勒表示这个政策存在一定的弊端，首先是承包草场30年不变，这样就限制了许多牧户的发展，而且这样也使得习惯于游牧生活的鄂温克族放弃了以前的生活习惯，变成半游牧状态。还是以前游牧更好，因为游牧对于环境更友好，可以随着草场的变化而迁徙，不至于透支草场承载力。她最后希望新牧区建设能使牧民们的生活更富裕，生产条件更先进。

在我们要结束调研时，娜仁格日勒老人将自己的手机号留给了我们、她表示如果我们在调研中还有什么没有弄清的地方可以与她联系进行补充提问。我们对老人表示了感谢，并离开了老人的家。

### （三）勤劳朴实的孟和毕力格家

进行了一上午忙碌的入户调研，我们又马不停蹄地来到了辉腾河西最后一户人家进行调研。优韩向我们介绍说孟和毕力格家人都非常勤劳朴实，他儿媳是嘎查为数不多的大学生之一，孟和毕力格也是一位非常和蔼可亲的老人。在途中我们遇到了一个敖包，司机小斌告诉我们按照民族的习惯要把车里的一些食品撒向敖包以示尊敬，同时有酒的话还得洒几盅酒。这种草原人民的虔诚，深深地感染了我们。

当我们到达孟和毕力格家时，看见儿媳萨仁贵正在自己院子里劳动，她放下手中的活出来迎接我们。和其他人家相比，她家的大狗显得温顺了很多，估计是看到主人都对我们这么热情，它也就乖乖地在一旁待着。蒙古包的周围有好几只小羊羔在来回地奔跑，一切都显得那么和谐。进了蒙古包我们就发现和其他蒙古包的不同之处就在于它的地面是用木头铺的，正对着门的中间是一个很有鄂温克民族的特色的大柜子，左右还各有一个相互对称的配柜。

蒙古包墙壁上还挂有一个很有草原特点的皮酒壶，我们猜想老人一定是比较喜欢喝酒的。孟和毕力格不会说汉语，所以这次调研的对象就是对家庭状况也很了解的萨仁贵。

萨仁贵向我们介绍，她家现在有四口人，除了婆婆杰日嘎拉是蒙古族以外，其他三个人都是鄂温克族，并且三人都信仰萨满教。她本人今年 26 岁，本科毕业，以前在内蒙古赤峰学院语言文学专业学习，毕业后就回来放牧。孟和毕力格，54 岁，小学文化程度；杰日嘎拉，今年 50 岁，也是小学毕业；丈夫哈日呼，比萨仁贵大 2 岁，初中毕业，现在正在外面放牧。当我们问起怎么和丈夫认识的时候，萨仁贵有点不好意思地告诉我们，她们从小就认识，俩人感情一直很好，大学毕业的时候为了和哈日呼在一起她决定回到嘎查，放弃了在外打拼的想法。家里的住房面积为 100 平方米，共有 7 间房子，这些砖瓦结构的房子都是政府在 2011 年的时候帮助盖的游牧民定居工程房。她还告诉我们在这以前她家一直住的就是蒙古包，到现在为止这个蒙古包也都是一年四季都在使用，这就是为什么这个蒙古包的地面是用木头铺设的，冬天可以保暖，也证实了我们一进门的想法。

萨仁贵告诉我们家里现在共承包 3600 亩草场，其中打草场 900 亩，放牧草场 2700 亩。孟和毕力格家的这些草场都是供自家放牧使用，没有出租的。这片草场上放养着 50 只山羊和 100 只绵羊，还有 110 头本地牛。孟和毕力格老人年轻的时候就喜欢骑马，所以家里一直养着不少的马匹，现在马匹的数量也有 30 匹，这些马除了放牧、赛马骑之外，也会拿出来卖。2011 年，家里卖了 6 匹马，每匹的价格是 5500 元，马匹全年的总收入就在 33000 元。孟和毕力格家收入除了马匹之外还有山羊绒，去年每斤的收购价是 140 元，卖了 35 斤，收入为 4900 元；看到 2011 年牛肉的价格开始上涨，卖的牛也就比较多，有 40 头，每头的价格为 5000 元，这项总收入在 200000 元。

当我们问到为什么有的牧户收入不多、有的牧户收入相对不错的时候，萨仁贵认为有些困难户收到政府的资助以后十分勤劳，而有一部分人则自己不努力，所以还会继续贫困。她还表示自己对牧业和副业的收入并不满意，和自己预想的还有一定的差距。我们继续追问是什么原因制约了收入的增长，萨仁贵告诉我们承包的草场数量不够、生产的牛奶及羊毛绒市场销路不好、缺少扩大生产的资金、缺少相应的技术、缺少项目和缺少信息，等等，这些都严重制约了嘎查和牧户经济的发展。她还表示别看现在有这么多的收入，但是每年生产投入的资金也是不少的，2011年孟和毕力格家就向银行贷了50000元用于扩大再生产。我们询问如果缺少资金有几种解决途径，萨仁贵说除了银行借贷，就是向亲戚和朋友借。

了解完这些之后，萨仁贵继续向我们介绍2011年家里的支出情况。全家四口人每月用于食品方面的花销在2500元左右，一年下来就有30000元左右。每个季度家人都要购置新衣服，加之现在衣服的价格都是居高不下，萨仁贵说这方面的消费粗略估算一年怎么也有25000元。现在家里没有小孩，也没有人接受教育，所以教育费用的支出就没有。她还表示，别看家里住在辉腾河西，离其他亲戚朋友比较远，但是为了维持人与人之间的关系，遇到结婚或者其他活动的时候人情往来的费用是少不了的，去年光这一项的花销就在8000元左右。萨仁贵告诉我们联络感情不光要参加这些活动，比如那达慕、祭敖包这些活动都要参加，上一次那达慕的时候家里就花费了将近3000元，参加祭敖包的时候也花了2000元左右。除了这些联络方式以外，手机也已经成为必不可少的通信工具。家里有三部手机，每月的话费在100元左右，一年下来得1200多元。2011年新修的游牧民定居工程房在国家补贴之外，孟和毕力格家还出了15000元。萨仁贵还告诉我们去年家里另一个花销大的地方就是医疗，数额大概在9000元。这些大概就是孟和毕力格家的生活支出情况，大概估算一下在93000元。

谈到医疗和新型农村（牧区）社会养老保险的时候，萨仁贵还告诉我们每年她家每个人都交50元的新型农村（牧区）合作医疗保险，每人每年还支付100元的新型农村（牧区）社会养老保险，她还说别看现在一直交钱，这些其实都是一种远期投资，最后都可以实实在在地减轻家里的经济负担。一般有什么感冒之类的小病都能在嘎查的诊所解决，比较严重的才去旗以上的大医院。像这种比较远的地方他们就会开私家车或者坐公共汽车，要去一些近的地方就会选择摩托车。她们最远去过首都北京旅游过。萨仁贵告诉我们家里有2辆摩托车、1辆私家轿车，除了这些交通工具以外，家里还有2台打草机、4台拖拉机、1辆叉车。孟和毕力格家不仅生产工具一应俱全，生活电器也比较齐全。家里有2台电视机、1台冰箱、1台洗衣机、1台电脑、1台DVD，还有1台收音机和1个电饭煲。我们询问着电饭煲在这里能否做熟米饭，萨仁贵告诉我们家里用的风力发电机，电压很不稳定，有时候米饭做到一半的时候就会没电，只好把夹生的米饭拿出来用炉灶继续蒸煮。家里一般用牛、羊粪当燃料，但是冬天加上取暖，牛、羊粪就可能不够用而且也不够暖和，所以还会烧煤，2011年家里总共用了10吨煤，每吨的价格在300元，有时候做饭还会用瓶装的液化气。家里没有水泵，用的是自压井，吃水不是很方便。一般她们在早晨4、5点就起床劳作了，到了中午吃完饭之后会午休一会，然后一直就劳动到6点左右才休息。闲下来的时候她们都会以看电视、聊天等作为休闲娱乐的方式，偶尔也会读书、看报。萨仁贵告诉我们关于国家的政策消息她们主要是通过电视、广播、手机上网或者嘎查通知等途径获得。现在好多地方都草场退化，我们也想通过萨仁贵了解一下她家承包草场的情况，她告诉我们这里的草场夏季比较不错，到了冬季就很差了，一般秋天的时候她们就得割草为牲畜准备过冬的草料。

关于有无民族传统的物品，萨仁贵告诉我们说家里每个人都有5件民族服装，一年四个季节的都有。她家十分关心本民族文化的传承，希望自己的后代可以同时掌握汉语和鄂温克语，她表示自己学汉语的原因是现在要发展不会汉语就掌握不了外界事物的最新动态，这也是她希望下一代学习汉语的原因。2011年孟和毕力格家也参加了马协会举办的养马培训，认为用处不是很大，所以自己又参加了在其他地方举办的养羊培训。萨仁贵还听说马上有一个品种改良项目正在审批，希望早日下来，可以改良自己家的牲畜增加收入。关于“围封转移”这个政策，她表示既有好处也有弊端。首先是别人家的牛羊进不了自家的草场，有效地保护了自己的利益。但同时也是自家的牛、羊总在一块吃草，不能有效地使牧草生长，而且也不太适合鄂温克族的游牧生活习惯。她最后就是希望能稍微修一下辉腾河西的路，虽然现在有条土石路，但是由于铺路的石块太大而且没有铺土，基本无法在上面行走。

调研结束时，我们表示希望她家经济条件越来越好，生活越来越富裕。

### （四）热情好客的孟和苏荣家

孟和苏荣家是我们来到嘎鲁图嘎查采访的第一户，调研队伍一早从鄂温克旗辉苏木出发，前往嘎鲁图嘎查。从辉苏木到嘎鲁图嘎查的车程有半小时左右，沿路是天然草原，随处可见牛羊吃草的场景。近来整个呼伦贝尔的雨水都很充足，草长的非常好，也让我们感受到了呼伦贝尔草原的美丽风光。

来到孟和苏荣家时，只有他大儿子的未婚妻牡丹在家，我们没有见到孟和苏荣本人。牡丹告诉我们，家里其他的人在给她和牧仁的新房装修，新房离这不远，是靠近路边的一处粉色红顶平房。她和牧仁还有二十多天就要结婚了，现在家里人都在忙着两人的婚事，谈话间我们从牡丹的脸上感受了她的喜悦之情。在说明来意之后，牡丹招待我们坐下，并开始向我们介绍孟和苏荣家的情况。

从牡丹那我们了解到，孟和苏荣全家都是鄂温克族。孟和苏荣今年47岁，小学文化程度。妻子乌兰娜布其，今年43岁，小学文化程度。大儿子名叫牧仁，今年24岁，毕业于海拉尔一中，读的是蒙语授课班。牧仁的未婚妻牡丹，今年25岁，高中文化程度。小儿子名叫那日格勒，1991年出生，今年21岁，毕业于海拉尔体校，是一所本科院校。当我们问家里人有什么宗教信仰时，牡丹说家里人没有宗教信仰。只是每年会祭敖包，孟和苏荣家昨天刚刚祭祀完家族的敖包，祭祀活动是孟和苏荣的哥哥家主持的。除了自己家的祭敖包活动之外，家里人也会参加朋友家的祭敖包活动，每次给主持活动的家庭送羊或者是礼金。牡丹告诉我们孟和苏荣家现在住的房子，是从前嘎鲁图小学校长那里买的，以前嘎查的学校就在房子前面不远的地方，后来嘎查的学校撤了，校长就搬走了，孟和苏荣买下了现在的房子。孟和苏荣家住在这套房子里已经有近十年的时间了，房子的居住面积是110平方米，共6间，冬天取暖用的是火炉，2011年全家取暖用煤13吨。除了居住的砖房外，院子里还有一间土房，用来做仓库。在交谈中我们也了解到孟和苏荣家家用电器的拥有情况，他家目前拥有2台电视机、1台VCD、1台照相机、1台洗衣机、1台电冰箱、1辆摩托车、1辆小轿车、4部手机。另外，畜牧业使用的机械有：2台打草机、3台拖拉机、2个水泵、一把六米长的草耙。

孟和苏荣家里共承包了2800亩打草场和放牧场，其中2000亩是放牧场，800亩是打草场。孟和苏荣家的牧场全部供自家放牧使用，目前总共放养了五百多只羊，其中山羊60多只，绵羊450只；牛110头，其中的大部分为奶牛，2012年新生的小牛犊有37头；马32匹，2012年新生的小马驹有6匹。牡丹告诉我们家里放养的大多数都是母羊，每年的产羔量比较大，有400只左右，2012年家里的产羔量也是400多只。牡丹告诉我们2011年每只羊的价格最高是700多元，一般是的价格是600元左右。今年大羊的最高价是一千多元，一般的是七八百元。

2011年，孟和苏荣家的总收入主要有以下几部分：根据牡丹告诉我们的数据，我们大概估算了一下，孟和苏荣家卖羊的收入为 90000 元。2011 年孟和苏荣家卖了 150 多只羊，包括 80 多只羊羔，牡丹告诉我们大羊的价格最高七百多元，小羊的价格 500 元左右，平均下来每只羊的价格在 600 元左右。卖牛的收入为 105000 元，其中大牛 15 头，每头价格 5000 ~ 6000 元不等，小牛 10 头，每头平均价格 3000 元左右。卖马的收入 10000 元，去年孟和苏荣家共卖了 2 匹马，都是淘汰下来的老马。卖牛奶的收入 10125 元，由于孟和苏荣家养的不是高产奶牛，30 多头奶牛每天的产奶量在 70 ~ 80 公斤，2011 年牛奶价格最高的时候是 3 元/公斤，后来价格慢慢回落，最后稳定在 1.4 元/公斤左右。牡丹告诉我们卖牛奶收入很难统计，一方面是因为价格不断变动，另一方是因为每天产奶量也有变动，牧民没时间就不挤奶了，这也对我们的数据准确性产生一定影响。由于内蒙古地区的气候原因，当地牧民每年挤奶的时间大概 3 个月，牛奶的平均每公斤 1.4 元左右，因此，我们调研团队以挤奶时间 90 天，价格 1.5 元/公斤的标准，估算了 2011 年嘎鲁图嘎查牧户卖牛奶的收入。除去经营牧场的收入外，还有来自政府的补贴收入。孟和苏荣家共养了 30 多头奶牛，每头牛政府每年给补贴 50 元，养牛的补贴收入总共 1500 元，牡丹告诉我们，养牛的补贴是从 2011 年开始发放的。养种公羊的补贴 3200 元，政府规定每户牧民无论养多少只种羊，最多给补贴 4 只羊，每只种羊的补贴是每年 800 元。

了解了收入情况后，我们又对孟和苏荣家 2011 年的生产性支出情况和生活性支出情况进行了调查。生产性支出主要有以下几个方面：买草料的支出为 15000 元，为了保证牲畜的饲料充足，除去自家打草场里收的草，孟和苏荣家还买了 3000 亩草场的草，价格平均每亩 5 元左右，牡丹告诉我们，草的价格差别还是很大的，河西（辉腾河）那边水多，所以青草所含的营养成分少，价格就低些，没水的地方，草里的所含的营养成分多，价格相对就高些，最高的草每亩十几元。雇工的费用是 7000 元，孟和苏荣家在每年春天四五月份的时候比较忙，会雇人帮忙接羔。2011 年，他家雇了 2 个人，是一家子，不管吃住，每月给 2 人 3500 元工资，雇的工人住在蒙古包里随着羊群游牧。像 2012 年这样雨水充足的年份，草的价格一般都不会太贵。放养种公羊的支出为 420 元，去年孟和苏荣家放养了 7 只种公羊，每只费用 60 元。牡丹向我们介绍说，一般牧民的种公羊都不自己放，而是交给嘎查里专门放养种公羊的人，统一放养。她告诉每年放种公羊的人在春天把家里的种羊收走，十月份以后给送回来，收走几只，就送回来几只，有牧民想早点接羔就早点把种羊接回来。一开始我们不是很理解这个做法，牡丹向我们解释说，要是种公羊不送走的话，没法控制接羔的时间，冬天也得接羔，这样不好管理，也不利于羊群的发展，把种羊跟母羊分开放养是为了更好的管理。牲畜防疫的费用3000元，牡丹说，防疫针嘎查里都是免费给打的，这个花销主要是牲畜生病的时候买药用，一般牛和羊比较容易生病，马很少生病。

除去这些生产性支出外，牡丹也向我们介绍了孟和苏荣家生活方面的支出。2011年，孟和苏荣一家人花在食品方面的支出为20000元。孟和苏荣全家人2011年衣着方面的支出为25000元，其中孩子的衣着支出占主要部分，其中也包括牧仁和牡丹结婚做新的民族服装的支出，牡丹说现在家里每人一年四季的民族服装都有，但是在当地结婚的新人，每人最少还要做两件以上的新衣服。我们随后又询问了衣服在哪时，牡丹说是自己买布料，然后找当地专门做衣服的人给制作，因为别的民族对鄂温克族的服装特点和样式不是很了解，所以要找本民族的人做。孟和苏荣家有2辆摩托车和1辆小轿车，2011年，家中的车辆加油总共花费10000元。2011年，孟和苏荣家用于教育方面的支出为40000元，是小儿子那日格勒的学费以及在学习方面的支出。牡丹告诉我们，孟和苏荣的小儿子那日格勒在海拉尔体校读书，专业是摔跤，每年那日格勒都会到全国各地参加比赛，去过很多地方。她跟我们说，嘎查里很多人都会蒙古式摔跤，但那日格勒是嘎鲁图嘎查唯一专业学习摔跤的年轻人，谈到这里，我们从也牡丹身上感受到了她对这个弟弟的喜爱。2011年，孟和苏荣家医疗方面的支出为3000元，孟和苏荣本人患有高血压，身体不适的时候需要吃药。另外，孟和苏荣的小儿子那日格勒的皮肤不好，被蚊虫叮咬后很容易化脓，2011年他到鄂温克旗蒙医医院住院看病花了2000多。牡丹说当时住院的费用报销了70%，平时买药的费用给报销30%，这样算下来自己家花的医药费并不多。2011年他家里人情往来方面的支出是3000元，主要是参加亲戚朋友的红白喜事随礼钱。因为家里没有大的家用电器，平时看电视、日光灯照明，以及其他生活方面的用电量都不大，电费支出总共400元。2011年，孟和苏荣家祭敖包的支出是500元。娱乐的支出是5000元，主要是参加朋友的聚会，或者请亲朋好友一起聚会。孟和苏荣全家都缴纳了养老保险和医疗保险，养老保险全家每年总共400元，每人缴纳100元；医疗保险全家200元，每人缴纳50元。孟和苏荣家每人都有手机，全家人每月的花费要600元左右，一年下来要7000元左右，牡丹笑着说家里话费最多的就是婆婆乌兰娜布其，她自己每月就要200多元话费，其他人每人100元左右。此外，孟和苏荣家冬天取暖用火炉，2011年使用煤炭13吨，每吨的购买价格是260元，共计3380元。

了解了孟和苏荣家的支出情况后，我们又向牡丹了解了孟和苏荣一家其他方面的生活情况。在嘎鲁图嘎查拥有200只以上基础母羊的牧户，嘎查会免费给盖羊棚，孟和苏荣家符合条件，所以也申请了，2011年申请得到批准，准备2012年动工盖。羊棚是标准大小的，有150平方米。2012年，孟和苏荣还把另一处旧房翻新，给牡丹和牧仁做新房用，到目前为止已经花了150000元了，这个还不算买家具的支出。牡丹说房子装修完就到海拉尔去买家具，现在东西贵，路不好走，家里买家具的预算是30000元左右，花销还是很大的。谈到家具的时候，我们看到房间里放着两个新的净水器，还没有打开包装，就问牡丹这个净水器是不是自己买的，牡丹说，净水器是2011年嘎查里分的，交50元就能领一个，这个是为了改善牧民用水的水质，算是对牧民的补贴，不过家里人不会使用净水器，从领回来以后家里就没用过，一直放在那。

当谈到目前的家庭收入时，牡丹表示对现在的家庭收入还算满意。当问到制约家里农副业收入增长的主要原因时，牡丹说，缺乏资金是最主要的原因，现在不管是发展畜牧业还做生意都需要资金。我们接着问缺资金的时候怎么办，她说需要资金的时候会到银行贷款，一般会到工商银行、邮政储蓄或者信用社。在信用社贷款需要有固定收入的人给做担保，最高的贷款金额是10万元，2011年孟和苏荣家里也在信用社贷了一部分款。

牡丹告诉我们家里的主要娱乐和休闲方式是看电视和看书报，很多国家政策都是自己看电视了解的，嘎查也会给大家传达最新的农牧业政策。对于生活在草原上的牧民来说，现代的通信设备已经普及了，信息交流非常顺畅。牡丹还订阅了手机报，她说手机报看着方便，每天通过手机报就能了解很多讯息，手机报给她生活带来了很大的便利。另外，嘎查里每年也会举办一些活动，如每年的瑟宾节会有民族歌舞表演、传统竞技等；每年的五四青年节也会举办赛马、摔跤等比赛。

当谈到是否关心嘎查的大事时，牡丹说她个人觉得嘎查的条件很好，现在通路和通电都很方便，就是自来水还没有通好。2011年已经开始接自来水了，孟和苏荣家里至今还没有接通。至于原因牡丹也不是很清楚，但是她觉得现在用水也很方便，家里生活没有受到影响。另外，牡丹认为嘎查的医疗条件也不错，平时家人生病了到嘎查的医院买药。当我们问到在嘎查邮东西是否方便时，牡丹说平常嘎查的人想邮东西就让往返鄂温克旗和苏木之间的客车给捎过去，东西到了打电话就行。

当谈到未来对孩子的教育问题时，牡丹说，以后要把自己的孩子送到鄂温克旗或者海拉尔去读书，因为那里的教学水平高，学校条件也好。她希望孩子能好好学习，至少也要读到高中。当我们问到她喜欢男孩还是女孩时，牡丹说自己比较喜欢女孩儿。我们问到有没有担心过将来孩子出去读书就不会说本民族的语言了，牡丹表示，应该不会出现这样的情况，她从小就会教孩子鄂温克语，孩子出去读书后，到了放假回来的时候，她也会让孩子跟着家人一起说鄂温克语，她要让孩子将本民族的语言文字和民族文化传承下去。

最后，我们问到对鄂温克族的未来有哪些想法时，牡丹说，希望自己生活的这片草原不要有改变，她爱这片草原，不希望草原变成城市的样子，她不喜欢城市的拥挤、嘈杂，她希望草原能保持原本的样貌。作为年轻一代的牧民，牡丹表达了自己对草原的热爱，作为年轻一代的鄂温克族，牡丹热爱自己民族世代生活的草原。从跟牡丹的谈话中，我们也感受到了她真诚的情感。

访谈结束之际，牡丹的未婚夫牧仁回家了，牡丹做了介绍之后，牧仁很热情地与我们握手。牧仁是个很淳朴的鄂温克族小伙子，牡丹为人热情开朗，这对年轻人在我们调研结束后不久，就将步入婚姻的殿堂，在这里我们衷心地祝愿这对年轻人婚姻幸福美满，也祝愿他们今后生活愉快。

## 九、嘎鲁图嘎查家庭经济调研问卷分析

此次调研的28户鄂温克族自治旗嘎鲁图嘎查牧民家庭约占嘎鲁图嘎查总户数的31%。前面对他们的家庭经济情况和生活情况已经进行了分类介绍。而由于嘎鲁图嘎查地处呼伦贝尔的广袤草原之中，嘎鲁图嘎查的整体经济类型单一。嘎查居民的收入来源相似，均以牧业生产收入为主。牧户间的收支结构相似，消费类型差异不大。

下面，我们希望通过对调研的28户牧民家庭问卷调研的综合分析，在归类统计分析的基础之上，对嘎鲁图嘎查家庭经济情况有一个较全面的认识。

并从中总结其在发展过程中存在的问题，提出一些具有针对性的建议。

### （一）调研方法和调研内容

此次调研的地点是内蒙古自治区呼伦贝尔市鄂温克族自治旗辉苏木下辖的嘎鲁图嘎查。调研对象为居住在嘎鲁图嘎查的牧户，整个调研采取了问卷调研与访谈相结合的方法。由于采取的是调研人员直接入户填写问卷并调研的形式，因此28户家庭的问卷全部有效。在填写问卷的同时，根据不同家庭的情况，就不同话题进行了调研。这种结合方式使我们能够比较直观地、全面地了解嘎鲁图嘎查牧民的家庭经济情况、日常的生活情况及他们对一些问题的认识。调研对象的选择主要考虑家庭经济情况，既有收入较低的家庭，也有收入较高的家庭和中等水平的家庭。收入的高低主要取决于家庭承包草场面积的大小，以及放养牲畜的多少，一般而言，承包草场面积大或者牲畜较多的家庭收入较高，承包草场面积小或者牲畜较少的家庭收入相对较低。

调研除对牧户的基本情况进行了解外，还主要对牧民家庭的收入、支出情况，生活情况以及对国家牧业和民族政策的看法等进行了了解，比较全面地掌握了所调研的嘎鲁图嘎查的基本经济情况。

### （二）调研对象的基本情况

#### 1. 年龄

在调研的28户中，调研访谈对象年龄20～30岁的为10人，约占总数的36%；31～40岁的为5人，约占总数的18%；41～50岁的为8人，约占总数的28%，51～60岁的为4人，约占总数的14%；60岁以上的为1人，约占总数的4%。

#### 2. 性别

在调研中，男性调研对象为18人，女性调研对象为10人。

#### 3. 文化程度

在28位调研对象中，没有不识字或识字很少的；接受过小学教育的有8人，约占总数的29%；初中文化程度的为10人，占总数的36%；高中文化程度的为4人，占总数的14%；中专文化程度的有2人，约占总数的7%；大专及大专以上文化程度的有4人，约占总数的14%。表9-1反映的是28位被访者文化程度的年龄分布。

表9-1　　28位调研对象文化程度的年龄分布

| 文化程度 | 总人数 | 20~30岁人数 | 31~40岁人数 | 41~50岁人数 | 51~60岁人数 | 60岁以上人数 |
|---|---|---|---|---|---|---|
| 不识字或识字很少 | 0 | 0 | 0 | 0 | 0 | 0 |
| 小学 | 7 | 0 | 2 | 3 | 2 | 1 |
| 初中 | 9 | 2 | 1 | 5 | 2 | 0 |
| 高中 | 4 | 3 | 1 | 0 | 0 | 0 |
| 中专 | 2 | 1 | 1 | 0 | 0 | 0 |
| 大专及大专以上 | 4 | 4 | 0 | 0 | 0 | 0 |

通过表9-1可以清晰地看出，在嘎鲁图嘎查的28位受访者中，基本没有不识字或识字很少的牧民，小学和初中文化程度的人比较多，年龄主要集中在30岁以上，而且中专和大专及大专以上学历的分布年轻化。这主要是由于国家九年义务教育的普及和牧民对学校文化越来越重视的缘故。

**4. 婚姻状况**

在28位调研对象中，未婚的有7人，约占总数的25%；已婚的有16人，约占总数的57%；离婚的有1人，约占总数的4%；丧偶的有4人，约占总数的14%。如表9-2所示。

表9-2　　28位调研对象婚姻情况

| 婚姻状况 | 未婚 | 已婚 | 离婚 | 丧偶 |
|---|---|---|---|---|
| 人数 | 1 | 16 | 1 | 4 |

**5. 民族成分**

随着内蒙古牧区现代化的不断深入发展，民族间、地区间的人员流动十分明显。嘎鲁图嘎查已从最初的鄂温克族居民到现今由鄂温克族、蒙古族、达斡尔族三个民族的居民构成。全嘎查304人中，鄂温克族人口297人，蒙古族5人。本次调研主要选取鄂温克族家庭和蒙古族家庭。

此次调研的28位调研对象中，蒙古族有2户，约占总数的7%。其余的26户调研对象均为鄂温克族。

**6. 宗教信仰状况**

在调研的28位被访者中有26户信仰萨满教，约占总数的92%。萨满教是鄂温克族信仰的传统宗教，因此，这26位信仰萨满教的牧民均是鄂温克族。在受访者中有1户信仰佛教，他们是蒙古族。还有1户受访者不信仰任何宗教。具体情况见表9－3。

表9－3 **28位调研对象的宗教信仰情况**

| 宗教信仰 | 信仰人数 | 占调研总数的比例（%） | 民族 |
|---|---|---|---|
| 萨满教 | 26 | 92 | 鄂温克族 |
| 佛教 | 1 | 4 | 蒙古族 |
| 无宗教信仰 | 1 | 4 | 蒙古族 |

**7. 家庭规模及家庭结构**

家庭是一种重要的社会组织形式。家庭的规模及结构直接影响着家庭的收入、支出结构等各个方面。嘎鲁图嘎查受访的28户牧户家庭人口规模如表9－4所示。

表9－4 **28户调研对象的家庭人口规模**

| 家庭人口数 | 户数 | 占总数的比例（%） |
|---|---|---|
| 1 | 0 | 0 |
| 2 | 3 | 11 |
| 3 | 9 | 32 |
| 4 | 8 | 29 |
| 5 | 6 | 21 |
| 6 | 1 | 4 |
| 7 | 1 | 4 |

通过调研，嘎鲁图嘎查受访的 28 户牧户的户均人口规模约为 3.9 人。从家庭的数量结构上来看，嘎鲁图嘎查的 28 户受访家庭中家庭人口数量为 3 人及 3 人以上的较多，占总调研户数的 89%。特别是家庭人数为 3 人的户数最多，占总调研户数的 32%。从家庭代数结构上看，3 代以上共同生活的家庭共有 2 户，占总调研户数的 8%。而从子女结构来讲，由于国家的计划生育政策允许少数民族生二胎。因此，多数的牧户家庭都有 2 个子女。而就亲属关系而言，嘎鲁图嘎查的人员流动比较小，与外界的交流和接触比较少，因此有一些鄂温克族牧户存在亲属关系，并形成比较大的家族。在调研的 28 个牧户中，23 户受访家庭的家庭成员都为鄂温克族，而 2 户受访家庭的家庭成员都为蒙古族，其余 2 户的家庭成员除了鄂温克族还有蒙古族。

在调研中我们发现，嘎鲁图嘎查年轻人外出工作和生活的很少，但是由于家庭承包草场面积比较大，有时候单个家庭成员劳动力会略显不足，所以一般会雇佣当地草场较少的牧民进行放牧。

## （三）调研结果

### 1. 新型农村（牧区）合作医疗保险和新型农村（牧区）合作养老保险情况

所调研的 28 个牧户全部参加了新型农村（牧区）合作医疗保险，参保率达 100%。其参保费除了低保户的费用是由嘎查承担之外，其余都是每人每年缴纳 50 元。而当遇到大病时，医疗保险机构会根据病情、医药费用和所就诊医疗机构的等级等因素综合考虑为牧户报销。但由于嘎鲁图嘎查，甚至辉苏木的医疗条件一般，感冒之类的小疾病一般在嘎查卫生所治疗，遇到比较严重的疾病，大部分牧户选择去旗以上的大医院就医。这样的话，每个牧民就医所产生的路费也是一笔不可忽略的开支。

此外，28 个受访牧户的家庭成员基本都参加了新型农村（牧区）合作养老保险。据嘎查达额尔敦尼介绍，嘎鲁图嘎查 2011 年新型农村（牧区）合作养老保险参保率为 80%。根据呼伦贝尔市的相关规定，牧民可自愿参保新型农村（牧区）合作养老保险，参加新型农村（牧区）合作养老保险的农牧户需缴纳一定的参保费用。目前，嘎鲁图嘎查新型农村（牧区）合作养老保险缴费基数一般是每人每年 100 元。

2. **享受政府补贴的情况**

嘎鲁图嘎查的政府补贴类型主要可以分为两个部分，一是生产性补贴。二是生活保障类补贴。生产性补贴包括草场补贴和养牛补贴。生活保障类补贴则包括低保、残疾人补贴等。

生产性补贴中草场补贴是对部分承包牧场的牧户按照打草场（草蓄平衡）和放牧场（禁牧）以每年每亩2.358元和9.54元的金额进行补贴，这一补贴自2011年实施，草畜平衡补贴每户牧民都有，禁牧补贴则根据草场退化和家庭经济情况而定，不是每户都有，而且不是固定的，每年补贴的家庭也是变动的。对于牧户的部分成年奶牛给予每头每年50元的补贴。

残疾人补贴则根据残疾的等级和残障的类别对牧户进行补贴。在28个受访牧户中领取低保的家庭有3个，而领取残疾人补贴的家庭也有2户。

3. **家庭收入来源**

从表9-5可以看出，在所调研的28户中，家庭年收入为50000以下的有11户，50000~100000元的有4户，100000~200000元的有9户，200000~300000元的有4户。这里的收入不是纯收入，而是牧业产品的销售收入和各项补贴收入，如果去除生产成本，实际收入要低很多。由于承包的草场面积较大，每年的饲料、雇工费用，以及农药、化肥、机械等费用也是很高的，收入越高的家庭，这些支出也越高。

表9-5　　**28个受访牧户2011年家庭收入情况统计**

| 居民收入（元） | 户数 |
| --- | --- |
| 50000以下 | 11 |
| 50000~100000 | 4 |
| 100000~200000 | 9 |
| 200000~300000 | 4 |

其次是收入来源情况，在28户中，主要有以下几个收入来源：一是政府补贴（包括畜牧补贴、残疾人补贴等），二是工资收入，三是羊绒收入，四是牲畜出售所得，五为其他收入（如经营商店、买牛奶所得）。如表9-6所示。

表 9－6 28 个受访牧户的收入结构情况（%）

| 家庭 \ 项目 | 政府补贴 | 工资 | 羊绒收入 | 牲畜出售所得 | 其他收入 |
|---|---|---|---|---|---|
| 家庭 1 | 5.8 | 0 | 0 | 37.7 | 56.5 |
| 家庭 2 | 3.7 | 0 | 0 | 96.3 | 0 |
| 家庭 3 | 2.1 | 0 | 0 | 93.3 | 4.6 |
| 家庭 4 | 1.1 | 26.5 | 0 | 51.6 | 20.8 |
| 家庭 5 | 3.0 | 17.3 | 0 | 60.2 | 19.5 |
| 家庭 6 | 1.4 | 0 | 0 | 98.6 | 0 |
| 家庭 7 | 35.1 | 9.0 | 0 | 0 | 56.0 |
| 陈胜 8 | 0.0 | 77.7 | 0 | 0 | 22.3 |
| 家庭 9 | 3.3 | 0 | 9.0 | 57.5 | 30.2 |
| 家庭 10 | 0.0 | 5.7 | 2.6 | 91.7 | 0 |
| 家庭 11 | 2.9 | 0 | 12.9 | 84.2 | 0 |
| 家庭 12 | 6.8 | 0 | 0 | 93.2 | 0 |
| 家庭 13 | 5.1 | 0 | 0 | 94.9 | 0 |
| 家庭 14 | 1.6 | 0 | 0 | 98.4 | 0 |
| 家庭 15 | 11.1 | 0 | 7.0 | 82.0 | 0 |
| 家庭 16 | 26.3 | 0 | 0 | 52.7 | 21.1 |
| 家庭 17 | 15.3 | 84.7 | 0 | 0 | 0 |
| 家庭 18 | 2.2 | 0 | 3.6 | 94.2 | 0 |
| 家庭 19 | 1.0 | 0 | 2.0 | 97.0 | 0 |
| 家庭 20 | 1.8 | 0 | 0.4 | 97.8 | 0 |
| 家庭 21 | 1.1 | 34.0 | 0 | 64.9 | 0 |
| 家庭 22 | 7.3 | 50.6 | 3.8 | 38.3 | 0 |
| 家庭 23 | 18.3 | 0.0 | 0 | 81.7 | 0 |
| 家庭 24 | 38.4 | 0.0 | 0 | 35.2 | 26.4 |
| 家庭 25 | 1.5 | 13.2 | 2.9 | 82.4 | 0 |
| 家庭 26 | 5.0 | 0.0 | 12.3 | 82.7 | 0 |
| 家庭 27 | 2.8 | 0.0 | 1.5 | 95.7 | 0 |
| 家庭 28 | 13.3 | 0.0 | 0 | 86.7 | 0 |

从表 9 - 6 可以看出：首先，所调研的 28 户家庭中，22 户家庭的主要收入来源为畜牧业收入，占总户数的 79%。其余 6 户的情况比较特殊。陶格图家主要是以经营商店为主，以畜牧业为辅，所以家里一半以上的收入是从商店经营中获取的。图门那斯图家的儿子敖德因为长期在外工作，在家待的时间很短暂，不清楚家里的收入情况，我们也无法取得准确的家庭经济资料，所以无法确定他家各项所占总收入的比例。那仁满达胡家在 2011 年牛群虽然没有怎么出栏，但是苏热在政府上班有一份稳定的收入，这部分收入在家庭收入中占了不小的比重。乌云毕力格家庭经济不太好，所拥有的牛羊数量比较少，这样的结果就是牲畜的出栏数量受到限制，所以政府的各项补贴就占到收入的大部分比重。同时，畜牧业生产的特殊性使得不同年份间收入差异比较大，有的年份出栏的牲畜多，收入就高，有的年份出栏的牲畜少，收入就低。我们调研的主要是 2011 年的家庭收支情况。

**4. 家庭支出情况**

在调研过程中，我们重点了解了 28 户家庭 2011 年的支出情况，28 户的支出主要有生产性支出和生活消费支出两大类。其中，生活消费支出中主要包括十三项：食品支出、衣着支出、交通支出、教育支出、医疗支出、娱乐支出、人情往来支出、宗教活动、通讯支出、住房修建支出、燃料支出、医疗保险和新型农村（牧区）合作养老保险支出。而生产性支出主要包括买种羊和种牛的费用、雇工费用、草料费用、防疫费用、围栏修护费用。

表 9 - 7　　**28 个受访家庭生产性支出与生活性支出比例（%）**

| 项目 / 家庭名称 | 生产性支出 | 生活性支出 |
|---|---|---|
| 家庭 1 | 5.0 | 95.0 |
| 家庭 2 | 0.0 | 100.0 |
| 家庭 3 | 7.8 | 92.2 |
| 家庭 4 | 4.8 | 95.2 |
| 家庭 5 | 31.5 | 68.5 |
| 家庭 6 | 44.9 | 55.1 |
| 家庭 7 | 0.0 | 100.0 |

续表

| 项目<br>家庭名称 | 生产性支出 | 生活性支出 |
|---|---|---|
| 陈胜 8 | 7.2 | 92.8 |
| 家庭 9 | 0.8 | 99.2 |
| 家庭 10 | 31.2 | 68.8 |
| 家庭 11 | 2.4 | 97.6 |
| 家庭 12 | 36 | 64 |
| 家庭 13 | 46 | 54 |
| 家庭 14 | 50.1 | 49.9 |
| 家庭 15 | 3.6 | 96.4 |
| 家庭 16 | 26.0 | 74.0 |
| 家庭 17 | 0.0 | 100.0 |
| 家庭 18 | 18.8 | 81.2 |
| 家庭 19 | 0.0 | 100.0 |
| 家庭 20 | 0.0 | 100.0 |
| 家庭 21 | 49.7 | 50.3 |
| 家庭 22 | 0.6 | 99.4 |
| 家庭 23 | 14.5 | 85.5 |
| 家庭 24 | 0.0 | 100.0 |
| 家庭 25 | 51.4 | 48.6 |
| 家庭 26 | 16.8 | 83.2 |
| 家庭 27 | 19.1 | 80.9 |
| 家庭 28 | 0.0 | 100.0 |

从表 9－7 中可以看出，有 2 户受访的牧民家庭的生产性支出高于生活性支出。有 6 户牧民的生产性支出为 0，这是因为他们的家庭当年既没有雇工也没有购置草料和新品种的牲畜，而且嘎鲁图嘎查牲畜打防疫针国家都会有补贴，如果自己家不额外用别的疫苗的话，这项费用基本就没有。

表 9 - 8　　28 个受访农牧户的生活性支出情况

| 项目 | 支出金额 | 占生活性总支出比例（%） | 参加消费户数 | 户均消费额 |
|---|---|---|---|---|
| 食品 | 430800 | 21.3 | 28 | 15386 |
| 衣着 | 309000 | 15.3 | 27 | 11444 |
| 交通 | 242680 | 12.0 | 26 | 9334 |
| 教育 | 304700 | 15.1 | 11 | 27700 |
| 医疗 | 155900 | 7.7 | 27 | 5774 |
| 娱乐 | 20600 | 1.0 | 6 | 3433 |
| 人情往来 | 226500 | 11.2 | 27 | 8389 |
| 宗教活动 | 75400 | 3.7 | 25 | 3016 |
| 通信 | 122700 | 6.1 | 28 | 4382 |
| 住房修建 | 66700 | 3.3 | 7 | 9529 |
| 燃料 | 28540 | 1.4 | 13 | 2195 |
| 医疗保险 | 5450 | 0.3 | 24 | 227 |
| 新型农村（牧区）合作养老保险 | 13860 | 0.7 | 25 | 554 |
| 其他 | 17500 | 0.9 | 6 | 2917 |
| 合计 | 2020330 | 100.0 | | |

由于食品和衣着的支出都是悄无声息地从牧户的手中流出，大部分牧户对这部分的支出情况没有具体的概念。因此，在调研牧户家庭生活性支出时，有些牧户食品和衣着的数据和实际会有一定的偏差。通过表 9 - 8 我们可以知道，通信费用和食品支出是嘎鲁图嘎查牧户的共同支出项。食品支出在所有生活性支出中占比最大，衣着和交通的支出也在所有生活性支出中所占的比重较大。虽然大多数的牧户都参加了牧民合作医疗保险，但是，许多患有重病，家庭经济比较困难的牧户的医疗支出费用还是相当大的。

5. 家庭耐用消费品情况

家庭耐用消费品的拥有水平是衡量农牧民生活质量、家庭经济水平和消费能力的重要标志。近年来，随着我国牧区整体经济水平的提高，又受益于“家电下乡”、“汽车下乡”等一系列消费刺激政策，家庭耐用消费品在嘎鲁图嘎查中基本得到普及。此次调研的 28 个牧户的家庭耐用消费品情况如表9 - 9：

表 9－9　　28 户农牧民家庭耐用消费品拥有情况

| 家用电器 | 户数 | 家用电器 | 户数 |
| --- | --- | --- | --- |
| 电视机 | 27 | 照相机 | 15 |
| 电冰箱 | 22 | 空调 | 0 |
| 洗衣机 | 22 | 手机 | 28 |
| VCD/DVD | 23 | 汽车 | 12 |
| 电脑 | 6 | 摩托车 | 28 |

所调研的 28 户牧民家庭都拥有摩托车、手机。大部分家庭拥有电视机、洗衣机、电冰箱、VCD 或者 DVD。其中，拥有洗衣机的家庭占调研总户数的 79%，拥有电冰箱的家庭占调研总户数的 79%，拥有 DVD 或者 VCD 的家庭占调研总户数的 82%，拥有照相机的家庭占调研总户数的 54%。拥有电脑的家庭只占调研总数的 21%，基本没有拥有空调的家庭，这与当地凉爽的气候有关，空调在这里并不是必需品。而像电饭锅、电磁炉、电炒锅等用品在通高压电的家庭也很普遍。虽然嘎鲁图嘎查的家庭耐用消费品情况比较完备，但是因为仍有部分家庭还没有得到稳定的电力供应，影响了许多家用电器类耐用消费品的购买与使用。在嘎鲁图嘎查的受访家庭中，有私家车的牧户共 12 家，摩托车共 42 部，28 家，分别约占调研总数的 43% 和 100%。

**6. 牧用机械的使用情况**

嘎鲁图嘎查是传统牧区，目前全嘎查有草场地 213000 亩。畜牧业收入是这里的主要收入来源，在现代技术的传播下，畜牧业生产当中的机械使用率也是很高的。机械的使用情况在某种程度上直接反映了畜牧业的发展水平和现代化程度。在我们调研的 28 个牧户中，所有家庭都有使用着现代化的机械。这些机械主要包括打草机、拖拉机、水泵、捆草机、叉车、草耙、推草机等。其中水泵、拖拉机、打草机的使用十分普遍，基本上是每个牧户都在使用。

**7. 对嘎鲁图嘎查公共基础设施完备情况的看法**

在新农村、新牧区建设的不断深入和各级政府部门对农村牧区公共基础设施投入力度不断加大的背景下，嘎鲁图嘎查的公共基础设施得到了很大的改善。调研走访的 28 户牧民家庭大部分对于嘎查的道路、医疗和养老保障表示十分满意。而大部分居民对于水和邮政表示不满意。他们表示嘎鲁图嘎查的道路比以前畅通，如果接通高压电的话，电压较为稳定。但是也有部分受访家庭反映家中还没接通高压电，这些家庭的日常用电主要靠小型的风力发电机，也有部分牧户结合太阳能电池板供应。但是这些小型的发电设备很容易受到自然条件和使用时天气状况的影响。经常会出现供电压力不稳定的情况，给使用的牧户造成了很大的不便。又由于嘎鲁图嘎查地处广袤的呼伦贝尔草原，居民主要以牧业生产为收入来源。因此，牧户通常都居住于自家的牧场附近，户与户之间的间隔距离较远，无法推广使用统一的自来水供应。虽然每家都有水井，并且用水泵抽水，但是还是有一部分牧户表示用水不如自来水方便。表 9 - 10 显示了 28 户受访家庭的通常电情况。

表 9 - 10　**28 户受访家庭通常电情况（截至 2012 年 7 月调研时）**

| 是否通常电 | 户数 |
| --- | --- |
| 通常电 | 17 |
| 未通常电 | 11 |

**8. 闲暇时间的活动**

由于嘎鲁图嘎查牧户的日常生产劳动负担重，他们的闲暇时间较少。而仅有的闲暇时间，牧民们主要以看电视和聊天的方式度过。电视的普及对居住偏远地区的牧户而言，无疑极大地改变了原来单调的生活，也有利于他们了解外面的世界。受访的 28 户农牧户家中除了一家没有电视以外其他都有电视，有的家庭还有多台电视机，平时主要观看中央 1 台、鄂温克语卫视的节目。通过看电视，他们可以了解到一些国家大事和与农牧业发展相关的政策、法规，又可以满足自身的文化需求。有部分家庭还会通过电脑、看书报等方式度过闲暇时间。但是有部分嘎查居民反映，因为嘎查离城区路途比较遥远，买书看报很不方便，希望这方面能够得到一定的改善。还有一部分牧民利用闲暇时间积极参加嘎查委员会或者其他协会举办的各类生产技术的讲座，不断提高自己在养殖技术方面的知识水平。

**9. 对嘎查大事的关心程度**

在对每个牧户进行调研时，我们都询问了他们对嘎鲁图嘎查大事的关心程度。而调研显示，28 个受访的牧户大部分的人还是比较关心嘎查发生的大事。从具体情况来看，所关心的内容还是与自己家收入有关的内容，比如嘎查所发生的大事是否能提高牧民的生产生活水平，是否能增加牧民的收入等。

**10. 对教育的重视程度**

虽然在我们调研的28位牧民中，小学文化程度和初中文化程度的受访者居多，但当谈及教育问题时，多位为人父母的受访者都表露出了重视关切的态度。一些受访者的子女或孙子、孙女目前正在接受学校教育，因此许多受访者都很关心孩子的升学教育。他们在年轻时受整个社会环境和家庭经济条件的影响，未能完成学业。但是，现在随着家庭经济条件的改善，只要孩子努力学习，他们一定会尽全力资助孩子完成学业。现在大部分牧民的孩子从小学就开始在旗里上学，一直会上到初中毕业，如果有经济实力的话，父母还会选择让孩子继续在教育更发达的地区上学。斯仁道力玛家就是一个典型的代表，两个女儿从小就在旗里上学，为了保证两个孩子生活适应，一直由奶奶在旗里陪读，可见当地牧民对教育的重视程度。

除了重视学校教育外，嘎鲁图嘎查的牧户都十分重视对民族文化教育。鄂温克民族有悠久的历史和灿烂的文化，而传统的学校教育中对民族文化的教育是有所缺失的。许多受访者都表示希望通过家庭潜移默化的民族文化教育让年轻人将民族文化继续传承下去，也希望学校能有相应的措施。

**11. 对民族文化保护与传承的认识**

在调研中，我们发现鄂温克族的牧户十分重视本民族文化的保护与传承。他们除了希望通过家庭潜移默化式的影响下一代将本民族的文化继续保护与传承下去之外，也希望学校能将民族文化教育作为课程向民族学生传授。除了希望通过教育对民族文化进行传承之外，许多受访者都通过保留传统的民族服饰、民族工艺品等方式对民族文化进行保护。一些受访者还通过积极参加传统的宗教仪式来强化自身和家庭成员的民族认同感。

**12. 对国家农牧业及民族政策的看法**

在调研中我们还对28户牧民对国家畜牧业及民族政策的看法进行了调研。28位受访者都表示国家畜牧业政策越来越好，特别是取消农牧业税后，极大地减轻了牧民的生活负担，增加了牧民的生产积极性。在新农村新牧区建设相关的政策指引下，牧民的收入水平有了很大的提高，生活生产条件有了极大的改善。鄂温克族作为人口较少民族之一，国家每年都会有游牧民定居工程房投入，在修建游牧民定居工程房的时候，嘎鲁图嘎查居民可以获得相应的建房补贴；每年有草场的牧民还能获得相应的草场补贴；每家每户还能享受新型农村合作医疗，等等。这些优惠政策让嘎鲁图嘎查的牧民感到十分高兴，并对党和国家表示感谢。同时，在民族政策方面，他们特别感谢国家对少数民族的关心和照顾，希望国家继续扶持少数民族的发展，保护少数民族文化。当谈及“围封转移”政策的时候，部分牧民觉得这和自己民族的游牧生活方式相冲突，也影响日常生活交通。

### （四）调研结果的分析与建议

#### 1. 传统的生产、生活方式的转变

嘎鲁图嘎查地处广袤的呼伦贝尔草原上。在很长的历史时间进程中，嘎鲁图嘎查的居民都是单一地从事畜牧业生产。随着周围社会的不断发展，有的牧户开始从事诸如商店经营、自己加工奶干进行销售等生产活动，扩展了牧民收入来源。

而在现代化的不断推动下，摩托车、汽车等现代化的交通工具代替了传统的牛马车。骑在马背上的牧羊人也变为骑在摩托车上的牧羊人，大部分的马鞍也由原来的日常生活用品转变为民族工艺品被牧户收藏。大规模的生产机械也纷纷进入了牧户的日常生产中，捆草机、叉车、拖拉机、推草机、打草机等一系列的现代化作业机具的使用极大地推动了嘎鲁图嘎查畜牧业的生产效率。

而通过对家庭耐用消费品的调研我们发现，几乎所有的牧户都能通过电视了解到最新的信息，甚至有的牧户踏出了国门。而住房条件也在不断改善，很多牧户都将居住的房屋进行了装修。不但使房间整洁、漂亮，还显得十分的时尚。所有的孩子都受到了良好的学校教育，更有其中的一些佼佼者走入了大学校门，甚至出国留学。牧户的经济生活水平得到了极大的提高和生产生活方式发生了巨大的变化。

#### 2. 牧民收入结构单一，收入差距较大

通过调研 28 个牧户收入情况，我们发现他们的收入结构比较单一，收入构成比例最大的是政府发放的补贴和畜牧业生产的收入，这样的家庭共有 17 户，约占调研总数的 61%。其次的构成方式是政府补贴、畜牧业生产收入和

工资收入。但这些牧户的工资收益大部分是因为家庭成员中有在嘎鲁图嘎查委员会工作的人员。还有几户是因为家里有以前在政府工作的退休老人，其他的牧户并没有消除在政府工作而获得的工资收益。因此，嘎鲁图嘎查的牧户收入结构还是比较单一的。

面对这种情况，嘎鲁图嘎查应该积极地调整自身经济发展过程中的产业结构，不断培育新的经济增长点，引导牧户开展牧家乐旅游，还有与畜牧业加工等相关产业的发展。

通过对28户牧户收入的比较发现，嘎鲁图嘎查的牧户收入差距比较大。这28户受访的牧户大部分收入在200000元以下，有4户收入超过了200000元，而且调研中最富裕的牧户与相对经济困难的牧户的年收入相差较大。影响收入差距的原因主要有牧户家庭成员的身体健康状况、劳动力是否充足和种养技术的创新与成熟度。此外，承包草场面积的大小及牛羊等牲畜数量的多少也是影响收入的主要因素。

针对收入差距较大的问题，嘎鲁图嘎查不仅应给予经济较为困难的牧户经济方面的资助，还应积极引导他们转变收入增长方式，鼓励他们从事一些新兴的并能够带动家庭经济发展的产业。

**3. 家庭支出的特点**

通过调研，我们对噶查牧民的家庭支出总结出了以下几个特点：

第一，大部分牧户的生活性支出高于生产性支出。

在我们调研的28户牧户中有26户的生活性支出高于生产性支出。造成这种现象的原因是多方面的。一是食品和衣着消费的费用一直是比较高的；二是牧区面积的广阔，用于交通的费用比较高；三是嘎查的牧户比较重视教育，在教育方面的开支也居高不下。

第二，交通、医疗、教育支出因家庭而异。

随着经济水平的不断提高，有一些家庭会利用闲暇时间出门旅游，开阔自己的眼界，而嘎鲁图嘎查的许多牧户家中都具备了现代化的交通运输工具，所以交通费用的支出因不同的家庭情况而有所不同。有些牧户有正在上学的孩子，比如在旗里上小学和初中，或者在其他地方上高中或者大学，都要承担昂贵的生活费。这样的家庭在教育方面的开支也就相对较多。有一些家庭的成员患有重大疾病，尽管有相应的医疗保险给报销部分医药费，但还是会给这样的家庭带来沉重的经济负担。

第三，食品、衣着、人情往来、通讯支出成为牧户的共同支出。

我们通过对28户牧户的调研得知，食品和衣着支出是所有牧户的共同支出项，但由于家庭规模的不同，每户的支出金额有一定的差别。

人情往来方面，嘎鲁图嘎查的牧户都十分热情好客，再加之邻里之间的关系十分融洽，因此人情往来的花费成为嘎查牧户的共同支出项。

通讯方面，所调研的牧户没有一家安装固定座机，但是每家的几乎每个家庭成员都有手机。这些现代化的通信工具方便了家庭成员之间的联系，逐渐成为一项新的家庭开支，话费每家情况各异。

**4. 社会保障制度需要进一步完善**

接受调研调研的28个牧户家庭都参加了新型农村（牧区）合作医疗保险。据介绍，新型农村（牧区）合作医疗保险已经覆盖了整个嘎鲁图嘎查，当嘎查居民患病时，新型农村（牧区）合作医疗保险会根据牧民的病情，就诊的医疗机构等级及最终的医疗花销按照相关规定为牧民报销一定比例的医疗费用。这在很大程度上减轻了牧民看病的负担。在28位受访者中，有很多新型农村（牧区）合作医疗保险的受益者。但是由于嘎鲁图嘎查，甚至鄂温克自治旗的医疗卫生条件都较为一般，许多较为严重的疾病无法就近治疗，而因医疗产生的路费又十分庞大且无法报销。因此在医疗条件改善和保障覆盖的宽度上都需要进一步的完善，彻底解决牧民看病难的问题。

嘎鲁图嘎查自实施城乡居民新型农村（牧区）合作养老保险以来，收到了良好的效果。大部分嘎查牧民都参加了新型农村（牧区）合作养老保险。随着经济水平的不断提高，新型农村（牧区）合作养老保险的每月给付的标准也在提升，充分保证了牧民老有所依、老有所养。

对于政府补贴方面，当地政府和嘎鲁图嘎查委员会都制定了详细的补贴政策，内容门类从草场补贴、养牛补贴等生产性补贴到低保、残疾人补贴等都较为齐全。

我国是人口大国，牧户也占有一定的比例，在大力普及社会保障的同时，还应继续加强宣传力度，提高补贴标准，充分照顾到少数民族农牧民的生产、生活，不断调动牧民的积极性，使其从被动接受的群体逐渐转换为主动参与的主体。同时，嘎鲁图地处呼伦贝尔草原腹地，自然条件虽然适宜畜牧业的发展，但抵御自然灾害的能力差，冬季寒冷，生产生活成本高，畜牧业的投入具有季节性等特点，需要根据当地的特点调整各项政策。

5. **电力基础设施需要进一步完备**

通过调研了解到，嘎鲁图嘎查的牧民对嘎查整体的自然与人文环境、基础设施建设较为满意。嘎查也有了一条水泥马路，告别了下雨只能在泥泞中行走没有硬化路的历史。对于道路的铺设，许多牧民认为已经可以了，他们不希望再修其他路，因为修路会占用他们大量的草场。

通过调研，我们发现嘎查的通邮不是很方便，牧民们邮寄东西需要到南屯。其次，仍有部分农牧户的供电不稳定。虽然大部分的受访牧户都接通了高压电，但是仍有不少牧户依靠小型风力发电设备或太阳能电池板维持家庭用电需求。这些发电设备容易受到天气情况的影响，造成电压不稳定，致使许多家用电器无法正常的工作，所以，这两个方面都需要嘎查和当地政府尽快为牧民解决。

6. **加强民族文化的保护与传承**

嘎鲁图嘎查拥有丰富灿烂的民族文化。随着现代化的不断深入，牧民的收入水平尽管在逐年提高，但各民族的传统文化的保护与传承应该有所加强。

以嘎鲁图嘎查居住的鄂温克族牧户为例，有部分受访的牧户反映很难购买到蒙语[①]文献的书籍。而民族传统服饰和传统工艺品及生产工具的保护也应该引起人们的重视。通过我们的调研发现，多数的鄂温克族牧户仍然保存着传统的民族服饰和生产工具，但也存在部分的牧户没有民族服饰，很少参加民族的节庆仪式。

针对民族文化的保护与传承，嘎鲁图嘎查首先应积极地举办一些具有民族特色的活动，唤醒牧民对民族文化的兴趣和保护的仪式。然后，应加强民族文化的教育。尤其是对学龄儿童的民族文化教育，使他们能够从小就接受到民族文化的熏陶。最后，应通过推广牧家乐等富有民族特色的旅游开发项目，不但对民族文化的保持与传承能够起到很好的作用，还能够带动牧户增收，从而促进嘎鲁图嘎查经济的更好发展。

① 鄂温克族只有本民族语言，没有本民族文字，在牧区一般通用蒙文。

# 第三部分 牧民

## 十、嘎查干部代表

### （一）年轻有为的嘎查达额尔敦尼

嘎鲁图嘎查位于鄂温克族自治旗西部，土地面积为41.3万亩，其草地类型虽以典型草原为主，但也包括一定面积的低湿地草甸，其中有“草原瑰宝”之称的辉河湿地国家级自然保护区就在其中。现如今，在这个地表水资源丰富、以鄂温克族为主要民族的牧业嘎查居住着90户家庭，302口人。2009年8月，全旗第七次嘎查社区委员会换届选举工作全面展开，鄂温克族牧民额尔敦尼被选举为嘎鲁图嘎查的嘎查达（意为“村委会主任”）并致力于为实现嘎查经济社会的快速发展而服务。作为鄂温克旗历史上最年轻的嘎查达，额尔敦尼不负众望，与嘎查的“两委”班子成员紧紧围绕社会主义新牧区建设的主题与相关政策方针，把更多的物质与人力资本投入到为嘎查兴办公益事业以及让群众共享发展成果上来。

近几年，嘎鲁图嘎查的牧民居住条件和生活水平都有了明显的改善和提高，牧民砖瓦房拥有率达76%，人均住宅面积为18.2平方米；共有科技示范户10户、小康户31户。目前，嘎鲁图嘎查整体组织健全、社会稳定、民风淳朴，已基本实现“户户通电”和“全民通话”，先后多次被评为海拉尔区级“红旗嘎查”以及呼伦贝尔市级“五个好”嘎查。可以说，嘎鲁图嘎查的新牧区建设与发展离不开嘎查较为完善与过硬的基层党组织，也离不开像额尔敦尼这样无私奉献的基层领导干部，正是他们用辛勤的劳动与汗水浇灌出了诸如“知达合作社”、“肉牛羊协会”、“‘三化’草地保护工程”等累累硕果。2012年7月初，我们调研组师生赴嘎鲁图嘎查进行调研访谈，有幸接触到了这位年轻有为的嘎查达，他的积极上进、纯朴善良、真诚热情以及他在工作上所富有的激情与魄力都深深地为我们所钦佩。

初次见到额尔敦尼是在嘎鲁图嘎查委员会的会议室里，那时的他正与嘎查书记金花用鄂温克语专心地交谈，不时地眉头紧锁，表情严肃。经过询问我们得知，嘎查三年一届的“两委”换届工作即将在 7 月中旬展开。为了不打扰他们工作，我们调研人员在会议室门外安静等候。大约 10 分钟的光景，额尔敦尼打开房门，微笑着引领我们进入会议室。这位年轻的嘎查达约有一米七，黝黑的皮肤以及上臂的块状肌肉令他显得结实而健壮。他身穿藏蓝色半袖衫和浅褐色休闲西裤，脚上踩着一双擦得铮亮的黑色皮鞋，整体感觉沉稳而干练。说明来意后，他思索了片刻便打开办公桌上的通讯录查阅开来。随后，他拿起手机拨通了几个电话，在与对方交流的过程中，他还拿出笔和纸快速地记录着，一会儿工夫，白纸上便清晰而整齐地罗列出了一批牧民的姓名以及联系方式。挂断电话之后，他又拿着名单与金花书记对罗列出的牧户进行逐一地分类与整理，并最终依据牧民的代表性及牧户的家庭经济状况划分出了几个类别，以便为我们入户调研和访谈工作的顺利进行做好充足的前期准备。看着眼前这位年轻的嘎查达忙碌的身影，看着他处理工作时的有条不紊、细心周到，我们调研组人员都倍受感动。

调研组对额尔敦尼所做的专访被安排在他家的蒙古包中。柳条编制的蒙古包宽敞明亮，顶棚和围毡的边上都是用驼毛、马鬃以及马尾搓成的细绳缝上去的。走进一看，雪白的围毡中间绣有祥云图案，底边镶有一条黑色的花纹，整体感觉美观大方。在蒙古包的底部，还用雕有花草的木墩做成的墙围。包内的家具摆设，从桌椅、木箱到竖柜、碗架，无不彩绘刀马人物、翎毛花卉、山狍野鹿之类，且色彩鲜艳，栩栩如生，在这样的蒙古包里进行访谈，真可谓是一种享受。参观时，额尔敦尼的妻子嘎拉曾道力玛热情地为我们备好了一碗碗泡着炒米的滚烫喷香的奶茶，还端出几盘表皮酥脆、味道香浓的奶酪供我们品尝。她笑着对调研组解释说，由于丈夫额尔敦尼有公事在身，还需要耐心等待一段时间，并对访谈工作的延迟表示了歉意。同时，我们调研人员也为嘎拉曾道力玛的好客及其细心和体贴所感动。约有 10 分钟左右的光景，蒙古包外传来了汽车的喇叭声以及犬吠的声音，看到我们调研人员的到来，额尔敦尼摇下车窗，微笑着向我们挥了挥手。待一切安排妥当，访谈工作便开始了。

眼前这位年轻的鄂温克族嘎查达，虽然仅有 29 岁，但已担任嘎查的领导工作有三年时间了。作为家里的长子，额尔敦尼从小就非常懂事，不但经常帮助父母分担一些力所能及的家务活儿，还主动承担起照顾两个妹妹，为她们补习功课的责任。现如今，额尔敦尼的两个妹妹都已成年，其中大妹妹 28 岁，2009 年于内蒙古大学艺术学院毕业后便赴日本一所大学学习经济文化方面的知识，据额尔敦尼回忆，妹妹刚到日本的那一年，学费和生活费都由家里负担，但随后的三年里，勤俭的妹妹一边念书一边打零工赚取生活费用以节省家庭开支，很是辛苦。目前，大妹妹已完成学业，很快就要回国。额尔敦尼的小妹妹今年 26 岁，就读于内蒙古民族大学，并准备毕业后去蒙古国留学。

额尔敦尼 6 岁时进入南辉苏木中心小学读书，那时的小学课程安排并不是很多，只开设了语文、数学和体育三门学科。他告诉我们调研组，在这几门课程里，他最喜欢的就是体育课，不仅可以享受到很多乐趣，还能够锻炼身体。小学毕业后，额尔敦尼选择去了鄂温克旗民族中学继续读书。他对我们说，初中的课程资源很是充盈，不但文化课十分精彩，体育活动也内容丰富、形式多样。然而，在众多的体育活动之中，额尔敦尼对摔跤情有独钟。看到我们调研人员讶异的神情，他却兴致勃勃道，自古以来，鄂温克族的摔跤活动被人们称为“搏克”（鄂温克语，有“结实”、“团结”、“持久”之意）。直至今日，摔跤仍是鄂温克族群众所喜欢的体育竞技活动之一，特别每逢历年敖包祭拜之时，牧民们都会在场地上搭起帐篷，观看摔跤比赛。而取得摔跤比赛胜利的大力士，其勇猛之名则会远近传扬，并受到牧民们的尊敬与崇拜。额尔敦尼告诉我们，摔跤的内涵异常丰富，涵盖了一个民族的政治、经济、文化、哲学思想等方方面面，不但是勇敢和力量的象征，也是聪明和智慧的结晶。“目前，在重大的那达慕大会上，还会设有女子搏克比赛，倍受国内外宾客的青睐。”额尔敦尼说，他在初中毕业后就参加了呼伦贝尔市体育运动学校组织的文化课与身体素质技能考试，凭借着初中时期扎实的文化课程功底，顺利地通过了文化知识方面的相关测试。至于身体素质技能考试，学校则分别设置了俯卧撑、单双杠、百米赛跑以及摔跤等不同形式的考核项目，额尔敦尼借助于平日的刻苦锻炼与辛勤付出，在专业技能测试上也取得了优异的成绩，并最终被体校的国际式摔跤专业所录取。

2002 年 7 月，为期三年的学习生活圆满结束，成绩优秀的额尔敦尼被学校推荐入选宁夏专业队进行训练。经过层层严格的筛选与考核，他被宁夏体工大队招收为专业摔跤运动员正式入队。额尔敦尼告诉我们，作为一名专业的国际式摔跤运动员，他需要经常代表宁夏体工队前往其他省市参加比赛，因此，很多南方以及北方城市和地区都留下了他的足迹。在他看来，参加比赛之余还可以领略到不同地方的风土人情和文化特色，这些着实让额尔敦尼为之兴奋。然而，对于一名专业运动员来讲，训练和比赛始终都应摆在首位，其职责就是要用自己的汗水和努力去换取荣誉，因此，不管在赛前还是赛后额尔敦尼都必须刻苦训练。“看似取得胜利如探囊取物，得来全然不费功夫，可是我们在背后练了多少年，经历了多少的伤病侵袭根本没人了解。单是平日训练时的跑步、蹦跳、摔打，抱腰、肉搏等这些作业量就极为繁重，在比赛期间，我们的身心更是备受煎熬，不仅消耗着体力，脑力方面同样面临着挑战。”2006 年 7 月下旬，额尔敦尼在宁夏体工大队退役，出于个人身体原因，退役后的他并没有选择从事与摔跤有关的工作，而是在海拉尔经营了一家饭店。

2007 年，额尔敦尼与在呼伦贝尔学院学习会计专业的嘎拉曾道力玛相识。由于饭店刚刚运转，不免人手缺乏，于是，这位善良美丽的蒙古族姑娘便在学习之余常常来到额尔敦尼的饭店帮忙采购货物，照顾生意。久而久之，两个年轻人便彼此产生了感情。2008 年 9 月，出于饭店周边环境的改变以及受到金融危机的影响，额尔敦尼停止了饭店的经营运作，决定回到嘎查帮助父母放牧。额尔敦尼说，选择担任普通牧民的角色不仅是一个锻炼自身的机会，更为他提供了一个与百姓深入接触和交流的平台。可以说，它作为一个过渡阶段为额尔敦尼日后从事基层领导工作奠定了坚实的群众基础。

在访谈过程中，他表示，经过为期近一年的历练，自己不仅对嘎查的基本情况有了更深入的了解，还能够深切体会到牧民们的劳累与艰辛。“其实，一个嘎查就是一个小型的社会，我面临的不只是嘎查里复杂的人际关系，还有烦琐的村内事物，要想彻底融入其中，就必须向群众学习，尤其是向嘎查的老党员、前任老干部以及现任领导学习。只有这样，才能不断提高自己处理嘎查基层工作的能力和创新拓展为牧民群众服务的思路。”额尔敦尼知晓嘎查较苏木、旗县以及市区在信息化和流通服务体系等方面的滞后与闭塞，因此，他除了平日里从事一些放牧、收草等体力劳动外，还经常收听广播和观看新闻类的节目以获取新鲜资讯。此外，只要时间允许，额尔敦尼还常常到嘎查的图书室里参阅各种有关牛羊养殖方面的书目，以此来增长见识、拓宽视野。如有听说其他嘎查或者旗县举办技术培训或者畜牧业知识的专题讲座他也积极参与，以便能够弥补平时养殖技术方面的欠缺，学习到更多实用的养殖技巧。额尔敦尼的勤恳与好学被嘎查的牧们看在眼里，他对村务的用心与对百姓们的热情也被牧民们记在心上。而嘎查的领导干部，也对这位思想正派、为人正直、热心群众工作的青年刮目相看，决定把他吸收到嘎查后备干部的队伍建设中来，以为嘎查的领导阶层注入一股新鲜而年轻的血液。2009 年 8 月，鄂温克旗第七次嘎查社区委员会换届选举工作全面展开，额尔敦尼被民主推选为嘎查达，并决心与嘎查其他几位年轻有为的领导干部做好村政建设，为嘎鲁图嘎查的经济、文化、社会等各项事业的发展与壮大奉献力量。

由于初次担任嘎查达，比较缺乏相关的工作经验与实践基础，加之嘎查的近几年的情况相对复杂，额尔敦尼对很多基层与实际问题的考虑尚不周全，因此，他向前任嘎查的领导干部以及曾为苏木达（鄂温克语，有“乡长”或“镇长”之意）的父亲虚心求教。经过前辈的提点和悉心指导，额尔敦尼在思想认识上有了一定的提高。于是他首先决定去亲戚朋友家侧面了解嘎查牧民们的基本情况以及牧户的经济条件，并依照牧民特点与家庭情况进行划分和归类后再有针对性地去走访、调查。额尔敦尼告诉我们调研组，在入户调查的过程中，一定要放平心态和端正态度，要以牧民的身份去定位自我，并切身体会他们的辛劳和疾苦。“只有将牧民们的切身利益与自己的本职工作紧密地联系起来，才能设身处地地‘想其所想，急其所急，解其所忧’”。通过与牧民们的恳切交谈，额尔敦尼了解到群众所关心的热点和难点问题，并把有关情况及时向嘎查书记或苏木领导反映。而对于嘎查里的各种邻里纠纷或矛盾冲突，他也总是亲自参与调处，不厌其烦、晓之以理，客观公正地进行处理。这样一段时间下来，额尔敦尼便与嘎查牧民们建立了一定的感情，不管他们在养殖生产、家庭教育还是在日常生活方面遇到了问题或者困难，乡亲们都愿意与他叙说，而额尔敦尼和善的态度以及真诚的服务也为他赢得了广大群众的信任和尊敬。除了深入嘎查收集社情民意，额尔敦尼还经常去周边的嘎查或者苏木走访调研，尤其是申请到贫困补助或者集体项目的嘎查，他都会向该地区的嘎查达或党支部书记学习请教并与其进行切磋交流，力求共同发展进步。此外，额尔敦尼还利用嘎查办公室与图书馆便利的网络资源与信息共享条件浏览辉苏木以及鄂温克旗人民政府网站，以查阅最新政府文件、相关政务信息以及惠及牧民们的各项优惠政策。额尔敦尼随时都会关注有关养殖技巧或科学知识等网站的动态消息，如看到有举办培训或开展讲座的通知，他都会积极参与实践，以拓展知识视野、积累畜牧经验。

2009 年 11 月，鄂温克旗人民政府为了进一步促进牧区信息化建设，深入 12 个嘎查对党员和部分领导干部进行了集中培训。额尔敦尼作为嘎鲁图嘎查的牧民代表也参与其中。据额尔敦尼回忆，这次培训主要是利用一些多媒体教学课件、投影仪等先进的信息技术设备，为广大牧民讲解一些畜牧业基础知识、草原生态保护与建设、草原法、饲料技术，以及各种疾病预防等知识。培训人员还通过对计算机基本常识和网络应用技术的讲解，指导牧民进行网上查询农牧业信息与惠民政策。额尔敦尼对我们调研人员说，“我们通过与授课老师的交流咨询、现场操作以及模拟演练，对畜牧业生产以及草原保护等方面的相关知识有了更加深入的了解，这次讲座真是让我们切实感受到了信息技术所带来的方便与实惠。”

2010 年，鄂温克旗民委从全旗范围内挑选出优秀的嘎查党支部书记及嘎查达组成第一批“先导团”，赴锡林郭勒盟参加与“牧业合作社”相关的知识培训，并参观锡林郭勒盟的太仆寺旗肉牛养殖合作社、正蓝旗牧业合作社等业绩较佳的几家合作组织，为这些基层领导干部提供学习先进的运行理念和实用技术的平台，引领广大牧民群众走集体富裕之路。额尔敦尼在访谈中表示，他对此次培训与参观感触颇深，也准备创立和发展本嘎查的牧民经济合作组织或专业合作社。他告诉我们调研组，由于目前嘎查内部贫富差距现象比较严重，如果收入差距持续扩大，越来越多的牧民就会弃牧而去，畜牧业的发展就会受到威胁；此外，嘎查里贫富差距的拉大也有可能使得一些牧民在寻求致富途径时不择手段，从而扰乱嘎查的社会治安。“这些都是贫富差距恶性扩大所引发的潜在威胁，因此我们需要寻找一条真正帮扶贫困牧户或低保户有效脱贫的出路。”除此之外，额尔敦尼和嘎查的其他领导干部考虑到嘎查里部分牧民自身能力有限或家庭经济状况的不允许，仅仅依靠自己努力是很难实现既好又快地发展的。所以他们“结合目前经济社会发展的新形势和新需要，打算充分发挥嘎查里养殖大户以及经营能手的特长和优势，依靠他们的力量牵头领办合作社并为牧民群众分享其养殖经验和经营技巧。与此同时，还要鼓励广大牧民尤其是家庭较为贫困的牧户积极参与其中，让他们能够在牧业大户帮扶下和自我学习中得到实在的利益和优惠。”自从萌生了创建牧业合作社的想法之后，额尔敦尼便和书记金花对周边嘎查的牧业合作组织进行了调研，如巴彦托海小康畜牧业专业合作社、巴彦塔拉乡塔拉牧民专业合作社、团结嘎查原野牧业合作社等，并通过对这些牧业合作社的成功经验进行认真研究和分析，为创办嘎查自有的牧民合作社提供参考和借鉴。

对于额尔敦尼来说，2010 年可以说是他工作生涯中一个特殊的时段，可谓机遇与挑战并存，收获与压力同在。自从得知鄂温克旗政府联合民族宗教事务局利用 2010 年度国家扶持人口较少民族发展资金，对该旗的 4 个镇、5 个苏木和 1 个民族乡以及其下的各个嘎查实施帮扶和支援后，作为嘎查达的额尔敦尼也决心借此机会改善嘎查的基础设施状况以及牧民们的生产发展环境。于是，他向旗政府和民族宗教事务局递交了“移动游牧篷车”的项目申请，打算为“走敖特尔”（鄂温克旗语，意为“流动游牧”）的牧户提供方便。额尔敦尼告诉我们调研组，此次项目申请为嘎查里较为贫困的牧户或暂时无砖房居住的牧民带来了极大的实惠与便利。嘎查领导班子根据牧民的生产条件、家庭经济状况等因素进行综合评定后，共为 10 户牧民申请到了新式的移动游牧篷车。额尔敦尼向我们介绍道，该项目共投资 26 万元，其中国家项目资金 20 万元，牧户自筹资金 6 万元（每户牧户自筹 6000 元）。此次申请到的新式移动篷车的内外结构设计相比以往牧民使用的篷车更具人性化，配备有床、桌椅、炉具、橱柜、暖气、卫星电视接收以及防火、防盗和防雷击等设施，适合牧民们一年四季快捷的游牧移动和夏、秋季节打饲草料时使用。“这次新式篷车项目的成功申请在一定程度上扭转了牧民在发展畜牧业过程中因受自家饲草料供给不足而产生的不利影响，提高了部分牧民家庭的生产质量和生活水平。”

2011 年，嘎查依照辉苏木党委所提出的“坚持以科学发展观为指导”的精神，结合“创先争优”的活动要求，提出了“惠民、便民、利民”的民生口号，立足于满足嘎查百姓的多方面需求，为逐步实现嘎查牧民“住有所居、劳有所得、病有所医、老有所养”的幸福生活而奋斗。在嘎查达额尔敦尼的努力下，嘎查通过旗扶贫开发办申请到了 90 万元的“产业化”项目资金，并已购买 80 头牛（母牛和小牛犊）分配到 20 户较为贫困的牧民家庭。额尔敦尼告诉我们调研组，鄂温克旗民委每年都会争取一定数额的项目资金为嘎查的贫困户或低保户进行集中扶持，如为贫困牧民购买牛羊或者为无房特困户改建房屋等。自 2005 年鄂温克旗被确定为“国家扶持十万人口以下较少民族发展重点县”以来，便确定全旗的 4 个苏木和 23 个嘎查为重点扶持对象。嘎鲁图嘎查作为“十万人口以下较少民族整体脱贫试点村”，接受了旗民委对嘎查采取的在“集中扶持，进村入户，整村推进”等方式下所实施的为期 5 年的扶持项目。自嘎查实施试点村工作以来，结合实际情况和发挥自身优势制定了比较科学的规划方案，在短短 5 年时间内就在生产建设和畜牧业发展上产生了喜人的变化：嘎查利用自治区民委、自治区扶贫办下拨的专项资金改善了部分牧民的居住条件，解决了 22 户牧民的住房问题，并为其中的 10 家贫困牧户新建了砖木结构的房屋，配备了机电井和卫星接收器。此外，嘎查还筹资 30 万元为贫困牧户购买了基础母羊 540 只，并为每户贫困牧民购置了粮食和生活用品。同年 8 月，额尔敦尼还从旗民委申请到扶贫项目，用帮扶的奶牛购置款购买了 49 头牛（含牛犊），并分配给嘎查的 5 户重点贫困家庭。在嘎查达额尔敦尼的带动和领导下，惠及群众的优惠项目和补贴款项逐年增多，牧民们在生产发展上的积极性也随之调动起来，嘎查的各项工作呈现出良好的发展势头。

2011 年 9 月，嘎鲁图嘎查被鄂温克旗政府从众多项目嘎查中筛选出来，成为社会主义新牧区建设的“民族示范村”。2011 年 10 月，鄂温克旗民族宗教事务局组织全旗 23 个人口较少民族发展项目嘎查的 25 名嘎查党支部书记和嘎查达赴贵州省对部分城市和地区的牧业养殖合作社、畜牧业专业合作社以及奶牛协会等进行学习考察，并与这些合作社的领导干部开展经验交流活动。作为此次培训的参加人员之一，额尔敦尼表示从中受益匪浅，对创办牧业合作社以及对其经营运作所需的组织协调、制度保障、项目支撑、资金筹备、信息技术等方面有了更加透彻的理解和更深的认识。“每到一个合作机构，我们都会感到眼界开阔。一些关于基层合作社的工作方式以及经营管理等方面的先进做法和理念等都深深地触动了我。尤其是见识到牧业合作社可以让老百姓确确实实享受到其发展带来的利益时，我们嘎查的领导干部便更加坚定了创建合作社的信心和决心。”

2012 年年初，鄂温克旗政府和旗委组织部围绕“建设生产发展、生活宽裕新牧区”的目标，鼓励各嘎查大力发展牧民专业合作组织，以期提高嘎查的畜牧业经营组织化程度，形成“生产—加工—销售”一体化的产业链，以此带动当地牧民依靠信息科技和规模效益走上致富道路。额尔敦尼作为嘎鲁图嘎查的嘎查达向旗委组织部申请了30万元的合作社项目资金，并组织9户畜牧业大户携5户特困户创建了“知达畜牧业、牧民合作社”。据额尔敦尼介绍，目前嘎查共有贫困户25户，鄂温克族贫困人口达102人，此合作社运行的目的之一就是从这些家庭经济较为困难的贫困或低保户之中筛选出具备脱贫条件的5家牧户，并按需制定帮扶方案，以增加其收入，提高生活质量。考虑到前来嘎查收购牛羊的畜牧业中介公司日益增多，而嘎查里很多牧民由于信息滞后并不知晓牛羊羔买卖的实际市场行情，导致与畜牧业市场脱节的问题产生，为中介公司赚取高额差价并由此获得盈利提供了空间。因而，嘎查的牧业牧民合作社打算对出售牛羊给中介公司的牧户数量进行统计，并购买其牛羊，以此来取代中介公司，使得广大牧民尤其是贫困牧户能够得到相对合理的畜牧业收入。额尔敦尼说，嘎查合作社会拿出部分项目资金为所购买的牛羊提供良好的饲养条件，待育肥成功后合作社与旗里正规的养殖基地或收购公司签订购销合同，并把期间赚取利润的20%分配给这5家贫困户作为补贴款，其余80%作为合作社的运营资金。此外，这5户贫困牧民的牛羊的放养将不会征占嘎查公共放牧场地，而是由9户牧业大户无偿为其提供草场及饲草料的支持，而放牧工作则由这5户居民全权负责。额尔敦尼告诉我们调研组，在饲养和买卖牛羊的过程中，合作社要确保对牧民们的牛羊进行统一防疫、统一对外签订销售协议和统一结算，以使贫困牧民省心、放心。除此之外，合作社成员还要悉心钻研牛羊养殖技术，除向书本学习专业知识外，还应向专业技术人员学习请教。合作社的成员在学习后还要对牧民们进行相关辅导，使其牛羊养殖的技术水平日益提高，经济效益不断增加。额尔敦尼说，他们要充分发挥合作社的市场牵动作用，构建特色农畜产品流通网络，实现牧区与市场、生产与销售的有效对接，争取使合作社成为牧民增收的新途径、新领域和新亮点。额尔敦尼在访谈中表示，“知达畜牧业、牧民合作社”为这几户贫困牧民家庭的增收与生活质量的改善提供了一定的保障，因为这是由旗民委与他们签订合同，由嘎查领导所担保下的协作帮扶，并确定了为期3至5年的扶持期限。若在扶持期结束后有贫困户因此脱贫，合作社则会把扶持名额周转给其他贫困户，逐步实现嘎查“零贫困”的民生目标。

额尔敦尼说，近几年旗里的济牧补贴、粮食直补、柴油补贴、农机具购置补贴、农资综合补贴等各种惠牧政策和项目逐渐落实，不但为稳定嘎查的牧业生产打下了基础，还为广大牧民在带去实惠与便利的同时有效缓解了其经济生活压力。另外，牧民们如想申请补助款项或项目资金，只需向嘎查委员会递交申请并出示相关证件或说明，嘎查委员会的工作人员就会协助其办理。额尔敦尼对我们调研组说，虽然旗里相关部门下达的惠牧政策以及为广大牧户提供的补贴项目逐年增多，但由于申请名额有限，很多贫困牧民还不能及时受益，嘎查的一些发展成果尚不能为牧民所共享。鉴于此，嘎查达额尔敦尼决心为嘎查申请到更多的国家专项补贴，为百姓争取到更多的优惠政策，以期提高其生活质量和幸福指数，在推进嘎查不断前进的同时，也为促进牧民们的全面发展做出贡献。

谈及嘎查尚存的贫富差距问题，额尔敦尼叹了口气，说道，“最近几年来，随着雇工价格、主要农资价格的普遍上涨，牧民们的生产费用大幅增加，而效益却在不断下降。另外，大家的目光依然都聚焦在城乡差距上，对农村内部的贫富差距显然还不够重视。其实，城镇和农村毕竟是不同的生活空间，涉及两种不同的群体。而农村内部的贫富差距相比之下就显得比较明显，许多不稳定的因素都会引起广大牧民的不平衡情绪，以此对农村牧区的生产和社会生活造成不利影响。”顿了顿，额尔敦尼又说，“现在嘎查的贫困户约占牧户总量的35%，这一比例不容小觑，我们嘎查也会在实际工作中尽自己最大的努力，帮其早日脱贫致富。”额尔敦尼把嘎查现存的贫困问题归结为两类：一是由于牧民家庭子女过多或家庭成员罹患重病所致使的贫困；二是由于牧民自身惰性所引发的贫困问题。对于第一种情况，额尔敦尼表示，首先要通过嘎查领导干部的努力，为其向旗民委、组织部、扶贫开发办等部门争取到更多的优惠项目和补贴资金，以适当缓解资金压力；其次要在嘎查各年度的财政扶贫项目及资金计划中，安排相当比例的切块资金，专项用在对这些贫困人口的直接扶持上；此外，还要进一步完善嘎查的新型农村合作医疗保障体制，增加公共卫生支出，建立方便群众的医疗救助制度，防止牧户“因病返贫”和“因贫失医”的情况发生；嘎查要将五保户、特困户、残疾人贫困户等牧户纳入其医疗救助范围，并对其给予医疗救助。额尔敦尼说，“这部分贫困牧户大多处于脱贫的临界线上，帮扶措施相对容易，见效也快。”而针对第二种情况，额尔敦尼告诉我们调研组，“这一类贫困户是很难通过自己的努力达到脱贫致富的，即使在嘎查的帮助之下摆脱了贫困但也很容易在短期之内返贫。这样的牧民不仅不能给家庭带来收入，反而还要增大家庭的支出，最终导致整个家庭陷入长期的贫困之中，难以脱贫。”额尔敦尼说，这部分人口是扶贫工作的重点和难点，他们需要嘎查长期对其进行救助和支援，同时，嘎查的相关领导干部也要努力做好对此类贫困户的心理疏导和调试工作。对于嘎查的这些贫困牧户，额尔敦尼还表示，除了通过以上几种方法“对症处理”外，嘎查还要充分利用“知达畜牧业、牧民合作社”的力量对贫困牧户实施积极的帮扶和救助等措施，以使其家庭尽快摆脱贫困。在访谈中我们了解到，虽然“知达畜牧业、牧民合作社”已经成立，但由于运营资金尚不充足，暂时还不能为嘎查的贫困牧民提供及时的帮助与扶持。“待今年8月份嘎查向旗组织部所申请的30万元项目资金全部落实后，部分牧户的贫困状况也将会得到一定程度的扭转”。

嘎鲁图嘎查除对以上贫困牧民提供扶持帮助外，针对部分贫困学生嘎查也会给予一定数额的补助资金，以帮助其顺利完成学业。我们在访谈中了解到，此部分助学资金来源于嘎鲁图嘎查的集体经济，2011年嘎查为部分贫困学生发放了近万元的助学资金，其助学标准为，高中生每人2000元，大学生每人4000元。额尔敦尼说，近三年来，嘎查每年都会从集体储蓄中拨出四到五万元用于扶持牧民的生产生活。

自1982年成立集体经济以来，嘎查“两委班子”始终坚持实事求是、因地制宜的原则，充分发挥区位、资源等优势，通过项目扶持、组织帮扶等多种途径发展、壮大集体经济，夯实了基层组织凝聚群众的物质基础，做到了集体经济与牧民增收的双增共赢。2011年嘎查集体牲畜总头数为500头（只），集体经济年收入达10万余元，集体经济资产接近50万元。额尔敦尼说，嘎查集体经济的发展，不但增强了“两委班子”为牧民群众服务的功能，更让牧民切切实实地享受到了实惠。嘎查仅利用“集体牲畜分成”一项，就效解决了部分贫困牧户的生产生活等问题。据了解，嘎查每年会为5户贫困牧民提供该项扶持，其中每户可分得10头（只）牛羊。在奶牛的饲养过程中，牧民可以把自行喂养的年龄较大（大约5岁以上）的奶牛通过嘎查的集体经济换成幼龄牛继续进行饲养；分得的羊则在售卖后把收入的40%交由嘎查，其余60%的收益归牧民自己。此外，5户贫困牧民在牛羊饲养的过程中还将享受到嘎查给予的饲草料补助。额尔敦尼对我们说，随着嘎查集体经济的不断发展，他们也会对集体经济中的牛羊品种进行更新，争取较多地引进适应能力强、耐粗料、品质优良的西门塔尔肉牛以及产量高、效益佳的小尾寒羊，不断让革新成果惠及广大牧民，促使嘎查牧民增收。除“集体牲畜分成”项目外，嘎查的集体经济也使得牧民在参加合作医疗以及牧区基本养老保险等过程中出现的资金不足问题得到了有效解决。据额尔敦尼介绍，近几年来，嘎查每年都会从集体经济中拿出一定数额的资金为贫困牧民办理合作医疗、牧区基本养老保险等，累计资金额达到近百万元。除以上两方面外，集体经济的发展还使嘎鲁图嘎查的社会生活和基础设施得到了进一步的推进和加强。近三年来，嘎查每年都会从集体经济中拿出部分资金用于修建公路、接通高压电等公共事业以及“肉牛肉羊养殖基地”等畜牧业建设工作上来。额尔敦尼告诉我们调研组，“在2010年‘S201—辉苏木通乡公路’建成之前，嘎查的牧民们去一趟南屯（鄂温克旗的中心镇巴彦托海镇）不但要走十多里的土路，还要再乘坐几个小时的公交汽车。若遇到雨雪天气，从嘎查到南屯往往需要一天的时间。另外，每到秋收时节，虽然大型收割机无法通过狭长的土路，但小型拖拉机带动的割草机也免除了牧民在烈日下弯腰收草之苦，但整个工作过程下来，也得花费半个月多的时间。自从公路修好了，大型联合割草机应时进地，连割带晒带去杂，一家最多三五天时间就能完成全部工作。”额尔敦尼顿了顿，又继续道，“嘎查公路的修建还让牧民们改变了传统的生活方式，衣食住行都发生了质的变化。以前每到牧闲时，喝酒、打牌非常盛行，牧民们也没有什么其他的娱乐项目。而现在，科技养殖、科技致富成了众多牧民们的新追求，业余文化生活更加丰富多彩。”谈起这些变化，额尔敦尼感叹地说：“这都是旗委落实的优惠政策以及嘎查的集体经济给我们带来的好处。”在他看来，嘎查公路的修建不仅解决了牧民们出行难的问题，也在某种程度上打破了嘎查经济发展的交通瓶颈，促进了牧民们的增收和生活质量的改善。

针对畜牧业发展，额尔敦尼向我们调研组介绍道，嘎查本地放养的牛羊肉质鲜美，风味独特，所以大力发展特色养殖业，走产业化的发展道路将会大幅度推进嘎查的畜牧业建设和经济发展。由此，嘎查集体经济中有一定比例的资金用于建设标准肉牛育肥牛舍、肉羊羊舍以及肉牛、肉羊配种点。“就目前的发展情况来看，这些牛羊养殖基地建设已初见成效，嘎查也将继续努力，争取把它们发展成为辉河苏木重要的牛羊育肥基地和杂交羔羊生产基地”。对于嘎查集体经济运行中出现的问题，额尔敦尼也把它们归结为以下三个方面，一是嘎查集体经济发展不均衡，集体经济发展壮大渠道比较单一。这主要是由于目前嘎查集体经济的发展仍然依靠集体草场和集体牲畜。而在实施草畜平衡制度，限制牧民过度放牧后，嘎查却不能以进一步增加牲畜头数来发展壮大嘎查集体经济。二是嘎查部分集体经济的利用不甚合理。嘎查把集体牲畜承包给牧户时因嘎查制度不严、牧户管理不善等缘故造成集体牲畜流失的现象仍然存在。三是嘎查干部对新形势下发展壮大嘎查集体经济的重要性和必要性的认识尚不充分，发展壮大嘎查集体经济思路还比较狭窄，不能立足地域和资源优势求发展。对此，额尔敦尼表示，要在综合利用旗直项目部门资金的基础上统筹发展嘎查的集体经济方面，争取形成规模发展，让广大牧民享受到更多的利益和优惠。

额尔敦尼在访谈中提到，在发展特色养殖业的同时，还应结合本地区草原与湿地水草交融的独特自然景观，注重发展以民俗观光旅游服务业为代表的第三产业，比如重点发展牧民家庭体验游、休闲度假游等多种旅游项目，以多彩的人文景观、优美的自然生态景观和独特的民族风情等吸引客源。与此同时，还要加强与其他嘎查和苏木之间的合作，大力发展跨嘎查、跨苏木的旅游。“谈及嘎查旅游业的发展，不得不提到的就是位于嘎查西部的辉河湿地保护区”。额尔敦尼强调，辉河湿地保护区是国家级自然保护区，它在拯救珍稀濒危物种、保持生物多样性、滋养水源、保持水土及调节气候等方面发挥着重要的作用。对于嘎查的旅游业建设，要以境内辉河湿地生态休闲旅游区为核心，综合利用区内资源开发旅游观光和餐饮、娱乐、交通等配套服务的产业。额尔敦尼还说，由于嘎查处于典型草原地带，属生态脆弱区，所以应在开发和经营旅游业的过程中，重视草场的保护与建设。对于嘎查居民来说，要以草定畜，缩减养殖规模，发展质量效益型畜牧业，建立健全轮牧休牧制度；而对于组织管理者来说，要正确处理好资源利用和环境保护之间的关系，发展生态旅游，推进旅游业全面、协调、可持续发展。

对于嘎查特有的“艾罕鄂温克妇女之家”和“妇女创业与发展服务中心”建设，额尔敦尼向我们介绍说，嘎鲁图嘎查现有妇女 150 人，自 2010 年 10 月，全国妇联要求普遍建立“妇女之家”后，嘎鲁图嘎查妇代会便在党员活动室中加挂了“妇女之家”的牌匾，并着手准备相关建设项目。2011 年，鄂温克旗妇联申请到了德国驻华使馆“鄂温克旗牧民妇女活动室房屋维修项目”，嘎查便把原卫生院改建成了妇女活动室，并命名为“艾罕鄂温克妇女之家”。针对牧区地广人稀、居住分散、交通不便、妇女均为少数民族的特点，“艾罕鄂温克妇女之家”因地制宜，定位明确，不但为牧民妇女创业提供项目、政策、培训和管理等咨询服务，还为嘎查女性发展与创业提供实践支撑。据介绍，“妇女之家”和“服务中心”的活动室面积共有310平方米，集电脑室、图书阅览室、展览馆、手工艺术品制作室等于一体。几间活动室在每月固定时间由志愿者组织开放，为广大牧民尤其是妇女儿童提供了学习和活动的场所。额尔敦尼说，“服务中心”与“妇女之家”在功能上相辅相成，涉及牧民妇女潜能开发与创业引导、嘎查社会文化氛围的恢复与重塑、嘎查社区综合发展、传统文化挖掘和保护等领域，致力于引导每一位妇女成为文化传播者和倡导者，从而将该妇女中心建设成为牧民妇女创业的服务基地。2011年4月，根据旗妇联在嘎查建设“综合展现妇女文化、民族文化、牧区文化、家庭文化的妇女之家”的工作安排，旗妇联为嘎鲁图嘎查“妇女之家”送去了价值10000元的15套办公桌椅、3架书柜及价值4000元的1200余本（册）蒙汉书刊，其中书刊内容涉及民族文化、传统手工、疾病预防、日常保健、法律保护、健康饮食、世界名著、儿童教育等领域。额尔敦尼说，通过办公用品及书刊的赠送，嘎查的“妇女之家”的建设得到了进一步的完善，为嘎查的广大妇女同胞开展活动、获取信息提供了更多的方便。同年9月，嘎查还向旗妇联申请到了10万元的“妇女联合会基金”，作为对嘎查贫困妇女提供的贷款支持。额尔敦尼告诉我们调研组，这10万元的“妇女联合会基金”已借贷给嘎查的10户贫困妇女，这种资金标准为每家1万元，年限为1年的无息贷款，可作为嘎查广大妇女同胞的生产生活费用、自主创业资金以及为部分贫困儿童提供助学贷款。由此可见，嘎查的“妇女之家”和“服务中心”俨然已经成为嘎查妇代会凝聚妇女、服务妇女的重要阵地，是旗妇联组织参与社会管理和公共服务的重要平台。

额尔敦尼对我们调研组说，近几年来，尽管嘎查各项事业均取得到了长足的发展，但也存在一些不容忽视的问题：比如牛羊饲养的生产方式相对粗放、生产率较低，牛、羊的品种较差、抵御自然风险能力较弱，牧民缺乏一定的技术信息和资金支持；由于牧民超载放牧和利用不合理草地而造成的部分草场退化；嘎查牧民们普遍生产组织化程度低，生产处于相对分散的状态，不利于金融、市场、项目的对接等。针对嘎查建设发展中存在的不足之处，额尔敦尼表示要紧密结合嘎查实际情况，做到具体问题具体分析：如建立、健全科技推广及培训体系，加快畜牧业技术站和牧民协会的建设；在嘎查活动室设立专门的科技活动中心，配备必要的电教设备，定期开展以现代畜牧业为主题的科学技术教育、传播和普及活动；针对部分牧民在牛羊饲养与经营畜牧业过程中产生的问题和难点，广泛开展各种形式的牧民畜牧业技能培训或组织技术讲座，提高从事牧业的专业技能，增强部分牧民敢于闯市场、善于搞经营的意识，在发展特色养殖业，走产业化发展道路的过程中，使广大牧民不断增收；另外，在大力发展养殖业的同时，还应重视草场的保护与建设，发展质量效益型畜牧业，通过围栏、封育、灌溉、补播等措施，不断加大草场的治理力度。

额尔敦尼说，围绕“新产业、新嘎查、新牧民、新生活、新风貌”的建设机制，嘎查“两委班子”正齐心协力把嘎鲁图嘎查建设成为富裕、民主、文明的社会主义新牧区。而作为嘎查达，额尔敦尼对此充满了信心。

### （二）心系牧民的嘎查书记金花

金花是嘎鲁图嘎查前一任嘎查长那仁吉日嘎拉的女儿，也是嘎鲁图嘎查的现任党支部书记。她是我们进行入户调研指定的联系人，也是接受我们采访的第一人，我们到达嘎鲁图嘎查的第一天就见到了她。

初见金花书记，是在她父亲的家里。作为嘎查的书记，她没有干部的派头，倒很符合我们对鄂温克人民的想象。她身高大概一米六五，皮肤黝黑，穿着打扮很朴素，全身透着一股牧民特有的憨厚和淳朴。从她无意识地低着头和不太好意思看我们的表情中，我们猜想，金花书记是一个腼腆内向的人。在后来的接触中，证明我们的猜想是正确的。

我们刚到嘎查的那几天，正巧是金花书记最繁忙的一段时间。因为四妹妹要嫁人，她要负责婚礼的前期准备，这是精打细算、紧锣密鼓的活儿，容不得半点疏忽和懈怠；另外，父亲的家也在为女儿的出嫁进行翻新和修建，同样耗去金花书记不少的精力和时间。但听说我们到来的意图，金花书记还是毫不犹豫地于百忙之中抽出时间，积极主动地配合我们的工作。她帮我们挑选了调研的人物和牧户，并为我们作了简单的介绍。她自己也是其中之一，接受了我们的访谈。这次的调研工作，因为有金花书记的大力帮助和支持，开展得十分顺利。

在前一天的见面中，我们确定了访谈的时间和地点。所以第二天一大早，我们从住处出发，一行四人驱车前往河东金花父亲的家中，到达刚好是十点钟。金花书记见我们到来，放下手头所有活儿把我们迎进屋里，给我们端上奶茶和奶干儿，采访在不紧不慢的气氛中有条不紊地进行。金花书记如同她第一次见面时给我们的印象一样，依旧不自觉地微微低着头，偶尔抬头却不好意思与我们对视。在整个采访中，金花书记的声音很小，话也不多，基本上是只回答我们问她的问题，很难让人将她与一个带领大伙儿发家致富的领导干部画上等号。但这并不影响采访的顺利进行。

交谈中我们了解到，金花书记于1980年出生，家中有六个兄弟姐妹，她上面有一个姐姐，底下有一个弟弟和三个妹妹。她的父亲那仁吉日嘎拉出生于新中国成立后成立的第五个年头，即1955年，家中有五个兄弟姐妹，是嘎鲁图嘎查的前一任嘎查长。她的母亲赛汗其其格比父亲大两岁，生于1953年，家中有三个兄弟姐妹。由此看出，金花书记家是一个大家族。她的父亲和母亲都是当地人，两人于20世纪70年代结婚，20世纪90年代末期搬到河东，组建了现在的家。

金花书记的父亲那仁吉日嘎拉非常重视对子女的教育问题，他对孩子们说得最多的一句话就是“好好学习”。所以六个兄弟姐妹都不同程度地接受过高等教育。姐姐在海拉尔市读大专，学习的是会计专业，1999年毕业后，在海拉尔开了一段时间的饭店，后来经过自己的努力考上了公务员，现在在鄂温克旗开发区上班。三妹和五妹中学毕业后都回嘎查当了牧民，在当地也算是养畜高手。四妹是本科大学生，今年刚刚大学毕业，她的男朋友家在呼和浩特，所以自然今后要嫁到那里生活，她就是金花书记帮忙筹备婚礼的女主角。唯一的弟弟也高中毕业，已经结婚，目前和父亲住在一起。

说到教育问题，金花书记缓缓回忆起很多年前的情境。金花书记1987年入学，1992年毕业，在嘎查的苏木中心小学接受了她的启蒙教育，也度过了她无忧无虑的童年。她的中学时代是在南屯的鄂温克民族中学度过的，三年初中，三年高中，那里承载了她六年的美好时光，留下了许多的美好回忆。二十年之后的今天，金花书记依旧清楚地记得，初中班上有24个同学，高中班上有26个同学，班上女生的数量远远超过男同学。这让我们在折服于她极强记忆力的同时，也感觉到，中学时代在金花书记心目中的分量不轻。于是，我们忍不住问起了细节。原来，金花书记在高中时是班长，成绩一直名列前茅，“一直前三名吧”，金花书记很腼腆地笑笑说。当时，学校每年都进行“优秀学生”的评选，一个班评选5个人，而金花书记在1996年、1997年连续两次被评为“优秀学生”，并且高票当选。这或许算是金花书记日后事业生涯中的一个小小的萌芽。当问到班上的男女比例时，金花书记边回忆边说，“初中 18 个（女生），高中也是 18 个。”想了想又补充道，“姐姐也在这儿读的中学，还真的是女生多。”说到这，我们和金花书记不约而同地笑了。

中学毕业后，金花书记到呼和浩特市畜牧业大学读中专。两年中专，时间已跳至 1999 年。当问到读中专是不是她自愿的时候，金花书记有些难为情地说，是父亲比较重视教育，说服她去读。说完之后，又兀自笑了。显然，如今的金花书记已然理解自己父亲当初的用心良苦。中专毕业之后，金花本想留在外面继续发展，但父亲的意思还是想让她回家留在父亲身边，兄弟姐妹也算有个照应，懂事的金花最终按父亲的意愿回到了嘎鲁图嘎查。

2000 年对于金花书记来说，是人生中重要的一年。新千年的曙光照在草原上，也照亮了金花书记懵懂的心。这一年，金花书记遇见了她青春里最重要的人，也找到了她一生的依靠。在那一年的敖包会上，金花书记遇见了她的丈夫苏雅拉巴特尔。是不是一见钟情？我们中有人迫不及待地问。金花书记笑了，仿佛沉浸在对初次见面的回忆中。那是 2000 年 7 月 15 号中午，丈夫参加摔跤，而自己是观众中的一员。顿了顿，又补充道，其实两家父母很早就认识，自打那次见面后，苏雅拉巴特尔会经常骑马来看望金花，还帮她的母亲干一些活儿。可能怕我们误会他们在一起是双方家长的意思，金花书记赶紧向我们表明两个人是自己谈的恋爱。

苏雅拉巴特尔是新巴尔虎左旗人，1979 年出生，比金花书记大一岁。家中还有一个弟弟，也是牧民。他在新巴尔虎左旗上的高中，1995 年毕业后，回到家中，专心经营自家的草场。他不爱说话，但踏实能干，经常帮着金花干活。这也是让金花书记特别感动的地方。经过近两年的相处和考察，2002 年 11 月 17 日，金花书记和苏雅拉巴特尔携手走进了婚姻的殿堂。像所有草原上的姑娘一样，金花书记穿上精心缝制的民族服装，戴上美丽的头饰，骑着骏马，踏过初冬的草地，一路从河东来到河西，把希望和未来植根在新的蒙古包里。在金花书记的描述中，我们依稀想象着结婚时的盛况：有 160 人参加婚礼，90 人参加了送亲的队伍，男方家迎亲的人来了 20 人。一行 100 多人的队伍，身着民族服装，喜气洋洋、浩浩荡荡地在草原上行进。每个民族在婚庆中都有自己独特的习俗，鄂温克族也不例外。他们结婚没有诸如金银珠宝绫罗绸缎之类的彩礼，而是女方家准备的牛马羊等一些草原上最常见也最实在的嫁妆。这些东西也不是在送亲时直接带去男方家里，而是在第三天回门时，把它们带走的。结婚当天，男方家一般会过来十几个迎亲的人，来的人大都是能喝酒的。这些人陪着女方家的亲戚朋友吃喝过后，再把新娘子迎回去。陪伴金花去男方家的也不是金花的父母，而是她的姑姑。新娘进了男方的家门后，要把头发扎成两条辫子，以示已经结婚。婚礼通常一天就能结束。因为兄弟姐妹多的缘故，金花的嫁妆相当丰厚。一共是50只绵羊，5头牛，5匹马，分别代表着5个兄弟姐妹的心意。另外还有4件民族服装，和亲戚朋友送的20000元现金。这些东西到男方家后，由新郎新娘自己保管。又是钱又是物的，我们不禁感叹着嫁妆真多。"现在生活条件好了，送的更多了。"金花依旧笑笑说。

父亲家在河东，而丈夫家在河西，那里还没有接通高压电，平日里靠风车发电。所以，结婚的时候家里没有家电，家具基本上也没有什么。有意思的是：金花书记结婚后不久，金花的三妹妹嫁给了丈夫的弟弟。亲姐妹嫁给亲兄弟，这种亲上加亲的故事，真实地发生在眼前。金花书记家和妹妹家，冬天一起住在妹妹家的砖房里，夏天回到自家的蒙古包里生活。但是两家的草场不分开，一直都共同管理。家里放牧场的面积是4000亩，打草场1003亩，加起来共有5000多亩。金花书记嫁过去那年，家里有200只羊，45头牛，10匹马。而现在，家里的马牛羊都成倍地翻了番，一共有1000只羊，270头牛，60匹马。这些牲畜是两家的共同财产，平时一起放牧，每一样都是一家一半。另外，家里还有8峰骆驼，这是金花书记的父亲在自己的外孙女1岁时送给她的，也算是金花书记家的独有财产。牛羊马多了，草料自然不够用，一年下来还要买10000亩草。由于夏天两家人分开住，劳动力略显得不足，所以需要雇佣2个工人来帮忙。可见牧场的规模很大。所谓工人其实也是当地人，出来做工是由于他们家里的牛羊和草场比较少，所以出来帮别人家劳动挣钱。一般雇佣5个月，从头一年的冬季开始，直到第二年的夏天到来。夏天的时候，金花书记家一家三口和妹妹家的三口人一起住在蒙古包里。婚后的2003年9月8号，金花书记有了一个女儿，而三妹妹家的孩子也是9月8号生的，这种缘分让金花书记在聊天中透着一份喜悦之情。

说到孩子，我们向金花书记做了更深的了解。女儿名叫伊茹，现在就读于鄂温克旗第一小学上二年级，开始接受蒙语和汉语的双语教育。平时由金花的姐姐照顾，吃住都在姐姐家，大概一个月接回家一次。而说到对女儿的期望，金花书记让我们有些出乎意料，她说希望孩子能出国留学，最好能留在外面发展，但还是会看孩子自己的意愿。当问到女儿是否会说自己的民族语言时，金花书记自豪地告诉我们，伊茹的民族语言说得很好，并表示自己会一直要求孩子把鄂温克语学懂学精。看得出来，金花书记非常重视孩子的教育。

这或许也得益于自己的父亲。在采访中，金花书记再三表示，父亲对她的影响很大。父亲不仅重视对她的文化教育，也教会她怎样干活、怎样工作，十分支持她的书记工作。而且父亲曾经出资，让金花去了澳大利亚。那还是1999 年的时候，父亲出钱让金花跟着当地的妇联一起去参观和考察国外先进的牧业生产方式和技术，时间大约一个月。金花书记说，那是她去过最远的地方。我们猜想这也许也是她希望孩子走出去的动机之一。我们听说从 2012 年开始，国家对当地鄂温克族家庭新生第二个孩子有奖励，寻问金花书记这个情况。她详细地告诉我们，国家政策鼓励每个家庭要第二个孩子，孩子入户的时候奖励400 元，在孩子 8 周岁之前，每年资助 10000 元的抚养费用。我们打趣地问金花书记会不会更喜欢男孩，想再要一个孩子时，她笑言，“女孩就行!”可见，金花书记把所有的希望都寄托在女儿身上。

在亲切轻松的话家常中，我们险些忘了金花书记的嘎查干部身份。说起来，金花书记是2003 年担任嘎鲁图嘎查的嘎查长，2009 年当选书记。在 2003 年的嘎查长选举中，金花书记的得票是最多的。那一年，她也是旗里 44 个嘎查长中，最年轻的嘎查长。金花书记当选嘎查长后，上任做的第一件事情是带领低保户脱贫。当时嘎查里低保户太多，共有 25 户，委员会选出了相对困难但最有干劲的 10 户人家，旗里出资帮他们买羊买牛。每户低保户分到 50 只羊、2 头牛。然后根据他们自己的经营情况，发展好的牧户还会额外分到旗里更多数量的牛羊奖励。从金华书记的叙述中我们得知，发展得最好的低保户现在已经有 200 只羊，18 头牛。由于如今低保的标准和原来不同，现今嘎查里还有 21 户低保户。那些没有劳动能力的，或者身体不好、儿女又不在身边的老人，都划入低保户的范畴。脱贫项目每年都在继续，旗里曾拨款 50 万元，帮低保户们买羊买牛。可如今草场变小了，而且很多低保户为了当时一些其他生产生活需要，把草场卖了出去，卖得的钱很快就会花完，以至于没有了草场养不了羊，所以现在 1 户低保户拨给 4 头牛。金花书记说，她到目前为止，经历的最有成就感的事情就是脱贫，她坚信自己一定会把脱贫工作一直做下去。

除了脱贫，提案修桥也是金花书记担任嘎查达时期不得不提的一件事。2003 年，也就是金花书记刚上任的那一年，她当选了鄂温克旗的人大代表。考虑到辉河两岸一直都存在的交通问题，金花书记提出了修桥的提案。很快，修桥的提案得到了旗委旗政府的重视，大桥在 2006 年开始动工，2007 年竣工。大桥虽然没有名字，但极大地方便了过往的行人。随后我们了解到，当地的牧民们十分感谢这位年轻的女书记为嘎查做出的点点滴滴，佩服她工作上的魄力和干劲儿。

在开始嘎查达的工作近一年之后，金花提交了入党申请书。金花对我们说："我是嘎查历届最年轻的嘎查长，很多工作开展得都不是特别顺利，好多工作都是在嘎查党组织和嘎查党组织委员的帮助下才落实的，所以我认识到成为一名党员的重要性。"当时的嘎鲁图嘎查一年只有 1 个入党名额，要在 3 个候选人里投票选举产生。嘎查党组织里共有 15 名中共党员，金花在考核投票中以全票通过。金花书记告诉我们她永远忘不了那个日子，忘不了在党旗面前宣誓的场面。2004 年 7 月 1 日金花根据中国共产党及党组织入党程序的规定来到辉苏木的党支部入党宣誓，成为中国共产党的一员。这样，嘎鲁图嘎查党员的数量增加到 16 名，其中像金花这样的女性党员占很大的比例。

2009 年，金花参加了嘎查党支部书记竞选，此次选举是从 23 名中共党员中推出 3 个候选人，然后再由牧民们对这 3 位嘎查党支部书记候选人进行公选。金花以优异的工作业绩和积极态度获得了牧民们的认可，最终当选为新一届的嘎鲁图嘎查党支部书记。我们询问金花书记嘎查党支部书记的工作和嘎查达的工作有什么不同时，金花书记告诉我们，当嘎查达负责的方面比较多，而当上书记之后主要负责党务党建。近期，党支部也提出了"双培双带"先锋工程，意思是把贫困党员培养成致富能手，把致富能手培养成党员，党员带头致富，带领群众共同致富。这样的机制提高了党员干部的思想政治素质，增强了大家帮带致富的本领，同时也增强了基层党组织的生机与活力。金花还告诉我们，现在嘎查里，有一个书记，一个宣传委员，一个组织委员，一个嘎查达和一个副嘎查达。她担任书记后，发展了 3 名中共党员，到目前为止，嘎鲁图嘎查里一共有 26 名党员。在金花书记的带领下嘎鲁图嘎查党支部已经获得"优秀基层党支部"和"创先争优党支部"两个光荣称号。

按照相关规定，嘎查党支部书记的任期是三年，2012 年嘎鲁图嘎查将进行新一届的党支部书记换届选举，同样金花书记也将面临新一轮的选举。金花书记说："我能有这样的成绩都是嘎查党支部对我的教育和栽培，所以我还是希望能继续为父老乡亲和嘎查党支部发展尽一份微薄的力量。"当向她了解接下来的工作打算和想法时，金花书记告诉我们，现在嘎查委员会有一个牧业生产的帮协计划。这个计划的实施方法就是让5个经济相对富裕的生产大户与5个经济相对贫困的生产小户组成帮扶集体，让牧业生产水平高的牧户对生产水平相对低下的牧户进行经济上的支持和劳动上面的互助。正所谓：有钱的出钱，有力的出力，大家一起发展。在金花书记简单平实的几句话语中，始终贯彻着"先富帮后富，共奔致富路"的方针。听完金花书记的叙述后，不难看出金花书记真的是一个能为嘎查百姓着想的好书记，同时我们也能感觉到金花书记的工作方法确实有自己的独到之处。在进行帮组分户和前期协调工作的时候，出现了很多工作开展上的困难。金花书记说："嘎鲁图嘎查总共有84户牧民，在实施帮协政策的时候我们遇到一个很棘手的问题就是生产大户愿意参与对小户的帮助，而生产小户普遍不愿意接受大户的这种帮助。"她还说，这个情况的发生主要是因为我们实施政策的时候要求生产大户为生产小户提供物质生产资料，生产小户只需要在完成自己的生产份额之后帮助生产大户从事一些劳动从而获取相应的劳动报酬。这样的生产方式产生了很多问题，生产小户要进行比以前强度更大的劳动，但由于这些小户多为弱势人群，他们本身能承受的劳动量就很有限，互助帮协项目的开展致使生产过程中的劳动强度大大超出他们能够承受的能力，所以问题就出现了。金花书记告诉我们，接下来会调整帮扶方案，同时耐心细致地去做牧民们的思想工作，并把帮协活动的益处和优势推广给所有嘎查的牧民，争取尽快落实这项有利于民的政策。

金花书记在任期间最想为牧民们做的两件大事，第一就是让全嘎查的牧民们脱贫致富，生活无忧。第二就是她最上心、也是最想达成的事情，那就是让嘎查的孩子尽可能地都去上学，提高牧民的整体文化水平。"发展好畜牧业的同时一定更要发展好教育，只有教育才能提高文化素质，才能让我们鄂温克民族的整体发展水平提高。这关乎民族未来的发展。"金花书记严肃地说。问及怎么发展教育时，她出乎意料地告诉我们，现在正在动员嘎查里的牧业大户支持高中生读大学，并且由她自己带头去做。想不到看似腼腆内向的金花书记，行起事来是这样的果敢和大气！"我们鄂温克民族如果想要有更好的明天，我们必须要尽可能多地培养出大学生，我虽然没有上过好大学但是至今为止已经帮助学校培养和资助好几个大学生了。”金花书记带着满意的笑容说道。同时她又说，为了发展教育，旗里也会给考上大学的孩子一定奖励的资金。记得考学成绩最好的一年，有四个孩子考上了重点大学，我们给这些孩子都发放了奖励资金，其中最多的一个孩子奖励了5000元。

说到民族的未来，金花书记对我们说：“之前勘探队来我们这儿勘探，说这儿的地下有煤矿，吸引了许多想要开发资源的开发商，但是牧民们都坚决不同意，因为开采的钱迟早会花完，草原却可以养活我们的世世代代，我们绝不能失去。”朴素的几句话，饱含着牧民们对这片土地的热爱，这个民族的淳朴善良可见一斑。不由得想问问金花书记，她对生活现状是否满意。“满意，因为生活条件好了。”她不假思索地回答。说到生活条件，不得不提到收入。金花书记很详细且很很好地告诉我们他们一家人一年的收支情况，大到几万块买饲草的钱，小到几百块钱的医药费用，她都很清楚很肯定地说出，不由得让我们十分佩服。当我们问金花书记有没有想过为自己盖一间砖瓦水泥房时，她告诉我们还是喜欢住在蒙古包里。我们知道根据国家的政策规定，没有砖房的家庭是可以申请安居保障房。金花书记说，国家的安居保障房政策每年是有严格名额限制的，她没有申请的主要原因是嘎查有很多比自己生活条件差的牧民还都住在简陋的蒙古包里，所以她想让更多的人解决房子的问题之后自己再考虑。在谈到基础设施建设的问题时，她说国家对牧区的建设做了很多努力，嘎鲁图嘎查的地理位置靠近辉河国家级自然生态保护区，国家为了方便对保护区的观测，修建了一条巡护观测公路，这条公路极大方便了嘎查的生产生活。在这条公路的带动下，牧民们的出行更加自如，也减少了物资运输上的不便。嘎查目前的基础设施条件得到了很大的改善，河东已经通了电，牧民们日常饮用的也都是从井里打上来的地下水。所以金花对公路、通电和通水状况都很满意，觉得这样的发展速度很好。

当问到嘎查发展最大的困难是什么时，金花书记认为是缺少生产技术和资金支持。她表示这不仅是嘎查牧业生产的主要问题同时也是许多牧民家所面临的难题。在牛羊的饲养过程中牧民们会碰到很多比如疾病防治和牛羊接羔的技术性问题。这些问题的理论性和实践性的差别很大，虽然嘎查的图书室里有很多解决牧业生产技术难题的相关书籍，但是很多牧民不识字并且即使看懂了也不能准确地应用到解决实际生产困难中去。嘎查里专业技术员数量很少，很难及时地处理牧民生产中遇到的问题。金花书记为了解决这些问题，曾专门参加过内蒙古自治区的牧业养殖技术、防灾防疫专题课程培训。回来后尽可能地培养其他牧民提高生产自救能力，让更多的牧民在实践中学到牧业生产技术。

跟金花书记的谈话中，时间过得很快，不知不觉就过去了两小时。我们知道金花书记最近很忙，不想耽误她更多的时间就同她告别了。金花书记的工作态度和带领村民们生产致富的行动给我们留下了很深的思考，她少言寡语的性格、为牧民们排忧解难的领导热情确实无愧于一个好共产党员的称号。希望金花书记在下一届的嘎查党支书选举中一切顺利，并用自己的热忱再为嘎鲁图嘎查牧民们造福。从金花父亲家走出来时，我看到墙上挂着一幅字：如果你要造一艘船，你不会把人召集在一起，去搞木头、准备工具、分配任务和工作，而是首先要在他们内心唤起走向辽阔和无边大海的渴望。我想这正是鄂温克人民真正的体悟！

## 十一、嘎查历史见证者代表

### （一）原嘎查达那仁吉日嘎拉

那仁吉日嘎拉是嘎鲁图嘎查的前一任嘎查达，由于对嘎鲁图嘎查的重要贡献，以及丰富的人生阅历，他引起了我们的高度重视，成为我们这次调研活动的重点访谈人物之一。经过了解，我们得知那仁吉日嘎拉经常一周才回家一两次，来补充食物和日常用品，平日里都是住在移动的棚车里，与他的牛羊为伴。因此，我们和他的女儿金花约定好，第二天上午对他进行专访。

第二天，我们按约定好的时间，早早地来到了那仁吉日嘎拉家。金花告诉我们，父亲要放养 500 多只羊，而且放牧的地方离家很远，所以让她的弟妹开车带我们到父亲放牧的地方去调研。听到金花这么细心周到的安排，我们的内心充满了感激。汽车在草原上飞快地奔驰着，经过半个多小时的颠簸，我们到达了那仁吉日嘎拉老人所在的牧场。远远地，一个颇具现代特色的方形“蒙古包”映入眼帘，我们知道这就是那仁吉日嘎拉临时的家。与“蒙古包”相连接的一辆造型奇特的车吸引了我们的目光，它有一个拖拉机式的车头，中间牵着一个板车的车身。金花的弟妹告诉我，这就是传说中的棚车。它是牧民在放牧中不可或缺的生活生产工具。拖拉机牵引着可以移动的房屋，让牧民可以在间隔很远的草场之间巡回放牧，牧民的吃住行全靠它。同时，它还能牵引水箱等其他日常设施，成为牧民生产活动的中心。我们不仅感慨棚车具有如此之大的用途！正感慨着，“蒙古包”里走出一个魁梧的身影，他身着灰色背心黑色长裤，脚上穿着黑皮鞋，显得非常沉稳干练。他头发有些花白，皮肤呈历经风吹日晒的牧民所特有的暗红色。看见我们，他咧开嘴，笑出了皱纹，使劲地和我们挥手，淳朴和热情洋溢在脸上。我们知道，这就是那仁吉日嘎拉。下车后，那仁吉日嘎拉示意我们到屋里坐。由于语言上的不通，我们只好劳烦陪我们前来的金花的弟妹，来担任我们这次专访的临时翻译。进屋坐定后，金花的弟妹跟公公简单阐述了我们的来意，我们的访谈便徐徐展开。

那仁吉日嘎拉出生于 1955 年，他的父亲叫那仁哈吉德，母亲叫拉哈地，都是本地的牧民。他的家里兄弟姐妹一共 6 个，那仁老人排行老二，比她大四岁的姐姐因病早逝，一个弟弟和一个妹妹也分别由于心脏病和脑出血已不在人世，现在只剩下一个弟弟和一个妹妹。那仁老人告诉我们，他刚出生时家里条件很好，大约有 300 多只羊、四五十头牛，还有 20 多匹马，在当地算是大户人家，生活无忧无虑，很是安逸。1958 年，为了响应党中央发展生产的号召，嘎鲁图嘎查成立了生产队，牧民们被组织到集体所有制组织即牧业生产队之中，所有牧户家的牲畜全部上交队里，由队里统一组织生产、分配。当时，主要成立了牧业生产队、打草队、配种站、接羔防疫组等，队里调整了畜群，还实行了“定人、定群、定水草、定棚圈”的四定办法，移场放牧，有时还进行夜间放牧，延长了放牧的时间，使得牛、马全都达到满膘，羊膘也较过去增加了许多。为了保障每户牧民的生活，允许每户牧民自家留下一匹马，两头牛（一公一母）来扩大牲畜的养殖规模，由于那仁老人家里上交牲畜的数量很大，经上级批准他家共留下了十几头（匹）牛马，生活还算稳定。

1962 年，那仁吉日嘎拉进了当地的辉苏木中心小学，开始他的启蒙教育。当时的辉苏木只有这一所小学，所以大多数的孩子都在这里求学，一个年级一个班级，每班大约 20 个学生。说到学习，那仁吉日嘎拉谦虚地说自己的学习算不上优秀，仅仅是中等而已，但自己非常喜欢数学和体育。当我们问到他小学毕业后的情况时，那仁老人无奈地摇摇头告诉我们，他还没有小学毕业就赶上了“文化大革命”，自己很想继续上学，可是条件不允许，学校里也没有了学习气氛，当时没有多少孩子能继续留在学校，只有很少的几个去学习医学，其余的大都回家帮着看家干活了。他缓缓地回忆说，“文革”对牧区家庭的影响很大，一些红卫兵组织起来到家里抢走了所有的东西，十几头牛马、蒙古袍、农具、生活用品等通通都被拿走，只给他们留下了空荡荡的蒙古包，生活根本没办法继续，生活状况简直是困苦不堪。无奈之下，他只能放弃了学习的打算，参加生产队的劳动。这样就可以在一定程度上缓解家庭生活条件困难的问题。可当时的牧业生产也不十分稳定，管理不严，产权不清，人心涣散。从他沉重的语气和凝重的表情中，我们仿佛看到了那段风云突变的历史，正一页页翻开来。

那仁吉日嘎拉的姐姐1968年就出嫁了，其他孩子还太小，所以家里只有那仁吉日嘎拉和他父亲以及爷爷三个劳动力，也就是靠他们三个人来维持全家人的生活。好在从1958年开始，队里每个月都给牧户们分羊来满足基本生活，具体分法是：夏天的时候，每月每户能领一只羊，冬天较冷，为了抗寒，每月每人可领一只半羊，那仁吉日嘎拉家共七口人，所以能得到十只半羊。粮食也是按男女、年龄来分配，户主每月38斤，其他根据年龄的大小，分配的数量也是由多到少。这样的分法，生活依然很紧迫，吃喝都不富裕，但也多少对家里有些帮助。

1970年，那仁吉嘎拉开始在生产队劳动。由于年纪较小，队里分配给那仁做泥瓦工的工作，修盖办公室、学校，修葺破损的蒙古包，建车库、羊圈，砌火炕，工作十分辛苦。泥瓦工的工作一干就是5年多，从学习到实践，他已经熟练掌握了所有跟修建房屋有关的活儿，也算是学到了一技之长。做泥瓦工的最后一年，那仁吉日嘎拉和赛汗其其格结了婚，当时的生活比较艰苦，那仁吉日嘎拉的父母省吃俭用省下了两只羊，请了20多个亲戚朋友来吃喜宴。婚后，那仁吉嘎拉的父母分给了那仁吉日嘎拉一个蒙古包和一匹马，赛汗其其格的家里也给了一头母牛当作嫁妆。就这样，那仁吉嘎拉有了自己的家。转眼就到了1976年，那仁吉嘎拉被安排去帮队里放羊，一干又是6年。放羊的工作要比做泥瓦工轻松一些，三个人一起照看几百只羊，白天一个人负责放羊，晚上一个人负责看护，还有一个人主要负责给大伙做饭，当时那仁吉嘎拉被安排白天放羊。他告诉我们，放牧的工作者看似很轻松其实很累人，不仅要让羊群按时归队，还要负责羊群的安全和羊群的繁殖。当时的劳动酬劳是以计公分的形式来算的，三个人每天共计 36 个工分，平均每人每天最多能得到 12 个工分，按当时的标准，1 个工分可以换 0.15 元，也就是一毛五分钱，这样下来那仁吉嘎拉一个人一年大概有 600 多元的收入，除去正常花销，他一年还可以省下 100 多元。那仁吉日嘎拉还告诉我们，那时为了调动牧民的积极性，队里实行了“奖罚政策”，对成年牲畜、繁殖的牲畜和牲畜的幼崽，有一定的奖罚，超产的部分进行奖励。每年牲畜的死亡率控制在 2% 以内，奖励 2 只羊，如果超过 2%，就需要交一定的罚款。就这样，那仁吉日嘎拉竭尽全力，不断地提高养殖技术，6 年内，靠队里奖赏再加上自家养育，那仁吉日嘎拉家的牲畜数量发展为 60 多只羊，十几头牛。

1981 年，嘎鲁图嘎查推行牲畜大包干责任制，牲畜作价归户，每个成年劳动力可以分到 3 头牛、81 只羊。那仁吉嘎拉夫妻俩又靠这 200 多只羊，二十几头牛，慢慢地发展自家的畜牧业生产。时隔多年，那仁吉嘎拉还清楚地记得当时的情景，再次说起，语气里依旧有按捺不住的欣喜，他说，“我刚刚从苏木听到这个政策之后十分高兴，就急忙把这个消息告诉嘎查的其他人，当时所有人对这个政策都不敢相信，因为这是好多人做梦都想不到的事情!”在这个政策的实施中，所有的成年牧民都分到属于自己的牲畜和生产工具，脱离了“大锅饭”的生产方式，牧民们的生产热情都空前的高涨。当时嘎鲁图的草场还没有承包到户，牧民们的放牧生活非常自由，草场也比现在好得多，只要不怕辛苦，同时保证牛羊不得大病，就能有好的收成。因为知道自己的回报和付出的辛苦是等量的，所有牧民都非常努力。仅仅一年后，那仁老人家羊群的数量就超过了 270 只。

1983 年，牧业生产队基本解散，队里开始归还之前收走的牛羊、劳动工具等。那仁老人告诉我们，队里对当地的牧民有一个 50 年政策的说法，对于当时生产队收走的牛羊的数量，定期定额归还牧户，前 25 年主要以现金的方式归还，后 25 年，就按牛羊的数量归还。有了这样的政策，当地的牧户都非常安心。生产队解散的第二年，嘎鲁图嘎查开始进行换届选举，那时辉苏木已经有指派的人选任嘎鲁图的嘎查达，可是嘎鲁图的牧民们不同意这样的选举方式，他们认为只有本嘎查的人来当他们的嘎查达才能发展好嘎鲁图，造福嘎鲁图的百姓，所以嘎鲁图又进行了一次牧民选举。那仁吉日嘎拉以高票当选那一届的嘎查达。“我真的很感谢嘎鲁图的牧民们对我的支持，100 多人支持我、相信我，这种认可增加了我的信心，也让我意识到我的责任之重，不过我觉得自己还是有这样的能力的。”那仁老人的嘴角绽开了浅浅的微笑。

当上嘎查达之后，那仁吉日嘎拉最想做的有三件事情：第一是发展嘎鲁图的经济，改善牧民们的生活，让牧民的生活富裕起来；第二是帮助嘎查里患病的牧民及时就医治疗；还有就是鼓励孩子们能够尽可能多地接受教育，提高文化水平。任嘎查达初期，温饱问题还是困扰着牧民们的大问题，很多人在温饱线上挣扎，常常挨饿受冻。那仁吉日嘎拉为帮助一些贫困的牧户，多次前往民政局申请困难补助，并亲自把申请到的食物、衣服送到困难户家中。这些食物和衣服解决了牧民们的当务之急，为牧民们的基本生活提供了保障。后来情况稍稍好一些的时候，那仁吉日嘎拉又借着国家出台的一些脱贫政策，去旗里申请扶贫资金。嘎查里用这些资金买了牛羊，分给嘎查里的困难户，现在这些困难户中大多数都已经脱贫了。1985 年，在那仁吉日嘎拉的带动下，嘎鲁图的牧民们先后盖起了土房、砖房，大多数牧民从蒙古包搬进了固定的房子里，开始定居生活，生活的空间变大，生活条件也好起来，不用再担心会在严寒的冬天受冻了。可是由于当地气候特点是四季分明，早晚温差较大，牧民很容易患病。而当时刚刚开始脱贫，很多牧民还在为温饱问题所担忧，对于疾病来袭，根本无力招架。当那些交不起费用看不起病的牧民找上他时，那仁吉日嘎拉总是尽全力地帮忙筹集医疗费，不辞辛劳地帮忙联系旗里的医院，让病人得到及时的救助和治疗。那仁的行动被牧民们看在眼里、记在心里，所有的嘎鲁图牧民都对他十分敬重和佩服。这在我们初到嘎查了解情况的时候，就有所耳闻了。

在那仁老人看来，教育是非常重要和必要的。他坚定地说：“一定要让孩子从小就受到教育！”他很有感慨地告诉我们，这个地方贫困的一个主要原因就是文化程度不高，许多牧民意识不到教育的重要性，不在乎子女的教育，更不可能给子女们灌输文化知识。至此，他有些激动地说，“没有文化，就连放牧也不会放好的！”1989 年，那仁吉日嘎拉在嘎鲁图嘎查建立了第一所小学，取名为嘎鲁图小学。嘎鲁图小学刚成立，就有 80 多个孩子入学。嘎鲁图小学的建立，让许多渴望上学的孩子和家庭找到了救命草，学校就设在嘎查里，不用像过去那样长途跋涉，省去了路途上的奔波劳累和诸多不确定因素，无疑给适龄的孩子提供了很大的方便。父母也很安心地让子女们到学校去接受教育，看着孩子们在眼皮底下生活，他们自己也可以把所有心思放在牧业生产上，不用过多操心。2001年，温家宝在政府工作报告中提出："农村中小学布局要因地制宜，处理好提高教育质量和方便孩子们就近上学的关系。"这个"撤点并校"的政策，是对全国农村中小学重新布局的"教育改革"，具体说来，就是大量撤销农村原有的中小学，使学生集中到小部分城镇学校。2006年，嘎鲁图小学也与其他临近的小学进行了合并，大家带着不舍离开了嘎鲁图小学。好在经过十几年的发展，教育的观念逐渐深入人心，再也没有家长和孩子因为距离远或别的主客观原因而放弃上学。离开了嘎鲁图小学后，很多孩子去了鄂温克旗里的学校，还有一些较小的孩子选择了相对较近的辉苏木中心小学。撤点并校，让许多孩子小小年纪就过起了寄宿生活，在我们调研期间，就遇见一个6岁的小女孩，父母把她送到辉苏木中心小学专为年龄较小的孩子开设的幼儿班里，由于离家较远，父母只好每周一把孩子送到这里，周五的下午再接她回家。虽然对于孩子来说，这样的生活略显辛酸，但也从侧面反映出牧民们对教育的重视。

1992年，为了进一步发展嘎鲁图丰富牧民的生活，方便国家政策的传达，也为了改善嘎查委员会的办公条件，更好地为牧民服务，那仁吉日嘎拉和其他嘎鲁图的干部一起修建了一个活动室，主要用于内部开会，传达上级分配的任务、布置安排嘎查的各项工作。记得几年前，那仁吉日嘎拉去呼和浩特开会，会议内容主要是关于草原生态问题。回来后，他召集嘎查的其他干部一同探讨牧业发展和草原生态之间的关系问题。为了因地制宜地找到一个双赢的方案，那仁吉日嘎拉和几位干部几乎彻夜不休，在这个活动室里商讨既能发展又能保护好草原的对策。可以毫不夸张地说，这个小小的活动室，见证了嘎鲁图嘎查的点点滴滴的发展岁月。

做了20年的嘎查达，那仁吉日嘎拉为嘎鲁图的发展做出了重要的贡献，嘎查的今非昔比是最好的证明，而一张张的奖状就是最有力的证据。这些大大小小的奖状，从20世纪80年代末到21世纪初，跨越了近20年的历史，证明了嘎鲁图嘎查的巨大变化，也证实了那仁吉日嘎拉为嘎查做的诸多努力及成果。这些奖状用形状各异的纸张和字迹告诉我们，嘎鲁图嘎查不仅经济上在整个苏木名列前茅，党务党风思想政治工作也不落后，在诸多好评中自然包括了"先进集体"和"优秀党支部"这样的称号。例如，在1998年，嘎鲁图嘎查党支部因为在落实自治区《1995—1997年农村牧区基层组织建设规划》中，因工作成绩优异，被中共鄂温克族自治旗委员会评为"五个好"党支部。又如，在2005年年初，嘎鲁图嘎查因工作实绩突出被中共鄂温克旗的苏木委员会评为“先进集体”。这不仅是一种肯定，也是对嘎鲁图嘎查继续向前发展的莫大支持。虽说嘎鲁图嘎查党支部在党的基层建设工作中取得了优异的成绩，但他们并没有因此而骄傲，他们依旧务实地去把党的建设工作当成日常工作的重中之重，因为他们懂得，只有把党的工作做好，才有利于人民团结一致，才有利于促进基层的经济建设。

那仁吉日嘎拉不仅是一个好干部，也是一个典型的先进牧民。他用自己的辛勤劳动和不懈奋斗，向我们讲述了一个牧民白手起家的传奇。一张张奖状，在无声地宣告着，眼前这个年近六旬的老人一直是多么的努力！从20世纪80年代开始，他先后几次被评为“养畜模范户”、“养牛模范户”，获得了由辉苏木人民政府颁发的“养羊超过一千只”、“养牛超过一百头”、“养骆驼超过50头”的奖状。我们笑着让他发表一下获奖感言，那仁挥挥手笑笑说：“这没什么，我只是做好一个牧民该做的。”从这些奖状中，我们不难发现，那仁吉日嘎拉对于养殖很有经验。而在交谈中，我们了解到，那仁老人是一个助人为乐的人，他常常把这些经验毫无保留地传授给需要帮助的人。除了平日里的帮长补短，他还积极投身到救灾解难的工作中，在2000年他因为在畜牧业抗灾保畜工作中表现突出，被评为“模范农民”。同时，在党的基层建设方面，那仁也一样不落后于别人，他以极大的热情投入到党务工作中，尽心尽力做好本职工作，全心全意为牧民服务，树立起一个优秀共产党员的光辉形象。因此，在1996年的中共呼伦贝尔盟委员会“全盟优秀共产党员”的评选中，他毫无悬念地当选。之后，在2001年的中共呼伦贝尔盟委员会评选的“全盟党务工作者”中，他又一次脱颖而出。另外，那仁吉日嘎拉还有许许多多的荣誉称号，获得过各式各样的荣誉证书。例如，因为在精神文明建设方面发挥了带头作用，1997年，那仁吉日嘎拉被呼伦贝尔盟精神文明建设委员会评为“五百五十工程活动中小康文明示范户”。再如，为了表彰那仁吉日嘎拉为维护民族团结工作做出的贡献，1999年，中华人民共和国国务院授予了他“民族团结进步模范”的称号。如果以个人发展的眼光来看，这么多的荣誉和称号，不得不说明那仁吉日嘎拉是一个全才。他的才能还表现在：2001年被辉苏木人民政府和辉苏木摔跤协会评为积极模范，用以表彰他在筹办辉苏木摔跤协会时做出的诸多贡献；2003年由于他在防火工作中，表现积极突出，被评为“先进个人”……用一个贴近牧民的比喻来说，他的奖状多如羊毛，先进模范的形象可见一斑。而在那仁吉日嘎拉自己看来，自己的这些成绩不算什么，自己所做的一切都为了嘎鲁图嘎查、为了父老乡亲、也为了自己的孩子，是应该的，受到大家的肯定和赞扬，有些喜出望外。

说到为了孩子，那仁吉日嘎拉告诉我们，他非常重视孩子们的教育，他的六个孩子都不同程度地接受过高等教育。大女儿莲花1977年出生，在海拉尔市读大专，学习的是会计专业，毕业几年后，考上了旗里的公务员，现在在鄂旗开发区上班。二女儿金花，1980年出生，毕业于呼和浩特市的畜牧业大学，现在年仅33岁的她已经是嘎鲁图嘎查的党支部书记，她沿着父亲的思想，把扶贫和教育放在第一位，是一个带领嘎鲁图嘎查走向致富道路的年轻女干部。三女儿、四女儿和唯一的儿子在中学毕业后，回家乡当了牧民。最小的女儿也是大学生，今年刚本科毕业，以后打算在呼和浩特发展。那仁吉嘎拉说，孩子是嘎鲁图嘎查的未来，所以一定要让他们接受教育，学习文化，好好读书，这样嘎查的未来才有希望。

从出生到现在，那仁吉日嘎拉走过了50多个年头。他的人生，像一部编年体通史，以时间为中心，按年月的顺序，来记述辛勤劳动、艰苦奋斗的传奇。当我们见到他住在移动的棚车里、日日与他的牛羊为伴时，我们知道，这个传奇还在继续。都说人无完人，但在采访那仁吉日嘎拉之后，我们始终觉得，于公于私，一个人做到这种程度，可以说已经接近于完人。虽然他已不再担任嘎查达，但我们还是坚信，曾经在他带领下的嘎鲁图嘎查，一定会发展得越来越好。因为，他为嘎鲁图孕育了希望！

### （二）第六届全国人大代表娜仁格日勒

娜仁格日勒家，是调研小组第二天展开调研行动的第一站，之所以我们这么急切地把对她的访谈放在了今天所有任务的第一位，是因为娜仁格日勒是嘎鲁图嘎查里资历与阅历都相当深厚的一位重要人物，早在我们来到这里之前，我们初步了解了一些基本情况，得知这位与我们还未曾谋面的老党员，竟是20世纪80年代时这个苏木里唯一的一位全国人大代表，这使我们在心里顿时萌生了些许期待，想要赶快见到这位老党员、老前辈。

娜仁格日勒（以下简称为娜仁），女，1955年生人，初中毕业，我们见到她的第一面是在她的大女儿家里，在我们说明了来意之后，她便非常热情地把我们迎进了屋里，初次见面感觉她非常慈祥和友善。娜仁因为曾经在嘎查和苏木政府里都担任过职务，所以她人非常健谈，大家落座之后她便和我们攀谈了起来。经过一番了解，我们初步知道，娜仁是一位拥有五个孩子的母亲，她有四个女儿和一个儿子，四个女儿均已经结婚成家，年龄都三十多岁，其中二女儿和小女儿均接受过大学教育，二女儿毕业于海拉尔的一所汉授大学，目前没有稳定的工作；小女儿则是在呼和浩特的学校学了一个畜牧专业，目前在家里开了一个兽药店。其余的三个孩子都是高中学历，大女儿在当地卫生院工作，三女儿在辉苏木担任民政助理，唯一的儿子也已经23岁，在辽宁省服兵役。

娜仁格日勒可谓称得上是一名不折不扣的职业女性，这位看上去普普通通，学历也只有初中文化水平的女士，却有着十分丰富的职场经历，这让我们多少有一些敬佩和惊讶，也说明她为此付出的努力和艰辛。在问及她的往事的时候，她耐心地为我们一一讲述。

娜仁初中毕业之后，便在家里放牧，成为一名淳朴的牧民，每天以放养自家的牛羊度日，这种状态一直持续到了她18岁的时候。那一年，她去了当时的嘎鲁图嘎查小学，当了一名教师，这也正式成为了娜仁职业生涯的一个崭新开始。所谓万事开头难，从牧民到教师的转型，我们可以想象一下这其中的艰难与苦涩。而当时仅仅18岁的小娜仁却用着自己从小就在牧区培养出的坚忍与不拔战胜了一个又一个的困难，最后成功地完成了一次人生的蜕变，留在了学校里，并且这一留就留了13年。从1973年到1986年，娜仁都在学校任教，一直到嘎查小学撤并才换了工作。最初在嘎鲁图嘎查小学时，学校里一共也只有20到30名学生的样子，而且由于师资力量有限，娜仁在学校里既教语文又教数学，这在我们今天看上去仿佛是一件不可思议的事情，但是当时的师资条件就是那么的紧张和贫乏。后来，学校有了变动，辉苏木政府决定合并嘎查里的小学，几个相邻嘎查为一个单位，然后这一个单位里的所有小学合并为一个。当时娜仁所在的学校被保留了下来，并且学校规模还有所扩大，它集中了周围5个嘎查的学生。接下来我们了解到，虽然多了好几个嘎查的学生，但是娜仁他们学校也不过才有50多人而已，由于那个时期当地生活困难家庭的孩子上不起学，并且人们对教育还不是非常重视，另外当地也确实地广人稀，所以受教育人数并没有像我们想象的那样成正比增长。娜仁就这样当了10多年的教师，其实当时的收入也不高。娜仁告诉我们，当老师的时候，连工资都没有，挣钱主要是按“工分”分配。当老师一天能计6到8工分不等，1工分能兑换0.15元左右，也就是说娜仁老师当时一天最多也只能计0.8元，一年下来的收入不到300元。调研小组了解到了娜仁当时一年的工资收入，但是对这300元工资的概念还不是很清楚。这300元与现在的低保户收入相比都少得可怜，但是我们也曾听长辈们说他们那时候的物价也不像现在这么高，买几十元的东西都属于高消费了，所以这300元到底能等于现在的多少钱，我们同娜仁进行了一下深入的了解。娜仁给我们举了个例子，她说“计工分”的时候，一只羊可以卖到50~60元，也就是说她一年的工资最多能买6只羊，那么现在是什么情况呢？现在一只羊大概是1300多元，如果买6只的话，也就是不到8000元。一年8000元的收入放在今天，大家心里就都有数了。

虽然说当教师收入不高，但是这十多年的执教生活就好像是一个积聚沉淀的过程。1983年娜仁老师光荣地被当地群众集体推选为第六届全国人民代表大会的人大代表。可能是由于这么多年来，娜仁老师教书育人，勤勤恳恳，平时为大家做了不少好事的原因，当地居民都非常认同这位扎实肯干的女教师，不过当我们问及缘由时，娜仁老师却只是爽朗地笑了笑，似是有那么一种好汉不提当年勇的感觉，不过从内心里迸发出的自豪感我们却能真切地体会到。确实，这是一个值得骄傲的殊荣和肯定，这个人大代表的人选当时在她们整个苏木里只有这一个名额，而在整个内蒙古自治区也仅有四五个名额，所以说这是当地人民对娜仁格日勒的一个莫大的肯定。

就在娜仁老师被推举为人大代表之后的第三年，由于苏木学校的又一次调整，娜仁老师结束了长达13年的任教生涯，开始在苏木政府任职，从为孩子们服务到为人民服务，娜仁的人生又翻开了崭新的一页。1986年，苏木小学整改，嘎鲁图嘎查小学被合并到苏木中心小学，由于娜仁老师这些年已经得到了大家的肯定，又是全国人大代表，她被调到了苏木妇联工作。担任苏木妇联主任一职，负责整个苏木各嘎查的妇联工作，在这段任职期间，娜仁非常重视群众的生活，同时也特别注重大家的福利建设，虽然当时的条件还很困难，但是每逢我们的传统节日，比如妇女节、春节之类的节日，她都会给妇女同胞送去温暖。1996年，经过10年的妇联工作，因为在任期间工作成绩优异，娜仁被调入苏木党委，担任党委副书记一职。4年之后，就在2000年苏木换届的时候，娜仁又被推选为当地的苏木达，后又经过1年的时间，南、北辉苏木合并，娜仁毫无争议地又被任命为苏木人大主任，那一年，娜仁已经46岁。后在2002年，她在担任了1年苏木人大主任之后，退居二线，她的职业生涯也正式地告一段落。虽然娜仁后期任职的时间并不长，从苏木达到南、北辉合并后的人大主任再到退二线，不过短短的2年时间，但是回看这几年娜仁对苏木所做的贡献，确是实实在在地看在人们的眼里，记在人们的心里。现在，苏木里家家有房住，家家有草场，家家有牛羊，苏木的牧民生活也富裕了起来，人们都感谢政府，同时也感谢娜仁。虽说现在大家的生活普遍都好了，但是我们不可否认也不能避免的一个问题，就是几乎世界上每个地方都会存在的一个现象——贫富差距。在问及这个问题时，娜仁深深地叹了一口气，显然这是娜仁曾面临过的一个敏锐问题，并且这个问题也是目前苏木领导层还未找到方法解决的问题。她说，虽然现在国家对民族地区的经济发展非常支持，补贴项目也很多，旗里面也很照顾，但是仍然会有一部分人依然非常贫困。其实原因很简单，但是解决起来却很困难。后又经过娜仁的一番述说，我们终于了解了这其中除了疾病等原因外，主要用两个字来概括，那就是懒惰。其实苏木和嘎查为了帮助牧民发展经济，申请了很多项目，给贫困牧民补贴了牛、羊，还有草场。但是有些人在帮助下富了起来，而有些人却仍然还是贫困户，归根结底其实就是因为在得到这些补贴后，有些人勤劳能干，利用了国家给的资源，通过自己的努力，走上了富裕的道路。而另有些人则是态度消极，懒惰不爱劳动，即使是给了他资本，他也懒得去管，最后还是一无所有，仅靠低保过活。其实这个情况早在20世纪80年代就已经出现了，娜仁说1982年开始的承包责任制，把当时集体所有的牛、羊分了牧户们，当时由于集体经济发展水平不同，每个嘎查的情况也不太一样，分的牛羊的数量也不太一样。嘎鲁图嘎查按人分羊每人大概20～30只，牛6、7头。我们可以看出来，其实这个数量是相当可观的，上面我们曾说过，在20世纪80年代娜仁还在当老师的时候，她一年挣的钱才能买6只羊，这就相当于苏木一次给牧户发了5年左右的工资。但是后来，有些人通过勤劳致富了，而那些平时比较懒惰的人分了牛羊后的生活却还不如集体的时候，导致最后连嘎查分给的牛羊都养活不起，家庭拥有牛羊的数量越来越少，这样就形成了恶性循环，生活反而越来越不好。其实，这是一个非常值得我们警醒的问题，无论是在民族地区还是在其他地区，不管国家再怎么帮扶，再怎么补贴，落后地区的经济发展也必须坚持勤劳致富的精神，否则不但经济没发展，人们富裕不起来，反而还会对国家造成不小的资源浪费和经济损失。

谈了这么多过去的事情，我们又将话题转到了现在。苦日子过去了，现在的娜仁家也过上了甜美的好日子。虽然说娜仁在去年已经正式退休了，但由于是公务员，并享受正科级待遇，她现在每个月有 4800 元的退休金，再加上老伴儿每月也有 3500 元的退休金，每月老两口 8000 多元的收入在当地也可以说是衣食无忧了。说到这里我们还要介绍一下娜仁的老伴儿——萨义德，他是 1953 年生人，比娜仁长两岁，初中文化，曾经也在嘎查的小学当老师，而且比娜仁当老师的时间还要长，萨义德还曾担任过嘎鲁图嘎查小学的校长，后来 1986 年嘎查小学撤并，萨义德被调到苏木政府上班，担任民政助理，现在也已经退休。因为萨义德也是公务人员，所以在退休之后他的收入也很不错，每月 3500 元的退休金，再加上娜仁的退休金，老两口的日子还是很有保障的。除了退休工资，他们两人还承包着草场，放养着数量可观的牛羊。

虽然娜仁夫妇均已退休，但是娜仁家现在还饲养着牛羊，而且现在的养殖规模相比以前还大了许多。我们了解到，娜仁家现在有 600 多只羊，其中山羊 100 多只，其余全部都是绵羊。嘎鲁图嘎查牧民在草原上养羊是不以山羊为主的，养山羊只能以羊绒来作为收入来源，而且山羊对草场的破坏大，所以牧民们养羊主要以绵羊为主。娜仁家现在还养了马，而且还不止一两匹。我们问娜仁现在有多少匹马，她说她们家的不多，有 20 多匹。有牛、羊、马，就得有草场，养牲畜，草料是个不可小觑的问题。接下来我们就问了娜仁对于目前嘎鲁图嘎查草场情况的一些看法。她告诉我们现在的情况是 1998 年时，那时候娜仁还在担任辉苏木党委副书记，鄂温克旗第二次承包草场。牧区的草场主要有两种用途，一种是用来放牧，另一种就是用来打草，把草打下储存起来以备牲畜过冬之用。当时娜仁家承包放牧用的草场是 3500 亩，打草的草场是 1500 亩。这个数量乍一听好像还挺多的，不过娜仁告诉我们这些草场其实是远远不够用的，每年他们家打了草都还要另外再买几万元的草料才能够用。这个数字让我们都很吃惊，这么大的草场打草居然还要买几万元的草料才够牲畜过冬，而且这还是个普遍现象，是因为现在牧户家里的牛羊实在是太多已经超出草场的承受能力了吗？还是另有其他原因？我们继续询问了这个问题。经过娜仁的叙述，我们找到了答案，其实导致目前草料匮乏的根本原因是草场退化，这个问题也正是目前整个内蒙古所有牧区草原都正面临的一个紧要问题。导致草场退化的原因有很多，有气候因素，更多的还是人为因素。现在实行的“畜草双承包”责任制已经打破了牧民们长期以来惯用的一套放牧模式，以前牧民们放牧，都会按季节来转换草场，就是夏天有夏天的草场，等到了冬天人们就都不在这里放牧了，就去冬季草场。然后，等到了夏天，夏季场的草都长好了，牧民们再回来，如此反复。其实这就是平时我们所说的“游牧”。游牧是多少年来草原人民经过长期的实践证明总结出的一套草原上的发展理论，几千年灿烂的游牧文化也有力地证明了游牧这种特殊的生产方式是内蒙古牧民、草、畜三要素和谐、高效、良性运行的最有效的生产方式，而且目前也很难再找出一种能够优于这种模式的一个全新的适合牧业地区发展的生产方式。娜仁对目前“分包草场，定点放牧”的方式抱着质疑的态度。娜仁告诉我们草原是有一定载畜量的，即一块草原或者是草场，在一定时间内可以饲养牲畜的数量是有限的。同时，草原还有另外的一个属性，就是恢复期。草原的草不是吃不尽，用不完的。草原也不会像诗歌里写的“野火烧不尽，春风吹又生”那样。她举了个例子，如果今年这块草场的草被牲畜一次性吃得精光，那么明年的草原就会没有今年这么多的青草了，如果明年这块草场又被吃得精光的话，那么后年的草就会又比去年的少，如此往复，我们会猜到十几二十甚至上百年后这块草场是个什么样子了，或许它已经成为一片沙漠。但是事实证明，如果今年牲畜吃这个草场的草，明年这个草场就不来了，等后年再来吃，或者更久以后再来的话，那么这个草场的草仍然会像起初一样生机盎然，甚至还会更加茂盛，这就是草原的恢复期。这就是以前的草原牧民为什么都是游牧生活的原因，今年这块草吃完了，明年就不来了，换个地方，等这个地方的草长好了再回来。那么现在我们采用的“定点放牧”正好是犯了草原上的大忌，现在牧民由于各种补贴，各种帮扶，牧户家里的牲畜越来越多，多到这些牲畜已经超出了自己家所承包草场的最大载畜量，所以这些牧户家里的草场必然会处于一个过度放牧的状态。虽然说过度放牧是对草场不利的，但是之前提到了草原的恢复期，即使草原上出现了过度放牧的情况也是有办法解决的，将过度放牧的草场暂时搁置一段时期，几年后这块草场就会自我恢复到起初的状态，对草场是不会有什么影响的。但是“定点放牧”恰恰又将这条能够保护草原的最后屏障打破了，牧民们年年必须得在自己承包的草场放牧，不能去别的地方，再加上当地草场几乎全部都承包到各户，也不会再有什么公共草场以备哪家过度放牧后的来年之需，这样就出现了很多牧民家草场的草料严重短缺的情况，同时又会引发一个新的问题，就是有时候有的牧户自己家草不够吃了，就会将自家的牛、羊赶到别人家的草场去偷吃，但是家家的草都很紧缺，谁都不想别人占用自家草场，因为这类情况牧户间还会经常出现争执、矛盾，最后导致了一个结果，就是我们现在随处都能看到的外面的草原已经像农民的田地一样，被一块块地用铁丝网围了起来，这样牛、羊就更没处可去了，只能在自家的草场吃草，但是草还不够吃，有的羊就连地下的草根都刨出来吃了。于是年复一年的过度放牧产生了它的连锁效应，草一年比一年少，草原沙化越来越严重，草的质量也是大不如前，又短又矮的小草随处可见，牲畜也越来越吃不饱了，通俗一点地讲，没草吃牲畜就吃不饱，吃不饱就长不肥，长不肥就卖不了好价钱，卖不了钱就直接影响了牧民的经济收入。草原就是牧民的饭碗，草原的退化不仅仅只是对环境的影响，它同时也严重影响到了当地居民的经济发展。像娜仁家一样，每年为了饲养牲畜就得花几万元买草料的牧户不在少数，那么相比如果草原良好，牧草丰盛的情况，那这就直接相当于每年娜仁等牧户都是纯损失几万元，这笔数字不可小觑。其实这笔开支在草场利用合理的情况是不必要的，但是现在却成了必不可少的。我们接着又问娜仁，作为曾经的苏木领导，她是否想过现在应该怎么办呢？娜仁显得忧心忡忡，“说了三十年不变，不知道咋办。”看来这个问题真的应该引起重视了。

既然谈到了经济发展，我们也很想知道像娜仁这样思想觉悟都很高的牧民对嘎鲁图嘎查以后的发展抱有一些什么样的看法和想法。娜仁说，现在嘎鲁图嘎查发展得真的很不错，虽然说我们上面谈论的草场问题是制约当地经济发展的一个重要问题，并且还没有找到方法解决，但是总的来看，现在牧民的生活水平还是提高了，这也都是党领导得好。我们注意到，在娜仁向我们述说发展问题的时候，娜仁多次说到感谢党、感谢政府，其实我们能感觉到，现在随着经济的发展，像嘎鲁图嘎查这样的少数民族地区很支持和拥护党和政府的工作，这是一个好现象，同时它也是一个良性发展的先决条件。娜仁说，现在牧民们都听话，领导们也都照顾，总的来讲牧区的发展都还很好。另外，娜仁还提到了教育，现在大家的觉悟都提高了，都开始重视下一代的教育培养，再加上现在大家生活都好了，辉苏木的牧民都开始主动为孩子们寻找良好的上学环境，几乎所有的孩子现在都去南屯（鄂温克旗巴彦托海镇）上学了，因为旗里的教学条件好。虽然说送孩子去旗里上学也是一笔不小的开支，比如孩子上小学，年龄太小，家里就得再找一个大人到南屯陪读，在旗里没有房子还要租房，这都是一笔不小的花费，但是牧民们都认为这些支出是值得的，因为他们知道只有知识才能让他们真正地摆脱贫困，让他们走上富裕。

在访谈的最后，娜仁为我们找出了几件鄂温克民族的传统服饰，让我们穿上拍照留念，穿着这五彩斑斓的民族服饰，我们不禁感叹我们国家各具特色的民族文化的迷人魅力，同时我们也不会忘了今天我们所访谈的这位勤劳、踏实、智慧的鄂温克女性，在道别的时候，娜仁对我们说要感谢党和政府给了我们今天这么好的生活，我们也不禁在想，党和国家又何尝不是要感谢像娜仁一样默默无闻，却努力地为国家以及民族地区稳定发展勤勤恳恳工作的基层干部呢！我们祝福嘎鲁图嘎查的明天更美好，同时也祝福鄂温克人民在这样踏实肯干的领导人的带领下向着更美好的生活乘帆远航！

## 十二、勤劳致富牧民代表

### （一）踏实肯干的图雅

调研工作开始的第一天午后，我们按照金花书记罗列出的受访人物名单，驱车前往勤劳能干的牧民代表——图雅的家里。在去图雅家的路上，年轻的司机师傅告诉我们，上午在嘎查委员会办公室见到的那个束着高高的马尾辫，戴鸭舌帽的小姑娘就是图雅的小女儿优韩，她被安排作为我们此次调研之行的义务翻译。说到这儿，我们不禁回想起上午在嘎查委员会院子外初见她时的情景：高瘦白净的优韩身穿一件黑色运动外套和浅蓝色牛仔裤，脚上踩着一双白色帆布鞋，整体感觉十分清爽。会议开完后她笑着向我们打过招呼，便登上一辆黑色摩托车，骑车的背影帅气十足。远处传来的犬吠声打断了思绪，司机师傅已经把车开到了图雅家的院子门口，车还未停稳，一只淡黄色的看家犬就闻声跑了过来，摇头摆尾地绕着车子转。紧接着，图雅的小女儿优韩便弯腰从蒙古包里走出来，笑着欢迎我们调研组的到来。图雅家的院落干净整洁，有两座蒙古包和一处砖房，不远处还零星停放着拖拉机、搂草机、叉车等农机具以及三堆垒好的作为冬季取暖燃料的牛羊粪，还有 5 辆小篷车（类似于勒勒车）整齐地排成一队摆放在院落中，司机小斌告诉我们，这些车主要存放其他季节的衣物等，小篷车的多少在过去反映家庭的富裕程度。图雅家的蒙古包是传统的铁式结构，顶毡用大红色的丝绒布料制成。蒙古包内布置井然有序，电视机、VCD、冰柜等家电一应俱全。总体感觉这是一户干净利落的人家，女主人一定很能干。优韩告诉我们调研组，蒙古包后面的那处砖房是去年才建成的，有 60 平方米，是国家补助修建的“游牧民定居工程”的项目房，自家出 15000 元，其他由政府补贴。砖房内的户型结构可由牧民自行设计，图雅家的这间“游牧民定居工程”的项目房为两室一厅。在访谈过程中我们了解到，这种项目房的申请并不容易，每年鄂温克旗民委分配给嘎鲁图嘎查的项目房名额只有 3 个，嘎查委员会要结合牧民的家庭收入、家庭人口数、居住情况等多方面因素进行综合评定，只有各项条件均符合的牧户才有资格申请。除了砖房的项目外，惠及牧民的住房工程还有方便牧民游牧的篷车，它是鄂温克旗民族宗教事务局利用 2010 年度国家扶持人口较少民族发展资金为辉苏木嘎鲁图嘎查 10 户牧户所购置的。而我们调研组对图雅的个人专访就是在她家的篷车内进行的。

2010 年，图雅与嘎查的其他九户牧民购买了这种新式的方便游牧移动的篷车。这种可移动的篷车不仅是游牧时的交通工具，同时也可以作为住房使用。20 平方米大小的空间里，不但配备有保暖、卫星电视接收、防火防雷击等设施，床、橱柜、座椅、灶台等家用设施也一应俱全。图雅说，购买篷车之前，全家五口都住在位于辉河东岸的那两个蒙古包内。不管是搬夏营地还是走敖特尔（“敖特尔”是鄂温克语的译音，意为“移场放牧”。鄂温克族牧民在水草不足或遇到自然灾害时，需要“走敖特尔”来解决牧畜的缺水或缺草问题），都得反复拆搭蒙古包，尤其是到了冬天建包的时候，包内需要更新的东西不少，为了保暖还要准备好几层的羊毛毡子，整个过程忙下来既费时又费力。自从家里有了移动式的篷车，图雅家就省去了很多搬迁时拆建、修补蒙古包等烦琐的工作。鉴于每年旗里分配给嘎鲁图嘎查的篷车项目名额只有 10 个，而嘎查里无房的牧户人数又较多，所以申请篷车的竞争很是激烈。说到这儿图雅跟小女儿优韩相视一笑，“还记得那年申请篷车时，大家都很积极主动，等我得知消息的时候，名额已经报满了，我们当时还有些失望呢。后来嘎查达打来电话说，虽然有 1 户牧民获得了申请名额，但由于除了国家给牧民补贴的那部分项目资金外，每户还要自筹6000元的现金，而那户牧民一时拿不出那么多的现钱，于是我们家就很幸运地得到了这个名额。”看着图雅笑起来时眼角幸福的皱纹，我们也仿佛看到了她用20多年的辛勤汗水耕耘出的累累硕果。

图雅1964年8月出生，今年48岁，鄂温克族。作为土生土长的嘎鲁图嘎查的牧民，图雅对养育她的这片热土有着深厚的感情。图雅的父母育有两儿三女，她是家里的老大。除了她自己仍居住在鄂温克旗，弟弟妹妹们都搬到了位于鄂温克旗北部的陈巴尔虎旗。跟图雅一样，他们也是以放牧为生。虽然五个兄弟姐妹不住在同一个旗里，但是他们的感情非常好，走动也很是频繁。由于图雅家的五个兄弟姐妹们生的孩子都是女孩，而女孩之间较容易进行沟通，相互间感兴趣的话题也很多，这就更促进了他们之间的往来和联系。图雅的大女儿今年26岁，初中毕业，结婚后她的户口便跟着丈夫转到了南辉苏木，只有节假日回来探望父母和两个妹妹。二女儿23岁，初中毕业后就留在家里帮助父母做一些家务活儿，以减轻他们的负担。小女儿优韩是1991年出生，2010年高中毕业后也和二姐一样帮忙照看家。每逢8月打草时节，她便骑着摩托去辉河西边的打草场帮父母打草，因为他们临时住宿的篷车就停放在那里。妹妹在河西打草的那些日子里，二姐就在河东的家中照看牛羊。图雅家的牛羊和马匹分别在河东与河西两个地方喂养，在河东他们承包了1800亩放牧场，而河西的草场则是嘎鲁图嘎查公共牧场。像这样的富余草场嘎查里并不多，而且比较分散，通常面积也很小。但由于畜群本身是移动而食，牧户自家用过的草场第二年才能重新使用，所以嘎查为了方便牧民随畜群移动放牧，就把公共的草场提供给牧户。这种方式不仅缓解了牧民自家牧草供给不足的状况，还在一定程度上延缓了草场的退化，有利于草场的再生。

图雅告诉我们调研组，现在家里的经济条件较她小的时候有了大幅度的改善，因为只要经济状况允许，家长都会把孩子们送到县城或市里上学，以提供良好的教学环境。她的三个女儿就是在扎兰屯市读的初中和高中。图雅非常遗憾地对我们说，由于她小时候家里比较贫困，弟弟妹妹们都是小学文化，她作为家里仅有的初中生，也在初中三年级时辍学了。退学后的她就跟随父母在嘎查里放牧，秋忙时节与弟弟妹妹们一同帮父母打草。那时的孩子们没有什么娱乐活动，除了平时的嬉戏玩闹，就是在草原上以唱歌来度过一整天的放牧时光。但每当嘎查举办节日或庆典活动时，五个兄弟姐妹们便着新装齐上阵，载歌载舞好不欢快。图雅说，她那时非常喜爱跳舞，嘎查里组织文体娱乐活动时她都会积极参与，但随着结婚后生活负担的加重，她很少能腾出时间像以前那样跳舞了。图雅 21 岁的时候，结识了丈夫额尔登陶格特胡。陶格特胡的老家在陈巴尔虎旗，由于家中兄弟姊妹较多，家庭的经济状况也不是很好，他仅读到初中二年级就辍学在家了，为父母分担生活重任。在两年的接触中，图雅看到陶格特胡待人热情，为人憨厚朴实，且勤奋肯干，于是便嫁给了他。谈及两人当年结婚时的情景，图雅仍记忆犹新：那时的婚礼虽没有金银首饰当嫁妆，也没有豪华的车队阵容，但却办得简洁大方。婚礼那天清晨，由十几位年轻的小伙子骑着骏马从陶格特胡所居住的地方出发，去往十里地以外的地方迎接图雅家送亲的队伍。新郎家迎亲的人早已备好蒙古果子、酒、糖果、奶食品等，手捧哈达迎接图雅家亲朋好友的到来。两家人在鄂温克族喜悦的歌声中完成了交接仪式，亲戚朋友也纷纷把吉祥如意的祝福送给了这对新人。

婚后的夫妇俩并没有新婚蜜月，而是很快就开始步入柴米油盐的生活。由于结婚时的彩礼嫁妆仅有 10 头牛（含牛犊）与 2 匹马，因此两人除了平常的放牧外，还需帮别人家挤牛奶以补贴家用。每年的 4 月份到 8 月份是挤牛奶的时段，所以每到这个时候，图雅夫妇俩人每天凌晨三点多就得起床，拿着奶桶、盛奶罐、过滤纱布等挤奶用具以及水盆、毛巾、小凳、秤等物品到自家的牛棚里先给自己养的牛挤奶。在挤牛奶的过程中，为了防止奶牛来回走动踩翻奶桶，所以图雅在挤奶的时候，丈夫就在旁边吆喝着牛，以保证挤奶工作的顺利进行。由于图雅家的牛比较少，两人用一个多小时就可以完成全部的挤奶任务了。大概五点钟的光景，夫妇二人又准备去往别人家开始新一轮的挤奶任务。图雅说，那个年代嘎查里的大部分牧民家庭都不是很富裕，能雇得起小工帮忙挤牛奶和打草的人家就少之又少了，这样的牧户家里普遍都拥有数量较多的牛羊和草场。而这些家庭即便有条件雇人，他们也会跟小工们一同挤牛奶或打草，由此一来，图雅夫妇的工作量并不是很大，平均每天挤 20 头牛。按照每头牛每个月 10 元的挤奶工钱来计算，两人每月有 200 多元的收入。除此之外，每逢 8 月繁忙的打草时节，丈夫陶格特胡也跟着忙碌起来，不仅清晨要早起做两份挤牛奶的工作，上午或下午还要去别人家的打草场帮忙打草以赚取酬劳，有时候工作量大了，连自家的草也顾不上打。尽管如此，但凡听说谁家打草人手不够需要雇工，哪怕辛苦了一天正准备休息，陶格特胡也二话不说穿上衣服就去。女儿们的相继降生在给图雅夫妇带来喜悦的同时也给原本就劳累与繁忙的小两口增添了更大的生活压力。当家里急需用钱的时候，夫妇两人不但要给别人挤牛奶、剪羊毛、打草、拉草，极其困难的时候，还不得不卖掉自家的牛来贴补生活费用。好在夫妇俩平日待人不错，在嘎查里很有人缘，亲戚朋友或者邻居见此状况也会送过去几只羊羔来缓解他们的经济压力。图雅夫妇对在他们生活困难时给予帮助的老乡们始终心怀感恩，有些时候虽然自己家的困难期尚未度过，但只要听说嘎查里有牧民家遇到了麻烦事，也会尽力去帮助他们。这样省吃俭用的日子持续了六七年，夫妇俩才攒下了一点儿钱。夫妇俩考虑到家里的牛的数量并不多，便合计着把辛苦攒下来的钱用来买牛。那时的母牛价格为每头 1000 元左右，小牛犊是每头 500 到 600 元的样子，图雅粗略地计算和比较了一下，觉得还是买小牛犊比较合适，于是两人就先购买了 3 头小牛犊，打算以后资金稍微充裕的时候再买母牛，这样一来，家里的牛羊数量就较两人刚结婚时多了一些。思量到三个女儿的年纪尚小，需要有父母照料，于是图雅跟丈夫陶格特胡商量后便决定由她待在家中一边照看孩子一边料理家务，如此下来，丈夫肩上的担子就很重了：不仅要在清晨挤完牛奶后骑着马去赶放牛羊还要在自家的草打完之后帮助别人家打草和收草。“记得那时太阳还没升起来，他就去干活了，有些时候太阳落山好久了还没回家。”图雅回忆说，“我们家的草打完后只能徒手把散落在地面上的草收集起来捆好，而有的人家条件比较好，用机器就行了，省时省力。所以我们当时特别想拥有一台属于自己的搂草机。”回想起那些年的苦日子，图雅还跟我们说起了家里曾经丢过牛的事情。有一年春天，陶格特胡一大清早就赶着牛羊去河边吃草了，由于春季放牧时牧草普遍长得比较低矮，牛羊不易吃饱，所以要适当延长放牧的时间。而等到太阳落山陶格特胡赶着牛羊从河边归来后却发现有一头母牛不见了。这对于生活刚刚有点起色的夫妇两人来说简直难以承受。夫妇俩急得不行，试图沿着早晨放牧的线路寻找，但仍然无果而归。丢牛事件发生后，两人并没有整天垂头丧气，而是吸取了教训，在自家的十几头牛的耳朵上重新做好标记，并且两人只要一有时间就去放牧点看看牛羊以保证不再丢失，这样一来，图雅家就再也没发生过牛羊走失的事件。

多年的辛勤劳作与勤俭节约使得图雅家的生活水平较以前有了明显的改善。两人用积攒下来的钱以及从银行借贷的款项添置了生产时所必需的拖拉机、搂草机、叉车等农机具以及电视机、电冰柜等家用电器。我们在访谈的过程中了解到，牧户在购买拖拉机时政府会给予其总价30%的补贴款，而搂草机的补贴率则达到了其价格的50%。国家给予牧民的农机补贴款的落实给嘎查的父老乡亲们带来了实惠，受到了大家的广泛欢迎。该项政策的带动，激发了嘎查里更多的牧民购买农机具的热情，尤其是随着割草和饲草存储季节的到来，嘎鲁图嘎查又将出现新一轮的购买热潮。谈及农机具的购买，图雅告诉我们，当遇到家里的农机具工作的时间长了需要更换而手头的资金又不充裕的时候，图雅很少通过向亲戚朋友借钱来缓解资金压力，而是通过向信用社贷款的方式购置农机具。2011年，图雅就从旗里的信用社贷了40000元用来购买叉车，扣除2000元的利息后，她用余下的钱买了米、面、油等生活必需品以及其他一些生活用品，目前这些贷款已全部还清。图雅说，每年的牛羊价格走势是不一样的，当遇到市场上牛羊价格普遍较低，哪怕是健壮肥硕的牛羊也卖不上好价钱的时候，为了贴补生产生活费用就需要到信用社贷款；而当市场上牛羊价格有所回升或上涨时，图雅家就会卖掉几头牛或几只羊，把赚取的钱一部分用来偿还贷款。“现在生活条件好了，但是物品的价格也比起以前涨了好几倍，买米面、买衣服、还贷款、孩子上学等等，好多地方都得用钱，自打2010年买了篷车，家里的粮食都得备两份。不过好在党和国家的政策落实得好，惠及我们牧民的农机具补贴、草场补贴、“游牧民定居工程”的项目房政策、种羊补贴等都为我们牧民着实减轻了很多生活负担。”尤其是2009年在嘎查推行的新型农村（牧区）养老保险真正实现了牧民群众的“老有所养”，牧民们每人每年只需交50元就可以了，在定点医院就医住院还可报销医疗费用的70%。这既缓解了牧民们的经济压力，又解除了他们的后顾之忧，还使很多生活较贫困的牧户有了最基本的生活保障。除了新型农村（牧区）养老保险外，图雅夫妇两人还购买了养老保险，由于养老保险每年缴费的标准分为五个档次，从100元到500元不等，且参保人可以根据自己的经济状况自主选择，于是图雅与丈夫选择了位于中间档的即每年需缴纳300元的保险费用。此外，丈夫陶格特胡还为妻子额外购买了每年4000元的平安保险。

目前，图雅家的整体经济状况在嘎查里处于中等水平。她家承包草场2600亩，其中可供放牧的草场占1800亩，余下的800亩为打草场。家里有奶牛120头，绵羊120只，马8匹。她对我们调研组说，家里年收入的90%都来自于牛羊的出售。2011 年家里的收入为 150000 元，其中近 100000 元是卖牛所赚取的，50000 元左右为卖羊所挣。我们了解到，2011 年市场上牛羊的卖价还算适中，较 2010 年没有太大的涨幅，其中体格健壮的母牛每头可卖 8000 元，稍微清瘦一点的成年牛每头可卖 6000 元，而小牛犊每头的价格则为 2000 元。2011 年图雅家共卖了 20 头牛，且这三种类型的牛都包含在内，至于牛犊，则只卖公牛犊。她家卖羊所赚取的 50000 多元来自于 60 只的羊羔和 10 只的成年绵羊，其中羊羔按质量划分其卖价从 560 到 580 不等，而成年绵羊每只可卖 400 元。图雅告诉我们，每年的 5 月到 10 月，会有乳业公司到嘎查里来收购牛奶，所以家里每年都会有卖牛奶的收入。但今年与以往不同，奶价较前些年便宜很多，每公斤只能卖到 1.5 元，所以，图雅与丈夫便决定今年不卖牛奶，把自家牛产的奶留着做奶干用。除此之外，150000 元的年收入中还有一小部分来自卖羊毛的收入，据了解，今年的羊毛价格为每公斤 3 元，而为了最大限度地节省开支，图雅夫妇向来都是自己动手剪羊毛，从来不会雇人帮忙。谈及家里 2011 年的支出状况，图雅说，由于家里的拖拉机和搂草机使用的年头较长，有些零件也磨损甚至破坏了，考虑到修补的成本相对较高，夫妇两人商量一番后决定重新购买机器。由于国家在农牧民购买农机具时会给予一定比例的补贴，因而图雅家在购置相应的机械用具时包括运杂费在内共花了 60000 元就买到了一台拖拉机、一台搂草机和一辆叉车。除了买农机具的花销外，图雅家在 8 月到 9 月的打草期间还雇了一个短工来帮忙打草，雇工的费用为每天 120 元，由此算来，图雅家 2011 年雇佣短工的花费为 3600 多元。扣除购买项目房的 15000 元，余下的 70000 多元则用来还银行贷款、交保险费用、购买日用品以及米面油等生活必需品。图雅对于我们调研组说，依照现在的收支状况，家里基本是存不下多少钱的，有急需用钱的地方就会去信用社贷款。但令人欣慰的是，三个女儿都很懂事，从小就深知父母挣钱的不易，所以从不乱花钱。图雅夫妇俩在河西放牧的时候，二女儿和小女儿就在河东的家里料理家务。因为图雅家的牛羊在河东与河西都会放养，稍微清瘦些的牛羊留在河东的家里，由两个女儿帮忙喂养，而相对健硕的牛羊就跟随图雅夫妇二人一同去河西，由他俩负责照看。我们问其原因，图雅说，家里草场的牧草较河东的稍微细嫩一些，把清瘦的牛羊留在那边是为了让它们吃得更好，等养得肥硕了再送到河东去。顿了顿，图雅又说，两个姐妹每天也是凌晨三点多就起来挤牛奶、放牧、打扫院子，因为河东那边就只有我们一家没拉高压电，家里靠风车发电，电压不太稳，所以姐妹俩平常也不怎么看电视，只要一有时间就会去河西帮忙。”由于图雅在河东的家离变压器有五百多米远，且考虑到变压器的价格一般为100000元左右，而自己家又负担不起全部的费用，因而她家并没有像嘎查的大部分牧户那样拉高压电，而是使用风车发电和太阳能发电相结合的方式获取能源。“家里用风车发电也有五六个年头了，但风力发电是不太稳定的，有时候风大，有时候风小，算上平时储存的电能，最多能连续使用一个星期不断电，但是大功率的电器还是带不起来，遇到没电的时候，白天还好说，晚上就需要用装电池的小灯来照明了。好在今年我们嘎查申请到了接通高压电的项目，9月份就会通电，所以我们家也很快就能用上高压电了。”图雅笑吟吟道。可以看出，图雅家对现在的生活状况还算是基本满意的。她还对我们调研组说，“现在的路比起以前也要好走多了，原来的土路都修成了水泥路，牧民们去哪里都很方便。而且姐妹俩都会骑摩托车，从河东到河西只需要五六分钟的时间。平日里她们俩放牧都是骑摩托的，而河西这边水路较多，骑摩托不太方便，所以我们俩还得骑马放牧。”我们在访谈中得知，现在牧民们放牧，主要是用摩托车作为交通工具，因为不管是上山还是下坡，摩托车都轻巧灵便，而牛羊群也习惯了摩托车的嘀嘀的喇叭声用作驱赶信号。但是，不论走多远的路，办多急的事，亲戚朋友见面还是要停下来问候几句，我们在访谈的途中也会经常看到马和摩托两种交通工具相遇时牧民们互打招呼的情景。

正聊着，图雅的丈夫陶格特胡骑着马回来了，他看见我们调研组的到来，笑着向我们打过招呼表示欢迎。随后他用鄂温克语跟图雅简单地交谈了几分钟后便出去了。图雅笑着告诉我们，丈夫刚从河东的家收草归来，准备去河边看看牛羊，还说有客人来了要好好招待，同时让她专心接受访谈。我们调研组为图雅夫妇对访谈工作的支持和理解所感动，并表示了深深的谢意。图雅边说着“别见外”，边给我们倒了碗奶茶。访谈工作继续进行，图雅说，他们自家草库伦（草场围栏的一种形式）里的草已经打完捆好了，8月份打草时只需打河西这边的牧草，这样下来，牛羊冬季时的饲草料就有了充足的保证。我们了解到，丈夫陶格特胡对参加技术培训班很感兴趣，今年4月份还参加了有关马的养殖技术的培训。嘎鲁图嘎查连续两年举办育马的培训讲座，而陶格特胡也一次不落地都参加了。此外，图雅家里还养有两只优质种羊，每只种羊还能得到来自政府的每年800元的补贴款。图雅表示，如果在资金充裕的条件下，家里还会购买种羊，因为种羊较普通的绵羊有适应性强、繁殖性能良好、羊羔的个头大等很多优点。“现在国家政策好，嘎查防疫站的兽医们每个季节都会给牧民们的牛羊打防疫针，牧民自己都不用花钱。”说到这儿，我们看见图雅的脸上挂满了灿烂的笑容。随着住宿条件的不断改善，牧民们在饮食上也有了更高的要求，不再像前些年那样仅满足于填饱肚子，而是在讲求科学饮食。图雅说，原来家里经常吃大米和挂面，最好的蔬菜就是土豆和黄瓜，逢年过节时才舍得杀牛宰羊。而现在的牧民家里随时都可以吃上新鲜的牛羊肉，丰富多样的蔬菜水果也出现在了牧民的餐桌上。我们调研组还了解到，每年的“三八妇女节”，嘎查都会通过宰杀牛羊来专门庆祝妇女同胞们的节日，大家载歌载舞，场面十分热闹。

当我们问起对嘎查未来建设的意见或建议时，图雅诚恳地对我们说，嘎查里惠及牧民的政策都落实得比较到位，医疗卫生以及道路建设都很好，用电吃水也还算方便，唯一有遗憾的地方就是嘎查里没有邮政所，给亲戚朋友邮寄物件都需要到旗里去，不是很便捷。除此之外，她还希望嘎查能为牧民们争取更多的资金和项目，促进牧民的创业和增收，同时还要积极帮扶贫困和低保家庭，带动大家共同富裕。

谈及对女儿们的希望时，图雅慈爱地看着小女儿优韩说，家里的三个孩子都很懂事，不但勤俭持家，还乐于助人，同时个个心灵手巧。说到这儿，优韩害羞地起身走到了一个蓝色的木柜子旁边，拉开抽屉，拿出了一个还没有绣完的十字绣。她告诉我们，她绣的这个是红色的马头，待到十月份左右绣完后就挂到砖房的墙上。在图雅家看来，这幅十字绣不但象征着马到成功，同时也是以游牧为生的鄂温克族历史和文化的一种表现。

在我们调研组离开图雅家的篷车，准备奔赴下一个调研的牧民家庭时，图雅热心地告诉我们，那户牧民家里也有一个篷车。我们几个调研人员用现学来的鄂温克语说，“也是走‘敖特尔’的时候用吧?”图雅笑了笑，说道“这可以说是我们牧民为了保护草原生态环境的一种方式吧。”从图雅质朴的言语中我们体会到，千百年来，鄂温克族就是以走“敖特尔”这种传统的轮牧方式，维护着草原的生态平衡，做到人与自然的和谐统一。生长在草原上的人们是不会把任何草原以外的东西留下来的，哪怕只是一个不小心从车窗飞出的包装袋，他们也会停下车把它捡回来，带出草原。

### （二）嘎查商店老板逢春

我们此次调研之行的目的地——嘎鲁图嘎查位于鄂温克自治旗的西部，总面积为41.3万亩，现有90户牧户，300多名牧民居住于此。由于牧户之间居住得比较分散，少则十几里，多则几十里，因而嘎查的领导班子为保证我们入户访谈的顺利进行，特地指派了对嘎查路况与牧户都十分熟悉的司机作为向导。调研的那些天里，我们发现在每天出发和归来的途中，总能路过一家小商店，它的青砖红瓦在嘎查里一间间蓝顶白墙的砖房的映衬之下，显得格外引人注目。每当路过此地，司机师傅都会热情地向我们介绍，这家商店可以称得上是嘎查里物品种类与样式较齐全的店铺了，其主人是蒙古族，热情好客。非常幸运的是，嘎查的金书记为我们调研组列出的人物专访名单上就有这家商店的老板的名字。在我们看来，这个富有特点的人物既可以说是嘎查里从事个体经营工作的典型，又能被看作在一个以鄂温克族为主体民族的嘎查中蒙古族牧民的一个代表。于是，在调研工作开展的第三天下午，我们有幸访谈到了这家商店的女老板——逢春。

走进逢春家的商店，我们看到这间70平方米的两室一厅中，有近50平方米的面积被用作店铺使用，其余两间分别为卧室与仓储间。大厅与卧室的采光效果不错，这在一定程度上保证了房间的整体亮度水平。三间房屋的墙壁和天花板都以白色为主色调，给人以简洁明快的感觉。卧室和仓储间的地面为普通的水泥地面，而作为店铺的大厅的地面上铺的则是防潮防滑的瓷砖，此外，店铺内通风良好，干净整洁，虽然占地面积不算大，但却“五脏俱全”：三排银灰色的双面背网的超市货架呈队列式整齐摆放着，其高度与宽度都十分适中，非常方便顾客采购。货架上有序排放着调味品、副食品、日用品等，其种类繁多、样式齐全。由于空间较小，逢春把烟酒柜台与收银柜台组合在了一起，放置在店铺尽头靠近窗户的位置。柜台上面摆着一个小型的可以旋转的黑色塑料架子，架子上有一个小托盘，里面装满了各式各样的糖果和巧克力，托盘下方挂有七八个小钩子，上面挂满了五颜六色的钥匙链和手机链。逢春笑呵呵地告诉我们，把这些颜色醒目的小商品放在这儿，可以吸引顾客的注意，有的顾客在等待结账时也就顺便选购了这些商品。随后，她热情地把我们调研组带进了平时休息的卧室，把那里作为此次访谈的地点，并解释说由于大厅里人员往来比较嘈杂，会影响我们访谈工作的顺利进行。我们听后立刻被逢春考虑事情的细心周全以及对我们调研工作的大力支持所感动，于是我们调研人员对她表示了一番谢意之后便开始进行访谈工作。

逢春，1972 年出生，蒙古族。逢春并不是土生土长的嘎鲁图嘎查牧民，而是 1993 年的时候从南辉苏木搬迁至此地。在这之前的十八年中她同家人都是居住在苏木里。逢春的父母是内蒙古通辽人，膝下有两儿两女。逢春三岁时跟随父母从老家迁至呼伦贝尔市鄂温克旗的南辉苏木，与其一同过来的还有她的二哥和年仅一岁的小妹。当年逢春的大哥并没有随他们一起过来，而是由在通辽的亲戚负责照看。如今逢春的大哥已经 48 岁，内蒙古大学毕业后便离开家乡去沈阳参加工作，后来到海拉尔赛驰有限责任公司任职，现已退休；二哥今年 43 岁，是西贵图嘎查的一位牧民；小妹 38 岁，跟二哥一样也在西贵图嘎查从事放牧。逢春现与母亲同住，每逢节假日二哥和妹妹也会过来探望母亲。她对我们调研组说，父亲过世后她便把母亲从苏木里接过来住了，现如今母亲已经 70 岁高龄，身体比较健康。逢春回忆说，刚刚迁到南辉的那些年，父母没有太多的积蓄，连买一头牛的钱也拿不出，家里这样的经济状况时常会连累三个年岁不均的孩子，鉴于此，父亲母亲只好外出打工以赚钱来补贴家用。那时逢春的父母亲经常早出晚归，有时做油漆工给人家涂房子刷家具，有时做泥瓦匠帮忙抹泥砌砖，到了打草时节还会去当临时雇工帮着收草、拉草。由于家里人口较多，父母辛苦赚取的收入也只能勉强足够一家人的温饱。回忆起那几年清贫的日子，逢春苦笑道，“当时的年纪小，唯一的愿望就是能吃饱饭，记得那时家里人炒菜，用的是质量不太好的棉籽油，炒出来的土豆都是黑乎乎的。”逢春顿了顿，继续说道，“有一年过春节，父母在家用牛肉炖着土豆，我和妹妹就围站在锅台前，大口大口地吸着从锅里冒出来的香气，感觉自己幸福极了。当我们可以拿起筷子将刚出锅的还冒着热气儿的肥牛肉一口放进嘴里时，香得我和妹妹差点抱着头在地上打滚儿，那真是刻骨铭心的香！”

尽管家庭的经济状况不尽人意，逢春的父母亲还是把三个子女都送进学校，让他们有条件学习科学文化知识。逢春三兄妹均在位于南辉苏木的一所寄宿制小学完成他们的小学学业。她回忆说，那时很多嘎查都不设小学，于是来自不同嘎查的孩子们都被父母送到苏木里读书。学生周一入校，周五回家，平时吃住都是在学校里。“那时学生里近九成的人都是鄂温克族，其他民族的孩子特别少，但我并没有感觉彼此之间有什么差别，大家在一起玩得也特别好。”这种从小培养起来的“民族团结一家亲”的观念也为她日后与鄂温克族同胞们的和谐相处奠定了基础。逢春还告诉我们调研组，在苏木的小学里，所有住宿的学生都免收住宿费用，针对家庭困难的学生学校还会提供生活补贴。这对于仅靠父母打零工挣钱补贴家用的逢春一家来说，经济负担也相应地减轻了不少。回想起读书的日子，逢春说，那时小学里开设的课程并不像现在这般种类繁多，除了体育、劳技等活动课外，文化课只有蒙语和数学。“那时我很喜欢学习一些有关算术的知识，觉得加减乘除法特别有意思，可能这也为我现在的收银工作打下了基础吧！”逢春腼腆地笑道。小学毕业后，逢春在鄂温克旗第一中学完成了她的初中学业。由于家庭经济原因，初中刚毕业的她便决定留在家中帮助父母打理家务，以减轻家里的生活负担。那一年，父母用辛苦积攒下来的钱买了 10 头牛，每头牛的价格在 200 到 300 元不等。于是在父母外出打零工的时候，年仅十五岁的逢春便主动担任起了牛倌，负责这 10 头牛的饲喂与放养。那时家里并没有富余的钱去购买马匹，所以在放牧时，逢春便漫山遍野地跟着牛群跑，直到太阳西下了才吆喝着牛群回家。每当看到有的牧户骑着马，甚至开着摩托车放牧时，逢春的眼里便满是羡慕。好在功夫不负有心人，父母亲连续多年的辛勤劳作为家里新添了马匹和牛羊，从此逢春也像别的牧民一样，可以骑着马放羊了。自从家里有了马匹，每年 6 月鄂温克族的“瑟宾节”（“瑟宾”为鄂温克语，意为“欢乐祥和”）开幕或是每逢苏木那达慕的大会以及祭拜敖包等喜庆节日的时候，逢春的父亲都会把家里仅有的一匹马进行乔装打扮，马头用红绸扎彩，马尾用彩绸缠裹，所有的准备工作都做好后再去参加赛马比赛。父亲过世后，家里很少有人再去参加赛马了，但每年苏木或嘎查举办那达慕大会或祭敖包仪式等盛会时，逢春家里人都会去参加，以祈求四季平安、人旺年丰。

逢春 20 岁的时候结婚，新郎也是蒙古族。两人在读初中的时候就已相识，通过几年的相互接触与了解，两人最终携手走入了幸福的婚姻殿堂。逢春回忆说，结婚时她的父母亲给了 3 头牛当作自己的嫁妆，男方家里也送了 8 头牛作为彩礼，这 11 头牛的价格从七八百到一千五六百不等，全部算上差不多有 12000 元左右。在这些钱里，夫妇俩花了 5000 元盖了一间 40 平方米的土房，为了节省开支，连刮腻子、刷涂料之类的施工工作都是两人共同完成的。逢春说，“真是不当家不知柴米贵，过起日子来就是要精打细算，想着以后有了孩子开销会更大，所以我们俩在平时的花销上面也是能省一点是一点。”女儿的出生在使初为父母的小两口感到幸福的同时亦增添了几分沉重的压力。于是夫妇俩经常是一人在家里边照料女儿边放牧，一人在外打零工赚钱，尽管每天早出晚归，奔波劳累，但两人都对生活怀着积极乐观的态度，日子虽过得清苦却也充满欢笑。1993 年的时候，夫妇俩卖掉了原来的土房，举家搬到了嘎鲁图嘎查。两人用卖房子的钱和平日里辛苦积攒下来的 10000 元盖了一间 70 平方米的砖房。因为那几年牛羊的销售市场普遍不景气，夫妇俩便决定暂时不卖牛羊，并选择外出打工来赚取生活费用。细心的夫妇俩注意到，由于嘎查没有商店，牧民们不但购买毛巾、洗衣粉、暖水瓶等日用品要到几公里以外的苏木去买，就连油盐酱醋这些生活必需品嘎查里也没得卖。若是遇到人们干活忙没有时间出去买，而家里又没有替代品时，牧民们往往会跟亲戚朋友们东借西凑，十分不方便。于是逢春夫妇俩便萌生了开一家综合商店的念头，打算在依靠自己双手致富的同时也为嘎查的广大牧民提供便利的购物条件。夫妇俩考虑到自身的经济状况，显然手头上已经拿不出多余的钱去盖一间房子当作店铺了，于是便商量着把自家仅 4 平方米的小仓库腾出来改装成商店。由于逢春家的砖房坐落在嘎查与苏木的交界处，房子旁边的土路是牧民们去往苏木的必经之地，人流穿梭往来，所以两人认为把店铺设在自己家中是再好不过了，起码商店的客源会有充足的保障。

铺址选好后夫妇俩就得考虑货源的问题了。由于这是夫妇俩第一次开商店，他们对很多有关进货方面的经验和采购的技巧都不是很清楚，对是否能够找到合适的供应商也没有太大把握。于是便联系到了几个在旗里做小买卖的朋友，打算从他们那里获取一些建议和帮助。非常幸运的是，朋友们不但为他们介绍好了进货渠道，还主动把两辆进货专用的小型卡车借给他们用，夫妇俩对此非常感激。逢春告诉我们调研组，所谓的进货地点就是位于海拉尔区头道街的商品批发一条街，那里以食品、日百、文教、五金、日杂批发为主，种类繁多，样式齐全。很多在旗县或苏木嘎查里开商店的人们都去那里批发进货，尤其是到了节假日，前来进货的人几乎是摩肩接踵，车辆也是川流不息。面对数量如此庞大的批发店铺以及纷杂的供货信息，逢春夫妇俩在兴奋之余竟不知从何入手，好在朋友们办事周全仔细，早已为两人联系好了可靠诚信的供货商，还告诉他们进货时不但质量有保障，还可以有至少一半的产品有把握拿低价，如此一来，逢春商店的货源就有了充足的保证。店址和货源都有了着落后，接下来的工作就是要办理经营商店用的各种证件了。逢春夫妇俩因为不清楚办理相关证件的具体流程和注意事项，所以先决定去旗里的工商税务局以及卫生部门等机构进行详细咨询。他们在本子上仔细记下了各种证件的名称以及需要缴纳的费用后，便回到嘎查准备相应的复印件、照片等证件与材料。一切备好之后，两人便去有关部门申请注册了工商营业执照、税务登记证、卫生许可证等。逢春说，整套手续办理下来大约历时半个月左右，算上来回的路费，两人共花费了200元。证件办好后，逢春夫妇俩就着手对小店铺进行装修了。“其实也谈不上是装修，因为店铺的面积太小了，我们只能在里面放置一张桌子，桌子摆好后发现，整间屋子连放一把椅子的地方都没有了。”逢春一手托着下巴，想了想又继续道，“我们俩把能利用上的空间都用着了，墙上除了挂着营业执照外，还贴满了粘钩，满满地挂着孩子们爱吃的小零食。桌子底下和旁边也都堆放着装货用的大纸箱子，箱子上还垒着成件的饮料和成卷的卫生纸。整个屋子被装得满满腾腾的，连下脚的地方都没有了。”说到这儿时，逢春不由地笑了起来。由于屋子里没有窗户，所以逢春家的店铺没法像别人家的那样，在窗子上贴满广告或“日用百货”、“烟酒糖茶”等字样，而只能把自己动手制作的一块刻有“商店”二字的塑料牌子立在了自家的房门外，以期吸引村民们的注意。为了使广告牌具有抗风性，逢春的丈夫在牌子底端打了两个小孔，用铁丝穿好后固定在了院子的栅栏上。就这样，夫妇俩忙乎了一个多月的小商店终于开张了。逢春清楚地记得，那时两个人每天要四点钟起床，逢春负责把店铺打扫干净，商品摆放好并归类整理，丈夫的任务就是把牛羊赶到山上吃草，然后再赶回店里帮助妻子打点生意。“嘎查里的牧民们起得都比较早，有的人家三点钟不到就赶着牛羊出来了，所以我俩也得早点开张，方便他们购买商品。”由于店铺刚起步，商品的种类尚不齐全，牧民们需要的物品没有或缺货的情况时有发生，而为了尽可能地满足嘎查牧民们的多样化需求，聪明的夫妇俩便想出了这样的办法：每当有顾客购买完货品时，都会询问一下他们对商品质量或种类的意见；而当顾客所要选购的商品店铺里没有时，逢春则会认真记下，待再次进货时照顾到顾客的需求。“这些点子都是从电视上学到的，我们也是现学现卖。”逢春谦虚地说。随着夫妇俩忙碌的日子一天天过去，嘎查里越来越多的人注意到了位于村口的这个不起眼的小商店，前来购买物品的顾客也较以前增加了许多，相应地，夫妇俩去海拉尔进货的频率也日渐增多起来。由于进货用的小型卡车是从朋友那借来的，心存感恩的两口子每次进货回来时都会为朋友们带去些烟、酒、茶及糕点等食品以表示感谢。而若在进货时遇到雨雪天气，夫妇俩往往要花七八个小时才到海拉尔，途中两人也只是稍做休息，未等歇好便又匆忙上路。

辛勤的劳作在换来回报的同时，也为夫妇俩增添了压力。因为那时两人每年依靠经营商店赚取的收入一般有 4000 到 5000 元不等，扣除向税务局缴纳的税费以及购买牛羊的花费，有近 70% 的资金都用作女儿日常生活以及上学的花销，逢春夫妇两人以及她年迈的母亲只依靠剩余的 30% 来作为平时的生活费用。为了最大限度地节约开支，两人除了平日的省吃俭用，还打算着做一些其他的买卖。逢春的丈夫听说嘎查里有牧民因把自家的牛羊直接贩卖到旗里的收购站而获取了更多的利润，便合计着也用同样的方法赚取些收入。刚开始的时候家里没有皮卡车，所以他只好雇车把牛拉到旗里的养殖场，每次依情况拉 3 头或 4 头牛。养殖场的工作人员根据肉牛品质的优劣及当日的市场行情来计算每公斤的牛肉价钱，健壮肥硕的肉牛一般可以卖到每公斤 45 元，而稍微清瘦一些的则可卖到每公斤 40 元。若扣除掉当天雇车所需花费的租金（一般往返一次需要花费 400 元左右），便可以净赚 300 元。这样几年下来，逢春夫妇家的收入便较前些年略有提高，但随着进旗做买卖人数的逐年增多，由此产生的租车费用也在不断上涨，从原来的 400 到 500 元上升到了 800 至 1000 元。夫妇俩见此情形，便拿出积攒下来的 30000 元购置了一台二手皮卡车以供家用，这对于逢春家来说不但省去了租车的花费，还为两人去海拉尔进货带来了方便。

2003 年，国家税务总局实行了新的增值税起征点政策，对于月销售额未达到规定标准的农村个体经营单位实行免税，这一政策的落实无疑为逢春家减轻了不少的税收负担。“征税点提高了，我们俩都跟着减负了，日子过得也就没那么紧巴了。”除了平日做好商店的生意外，夫妇俩在闲暇的时候还会去海拉尔的大型超市进行参观，回来后也自己摸索着打点自家的店铺。逢春对于那段经历至今记忆犹新：夫妇俩刚一进超市就被眼前的景象所吸引了，宽敞明亮的卖场、清楚的卖场标示、干净舒适的购物环境……，超市里可供顾客选择的货品也是琳琅满目，家电、纺织服装、大众消费品、百货商品等一应俱全。“那感觉真像是，对，就是那句‘刘姥姥进了大观园’”。逢春笑呵呵地对我们说。整个超市的体验过程让夫妇俩开拓了眼界，增长了见识，并由此萌生了一个新想法。其实，夫妇两人一进超市就注意到了那里摆放整齐的钢制货架，不但美观大方而且规格多样，有可以陈列家用电器、日用百货、食品、服装等的分层货架，也有供促销商品摆放的推车式货筐。于是两人商量一番后便花了2000元购买了一组小型的双面背板式钢制超市货架。“记得2003年的时候，连旗里面的商店都很少有用超市货架的，嘎查里就更不用说了，很多店主都没听说过，我俩那时还真是赶了回新潮。”为了扩大商店的面积，夫妇俩决定把自家近50平方米的客厅改装成店铺，原先的那个4平方米的房间则作为仓储间使用。这样一来，店铺的经营规模便扩大了。在随后的几年，嘎查里也相继开了三四家小型的商店，这在方便牧民们消费的同时，也给几家规模相似的店铺带来了竞争压力。对此，夫妇俩首先决定在营业时间上取得优势，于是他们由原来每天早上六点开门提前到了五点，由晚上九点关门延迟到了十点，甚至逢年过节也依然开张；除在营业时间上处于竞争的有利地位外，两人还决定打“质量战”和“价格战”：由于经营时间较长，逢春家的商店较其他几家有相对稳定的进货渠道与供应商，不仅商品质量有保障而且价格低廉，甚至逢春家有些商品的零售价是其他商店同样货品的进货价，如此一来就使得逢春家的商品具有了价格优势。“时间越久我们就越发现开超市并不是件容易的事儿，不仅需要靠体力，还要动脑筋，好多问题都得仔细研究才行。”

2010年10月份，鄂温克旗锡尼河商贸有限责任公司的几名工作人员到嘎鲁图嘎查做相关行业的市场调查，他们主要针对嘎查里经营规模相对较大的两家商店进行对比和分析，而逢春家的商店就是其中之一。调查人员在对商店的卫生条件、防火防盗等安全措施、货品的储存以及商品包装等进行了详细的咨询，并让逢春夫妇俩填写了问卷。当时夫妇二人以为这只是该公司组织的普通的下乡调研，并没有把这件事放在心上。然而2011年的10月份，锡尼河商贸有限责任公司又派来工作人员前来调查，而此次调查的内容比上一次要全面和细致，不仅查看了两家商店的规模大小和卫生状况，还在征求店主同意的情况下对进货渠道和商品种类进行了询问。原来，该公司并不是只调查了嘎鲁图嘎查的这两家商店，而是把整个鄂温克旗的4个镇、5个苏木和1个民族乡以及其下的各个嘎查都列入此次的调研范围，其目的是在数十家超市中挑选出各方面条件都符合标准的20家商店，并为其提供资金支持。相应地，20家商店的店主也会被邀请到该公司参加相关培训。据逢春回忆，该公司的评估条件众多，涉及相关经营手续（是否齐全）、店铺面积（至少为48平方米）、卫生质量、产品种类（2000种以上）、货架摆放、仓储环境（阴凉干燥）、通风防火设施（达到国家标准）等近20项。调研临近结束时，工作人员留下了逢春的联系方式，说调查结果还需进行对比和综合评估，若是各方面均达到标准，则会电话通知他们。两个月后，锡尼河商贸有限责任公司便给逢春打来了电话，邀请她去海拉尔参加鄂旗第三期“万村千乡市场工程”农家店学习培训班，学习农家店建店标准、中国零售业发展报告、陈列手册等相关的培训课程。夫妇俩得知这个消息后既激动又兴奋，觉得自己的辛勤付出终于得到了回报，两人做起买卖来也更加干劲儿十足了。2012年2月末，逢春去海拉尔参加了培训，3个小时引人入胜的讲说以及精彩纷呈的幻灯片展示，让逢春大开眼界。从店面设计到内部装修、从货源选择到配货运输、从货架摆放到货品陈列以及商品利润和经营理念等如此丰富的学习内容使她不但了解到许多专业知识，还带她走出了一些经营管理方面的误区。逢春对我们调研组说，原来她在商品的摆放上很随意，没想到其中还会有很多技巧，比如色彩和形状的搭配、促销商品的陈列位置、辅助工具的运用等都可以使得整个货架看起来美观大方。“唯一遗憾的是，由于自己走得太过着急而忘记带笔和本，所以只能用耳朵听，心里记。好在培训结束时锡尼河商贸有限责任公司给我们发了笔记本留作纪念，我这才匆忙记下老师上课时讲的要点，回家后又重新整理了笔记。”逢春苦笑道。此次培训带给逢春的不只是主办方颁发的证书和4000元的资助金，更重要的是培训所带来的崭新的经营理念、加倍的工作信心以及无限的希望。

逢春夫妇俩多年的辛勤努力使家里的经济状况较以前有了明显的改善，目前家里有65头牛、皮卡车和摩托车各一辆，割草及收草用的拖拉机和叉车等农机具一应俱全，2012年年初的时候还更新了冰柜、洗衣机等家用电器。这一切的收获都在为夫妇俩带来喜悦的同时增添了动力，让他们更加努力、更加用心地去经营自己的生活。现在逢春的女儿在根河市文工团上班，每逢节假日都会回家看望父母亲以及年迈的奶奶；儿子今年8岁，在旗里面的小学读一年级。逢春说，现在日子不像以前那么繁忙了，平时夫妇俩在闲暇的时候喜欢听广播和看电视，以获取新鲜的资讯以及实用的经营技巧，“尤其是中央二台的《生活》栏目和中央七套的《财富指南》，内容都十分丰富，能从中学到不少的知识。”

逢春告诉我们调研组，现在嘎查里只有2户蒙古族牧民，其他住户都是鄂温克族。尽管如此，在逢春看来，在嘎查里居住的所有村民都是一家人，应该相互尊重与理解、相互帮助与扶持。因此，逢春的家人与嘎查的牧民们相处得都非常融洽，夫妇俩在嘎查的口碑也很不错。当遇到牧民来买东西带的钱不够或是牧民路过超市时想买点烟酒但又忘记带钱时，夫妇俩都会让顾客把商品直接带走，从不计较得失。逢春说，她认为邻里之间的相互交往离不开彼此的信任，只有嘎查的村民们都彼此信任，才能亲如一家。除此之外，逢春夫妇俩还很乐于助人。虽然自己家里的条件并不是很宽裕，但是看到嘎查里还有需要帮扶的贫困户或低保户时都会主动帮助；当听说嘎查组织爱心捐款活动时，也会捐助些大米、白面、食用油等生活必需品。“上个月嘎查里有牧民家祭拜敖包，我们还送过去五箱啤酒。”逢春笑呵呵地说，“谁家都有遇到困难的时候，能帮就帮一把。”

作为嘎查里唯一拥有牧业户口的蒙古族，逢春希望能够多得到嘎查的照顾，比如资金补贴和优惠政策，更好地为嘎查的村民们服务。逢春说，现在嘎查里的大部分牧户都申请到了“游牧民定居工程”的项目房或篷车，她也很想在明年的秋天申请到项目房的名额，以便扩大自家店铺的面积。另外，她还希望嘎查里多举办一些有关畜牧的培训活动和技术讲座，以获取更多的养殖知识和技巧。逢春说，她现在最大的愿望就是自己家的商店能够越办越红火，在惠及更多百姓的同时，也为嘎查的经济发展奉献出自己的一分力量。

### （三）养殖大户图门吉日嘎拉

在我们来到图门吉日嘎拉家之前，我们小组对他家就已经有了一个初步的了解，图门吉日嘎拉是嘎鲁图嘎查一位在职长达九年的副嘎查达，同时他家也是嘎鲁图嘎查里数一数二的富裕人家。图门吉日嘎拉家所住的地方相对偏远，但是这丝毫没有影响我们调研的积极性，因为通过之前对图门吉日嘎拉家的了解，我们的心中都已经有了些许期待，期望见见这位出色的领导能手和致富能手。

通往图门吉日嘎拉家的路很颠簸，没有公路，汽车一直行驶在草原上，我们在草原上很难辨别方向，故而对牧民具备在草原上辨别方向的能力心生敬佩。随着离目的地的路程渐渐缩短，远处一户人家映入我们的眼帘。和司机大哥确认后，我们知道这户人家就是我们调研小组今天所要到达的目的地——图门吉日嘎拉家。汽车开到草场围栏的入口，由于院子中的青草长势旺盛，我们不愿用车轮进行碾压伤害草地，所以决定提前下车，步行穿过长长的草场到图门吉日嘎拉家的蒙古包。初进图门吉日嘎拉家的大院时，我们便被井井有条的景象吸引住了。整座大院干净整洁，左边是一栋为保护机井避免冬天上冻的红色砖房，右边是一个羊棚，羊棚旁边是一栋用于冬天居住的房屋，居住房屋旁边有两匹全身棕色毛皮的骏马在悠闲地进食，这两匹马皮毛锃亮，身形矫健，旁边的草地上放置着一套马鞍，想必这两匹马是主人特意挑选出来用于坐骑的。在两边房屋的中间，搭建着一个白色的蒙古包，蒙古包旁边竖立着一个用于风力发电的风车。一个穿着一身黑衣踩着长筒水靴的中年男子听到犬吠声出来查看，发现了我们调研小组的到来，司机大哥是本地人，用鄂温克语向这名中年男子说明我们的身份和来访目的后，这名中年人热情地招呼我们进了自己的蒙古包，原来他就是我们的采访对象——图门吉日嘎拉。图门吉日嘎拉皮肤黝黑，脸上已有些许皱纹，但是眼睛炯炯有神，整个人显得精明能干。调研小组在到达目的地之前设想嘎鲁图嘎查富裕人家的蒙古包的装饰可能会更现代更奢华些。实际上，图门吉日嘎拉家的蒙古包装饰很简洁，铺着砖地，蒙古包门口左侧依次摆放着脸盆架、水缸、单人床、电视柜，最后是一个设计简单的橱柜，蒙古包正中间设着一个用于日常做饭用的炉灶，墙壁上挂着几张照片、一个石英钟和用相框裱起来的几张奖状，除此之外，便没有什么家具和装饰了。这和我们之前心中设想的情形相差甚远，我们初步地认识到图门吉日嘎拉是个简朴和不铺张浪费的人。

我们的访谈准备开始时，女主人都力玛走进了蒙古包，微笑着和我们打了招呼，并为我们端进来刚刚煮好的飘着浓浓香气的奶茶，一切安置好后，便安静地坐在床边，为我们创造了温馨而舒适的访谈环境。女主人的细心和贤良瞬间温暖了我们，也着实让我们感觉到鄂温克民族热情、淳朴的民风。图门吉日嘎拉又极其慈祥而平易近人，一直微笑着和我们聊天，无形中拉近了我们之间的距离，使我们的访谈氛围变得更加轻松和愉快，像是茶余饭后的聊天聚会。

图门吉日嘎拉（以下简称图门），1958 年生人，是嘎鲁图嘎查土生土长的鄂温克族人，对这片生活了 50 多年的草原有着特有的情怀和热爱。他小学文化，兄弟中排行老二，有一个姐姐，一个哥哥，一个妹妹，三个弟弟。小的时候家里条件不太好，图门记得小时候父母一直和爷爷生活在一起，没有分家，当时家中共有 10 多头牛，60 只羊。图门 1968 年开始上的小学，当时就读于南辉小学，在校期间学习成绩优异，1973 年小学毕业后，由于家庭困难，图门主动放弃升入初中的机会，回到家中参加公社的劳动，从而减轻了家庭的经济负担。图门说他现在依然很怀念在学校的学习时光，那段时光是他最美好的记忆。图门上小学时，是蒙古语和鄂温克语授课，之后一直没有学习过汉语，所以和我们沟通有一些困难，多亏了司机大哥为我们翻译，才解决了沟通这一大难题。在此，调研小组对我们的司机大哥表示深深的感谢。

1973 年，图门回到嘎鲁图嘎查，当时正处于人民公社时期，图门回到家后，当时已可以作为一个劳动力在牧业生产队中劳动并能挣取工分了，调研小组询问当时人民公社的工分制度和具体情况时，图门由于当时刚刚小学毕业，对这些工分制度等公社的情况并没有特别在意和关注，所以现在不能为我们提供当时的经济情况和工分分配等方面的具体信息。图门只告诉我们，1973 年到 1976 年的这段时间里，他专职为牧业生产队放羊，具体每月计多少工分已记不清了，当时家里劳动力多，都能在牧业生产队劳动计工分，图门记得每年全家收入工分折算成现金能达到 3000 元到 4000 元。总体收入虽然多于其他牧户，但是由于家中成员较多，花销自然也比其他牧户多得多，所以生活一直很拮据，图门就是在这段时期养成了节俭、朴素的生活习惯。

1981 年时，国家开始实行联产承包责任制，引进了“牲畜归户，草场承包”的经营管理方式。所说的“牲畜归户”，就是把集体的牲畜作价出售给牧户，由牧户自己生产经营。其价格一般低于现行的市场价格，略高于牲畜入社时的价格，作价款要求牧民 5 年还清。“草场承包”，就是将集体的草原随着牲畜的归户也规划到户，由牧户长期承包使用。将草库伦（围起来的草场）、打草场、春营地、东营地等基本草场划分到户，一般按人畜比例划分草场。图门说当时每人可领 3 头牛和几十只羊。虽然已经是 20 多年前的事了，但是，图门到现在还是记忆犹新并相当感谢当年的这个政策。他说联产承包制在当时的生产生活背景下让牧民吃了定心丸，给了牧民自主权，让大家可以大胆地发展畜牧业生产和养殖规模，牧民的生产积极性也得到了空前的提高，而且家家的养殖都更具有计划性，牧户既有自己短期的安排也有长期的打算和计划。例如，当时有牧户购置生产工具和生产资料、改良牲畜品种、围建草场、修建羊棚，等等。这些都极大地促进和加快了牧区的经济建设和发展，同时也提高了集约化的经营能力。也正是从这个时期开始，图门和家人一起集思广益改善家里的养殖条件，有计划地逐步扩大了养殖规模，家里的生活条件也是在这个时期得到了极大的改善和提高。图门最后还总结道，牲畜作价归户和草场分户承包，是对牧区生产关系的一项重大改革。它更适合当时经济背景下牧区生产力的发展水平，更符合自然规律和经济规律的发展。

图门的妻子都力玛，1959 年生人，鄂温克族，高中文化程度，是伊敏苏木生人，因为姐姐嫁到了嘎鲁图嘎查，所以都力玛经常过来帮忙和走动，渐渐地与嘎鲁图土生土长的小伙图门熟识起来，经过接触图门了解到都力玛是个温柔而贤惠的女子，都力玛也了解到图门踏实肯干又勤奋老实，于 1986 年，图门和都力玛喜结连理，从此开始了他们的幸福生活。夫妻俩共养育了三个孩子，大女儿叫温格，1988 年生人，本科学历，2010 年毕业于重庆师范大学育才学院，语文教育专业，现在没有正式工作；小女儿叫乌妮尔，1989 年生人，专科学历，2012 年毕业于郑州科技学院，电子商务专业，现没有正式工作；小儿子陶德，1990 年生人，专科文凭，2012 年毕业于锡林郭勒盟职业学院，计算机信息管理专业，现没有正式工作。图门吉日嘎拉在南屯（鄂温克自治旗的巴彦托海镇）购置了一套 100 平方米的楼房，现供三个孩子居住。1994 年时大女儿去南屯上小学，为了方便对孩子的照顾，图门夫妇在南屯购置了这栋楼房，图门说旗里学校的条件肯定要比嘎查小学和苏木小学条件优越，相信旗里学校的学习氛围对孩子的培养也很重要。虽然去旗里学校的花销要远远多于在苏木小学和嘎查小学的花销，但是图门和妻子权衡各方面因素，为了孩子能够得到更好的教育，还是毫不犹豫地把孩子们送到旗里上学并购置了房子。这件事足以显示出图门对子女教育的重视程度。图门告诉我们，自己一生中遗憾的事情不多，唯一的遗憾就是自己没能完成学业，他不希望自己的孩子将来有和自己一样的遗憾，所以他和妻子努力、勤奋，为孩子创造一切可以创造的条件，希望孩子们都能完成自己的学业。图门和妻子的艰辛和苦心，他的三个孩子都看在眼里，记在心里，而且都很争气地考上了大学。现在家里培养出了三个大学生，人人都称赞图门，并羡慕他能有这样的好福气，说到这图门豪爽地笑了，我们从中看到了他对孩子们的用心良苦，也看到了孩子们为他带来的自豪和幸福。虽然现在孩子们还没有找到稳定的工作，但是他相信孩子们只要有知识，就一定能闯出一片天地，生活也一定不会像自己和妻子一样辛苦劳累。

图门吉日嘎拉和妻子结婚后，依然同父母和兄弟姐妹们居住在一起，当时家中共养了130多头牛，800多只羊。结婚时，夫妻俩住的是64平方米的砖房，与嘎查中其他牧户的居住条件相比，图门夫妻的家庭条件相对好些。2003年图门家搬到了现在的居住地点，现在居住的房子是2003年新修建的，使用面积59平方米，另外家中还有为机井冬天防冻专用房屋和一个羊棚。现在图门家养殖了70多头牛，700多只羊，60匹马。图门对家里的经济现状很满意，同时他家还是嘎查牧民致富的榜样和模范。

我们参观了图门蒙古包墙壁上挂着的奖状，有一张是用中文书写的"嘎鲁图嘎查图门吉日嘎拉：2004年度养牛超过一百头，特颁此奖，以资鼓励"，颁奖单位为辉苏木人民政府，时间是2004年7月27日，另一张奖状是用蒙文书写的，经过询问后，我们了解到这同样是养牛超过一百头的鼓励奖状，时间更早些，是1994年颁发的。另外还有一张"养殖优秀奖"的奖状，这些奖状足以见证了图门和妻子如何通过自己勤劳的双手发家致富的了。当询问起为何现在家中养殖规模较前几年缩小很多时，图门解释道，三个孩子外出上学的时间都差不多，家中的劳动力减少大半，而且夫妻二人已步入中年，已没有从前充沛的精力，大规模的养殖有些力不从心，所以在全家商议之后决定缩小养殖规模。

图门不仅是嘎查的致富模范，还是嘎鲁图嘎查德高望重的副嘎查达，另外，图门还是一名拥有8年党龄的老党员，他在思想上积极上进，坚决拥护党的领导和国家的政策，热心帮助群众，并在嘎鲁图嘎查的党支部中起着带头模范的作用。2003年，通过牧民推选，层层选拔，深得人心的图门被推举为副嘎查达，时至今日已有9年的时光，在这9年时间里，嘎查委员会的成员已经过几次换届选举，但是图门一直深得群众的推崇和认可。图门意识到嘎查要想发展，嘎查的领导班子就必须要有先进的管理思想和新鲜的血液，要有年轻人敢闯、敢干的冲劲，所以他一直担任着副嘎查达一职，并将更重要的领导委员位置提供给年轻人，图门相信年轻一代领导干部的思想和管理模式与现代的经济发展更匹配，自己能做的就是尽心尽力，协助和配合嘎查长、嘎查书记以及上级领导的工作，传达和实施好国家或政府的新政策和新项目，要为牧民争取一切可以争取的优惠项目，争取嘎查牧民最终达到共同富裕。当调研小组问及图门为牧民都做过什么贡献时，图门摇摇头说，他做的都是应该为牧民做的，不能称为贡献。随着访谈的深入，我们了解到图门经常以担保人的身份，帮助牧民去信用合作社借贷款，调研小组问及是否有经济风险时，例如是否有牧民不能及时还贷，从而由担保人代为还贷的情况，图门笑着摇摇头，说道："没有没有，从来没出现过这种情况，我们都是鄂温克民族，是很讲诚信的，我担保的牧民都是按时还贷，从不拖欠。"图门的热心肠再次打动了我们，他的朴实无华不禁让我们和鄂温克民族的民风联系在一起，让我们感受到了鄂温克旗人的坦诚、热情和善良。

在接下来的访谈中，我们了解到在2008年到2009年这段时间里，包括图门在内的嘎查委员会成员共同努力，于2011年通过鄂温克旗扶贫开发办为嘎鲁图嘎查的低保户牧民申请到了90万元的"产业化"项目资金，并购买了80头牛，其中包括母牛和牛犊。嘎查共有20户低保户，从中筛选出家中养殖规模低于20头牛的低保户进行了分配。从而为低保户的致富提供了良好的资金条件和丰厚的生产条件。

图门告诉我们，鄂温克旗民委每年都会争取一定数额的项目资金为嘎查的贫困户或低保户进行集中扶持，例如为贫困牧民购买牛羊，分发米、面、食物等。自从嘎鲁图嘎查作为"十万人口以下较少民族整体脱贫试点村"后，接受了旗民委的"集中扶持，进村入户，整村推进"等方式下所实施的为期5年的扶持项目。嘎查委员会成员团结协作，结合嘎查的实际情况和自身的独特优势制定了一系列的规划方案，在短短的几年时间内，嘎查的生产建设和畜牧业发展都有了大幅度的跨越。图门补充到，现在惠及群众的优惠项目和补贴款项逐年增多，牧民们生产积极性也随之提高，嘎查的各项工作呈现出良好的发展势头。国家的政策都是对我们牧民极其有利的，我们嘎查委员会的成员，只要积极配合国家政策，辅助政策全面传达和实施，我们鄂温克族牧民的生活必将出现翻天覆地的变化。

在访谈的过程中，图门提到了"十户联营"项目，经过询问我们了解到这个项目是经过嘎查委员会成员的精心策划和研究而设立的，初步计划组织9户畜牧业大户携5户特困户组建合作社，后被称之为"知达畜牧业、牧民合作社"。图门向我们介绍，这个合作社组建的目的主要是从贫困户或低保户中筛选出5家牧户，对其进行帮扶，以增加其经济收入，改善生活条件。合作社打算购买一定数量的牛羊，再拿出部分项目资金为所购的牛羊提供良好的饲养条件，待牛羊育肥后，合作社将联系正规养殖基地或牲畜收购公司签订销购合同，并把最终收入的20%分配给这5家低保户作为劳动补偿，其余80%收入作为合作社的运营资金。另外，这5户牧民家的牛羊放养由9户牧业大户无偿提供草场和草料，这5户牧民只需进行放养。在整个饲养的过程中，合作社确保进行统一防疫和统一销售。另外，合作社会定期举办一些有关牛羊科学养殖技术的讲座和培训，从而提高合作社的养殖技术和经济效益。图门说，嘎查委员会想通过“十户联营”的合作社方式，带领牧民走出一条崭新的致富之路。为了起带头作用，图门已决定加入“十户联营”合作社，他家就是9个牧业大户之一。虽然现在合作社还没有成立，但是合作社的未来和前景是美好的，图门相信合作社方式可以带动贫困户成功脱贫，可以使贫困户在更短的时间内富裕起来。“十户联营”合作社的合理性和科学性不容置疑，虽然现在处于初期策划之中，但相信这个计划能在短时间内得到牧民的支持和成功的实施，也相信嘎鲁图嘎查委员会能够成功带动低保户脱贫致富。

谈起嘎查的基础设施建设情况，图门回忆并总结了一下，他说嘎查经济的发展，我们牧民都是有目共睹的，现在的医疗条件也好了，每年嘎查都组织免费为牧民体检，也让牧民意识到了身体健康的重要性，另外平时身体有什么不舒服，去嘎查的卫生所都能得到很好的治疗，卫生所的常用药品齐全，而且又新进了医用设备，医疗条件再也不像以前那么艰苦，他接着说自己的身体也不是很好，而且妻子心脏不好，还有高血压，需要常年吃药，这些药在嘎查就能买到，极为方便。另外，牧民都参加了新型农村（牧区）合作医疗保险，也减轻了牧民的经济负担；2010年，嘎查修建了现在的主公路，为牧民出行提供了方便的条件和安全的保障，虽然这条公路方便了大多数牧民，但是图门家距离公路有一段距离，依然存在不便，调研小组问及是否希望继续修建公路时，图门摇摇头说，一条公路就足够了，相比从前，现在的交通条件已经很好了，如果再多修公路的话，会破坏更多的草场。虽然图门家有摩托车，但是他一般都是骑马出行，只有到较远地方时才会骑摩托车或坐汽车。图门热爱这片草原，同时他极力地守护着这片草原，他相信最原始的天然环境对草原的保护是最有利的。问及家里用电情况时，图门说由于家住得比较偏远，还没有拉通高压电，目前用的是风力发电，经常会出现电量不稳定情况但由于自己和妻子平时基本不用家用电器，而且有着规律的早睡早起的生活作息，所以电量的不稳定对家中影响不大。

调研小组问到三个孩子现在都在旗里生活，图门夫妇是否有搬过去的意愿时，图门再次摇摇头说："我们习惯了在牧区的生活，我们的生活已离不开这片草原，孩子们都长大了，有他们自己的一片天空，就让他们自由地飞翔吧，我们老两口也不想给孩子添麻烦，他们有时间回来看看就很好了。"图门夫妇的思想极为开通，调研小组再次被图门夫妇的淳朴和善解人意触动了。

访谈结束后，图门夫妇给我们留下了深刻的印象，也让我们更多地理解了"可怜天下父母心"的含义。调研小组提议和图门夫妇进行合影留念，他们欣然同意了，并在镜头中留下了慈祥而善良的笑容。

### （四）富有远见的生产能手巴图达来

巴图达来是土生土长的嘎鲁图嘎查的牧民，家里共有5口人，妻子名叫乌云，今年42岁，大女儿名叫索优乐玛，还有小女儿索伦佳和小儿子索优乐巴特。他们一家人的生活条件相对比较优越，共同住在一幢新盖不久的砖房里，显得安逸富足。

当我们问起巴图达来的人生经历时，他说得非常简单。他的小学是在北辉小学上的，1982年入的学。由于当时家里条件比较困难，加上自己的学习成绩和学习热情也不高，所以只上到1985年就辍学回家了。虽然只上了3年小学，但这几年的学习让巴图达来学会了写字和认字，为他日后的开阔眼界奠定了基础，让他受益无穷。辍学回家后，毫无悬念地，他开始帮家里人放牧。那时候，已经实行了家庭联产承包责任制，把草场和牛羊按照人口比例承包或作价给各家各户。这种生产方式很快改变了大锅饭的生产方式，极大地调动了牧民们的生产积极性，牧民的劳动热情空前高涨。当时巴图达来家和嘎查里比较大的几个家族互相帮助，合理有效地利用了劳动力，极大地提高了牧业生产的效率。

1990年，巴图达来和妻子乌云成了婚，婚后父母给他们分了草场和牛羊，让他们自立门户。两个人以分到的牛羊作为生产基础，经营几年之后，有了50多头牛羊还有几匹马。对牧民来说，所有的收入都来自这些牛羊。由于孩子们还小，没有什么太大的花销，加上牧区生活简单朴素，衣食方面没有花费太多的钱，也不用考虑买房子车子之类的事情，所以分家之后的一段时间里，巴图达来家的经济状况很好，攒下了不少钱。但是考虑到孩子们将来要上大学，而且想让自己的父母过得更好些，巴图达来认为自己不能安于现状，决定扩大牧业生产的规模。

对于牧业生产来说，想要提高牛羊的数量和质量，光靠勤奋努力是不够的，一定要有自己的种羊和种牛，还要有专业的养殖技术和丰富的防疫知识，所以巴图达来决定向鄂温克旗牧业卫生站求助。当时国家出台了一些新的惠农政策，正好可以给像巴图达来这样的牧民提供帮助。巴图达来当即提出了申请，并买了许多相关书籍，决定自己学习养殖技术和防疫知识。经过自己的刻苦钻研和不懈努力，巴图达来掌握了许多专业的养殖技术和丰富的防疫知识，能够察觉到牛羊发病的前兆，做到提前预防，从根本上解除牛羊减产的危机。不断的实践和“实战”后，巴图达来成了半个兽医，家里的牛羊生病全靠他自己解决，附近的牧民家的牛羊有突发情况也会叫他过去帮忙处理。

解决了技术和防疫问题之后，巴图达来面临的一个最大问题就是种羊和种牛。对牧民而言，种羊或种牛简直就是家里的宝贝，一般是不会随便租给别人或卖掉的。所以想要买到好的种羊和种牛显得十分困难，并且这种困难不是金钱就可以解决的。面对这样的困境，巴图达来把本嘎差及周边嘎查的养殖大户挨家挨户地拜访了一遍，苦口婆心地费了不少功夫，最后在一个年纪较大的养殖大户那里买到了一只种羊和一头种牛，攻克了面临的最大困难，进一步实现着自己的规划。对整个扩大生产规模的计划而言，解决了种羊种牛问题，只是使其更进一步，还需要增加牛羊的数量，扩大养殖规模。对于嘎鲁图嘎查的大部分牧民来说，最不缺少的就是草场资源，这也是扩大养殖规模的基本保证。而牛羊的身体健壮与否，不仅关系着牛羊自身的价格高低，更重要的是这样的高质牛羊可以繁育出更优良的后代，这是想要长期发展必须考虑的。想要使牛羊肥壮，牧民必须不停驱赶牛羊，到不同的草地上放牧，这样不仅保证牛羊们有充足新鲜的草吃，还能加大牛羊的运动量，让它们的身体更加强壮。巴图达来告诉我们，放牧看起来很简单，但其中却包含着许多工作，涉及不同季节、不同牲畜，也因此涉及各种技术。每到秋季，有经验的牧民会赶着牛羊找最肥美、最营养的草吃。就草原上的草来说，草根的营养价值要远远小于草尖，如果牛羊长期在同一块草场吃草，吸收的营养会少很多。所以要不停地换地方吃，只吃草尖部分，这样牛羊对营养的吸收才能更好些。另外，还要让牛羊经常性地移动，羊动得多、吃得多才能够养膘。羊的膘够厚，便能活过寒冬，在初春产下健康的羊羔。有经验的牧民，也常能够利用冬场之外最后的一点草资源，赶着牲畜游牧，尽量延迟进入冬草场，以多保留冬场的草让牛羊可赖以过冬。每年的秋冬时节，巴图达来不停地赶着牛羊，让它们在各个草场间来回食草。当然这样的做法让巴图达来和他的妻子特别辛苦，但是他深知放牧技术好而又勤快的牧民，与经验差或又偷懒的牧民相比，其牲畜的成长、生产情况皆有天壤之别。许多牧民不愿辛苦放牧，只把牛羊赶到离家比较近的地方吃草，时间一长就降低了牛羊自身的营养价值也影响了它们的发育速度。所以正如那句老话：只有付出才有收获。

当地牧民的传统养殖方式，是尽可能少地饲养奶牛，这主要是因为当地人对奶牛的需求数量比较有限，而又存在市场、运输等其他一些方面的问题，使牛奶不能销到更远的地方。所以在2000年前后牧民的奶牛一般都是自己的牛繁育出来的，通常他们会把多余的奶牛卖出去，然而很少有人会主动去购买别人家的奶牛。巴图达来在这个问题上有自己独到的见解，以至在同等条件的牧民当中，他家的奶牛数量是最多的。他说："我不会把自己的奶牛卖给别人，牛奶是很宝贵的东西，市场对它的需求是一直存在的。"果不其然，在近几年，好多类似光明乳业这样的大型牛奶制作厂商进驻了鄂温克草原，这些大企业对牛奶的需求是持续的，牧民不必担心自己的牛奶卖不出去。强大的事实再一次证明了巴图达来的远见。

由于巴图达来很好地抓住了商机，再加上他和妻子的辛勤劳作，他们的牧业生产规模顺势而上，很快地扩大了，羊最多的时候达到1200多只。但前几年由于自然灾害，减少了很多。截止2011年年末，他们家有250只绵羊、60只山羊、40头奶牛、50头公牛和60多匹马。拥有这些数量牛羊的牧民，在当地算是牧业大户了。

同时，国家每年都给牧民很多生产上的补贴，包括种羊补贴和草场补贴。去年巴图家里的24头种羊得到了每只400元的补贴，家里的1500亩草场得到了每亩2.38元的补贴。由于国家给予当地的这些补贴和扶持，加上巴图达来家固有的牛羊，巴图达来一家的生活蒸蒸日上。2008年的时候，巴图达来家购置了一辆汽车。买车之后，巴图达来一家上城里购物或者到亲戚朋友家串门方便了许多。可以说，巴图达来不仅规划了牧业生产，也把自己家的日子过得红红火火。巴图达来说，自己生活好的同时也想让身边的人过得好。作为家中的长子，父母的生活费一直都是由他来提供。父母对他的影响很大，从小就教育他一定要当个好牧民。如今，父母虽然都已经年过六旬，但他们身体都很健康，现在没有在嘎鲁图嘎查生活，而是搬到了鄂温克旗政府所在地巴彦托海镇上，住进了楼房。因为旗里的生活条件相对方便，冬天有暖气，平日的饮食健康合理，可以让老人生活得更舒适一些。巴图达来有一个弟弟和三个妹妹，弟弟现在在鄂温克旗的房产办工作，妹妹们都在周边的牧区生活。作为家中的老大，兄弟姐妹有什么困难时，他都会主动帮助，竭尽所能地帮他们渡过难关。而作为嘎查的养殖大户，巴图达来还尽可能地帮助生活条件相对困难的牧民，经常把自己家里的种羊种牛借给别的牧民，还帮助牧民们联系牛羊的买家，为牧民们争取到最高的牛羊收购价格。另外，由于巴图达来在多次赛马比赛中成绩优秀，在当地的年轻牧民中影响很大，所以他们经常来向他请教，而他总是很耐心地教年轻人如何驯马、骑马。巴图达来一直以来的行动得到大家的称赞和认可，他没有辜负父母对他的期望，成了一个好牧民。

除了是一个好牧民，巴图达来更是一位好父亲。当我们和巴图达来谈到他的子女们的时候，他脸上洋溢着自豪，微笑着对我们说：“我的子女们特别有出息，都考上了自己满意的学校并努力地学习着。”

他的大女儿索优乐玛能歌善舞，现在正在内蒙古师范大学音乐学院学习。大女儿从小就特别喜欢音乐，在音乐方面很有天赋，而且文化课学习上非常刻苦努力。她的小学和中学时代分别在鄂温克旗实验小学和鄂温克旗中学度过，在班级中学习成绩一直名列前茅，老师和同学们都特别喜欢她。巴图达来回忆说，他最早的想法是让大女儿当个老师或者医生，将来嫁一个好丈夫，这样生活也就圆满了。但是，索优乐玛上高中后，非常坚定地要学习音乐，并多次恳求他。“你说我怎么能拒绝自己的宝贝女儿呢？”巴图达来一脸宠溺地说。支持女儿的决定后，巴图达来托关系找熟人，尽自己最大的能力寻找能够比较专业系统地教授音乐的老师辅导女儿，索优乐玛也不辜负父母的期望，如愿地考上了大学，学习音乐。

鄂温克族自治旗教育基础相对薄弱，专业的音乐教育体制欠缺，高水平的艺术学校和专业培训机构不多。而想要考上国家正规的音乐院校，不仅需要学生自己的努力，更需要专业老师的精心栽培。为了能让女儿受到专业系统的音乐教育，巴图达来不得不到呼伦贝尔市去邀请专业的音乐老师。在巴图达来的多方努力下，终于联系到了一位愿意接纳索优乐玛为学生的老师。这位来自音乐学院的老师名叫哈斯，也是鄂温克族，听说索优乐玛的求学意愿后，欣然接受了巴图达来的邀请。哈斯是一位很负责的老师，对于音乐理论基础薄弱的索优乐玛，他极尽耐心细心。索优乐玛在音乐方面表现出极大的天赋，她怀着对哈斯老师的感激和钦佩，在学习过程中十分认真和努力，每天起早贪黑地学习。作为一个一直在牧区自学、没有受过系统教育的学生，想要通过常规音乐基础考试，学习中的艰辛我们可想而知。

一开始，巴图达来每天开车接送索优乐玛，在嘎鲁图嘎查和海拉尔市之间来回奔波。之后，为了让女儿有一个安静的学习环境，巴图达来在呼伦贝尔艺校附近租了一间房子，让女儿能安心学习。众所周知，学习音乐是一个很大的投资，除了时间上的投入，还需要大量的金钱来做支撑。但心理上和经济上的双重压力，并没有打消巴图达支持对女儿学习艺术想法。最终，索优乐玛不负众望，以优异的成绩考上了内蒙古师范大学的音乐学院。谁说这不是巴图达来又一次富有远见的表现呢？

这些年的辛勤劳动和苦心经营，使巴图达来攒下了不少钱。但培养一个学习音乐的大学生花销是很大的，而巴图达来的小女儿正在上高中，小儿子也刚刚升入初中。同时供三个孩子上学，这对一般的富裕家庭来说已经是十分困难的事情，何况是对于一个普通牧民家庭呢！在巴图达来的叙述中，我们大致算出，他们家全年的总收入大约在 13 万元左右，在嘎查来说算是比较富足的家庭了，而每年三个孩子上学的学费和生活费加起来差不多接近 10 万元，开销也相当大。近几年，巴图达来把养殖规模缩减了很多，一些品质稍微欠优的牛羊也全部卖掉了，只留下一些品质较好的品种来专心经营。

缩减养殖规模，不仅能把那些卖掉的牛羊变为孩子们的学费和生活费，而且能够缩短他们平时的劳动时间，让他们有更多的时间来关注孩子的成长，分散出精力来培养即将考大学的小女儿和正在起步的小儿子。“而留下品种比较好的牛羊，”巴图达来眨一眨眼，说，“主要是为了等孩子全都考上大学，不需要我们照顾的时候，我们夫妻俩可以专心地再把羊群壮大起来。”看起来，巴图达来又“留了一手”。

这几年由于出现不良添加剂的使用现象，国内市场的奶价急剧下跌，虽然周围有好多像光明乳业这样的大企业在持续地收购牛奶，但是牛奶的价格停滞不涨，甚至下降。面对这样的市场行情，高瞻远瞩的巴图达来也只有被动接受。但是，一道门堵了，巴图达来就想着开一扇窗。随着嘎查牧户生产规模越来越大，很多牧民家的草场不够用。而自己家的草场面积比较大，同时自己家的牛羊数量这几年有所减少，所以到了秋天，很多牧民会到自己家买草。鉴于这个情况，在2008年的时候，巴图达来贷款35000元买了一台打草机，方便别人的同时，也为自己家创造更多的收入。

在这次的调研活动中，我们了解到，现在很多牧民放牧一般都骑摩托车，很少有人骑马了，然而，对于巴图达来家养这么多的马，我们有些疑惑。巴图达来为我们解答了疑惑的同时也让我们特别出乎意料。他说："我们草原的人对马有一种特殊的感情，所有人都爱马，我们饲养马不是为了骑更不是为了卖。"他的语气深深地感染了我们，我们隐约觉得，对牧民的了解又深了一些。接着，巴图达来兀自笑了笑说，"其实养马肯定是有用处的。"现在到这边旅游的人特别多，很多人看到他的马群就喜欢得不得了，一定要照相合影什么的。鉴于此，他打算和自己的哥哥在草地上开设一个旅游点，专供旅游的人骑马照相，这样不仅能让来草原旅游的客人们更多地接近马、了解马，还能在旅游旺季的时候为家庭创造更多的收入。我们听后也不觉地笑了，想不到马也能够成全他的远见。

同时，巴图达来打算在家里经济情况稍微好转一些之后，加大羊羔的饲养数量，批量的生产当地牧民都会做的奶制品，因为游客们对于奶干、奶酪这样的奶制品十分有兴趣。在我们结束采访的时候，巴图达来和他的妻子送给我们几袋他们自己制作的奶干，并笑着说让我们带回北京给他们做一些宣传推广。之后，还热情地表示随时欢迎我们带着其他的人来鄂温克草原上玩。

即将结束采访前，我们问了巴图达来最后一个问题：他对未来生活有什么打算。巴图达来说，自己现在唯一的心愿就是希望自己的孩子们都能考上自己满意的大学。对于自己的大女儿，巴图达来所抱的希望是最大的。他说，这么多年来鄂温克族考上大学的孩子很少，能够进入比较高水平的专业音乐学院学习的就更少了。所以他希望自己的大女儿能够在这条路上好好走下去，为自己的民族争光。巴图达来还说，自己经常教育孩子们，如果能够上大学，学到知识之后，一定不要忘记自己的家乡和草原，要尽量回到家乡贡献自己的力量。这样不仅是对得起养育自己的草原，更是鄂温克民族的一种骄傲。

这真是积极向上的一家人，他们所有的努力，不管是设法创收，还是教育孩子认真学习，都是为着一个美好的愿望：自己和草原的明天更美好！我们真的很想再有机会到这里来，喝着他们亲手挤的牛奶，品尝着他们自制的奶酪奶干，骑上他们挚爱的骏马，到草原上驰骋飞扬。祝愿巴图达来的梦想成真！

## 十三、嘎查其他任职人员代表

### （一）畜牧综合服务站站长哈斯额尔德尼

当调研小组对陈胜的访谈接近尾声时，陈胜向我们推荐了一位在嘎查中具有代表性并且见多识广的人物，并建议我们对其进行访谈。陈胜推荐的正是畜牧综合服务站的站长——哈斯额尔德尼。

通过电话联系，我们了解到哈斯额尔德尼现在嘎鲁图观测管理站，因有一批重要客人要来访，他正在筹备接待工作。时间有些仓促，但是哈斯额尔德尼愿意为我们抽出部分时间进行采访，以表达对我们工作的支持。调研小组不愿错过对这位代表性人物的采访，驱车快速到达了嘎鲁图观测管理站。经过询问后，我们在管理站的厨房找到了哈斯额尔德尼。哈斯额尔德尼正赤着上身手握菜刀专注地切着菜，看其娴熟程度便知他是位炊事能手。哈斯额尔德尼身高1米85左右，古铜色皮肤，身材匀称，看到我们有些不好意思，忙放下手边的事情，安排同事带领我们来到了管理站的接待室，不到两分钟的时间，哈斯额尔德尼穿着整洁地走了进来，手中端着一盘刚切好的西瓜热情地招待我们，在这炎热的午后为我们带来了一丝清爽。由于时间紧迫，我们直接开始了访谈。

哈斯额尔德尼，1974年生人，出生在嘎鲁图嘎查，是土生土长的鄂温克族，中专文化。现在畜牧综合服务站工作，担任站长一职。父亲达木林扎布，1950年生人，曾经在南辉政府工作，并担任过苏木达一职，现已过世。母亲乌日根扎布，1957年生人，曾在南辉妇联工作，担任妇联主任一职，已退休，现生活起居由哈斯额尔德尼一家照顾。家中有一个哥哥，一个姐姐，哥哥叫乌尼日包音，现在白音查干苏木工作。姐姐乌尼日其其格，现在南屯（鄂温克旗巴彦托海镇）工作。哈斯额尔德尼是家中的小儿子，不论父母还是哥哥姐姐对他都极为疼爱和呵护。哈斯额尔德尼在嘎鲁图嘎查生活了8年，在这段童年中，他与这片一碧千里的草原产生了浓厚的感情，也为他日后回归草原，服务草原奠定了感情基础。

1982 年，由于父亲工作调动，全家举迁到南屯，但他却在南辉苏木小学开始了自己的学习生涯。哈斯额尔德尼从小就是个聪明活泼的孩子，不但学习成绩好，而且能歌善舞，老师和同学都很喜欢他。1986 年升入初中，就读于鄂温克基地二中，在班级中担任班长一职，就是在这段时期里培养了他的责任心和事求严谨的工作态度，另外，他还担任过生活委员和体育委员的职务，这样丰富的经历培养了哈斯额尔德尼广泛的兴趣爱好，同时使他在学习、生活、娱乐等方面的才能得到了全面的发挥和发展。1989 年升入高中，就读于海拉尔一中，哈斯额尔德尼告诉我们读到高二时，由于当时环境所迫以及各方面因素的影响，被迫辍学回家。调研小组小心地问及具体内容时，哈斯额尔德尼幽默地回应道“社会因素复杂嘛”。我们便不再强人所难让他陈述不愿回忆的内容，继续其他部分的访谈。辍学后在家待业两年，在这段时间里，哈斯额尔德尼认识到知识的重要性，在家人的鼓励下，于 1993 年报名参加了扎兰屯农牧学校的招生考试，由于文化基础扎实，他顺利被学校录取。在高中学习时，哈斯额尔德尼偏爱理科，尤其是生物学，所以入学后他选择了兽医专业，三年的学习生活转瞬即逝，哈斯额尔德尼收获颇丰，并于 1996 年顺利毕业获得中专文凭。在毕业后的两年里，哈斯额尔德尼并没有找到稳定工作，思维活泛的他自己做起了小生意，例如从牧区收购牛羊后，再将牛羊统一销售到牲畜收购公司或者养殖基地；发现牧区的生活资料贫乏并且购买极不方便时，哈斯额尔德尼购置了大量的生活用品和食品，运输到牧区以为牧民提供便利条件，同时自己获得部分利润；另外在过年过节时还会购置一些水产品，如各种鱼类销往牧区，从而丰富了牧民的食品种类。在做生意的过程中，哈斯额尔德尼对收入并没有做过精确的统计，他笑着解释道“当时太年轻，由于自己大大咧咧的性格导致挣的钱直接就花掉了，当时消费没有什么计划性，也没留下什么存款。”哈斯额尔德尼亲身体会到了做生意的不稳定性和飘忽性，决定找份稳定工作。于 1998 年来到现单位实习，为期一年的实习很快就结束了，由于哈斯额尔德尼勤劳肯干、技术扎实娴熟，得到了牧民和单位领导的认可，于 1999 年 11 月转为正式职工。

回忆到 1999 年时，哈斯额尔德尼骄傲地告诉我们他曾参加过中华人民共和国成立五十周年大庆；另外，还参加了 1999 年在北京举办的第六届少数民族传统体育运动会，在运动会上表演了鄂温克传统民族运动项目——抢枢，并获得表演二等奖以及鼓励奖。谈起抢枢，哈斯额尔德尼兴致勃勃地告诉我们“‘抢枢’（鄂温克语‘枢体能’）是鄂温克民族同自然界搏击中流传下来的一项古老的民间传统体育竞技游戏项目，已有上千年的历史。‘抢枢’中的‘枢’，鄂温克语为‘销子’之意，是指游牧民族所使用的勒勒车的车轴上固定车轮、防止车轮从车轴上脱落而定位的木制卡销。‘体能’在鄂温克语中是‘抢’的意思，因此鄂温克语称‘抢枢’为‘枢体能’。抢枢比赛项目分为男队、女队和男女混合队 3 种，古老的比赛场地以草坪为主，而如今设计的场地平面犹如雄鹰展翅，场地头部像一颗星，尾部像圆月，双方队员 5 人以上。比赛时，先将枢埋在指定地点，双方谁先找到枢，便要喊一声‘枢’，随声便展开激烈的争夺，大家相互追逐、抢夺着，同队之间传递着，最后夺得枢者将枢敲打在终点的车轮上为胜。‘抢枢’可以抛、踢，在空中传递。而‘枢’只能是手递手的传递，一旦脱手落地，即判违例，由对方到起点开始传递。”哈斯额尔德尼幽默地形容‘抢枢’就是“中国式的橄榄球”。接着说道，‘抢枢’作为鄂温克族传统的竞技活动，体现了鄂温克族的一种奋发向上的民族精神和机智勇敢与顽强的生存意识。随着现代竞技体育的飞速发展，民间传统体育竞技运动受到冲击，从事传统体育项目的队员年事已高，而又很难传授给年轻一代，导致‘抢枢’这项传统体育项目后继无人。哈斯额尔德尼说到这表情变得严肃起来，说道‘抢枢’作为鄂温克人喜爱的竞技体育游戏，在长年的游戏中不断发展，它不仅继承了一种精神，也丰富了鄂温克人的民族文化内涵，具有一定的学术价值和实用价值。2007 年，‘抢枢’被列入内蒙古自治区第一批非物质文化遗产名录后，鄂温克族自治旗制定了 5 年保护计划。目前，这项民族传统竞技体育运动已被列入全旗中小学的体育课程。如今这项民间运动，被赋予了新的内涵，已成为具有一定思想性、教育性、娱乐性、观赏性的民族体育运动。”哈斯额尔德尼说：“你们来得晚了点，鄂温克族传统节日瑟宾节刚刚结束，每逢瑟宾节或鄂温克族其他节日时都会有‘抢枢’表演。”我们调研小组对没能观赏到“抢枢”表演深表遗憾。哈斯额尔德尼总结，鄂温克族人民酷爱体育，除了抢枢，还有许多传统民间体育项目，像滑雪、投扎枪、跳高、撑竿跳、游泳、摔跤、赛马、射箭等，都对鄂温克族人民强身健体、锻炼灵敏机智、活跃文化生活，起到了积极作用。

通过与哈斯额尔德尼的接触，调研小组感受到他对民族传统文化有着极强的保护认识和传承意识，他作为本民族的成员对民族文化的全面理解和深刻的认识，反映出他具有先进的、开通的思想意识。

哈斯额尔德尼的妻子宝音其木格，1976 年生人，鄂温克族，哈斯额尔德尼和妻子原是前后院居住的邻居，两人青梅竹马，两小无猜，培养了深厚的感情，于 2001 年喜结连理。哈斯额尔德尼回忆，结婚时在南屯置办了 35 桌酒席，与当地其他的婚礼规模相比算得上是比较庞大的了，哈斯额尔德尼笑称“我们可是跨世纪婚礼呢”。他的诙谐和幽默感染了我们，使得访谈气氛极其愉快。哈斯额尔德尼夫妇养育了一个可爱的女儿，名叫杜姗姗，女儿现在海拉尔新区上幼儿园，由于工作原因，哈斯额尔德尼不能长期在家，所以女儿由妻子专职照顾，为了方便母亲和妻儿的生活，哈斯额尔德尼在海拉尔新区购置了一套 108 平方米的楼房。哈斯额尔德尼格外疼爱女儿，他说妻子把女儿培养好是最重要的事，他会尽自己所能供养母亲和妻儿。哈斯额尔德尼的孝心和责任心在他的言语中无形地表达出来，也让我们认识到面前的这个男人是个有血性的硬汉。

哈斯额尔德尼在嘎鲁图嘎查承包草场共计 3000 亩，其中包括 2000 亩的放牧场和 1000 亩的打草场，现在草场养殖了 80 多只羊，60 多头牛和 30 多匹马。由于家中劳动力均不在嘎查，牲畜养殖需要雇工，平均每月 2000 元，到了冬季比较繁忙时，雇工的工资也会跟着涨一些，到了打草的季节，由于工作量大，哈斯额尔德尼除了自己劳动还要雇工，由于家中养殖规模不是很大，草场中的草料每年都能卖掉一些。另外，还会外买一些其他牧户草场上的草，进行加工捆成捆后，再对外销售，就 2011 年来说，草料共卖了 90000 多元，这是家中收入的重要部分。

了解完日常生活，我们又询问了工作情况，哈斯额尔德尼告诉我们，刚来到畜牧综合服务站时，单位只有 5 个人，既有嘎鲁图嘎查的牧民，也有其他苏木和嘎查来的兽医和防疫员。当时工资每月 700 多元，随着嘎查的经济发展，工资也跟着涨了起来，现在工资每个月 3000 多元了，他表示对现在的工资收入非常满意。工作转正后，哈斯额尔德尼作为一名防疫员工作了 4 年，他在这四年里工作一丝不苟，在防疫季节总是第一个完成任务，并主动帮助其他同事分担工作量；在防疫期，不论遇到何种恶劣天气，他都不会耽误工作，以在第一时间为牧民做好防疫工作为目标，默默地奋斗了四年。通过牧民的推选和层层的选拔，哈斯额尔德尼于 2003 年提拔为综合服务站的副站长，副站长的头衔让他感受到了更大的责任和义务，在工作中，哈斯额尔德尼努力配合站长工作，将工作统筹规划得井井有条。哈斯额尔德尼向我们介绍，畜牧综合服务站的主要工作内容包括：贯彻执行发展畜牧业的方针、政策、促进畜牧业的发展；制订畜牧业发展规划，掌握牧业发展情况，当好领导参谋；抓好本嘎查的畜牧业生产，畜牧业生产统计等项工作；大力推广先进的养殖技术；负责做好牲畜疫病防治；指导本嘎查的畜牧业生产，搞好服务、协调工作；畜牧业建设项目的立项，论证实施工作；提供畜牧业技术服务、负责畜牧业技术推广；负责重大动物疫病防疫技术；负责辖区内牲畜卫生安全、监督管理；负责草原监理和防护工作，等等。哈斯额尔德尼说了一连串的工作职责，让我们调研小组有些云里雾里，他又总结道，“简单来说我们的工作主要包括：牲畜预防、疾病预防、农机管理、草原监理和兽检”。他的总结简洁而具体，让调研小组对畜牧综合服务站的工作有了明确的认识。

哈斯额尔德尼介绍道，工作主要以牲畜防疫和草原监理防护为主，畜牧综合服务站的工作具有很强的季节性，每年的四月份到六月份，是给牲畜打防疫针的季节；十月份是秋季防疫的季节，会持续一个多月的时间；其他月份的主要工作是举办各种培训班和知识讲座班，一般有农机安全知识讲座、牲畜品种改良讲座、牲畜养殖技术指导等；除这部分工作外比较重要的就是草原的监理和防护了。所以一年下来基本上没有闲暇时间。现在单位有 9 名正式职工，7 名防疫员，还有 5 个复员兵，人员相比原来充足。但牧民的养殖规模也在不断扩大，所以还会出现人手紧缺的时候。

哈斯额尔德尼自 2003 年担任副站长一职以来，由于工作出色，多次获得鄂温克旗畜牧局颁发的“先进个人”奖，并于 2011 年升职为畜牧综合服务站的正站长。哈斯额尔德尼通过自己的拼搏、勤劳肯干走到了今天的职位，他告诉我们，在工作的过程中，他了解到了草原生态的脆弱性，同时亲历了草原环境的退化，所以现在对草原的保护意识更加强烈，在平时的技术培训和信息宣传过程中，他和同事会增加有关草原保护的内容大力向牧民宣传和讲解，从而提高牧民对草原生态的认知和保护意识。

哈斯额尔德尼平时通过网络和电视关注新闻和政策，他说鄂温克族被作为十万人口以下较少民族扶持对象的政策，最初就是通过网络和电视了解到的，哈斯额尔德尼说“国家为鄂温克族人提供了大量的优惠政策，现在牧民的生活水平逐渐提高，生活条件也得到很大程度的改善，牧民的意识也在逐渐地转变，大家意识到在现代化社会科技和知识的重要性，开始更加注重子女的教育问题。现在嘎查中上大学的孩子越来越多，牧民们相信随着人口素质的提高，牧区的生活会越来越美好”。

调研小组问及哈斯额尔德尼对现在嘎查的发展有什么建议时，他豪爽地笑了笑，说道：“大方面都是政府把握的，我以站在综合服务站的角度说说我的想法吧”。哈斯额尔德尼提了两点自己的思考，第一点就是重视牲畜改良，要全面落实改良政策的实施，让牧民得到切实的优惠。现在嘎查的牲畜品种比较单一，虽然牛羊肉质鲜美，但是口感、营养等方面都不及改良品种，价格相比也低些，而改良后的牲畜品种适应性强，繁殖成活率高，采食能力较强，生长快，易管理，而且口感鲜美细腻、营养丰富。现在政府有关牲畜改良的优惠政策已经开始实施，如果牧户养殖改良品种，幼崽成活率高了，政府还会有补贴政策，但是牧民对改良品种了解得不够全面，都不愿意冒风险养殖。所以，目前综合服务站的主要工作之一就是推广牲畜的改良政策，让牧民有个全面的了解，并做好技术指导方面的工作。第二点，虽然综合服务站现在的人员达到21人，但是专业的兽医较少，嘎查的牧民正在逐年扩大自己的养殖规模，牛羊等牲畜的数量也越来越多，虽然牧户均有多年的养殖经验，但是并不能作为专业的兽医为自家的牲畜看病诊治。综合服务站的兽医常年奔波于各个牧户家中，另外还要定期去南屯进行技术培训和学习，经常出现兽医紧缺的情况，牧户不能对生病的牲畜进行及时的治疗，耽误了治疗的最佳时间，极易造成经济损失。所以，综合服务站计划增加兽医人员，从而缓解牧民对兽医的需求，另外实行轮班培训学习的管理方式，避免兽医同时出去学习无人坐班的情况。谈到这里，哈斯额尔德尼的电话铃声响了起来，知道是客人已经到达，随后，我们对哈斯额尔德尼的配合表示了感谢，并结束了访谈。

哈斯额尔德尼的两点思考同样引起了调研小组的深思，我们的访谈内容基本围绕在嘎查近几年的变化上，例如房屋的居住条件，医疗条件，基础设施建设等方面，并没有将牲畜的现代化管理和改良等方面的问题考虑在内。但在现实生活中，牲畜的现代化养殖和科学的品种改良是经济发展中的重要组成部分，能够反映出一定的生产水平和经济发展状况。哈斯额尔德尼的两点思考极为深刻，同时引导我们在进行调查访谈和研究分析时要更加重视牲畜的现代化养殖管理和品种改良等一系列能反映出生产技术和生产水平的因素。

对哈斯额尔德尼的访谈是我们此次调研之行中时间最短的一次访谈，但是他为我们提供了大量的信息资源，以一个畜牧综合服务站站长的角度对嘎查现存问题进行了透彻的分析和思考，同时为保护草原生态环境默默地做着努力。在这位尽职尽责的站长的带领下，相信嘎鲁图嘎查畜牧综合服务站的职能会得到淋漓尽致的发挥，也相信畜牧综合服务站为广大牧民带来实惠的利益。

### （二）尽职尽责的嘎查卫生院院长图力古尔

对北辉卫生院院长图力古尔的访谈是在内蒙古鄂温克民族自治旗的旗人民医院进行的。当时图力古尔因为工作的需要正在旗医院办理事务，在我们和图力古尔电话联系说明我们计划了解嘎鲁图嘎查卫生院基本情况，以及嘎查牧民的医疗情况时，图力古尔爽快地答应下来，并给我们安排好了访谈的时间和地点。鄂温克旗人民医院是这个民族自治旗医疗水平最高的医院，所以图力古尔定期需要到旗医院进行汇报、交流和沟通。我们早早来到了医院门口等待图力古尔，随后他带着我们去了一间事先安排好的会议室，以便于对他的专访。第一次见到图力古尔，这个蒙古族小伙的魁梧身材和黝黑的肤色散发着蒙古人特有的气质，但在随后的聊天中我们却发现这个蒙古族汉子的言语间透露着细致和温柔。我们猜想，这样的气质肯定和多年的从医经验是分不开的。

图力古尔，1981 年生人，蒙古族，他的出生地是在辉苏木的阿尔山诺尔嘎查，这个嘎查离嘎鲁图嘎查的距离大约是 20 公里。和嘎鲁图嘎查不同的是阿尔山诺尔嘎查的主体民族是布利亚特蒙古族。图力古尔的父亲吴双喜和母亲王秀兰也都是蒙古族，他有一个姐姐和一个弟弟。图力古尔的父亲最早担任阿尔山诺尔嘎查南辉合营小学的校长，这个小学在 2006 年全国中小学撤并重与其他嘎查的小学一同合并，在辉苏木组建了现在的南辉中心小学。图力古尔的父亲现在已经快退休了，在学校合并之后他卸任了校长的工作转而在中心校进行教学研究，直到今日还在为教育事业贡献着自己的力量。图力古尔的妈妈是一位善良贤惠的普通牧民。图力古尔七岁上的小学，他的学校就是当时父亲工作的合营小学。图力古尔告诉我们说，刚刚上小学的时候学习成绩特别好，尤其是对蒙语课程特别感兴趣。他说："记得小学的生活特别开心，学习也不吃力，好像基本没怎么认真看过书考试也能取得比较好的成绩。”小学毕业后，由于辉苏木当时还没有中学，所以图力古尔去了鄂温克旗的第二中开始了中学寄宿的学习生活。慢慢地，他感觉到学习上非常吃力，成绩也逐渐开始下滑，他并没有意识到，靠着自己以前的聪明和对功课的灵性是不能取得好成绩的。图力古尔回忆说，自己当时也经常逃课，上课睡觉不认真听课，对学习也有过放弃的想法，再加上当时父母的工作很忙，不在身边，学习完全是靠自觉性。但即使对学习失去了信心和兴趣的图力古尔依然特别喜欢蒙语这门课，这不仅因为蒙语是自己本民族的语言，更重要的是他感受到了蒙语的魅力所在，比如诗词、歌曲等。除此之外，一位名叫满登的蒙语老师给予了图力古尔很大的信心去学好蒙语，在图力古尔学习倒退最严重的那段时期，许多老师对图力古尔采取了放任不管的态度，只有满登老师对他的错误行为及时地纠正劝说。图力古尔回忆说：“老师总是对我说，我是一个很聪明的孩子，应该有自己的理想，学习是唯一能实现我理想的途径，千万不能放弃。”在图力古尔的叙述中，我们感受到了一个孩子对自己老师的深深敬佩和尊重。在老师的帮助和严厉教育下，加上自己的努力，图力古尔考上了海拉尔第一中学。海拉尔第一中学是呼伦贝尔市唯一一所用少数民族语言授课的全日制少数民族高中。上了高中，图力古尔很认真学习的同时也取得了很大的进步，蒙语是他的强项，高考以 130 分的成绩成为全校蒙语最高分证明了图力古尔多年的努力，最终考上了呼伦贝尔大学的卫生医疗学院。当我问到图力古尔为什么选择学习医学的时候，图力古尔毫不犹豫地告诉我，自己就是想回家当一名大夫。他说：“嘎查的医疗水平特别差，尤其是在我上学的那个年代，好多人会因为看不上病而失去生命，很可怜。”正是这样简单直白的心愿使图力古尔走上了从医的道路，虽然这些心愿在他年少的时候很抽象也很缺乏概念，但是这些真切的感受在从医多年后得到了认证。

2003 年，在结束了大学学习毕业之后，图力古尔按照当时学校的分配来到了基层的卫生所工作，也就是回到了他的家乡。按照上级的要求和国家的政策，每个乡镇都必须建立医疗条件比较高的中心卫生院，然后根据实际情况再下设几个卫生站，满足像辉苏木这样地广人稀的地区当地牧民的就医需求。辉苏木目前设有两个卫生院，其中位于南辉的卫生院是乡镇级的中心卫生院，另一个设在了嘎鲁图嘎查叫北辉卫生院。图力古尔工作在离家较近的北辉卫生院。图力古尔回忆说：“刚刚来卫生院工作的时候带着一种很迫切的心情，感觉浑身有使不完的力气就想多干点。”工作的环境对图力古尔而言一点都不陌生，但是全新的身份却让他感觉到了很大的压力。整个辉苏木接近两千人口，分布在下面五个嘎查。北辉卫生院主要为三个嘎查的牧民提供医疗服务。医生不同于其他的职业，不得有半点马虎，他们担任拯救病人的责任关系着病人的生死。这样的责任感和使命感是图力古尔以前从未体会过的。

十年前，北辉卫生院无论是在医疗设施还是在办公条件上和现在相比都有很大的差距，好多专业仪器和药品品种都不齐全。图力古尔说：“我们那个时候基本做不了什么检查和检验，大多数病情也是需要凭自己的经验来诊治。”他告诉我们，他来医院时的老院长是他最佩服的人，不但有工作能力还很会治病，从老一辈那里学到了很多东西，他们临床经验非常丰富，这是后辈们需要学习的。得了急症的患者如果不能及时地对其开展有效的救治，就很有可能加重病人的病情甚至失去生命。所以老院长告诉图力古尔，牧区的医疗条件较差，对于严重的突发病，必须抛开客观条件的限制因素，打破常规手段，重要的是保住患者生命，有时需要进行一些必要的主观判断和冒险。图力格尔说：“如果一个突发心脏病的患者来到卫生院的话，按照正规的手续就是尽快把他送到大的卫生院进行治疗，但是这样可能会延误病人的最佳治疗时间，后果不堪设想”。其实这是一种对人性和工作制度的艰难抉择，图力古尔也表示，每当这种情况的时候都会让他感到很无助。如果按章办事可能就会置病人于危险之中，但是如果仅因为自己的感性对病人进行救治的话很可能会产生工作上的过失。每当无法判断衡量的时候，图力格尔会想起老院长的教导，必须要把病人的生命放在第一位，正确地对待生命与责任的关系，哪怕病人只有一丝希望也不能放弃。对图力古尔而言，老院长的这些教导和处理事情的方法确实让他受益匪浅。而图力古尔也没有放弃自己的思考。如何才能实际性地改善卫生院目前的医疗环境？怎么才能让病人得到更好的救治？这些问题都成了图力古尔在工作生活期间主要思考的问题。

目前北辉卫生院有 2 个大夫，3 个护士和 3 个工勤人员。这种人员编制是完全符合国家对乡镇级别卫生院的人员配额的，但是对北辉卫生院这样特殊工作环境的基层医疗单位来说人员的配置很难照顾到整个苏木。在鄂温克族自治旗的整体人口结构当中，老年人所占的比例其实不高，除了住在旗里的老人外，嘎查 60 岁以上的老人不多。这主要是由当地的自然环境和特殊的饮食习惯所决定的。鄂温克自治旗的地理位置在我国的东北部，冬季气候寒冷，夏季气候干燥。属于典型的温带大陆性气候带，绝大多数牧民都生活在远离城镇的草地上，所以生存条件并不利于人的健康；加上鄂温克民族和蒙古族早期游牧生产方式所带来的比较特殊的饮食习惯使得人均寿命低于全国平均水平。虽然现在交通和市场都很发达，蔬菜和水果也进到乡镇一级的市场。但价格的相对高昂让牧民们购买的不多，他们也只能定期去大的批发市场采购食材，长此以往单一的饮食结构导致很多牧民患上了高血压、糖尿病以及心脑血管等疾病。针对这样的状况，图力古尔和他的医疗队定期去牧户家普及健康知识，并且给需要的牧民发放维生素等药物以此来调节人体所需要的各项微量元素。每个季度都会到那些有慢性病的牧户家中进行体检和慰问，并把每次的情况整理记录在册以便有效观察患者的病况。

虽然图力古尔一直在尽自己的最大努力改善病人健康状况，但是现实的客观条件还是很大程度上限制了图力古尔的工作。他表示，卫生院面临的最大问题主要有两个：第一个就是基础设施薄弱，现在的北辉卫生院建筑面积有200多平方米，主要开设了门诊、病房、药房和化验室。因为北辉卫生院的情况很特殊，在这里上班的大夫和工作人员的家多数都在鄂温克自治旗巴彦托海镇上，离卫生院很远，路也不好走，所以医院里的职工在工作期间都住在卫生院里。但国家对乡镇卫生院的配置上是不包含宿舍、厨房等生活设施，这样就缩小了医院的办公空间。此外，卫生院实行“零差价”药物供应政策，这样的政策是指医疗机构销售药品的过程中，以购入价卖给患者，医疗机构一般会得到些政府的补贴。这致使很多药商由于赚不到更多的利润而不愿意向卫生院供应药品，对牧民看病产生了很大的影响。图力古尔告诉我们，当地的牧民们在北辉卫生院门诊看病是可以享受国家新农村医疗保险40%的报销比例的。但由于卫生院药品不齐全，很多病人必须去城镇的医院购买自己需要的药品，可外购买药的病人却享受不到任何医疗保险补助，很矛盾。这些都是嘎查卫生院面临的问题。

第二个更重要的问题就是医院人才的缺乏。在卫生院的工作人员之中，只有两名医生是出诊给病人诊断治疗的，其中包括图力古尔院长，其余的护士和公职人员并不能完全地承担起救治患者的责任，只能帮忙起到辅助作用。虽然北辉卫生院达到了国家对基层卫生员医务人员配置的最低标准，但是这种标准和北辉卫生院所面临的实际情况存在好多现实性的矛盾。北辉卫生院所在的苏木地广人稀，并且地区性高发慢性病普遍存在，仅仅嘎鲁图嘎查就有70%的中老年人患有高血压和糖尿病。面对这样严峻的挑战，医务人员严重不足，一个人经常干十个人的工作，即使图力古尔和其他医护人员全身心投入到工作中，也总会有照顾不到的患者。图力古尔说："当上卫生院院长之后就很少回家了，尤其是另外一个大夫外出巡诊时，自己就必须在卫生院守着，生怕有什么急性病患者因为医院没人而延误治疗。"所以图力古尔表示，希望能有更多的医疗专业人才下基层来解决他们面临的问题。

当今好多从医疗院校毕业的大学生乃至中专毕业的学生都不愿下基层工作。"在近几年的医疗人员招聘中，很少有大学生来报名参加考试，即使考上了也会想办法调到别的地方"，图力古尔无奈地摇了摇头。接着又对我们说，他自己也是上过大学的人，也能体会现在大学生的心态，每个人都希望能有更好的发展，这种矛盾的产生不能单单地归咎于个人。他有一个小小的设想就是希望各地的医科高校能够组织一个医疗专业学生队伍来支援边区，优秀大学生以周期为时限来基层实习工作，这样即使不能长期扎根在当地，也能不断有人才来帮助像北辉卫生院这样的基层医院。学生们也能通过这样的机会让自己的思想更开阔一些，增强实践经验，多进行基层实践对他们确实是有好处的。我们不难想象这样的帮协力度是非常大的，如果计划真的有可能被国家认可、实施，还真的会很大程度上解决北辉卫生院所面临的现实问题。

近些年，国家出台了很多优惠政策来帮助基层医疗机构，目前卫生院正在实施的就是流动门诊计划，服务对象重点是交通不便无卫生站的嘎查。"门诊"以集中诊治为主、入户服务为辅。"流动门诊纯粹是义务服务，因受人力、资金限制，经常下去也不现实，所以我们每三个月会在卫生院负责的辖区内进行一次巡回来深入牧点。"图力古尔解释，药品费用从医疗收入中支出，车辆费用从公共卫生经费中支出。"流动门诊虽然只能看些小病，但更重要的是一旦发现大病，可以及时提醒牧民去条件好的医院治疗，同时也方便了行动不便的老人"。去年，上级给卫生院配了新车，可以安置心电图、生化仪等设备，也可以存放大量的药品以方便发放给需要的患者。许多牧民表示，非常支持流动门诊的长期实行，许多病人的病情得到了及时的发现和救治。图力古尔也表示这样的救助活动会按照国家的要求持续做下去，看到病人满意微笑的时候就是自己安心的时刻。

聊了很多工作上的感受，我很好奇生活中的图力古尔是否像工作中那般严肃和认真，当问起他的家庭生活时，图力古尔流露出一丝微微的歉意。我猜想像他这样勤劳专职的好大夫在这样艰苦的环境中工作多年，一定对自己的家人有很多亏欠。接着图力古尔说：“现在工作实在是很辛苦，一周只能回去一天，有的时候刚到家就要因为有急诊赶回卫生院，好在家人还很理解我”。图力古尔的儿子超智今年马上要上小学了，他告诉我儿子这些年的成长全都是由妻子一人照顾的，有的时候回家就会发现儿子比上一次见面长高了，心里特别自责，感觉自己很对不起他们母子俩，并没有尽到一个当父亲的责任。好在妻子特别能理解他的工作，也知道他工作的辛劳和不易，常常会安慰自己放宽心态，让图力古尔更好地工作。“我妻子经常说我的工作是为了所有北辉的老百姓，也是为了我自己的良心，她这样的支持让我没有干不好工作的任何理由。”我们隐约地看到，图力古尔的眼角有些湿润，声音也低沉下来：“我的力量是家人给我的”。确实，只有家人的支持和理解才能让图力古尔把精力全都专注在工作上，他承认说自己很幸福。

在问及图力古尔日后有什么希望时，他说儿子能够健康成长，妻子能够平安幸福，老人们能身体健康就是他对家人的全部希望。在工作上他依然会继续努力工作，为更多的病人和患者服务。他还表示如果可能的话，希望能够有更多的医疗人才加入到北辉卫生院的队伍当中，他也在鼓励当地学习医学的高中生，希望他们能学好本领回到家乡为家乡做贡献。

采访临近结束的时候，图力古尔接到卫生院的电话告诉我们他要马上赶回卫生院，他的病人在卫生院等着他回去。我们不好再多挽留，只好感谢图力古尔对我们访谈工作的支持并目送他匆匆上车离去，看着救护车远去的同时图力古尔的身影也渐渐模糊。一个社会的稳定与安康正是被这些看似平凡而又特殊的人们撑起的。

### （三）嘎鲁图观测管理站管理人员布和

在调研途中，我们无意中发现了一个房屋规划整齐的院落，左右两边房屋对称建筑，正对院门的地方还有一排很长的房子，院中地面进行了硬化，均显示出这个院落非个人所有。我们正疑惑时，一名身材微胖的男子向我们走来，询问了我们的身份，语气中有些不悦，我们向男子进行了解释，并说明我们来访的目的，交谈后了解到我们在未经允许的情况下擅自闯入了嘎鲁图观测管理站的核心区，与我们交谈的正是辉河国家级保护区观测管理站的管理人员——布和。布和了解了我们此行的目的后，他热情地引领我们进了接待室，并积极配合我们的访谈。

布和，1973 年生人，达斡尔族，出生于莫力达瓦达斡尔族自治旗，中共党员，现就职于鄂温克旗环境保护局，是资源管理科科员，现在的工作主要是分管辉河国家级保护区的五个观测管理站。同时，布和还是鄂温克旗环境保护局的工会主席，并兼职辉河国家管理局的工会主席。布和很健谈，他向我们详细地介绍了辉河保护区的成立和发展。

1997 年 12 月 28 日，经鄂温克族自治旗人民政府批准建立了辉河珍禽湿地地方级自然保护区。1999 年 11 月，经内蒙古自治区人民政府批准晋升为自治区级自然保护区。2002 年 7 月，经国务院批准晋升为国家级自然保护区。2004 年 7 月，经呼伦贝尔市机构编制委员会（呼机编发〔2004〕33 号文件）批复成立呼伦贝尔市辉河国家级自然保护区管理局，隶属于呼伦贝尔市人民政府，由鄂温克族自治旗人民政府代管，为副处级事业单位。辉河国家级自然保护区位于内蒙古自治区呼伦贝尔市西南部，地处鄂温克族自治旗行政区域内。保护区北界距呼伦贝尔市政治、经济、文化中心海拉尔区 22.5 公里，南部与红花尔基樟子松林相接。辉河保护区面积达 3468.48 平方公里，跨越新巴尔虎左旗、陈巴尔虎旗、鄂温克自治旗三个旗县。湿地是辉河自然保护区的主体，保护区同时具有河流型、湖泊型、沼泽型三种湿地，以大面积组合分布为特点，保护区境内的湿地对维护区域生态平衡发挥着重要作用，并且是众多珍稀濒危鸟类生息繁衍的理想环境。辉河国家级自然保护区的建立对有效地保护湿地、草原和沙地樟子松林生态系统，对保护区域性的生物物种及遗传基因多样性，建立生物基因库，开展科学研究、开展珍稀物种的救护、监测和驯养提供了必要保障，为人类可持续利用生物资源提供了良好的环境。

辉河国家级自然保护区现设有 5 个观测管理站：西博桥观测管理站、南辉观测管理站、莫达木吉观测管理站、嘎鲁图观测管理站和特莫呼珠观测管理站。西博桥核心管护站成立于 2005 年，是成立最早的管理站，当时没有房舍，只能用棚舍办公。我们来到的就是嘎鲁图核心管理站，该站成立于 2006 年，现在的站点原是北辉小学，后对房屋进行了改造，一般观测站要求建设用地的面积为 300 平方米，由于嘎鲁图核心管护站是学校改建的，并且该站还是全国各大院校硕士生和博士生的科研实习基地，所以这个站点是观测站中建筑面积最大的一个。

布和告诉我们，保护区分三个区域，有核心区、缓冲区和实验区，核心区内是保存完好的天然状态的生态系统以及珍稀、濒危动植物的集中分布地，核心区中主要包括湿地核心区、草甸草原核心区和沙地樟子松核心区。我们所在的就是湿地核心区。核心区中禁止任何单位和个人进入，同时也不允许进行科学研究。我们无意中闯入了嘎鲁图观测管理站的核心区，所以刚开始时布和对我们的行为非常生气。缓冲区允许进行非破坏性的科研和标本采集活动，也可从事教学活动，一般不对外开放旅游。实验区包括观鸟台、捕捞作业等，可以进行植物引种、栽培和饲养、繁衍濒危动物等试验。

每个观测站常年配备一名站长和一名站员值班，另外还会外聘一些人员，以复员兵为主，现嘎鲁图观测管理站人员有复员兵 12 人，另外还有文秘等外聘人员。每个观测站还配备着巡护站和派出所，并有专职人员坐班。巡护站的巡护员一般在每年的 4 月 16 日上站到 11 月末下站，期间没有休假，要求全勤上班，并且法定假日也不能离岗。布和作为管理人员每个月有 20 多天都是在监测管理站工作和生活，尤其 4 月末鸟类重点繁殖时期，布和更是寸步不离。局里明确规定了五个替班人员，包括科长，副科长等人，布和就是其中一员。所以站员有事请假时，布和就会回来替班。我们此行能见到布和也正是因为他在替站员值班。布和告诉我们，每个管护站都有 30 ~ 50 名义务的巡护员。这些巡护员都是当地牧民自愿报名组成，观测站对巡护员进行了统一的建档和档案管理。并且每年定期将当地的义务巡护员召集在一起进行集体培训，加强牧民对草原生态保护的意识和对鸟类保护知识的了解，培训结束后管理站会邀请嘎查的领导，包括嘎查达、嘎查书记等人进行联谊座谈活动，大家坐在一起各抒己见，互相交流想法和建议。像这样的活动一年至少一次，另外宣传工作也是观测管理站工作的重点，每年在辉苏木宣传至少两次，包括展板宣传、讲课等方式，2012 年举办的知识宣传是在辉苏木的中心小学举办的，主要方式是统一向孩子们讲解一些关于鸟类保护方面的知识，并带孩子们参观展板加深学习。2012 年 6 月 18 日，保护区利用鄂温克族民族传统节日——瑟宾节鄂温克旗举办大型庆祝活动期间开展宣传活动。瑟宾节当天，保护区工作人员在瑟宾节会场通过布展宣传栏、张挂条幅，工作人员向牧民散发宣传单、宣传册、挂历等方式扩大宣传范围。希望通过这种方式增强牧民保护生态环境、爱护野生动植物的意识。

谈到对草原生态的保护问题，布和叹了口气，接着说道，辉河保护区虽然一直在大力宣传保护草原生态的重要性，但是每年都有许多偷挖草药、偷猎、捡拾鸟卵、非法捕捞等案件发生，尤其以偷挖草药案件发生的范围、规模最大，对生态环境的破坏也最大。特别是近几年野生药用植物价格一路上涨，极大的经济利润空间驱使众多的挖药人趋之若鹜。这种掠夺式的采挖方式，严重破坏了辉河保护区的草原生态环境，野生植物种群面临生存危机，局部灭绝情况继续加剧，草原植被受到了严重的破坏。

嘎鲁图观测管理站就2012年偷挖草药的案件已处理了18起，集体挖药人员最少时也能达到20人，采挖的草药主要以防风、柴胡、芍药为主。保护区的巡护员依据《草原法》和国家级资源管理条例35条的规定对偷挖草药团伙进行了相应处罚，一般处罚为100～10000元不等罚款，没收药材和工具并进行行政警告，如果已构成刑事案件，则由保护区派出所进行相关的处理。布和补充说，挖草药的人全部是外来人员，当地牧民及周边牧民对草原都有很强的保护意识，对偷挖草药的行为非常反感，因为偷挖草药的人挖完药后，挖出来的土坑不进行回填，有的土坑直径最大能过半米，挖药严重破坏了植物的生长层，对植被破坏非常大。另外，牧民在秋季打草时，由于草地不平，极易损坏打草机的刀刃，从而给牧民带来经济损失。由于辉河自然保护区地广人稀，保护区派出所、观测管理站执法巡护人员在巡护执法的过程中很难覆盖到整个保护区，管理难度极大。所以保护区召集牧民义务巡护员一起努力从而打击破获了多起偷挖草药案件。2012年破获的案件中，大部分都是义务巡护员发现并及时向观测站和派出所举报，从而案件才能成功破获。最后布和说整治工作单靠保护区自身的力量是远远不够的，他呼吁药监、农林草原、环保、工商等多个部门配合，从而全面彻底地打击和警告不法分子，与辉河保护区共同构筑辉河草原生态保护的坚强堡垒。

布和告诉我们“嘎鲁图”是鄂温克语，翻译成汉语为“天鹅”的意思，每年开春的3月份到9月份期间，湖上满满的都是天鹅。布和说嘎鲁图嘎查的历史大概有300多年，当时第一批牧民迁居至此时，选择在天鹅湖周边驻扎，因为牧民们偏爱天鹅，牧民通过天鹅数量的多少来了解当年草原的雨水和生长情况，天鹅多的时候，说明雨水和青草都会很充沛，如果天鹅少了，则雨水和青草的条件就会差些。这样的传统流传至今使得牧民对天鹅等野生动物都格外的爱护，也使得嘎鲁图嘎查与嘎鲁图观测管理站建立了亲密相间、密不可分的关系。不论是在草原生态环境保护方面还是在嘎鲁图经济建设方面，观测管理站与嘎鲁图嘎查都在互相配合、互相扶持。

当我们问及嘎鲁图观测管理站对嘎鲁图嘎查的基础设施建设和经济发展等方面是否有帮助时；布和爽朗地笑了笑，告诉我们管理站在很多方面都对嘎查进行了扶持和帮助，并详细地进行了述说。

布和讲述的第一件事情就是观测巡护路的修建，嘎鲁图嘎查现唯一的一条公路就是辉河珍禽湿地保护区全程策划和协调申报的项目，这条公路以观测巡护路的标准进行修建，公路始于新巴尔虎左旗高速公路出口176公里路标处，终于辉苏木入口，全长92公里。该项目于2010年的10月份申请成功，并且公路的修建在当年完工。原来没有修公路时，由于草原的植被层非常单薄，车轮压过草原的地方一般会出现白沙，风沙一旦被侵蚀，草原会逐渐被沙化。修路后既方便了牧民的出行又为牧民提供了一层安全保障，通行便利的同时还保护了草原的生态环境。这条路让我们看到了观测站对牧民的最直观的帮助。

另外，辉河国家管理局非常重视周边牧民生活条件的改善和扶持，与周边嘎查建立了“帮扶村”关系，其中以阿萨诺尔嘎查为主。布和介绍辉河湿地保护区由于自身生态环境，湿地的芦苇产量极大，整个辉河流域的芦苇年产量最多时能达到10万吨，由于受降雨量等环境因素的影响，现在年产量2万吨左右。保护区为当地牧民和造纸厂搭建桥梁，组织牧民对芦苇进行收割，收割后统一销售到造纸厂。嘎查冬天天气寒冷，牧民闲暇时间居多，大家可以利用自家的割草机收割芦苇，对生产工具和当地自然资源进行了充分的利用。芦苇单价能达到495元/吨，造纸厂收购芦苇后，将收购款直接返给牧民，给牧民带来了可观的经济收入。相对于嘎鲁图嘎查，牧民的游牧生活目前还没有得到全面的转变，放牧仍然分冬营地和夏营地，并且牲畜养殖规模大，即使在冬天，养殖任务也比较繁重，有的牧户在冬季还需要雇工，大多数牧户没有多余劳动力进行芦苇收割活动，帮扶的对象主要针对贫困户或低保户，家中牛羊少并且有劳动力的牧户可以在闲暇之余通过自己的劳动获得可观的经济收入。

嘎鲁图观测管理站的核心区规定禁止一切单位和外来人员入内，当草原降雨量大，草场茂盛的时候，坚决不允许牧民进入核心岛屿，因为岛屿中心青草茂盛的地方是野生鸟类隐蔽和休憩的聚集地，尤其适合鸟类大量繁殖，观测管理站必须大力保障鸟类的顺利繁殖和安全。但是当遇到草原降雨量少，草场严重干旱，牧户牲畜严重缺少饲料的情况时，观测管理站允许牧民进入核心岛屿放牧，以解燃眉之急。嘎鲁图观测管理站为嘎鲁图嘎查的牧民撑起了一个大大的保护伞，同时为牧民的经济利益提供了一个强有力的保障。

布和接着补充到，嘎鲁图观测管理站在核心区圈了几块实验地，以进行水土流失的观测，并将观测数据与嘎查共同分享，从而让嘎查牧民能在第一时间了解到水土流失的现状。同时管理站有专职人员进行水土流失的恢复实验，寻找恢复草原生态的最佳方案。除了对水土流失的监测和实验外，观测管理站还对样地进行了草原沙化的实验治理，目前管理站圈了两块集体用地作为试点，并对嘎查进行了相应的经济补偿，使用期限为10年，现在管理站大力治沙，帮助嘎查恢复植被的生长，每年都会对土地进行采样，分析出的数据同样会和嘎查共享，并将风沙治理的经验和方案提供给嘎查，以帮助嘎查大面积的草场治理和恢复。除了对水土流失和风沙治理的项目外，管理站还对保护区的水样进行检测，检测结果显示嘎查地下水重金属严重超标，其中主要是锰超标，因为嘎鲁图嘎查及附近的草场地下存有煤、石油、天然气等丰厚的自然资源，这些资源严重影响了地下水的水质。虽然现已检测出地下蕴藏的资源，但是政府从长期利益考虑不允许对草原进行随意的开采和挖掘。针对地下水锰超标的问题，政府实施每家支付50元配送一台净水机的政策，现在牧户家家都安装上了净水机。管理现站每年进行两次水样检测，2012年之前，观测管理站只对观测站的不同地点进行了检测，并没有在牧户家中进行水样检测。观测管理站2012年下半年开始对牧民家中水样进行检测。布和告诉我们，嘎鲁图观测管理站关于饮用水的卫生问题在做宣传工作时都有及时地向牧民进行讲解和宣传，同时他们的宣传还包括紧急情况的处理、意外受伤的紧急救护等知识。宣传时有制作详细宣传栏和讲解员进行详细的讲解。但是并没有引起牧民的重视和关注，布和希望能够尽快地让牧民对饮用水重金属超标的问题重视起来。

针对嘎鲁图嘎查的经济现状，布和有着自己的看法和见解，布和告诉我们由于当地牛羊的肉质鲜美，经济收益高，在追逐利润的情况下，有很多外来人员来到草场进行大规模的牛羊养殖，同时占用了嘎查的集体草场，草原的承载量达到了最大限度，极度破坏了草原的生态平衡。布和建议对外来的畜牧养殖户进行清理，并收回属于嘎鲁图牧民的集体草场，集体草场同样可以承包给当地的牧民，这样既可以缓解当地牧民对草场的需求，又可以给草原提供充分的恢复空间。布和也意识到清理外来牧户的难度很大，并且这些外来户均是当地的养殖大户，牵制着嘎查整体经济的动向。布和认为嘎查以前在任的老领导在当时为了集体经济利益做出了向外来户承包集体草场的选择，为嘎查带来了经济收益，却缺少了长远的考虑。他认为嘎查要正视现在所面临的问题，并应努力寻找解决的最佳方案。

布和告诉我们辉河国家级保护区现在计划把保护区全部控制起来，将保护区内的居民全部迁出来，将牧民原有的居住房舍进行全部的迁移，不允许牧民在保护区中居住生活，但是允许牧民进行生产放牧。这个项目2012年年初刚刚开始策划，辉河国家级保护区的工作人员已经咨询过民政局，并了解到国家有移民迁出的项目，目前正在进行探讨和计划。嘎鲁图嘎查在公路两侧聚居的牧民越来越多，牧民也亲身体会到离着公路近的各种便利，例如出行方便、用电方便，而且嘎查很快会安装光纤，更利于电脑的使用，年轻一代习惯使用网络，所以聚居区的居民会越来越多。布和说牧民草场的位置不变，游牧的方式不变，只是居住地点变了。而且人口的集中会促进商业的发展，也有利于嘎查经济的发展。将牧民的生产与生活区相分离，目前国家为牧民提供了很多优惠政策，其中包括优惠的房车项目，另外蒙古包的搭建也很方便，所以生活区和生产区的分离不会给牧民带来太多不便，反而会带来一些实际的便利，使牧民在不改变原有的游牧生产方式的同时还能够拥有和享受现代化的生活。

我们就退牧还草政策询问了布和的看法，布和说前几年天气旱些，畜牧的养殖规模也大，草原的承载量太大，出现了严重的退化现象。现在国家对这个政策的投入非常大，对草场围栏进行了合理的布局。这两年能够明显地看到草场恢复得特别好，尤其是禁牧草场的植被现在生长得极为旺盛。从布和的言语中我们能体会到他对国家退牧还草政策的支持和认可。

布和回忆刚来嘎查工作时，嘎查的医疗条件很简陋，虽然当时卫生所有专用的房舍，但是没有专职医护人员，医生都是由当地牧民兼职，当时还没有电话，有紧急情况时只能跑去牧民家去找医生，然后再回到卫生所进行治疗，当时的药品种类非常少，卫生所只能进行简单的输液。从2008年开始，嘎查卫生所的条件得到了改善，现在药品齐全了，医疗设施也全了，现卫生所有明确的工作规章和制度，并有专职的医生和护士坐班，为牧民的医疗提供了更多的保障。虽然嘎查现在修建了公路，但是交通事故频繁发生，多是酒后醉驾，造成人员伤亡的恶果很多，布和认为应该加强和提高牧民的交通安全意识。布和说嘎鲁图嘎查的基础设施建设近几年有了很大的改善，他相信嘎鲁图还有更大的发展空间，比如自来水的普及问题，目前牧户家用的都是水泵，由于牧民居住比较分散，自来水的普及存在困难；比如嘎查的日常用品、食品等都不是很健全。针对牧民现在的生活条件，布和认为，现在国家为牧民提供了各种有利补贴，比如种羊补贴、草蓄平衡补贴、禁牧补贴、农机补贴等政策，牧民只要经营好现在手中的牛羊，一定会慢慢富裕起来的，布和笑着说牲畜的养殖是有年限的，牧民自己会对养殖规模进行合理的调节和控制。牧民会自动达到草畜平衡。他笑称“牧民比科学家规划的都严谨和科学”。

布和最后总结，嘎查现在的经济条件好了，从 2010 年开始嘎鲁图嘎查的大型机械增多，捆草机，打草机等农机器械已普及嘎查，家家有摩托，电力供应也在改善，条件非常好，而且光纤的建设也在逐步完成。虽然目前出去上学的孩子们大多不愿意回来，但是布和相信孩子们过两年一定会回来，他说随着条件越来越好，孩子们又适应当地的生活方式，并且家乡有可观的经济收入，这一切又都是有利于孩子们发展的，所以孩子们一定会回来。布和向我们描绘了嘎查美好的未来，既有配备齐全的基础设施和经济网络的生活区，又有与现代化融合的高效游牧生产方式，他相信建设具有草原特色的现代化嘎查指日可待。

访谈结束后，我们提议与布和合影留念，布和欣然同意了，并在镜头中留下了爽朗大气的笑容。布和为我们介绍了有关嘎鲁图观测管理站的详细信息，让我们全面地了解了观测管理站的职能和作用，观测管理站不仅在保护草原生态环境和野生动物方面做出了极大的贡献，还致力于帮扶嘎查牧民，为牧民尽可能地提供资源，帮助牧民走上致富之路。我们相信，在嘎鲁图观测管理站和嘎鲁图嘎查的共同努力下，牧民的生活会越来越富裕，越来越美好。

# 十四、其他典型人物代表

## （一）倡导低碳节约的女大学生索努尔

草原上的牧户向来居住比较分散，两户受访的牧民家往往间隔很长的距离，有的甚至需要30分钟的车程。在我们调研组刚刚结束对图雅家的访谈准备驱车前往下一户受访的牧民家中时，司机师傅告诉我们，由于道路整修，车辆只能绕道而行，而且途中会比较颠簸。虽然路况条件被验证的确比较复杂，但一路走来，风景却十分独特：一排排葱郁的沙柳低垂在蜿蜒的河边，斑驳的阳光透过树梢洒在波光粼粼的水面上，像极了一幅幅浓墨重彩的水粉画。司机师傅介绍说，沙柳不但是一道天然的防止水土流失的屏障，对草原的生态环境起着积极的保护作用，还具有很大的经济用途，很多牧户家里夏天住的蒙古包、牛羊的棚圈、草库伦的围墙等都是用沙柳编制而成的，它俨然已成为牧民们生产和生活的一个有机组成部分。令我们惊喜的是，此次受访的牧民就居住在这样一个用沙柳条编构而成的蒙古包里。

调研组的车辆停靠在小院低矮的围栏旁边，一只白黄色相间的看家犬摇着尾巴在车门口转来转去，还时不时地向我们这群陌生的客人吠叫几声。我们调研人员注意到，与很多牧户家所不同的是，此次受访的牧民家用的围栏并不是用铁丝网直接圈成，而是由细细的铁丝线捆绑着一根根的沙柳条编制而成的。护栏虽用木材所制，但看起来坚固结实，且散发着一种自然的清香和人文的温馨。听见院门口的犬吠声，一个清瘦白净、梳着马尾辫的小姑娘从蒙古包里弯腰走出来，她冲我们微微一笑，便跟司机师傅用鄂温克语交谈起来。我们本以为此次访谈需要翻译人员，但在我们意料之外的是，这个鄂温克族小姑娘的普通话说得非常标准，她向我们打过招呼后，便引领着我们几个调研人员走进了蒙古包。整个蒙古包的构架采用沙柳编制，不但采光和透气效果都良好，而且看起来简洁环保。在包内的正中央，堆砌着一个做饭用的灶台，灶台左右两侧分别摆放着刻有雕花的碗柜以及一张单人床，床边的角落里放有几把叠加在一起的塑料椅子和一张木制的小书桌。小姑娘一边叫我们随意坐，一边收拾着桌子上散放着的几本英语书，以便腾出地方供我们访谈做笔录。而我们此次的受访者，就是这位居住在沙柳蒙古包里的小姑娘——大学生索努尔。

索努尔，1991 年出生，现在内蒙古师范大学就读大学一年级。母亲斯仁道力玛，42 岁，小学文化水平，为嘎鲁图嘎查的一位普通牧民。索努尔的母亲育有两个女儿，除了她以外，还有一个在海拉尔一中念高中二年级的妹妹鑫鑫。由于父母亲都是土生土长的嘎鲁图嘎查牧民，因而索努尔和妹妹从小就在嘎查里居住。但据索努尔回忆，因为爷爷奶奶原来住在离辉苏木几十公里外的伊敏苏木，所以在 1995 年的时候，索努尔全家曾经在伊敏苏木居住过一段时间，两年后又搬回到位于南辉苏木的嘎鲁图嘎查，且此后也一直居住在嘎查里。由于家境的原因，姐妹俩从小乖巧懂事，不但在跟随父亲放牧时帮助看管牛羊，还在母亲做饭时帮忙填煤生火。索努尔告诉我们调研组，在她小的时候家里的牛羊数量并不是很多，大约有绵羊 100 只，有牛 20 头左右，那时候姐妹俩在放牧时的任务就是负责照看牛羊。“记得小时候唯一的娱乐活动就是跟着爸爸去山上放牧，因为那样我们就可以在草原上来回奔跑，放声歌唱了。”茫茫的大草原里有着索努尔儿时的幸福回忆，“在下过雨的草原里，长着各种各样的野菜，有哈拉海、黄花菜、婆婆丁等，在矮小的山丘上，还会钻出一圈圈的白蘑菇。”懂事的姐妹俩把新鲜的裹着泥土的野菜带回家，不但饱了口福，还节省了家庭开支。

到了索努尔上学的年纪，对子女教育十分注重的父亲决定把六岁的索努尔送到旗里以便能享受到优质的学前教育。但考虑到公立幼儿园入园较为困难，于是父亲便把她送进一家私人的幼儿园，并由在旗里居住的奶奶和卫校毕业后在留在旗里工作的姑姑负责照看。与嘎查里很多适龄儿童不同，索努尔的小学同样也没有在苏木的中心小学就读，而是去了鄂温克旗第一实验小学。其实，索努尔的家境并不十分宽裕，倘若去苏木的中心小学读书，不仅学费全免，生活费用也相对便宜。但索努尔的父母始终在努力地为她提供良好的教育环境，奶奶也专职陪读，照顾她的饮食起居。索努尔说，奶奶在她的成长过程中有着非常重要的影响，尤其是她的勤俭节约对索努尔日后生活习惯的培养起着积极的示范作用。“奶奶生活简单朴素，不但自己节约用水、珍惜粮食，还时常给我讲一些勤勉简朴的故事和道理，教育我要努力养成节俭的好习惯。”索努尔回忆说，上小学时，父母亲把她一年所需的学费和生活费都交由奶奶保管，除了每年需要缴纳 200 元左右的学费，还要负担 3000 多元的生活费用。这对于本不富裕的索努尔一家来说，显然算是一笔昂贵的开支了。在奶奶的影响之下，索努尔较其他孩子更早地懂得了父母赚钱的辛苦与不易，所以她不仅不会乱花钱，还把奶奶给她的零花钱储存起来。而奶奶也会根据零花钱的实际用途和索努尔的支配能力，定时定量有计划地给予。索努尔说，“目前社会上普遍存在有些孩子从小就大手大脚花钱的现象，总觉得自己吃好的用好的是天经地义的事情，甚至对买来的东西不珍惜，喜新厌旧，随便丢弃、浪费。而且现在学生之间盲目攀比的情况也比较严重。”索努尔认为，“不管家庭多么富裕，节俭仍是十分必要的。”她非常感谢奶奶的悉心教导，使她能够树立相对正确的金钱观和消费观。

与很多生活在草原上的能歌善舞的鄂温克族小姑娘一样，索努尔天生也有一副好嗓子。上小学时，她不但是学校合唱团的主力成员，经常代表学校参加旗里举办的文艺会演，包括好来宝比赛（蒙古族曲艺之一，是一种由一个人或者多人以四胡等乐器自行伴奏，坐着用蒙古族语言进行“说唱”表演的曲艺形式)、扎恩达勒格比赛（鄂温克族民歌的一种）等，还因平日表现出色而被老师选为学校 70 周年庆祝活动的主持人。索努尔说，自从小学四年级开设英语课以来，她就对学习英语产生了极大的兴趣，不仅喜爱看英文类的电视节目，有时还刻意模仿英国人的发音和腔调。后来她发现自己在学习语言上比较有天赋，于是便努力发挥自己在这方面的潜力，积极参加学校和旗里举办的英语演讲比赛，并取得了不错的成绩。学校里的时光虽然缤纷多彩，但让年幼的索努尔最为开心的事情还要属父母在节假日时的探望。“每逢学校放假，父母亲总会带我出去玩，不但给我买新衣服还会额外地给我些零花钱。”然而，懂事的索努尔总会把零用钱存放在储蓄罐里，等到买文具或是课外书时再拿出来用。这种合理支配零花钱的方式不仅替奶奶减轻了一小部分的经济压力，还促使索努尔自己养成节俭的好习惯，有利于培养正确的理财观念。

小学毕业后，索努尔以优异的成绩考入了鄂温克旗第一中学。据她回忆，那时虽然学校里有针对家庭较为困难的学生减免部分学费的政策，但她每年的生活费用仍需要 5000 元左右。索努尔说，读初中时学校每年会针对鄂温克族的学生发放专门的生活补助，“具体多少钱记不太清楚了，但是要比其他民族的学生多 100 元。”她笑笑道。与在小学时一样，索努尔在生活方面的支出仍然由奶奶负责管理。她对我们说，读初中的时候奶奶对她的管教较小学时稍加严格，因为学校离家较远，负责的奶奶便要求她放学后不能在路上贪玩，要赶紧回家做作业。而乖巧听话的索努尔不仅按时回家，还在完成作业后主动做一些力所能及的家务活儿，替奶奶分担辛苦和劳累。索努尔对我们说，虽然平时奶奶对她的要求较为严格，但若遇到天气晴好的节假日，奶奶也会允许她约上几个要好的伙伴一起骑自行车去河边玩耍。“我非常喜欢在河边吹风的感觉，不但能释放平日里学习的压力，还能感受大自然秀美的风景。”她思索了一下，又继续说道，“记得秋天水浅的时候，透过清澈的河水都能看见满是沙石的水底以及洁白细小的银鱼，而现在的河水较以前浑浊多了，若是仔细观察，在河边的泥土里还能发现缠绕着水草的小鱼苗……”，索努尔叹了口气，“我们真该好好保护自然环境才是。现在不是很流行‘低碳生活’吗？我觉得这种绿色的生活方式非常环保，我们应多从身边的小事做起，珍惜自然资源。”听罢，我们调研组也被她的这种环保精神所打动。

索努尔的高中在海拉尔第一中学就读，与小学和初中生活不同的是，索努尔所在的高中为寄宿制学校。封闭式的教学管理对于在生活上本来就很独立的索努尔来说很快就习惯和适应了，但与初中阶段相比，高中阶段的学习难度、强度和容量都明显加大，随之而来的心理压力也不断增加。索努尔对我们说，那时候每天早晨要五点二十起床，因为五点四十到六点半是第一场早自习的时间；而第二场早自习则在六点五十分的时候开始。学校的晚自习虽在七点半到十点之间进行，但有些勤奋好学的学生往往要学到夜里十二点左右。索努尔所就读的高中云集了呼伦贝尔市牧业四旗的众多尖子生，过去在班级或年级组经常是“领跑者”的学生到了这样的学校后，成绩也许不再突出，受老师和同学的重视程度也可能不如以前，索努尔说她自己就是这样的一个例子。在初中阶段学习非常优秀的她升入高中后，学习成绩曾一度出现波动，索努尔由此便产生了心理落差，自信心也随之受到动摇。索努尔的变化被细心的历史老师看在眼里，她找到索努尔并对她进行了心理疏导和鼓励，“老师让我不要为一时的成绩不理想就患得患失，要我正视自己的不足，一定不能失去信心。”老师的一番教导不但让索努尔摆正了心态，还促使她养成了主动思考、自主学习的良好习惯。虽然平时里课业繁重，但孝顺的索努尔仍然坚持每个周末回家看望奶奶，与她聊天谈心，并帮忙打理一些家务。索努尔告诉我们调研组，由于奶奶原来没有工作，所以一家人的生活费用都源自政府对曾为老干部的爷爷给予的津贴和补助，但自从爷爷去世之后，索努尔的父母每个月都会为她和奶奶寄去一定数额的生活费，以保障祖孙俩日常的生活。读高中时，索努尔所在的学校针对家庭较为贫困的学生有减免部分学费的政策，由于她持有嘎查开具的贫困证明，所以她每个学年只需缴纳600元的学费，而普通学生则要交1500元。高中三年的时间里，索努尔在生活上的开销一般为每个月300到400元不等，除非是需要用钱买参考书或课外读物，否则节俭的索努尔从来不乱向奶奶要零花钱。在索努尔看来，简单朴素的生活本身就是一种幸福。

高中三年的辛苦付出，使得索努尔最终以452分（含10分的少数民族附加分）的成绩顺利被内蒙古师范大学录取。因为索努尔在志愿报考时填写的是针对少数民族专门设置的预科班，所以她经历了为期一年的预科学习。索努尔说，预科的课程安排主要以大学语文、汉语口语、数学和英语为主，由于课量并不是很多，所以每天可利用的课余时间很充裕。索努尔会把每天要做的事情都安排妥当，比如需要读多少页的世界名著、写几篇札记、练几张字帖等都计划得非常详细。如此一年下来，索努尔取得了很大的收获，不但看完了十八本世界名著，写了厚厚一本的读书札记，还练得了一手规范漂亮的钢笔字。由于预科生在预科就读期间不分专业，而是在学期末经过一系列的考试，且各科成绩均合格后才能自主选择专业，所以索努尔在平日的学习中始终非常勤奋刻苦，并以优异的成绩被人力资源管理专业录取。大学一年级时，学校除了开设英语、计算机基础、高等数学等基础课程外，还专门开设了经济法、管理学、会计学、微观经济学等与专业相关的课程。索努尔对这些专业课都比较感兴趣，尤其是会计学和管理学，她认为这两门课程不但很实用而且老师的授课方式也十分吸引人。“我不是很赞成‘填鸭式’的教学方法，而是比较喜欢轻松自由的课堂氛围，而这两门课程恰好如此。不仅内容十分丰富和紧凑，而且老师诙谐幽默的授课方式也能使我们的注意力非常集中，课堂上大家都非常活跃。”索努尔在学习上始终保持着积极向上的态度，虽然大学里的课程安排相对紧凑，她还是会抽出时间去学校的图书馆看书以丰富和弥补专业知识。“现在大部分的大学生都拥有自己的笔记本电脑，上网浏览新闻资讯等十分快捷方便，但我只能定期到电子阅览室查阅资料，虽然不是很方便，但我已经很满意了。”说到这儿，索努尔微微地笑了，弯弯的眼睛里满是知足。索努尔告诉我们调研组，因为新学期学校要开设劳动经济学、组织经济学等课程，所以她在学校时特地借阅了几本与经济学相关的课外读物，比如由英国《金融时报》专栏作家蒂姆·哈福德所写的《一名经济学家的自白》、由1992年诺贝尔经济学奖得主加里·贝克所编著的《生活中的经济学》等经典书籍以便提前补充一点与经济学相关的知识，为学习新课程做好准备。此外，索努尔还报考了大学英语四级考试、国家计算机二级考试等一些专业技能考试。“其实我在三月份的时候已经参加过一次计算机考试了，遗憾的是虽然机考过了，但是笔试还与标准线相差两分，所以我打算在九月份的时候再报考一次，争取考过。”索努尔告诉我们调研组，此次暑假回家，她把几本英语辅导书也带了回来，她计划在暑期的一个多月时间里多做一些口语和听力的练习题，努力把英语成绩提上来。除了学习上用功刻苦，索努尔还非常喜欢参加各种体育活动，跑步、打篮球等都是她所喜爱的。她计划利用暑假的时间每天晨起跑步以锻炼身体，“早晨的空气很新鲜，草原上长大的孩子还是喜欢拥抱草原的感觉。”索努尔笑着说道。

考上大学的那一年，嘎鲁图嘎查给予了索努尔1000元的奖励金以鼓励她好好学习，索努尔并没有把这笔钱随意支配，而是全部存在银行卡里，留着开学时作为学费使用。在读大学期间，索努尔每年需要缴纳2800元的学费和900元的住宿费，与此同时，她可以享受到每个月由学校财务处直接打入饭卡中的40元的伙食补贴。此外，索努尔还申请到了国家助学金，资助标准为每年2000元，由学校按月发放或直接打入银行卡中。索努尔告诉我们，在同一学年内，申请并获得国家助学金的学生，也可以同时申请国家奖学金或国家励志奖学金，但要依据家庭经济状况和学习成绩综合评定，所以她要加倍努力学习，争取在大学二年级的时候申请到相关的奖学金。索努尔深知父母挣钱的不易，所以她自进入大学的两年来，生活一直很简朴，从不铺张浪费。索努尔的家人每个月会给她邮寄1000元，但节俭的她会把生活费的花销都计划好，每到月末还会有剩余。索努尔说，她生活费的60%都会用在伙食方面，余下的40%除了添置一些衣物，还会用来购买课外书籍。每逢节假日，索努尔的很多同学都会去商场购物，她也不例外。她对我们调研组说，一些同学会去品牌众多的维多利商厦购买服装，而她在逛街时一般选择位于维多利商厦旁边的满达商场。“那里的小摊位挺多的，衣服样式也可以，但商铺的老板往往要价很高，到那买衣服一定要砍掉一半的价钱才行。”说完，索努尔呵呵地笑了起来。

由于呼和浩特与海拉尔相距较远，坐火车一般需要40个小时左右，若是到嘎查则又要花费 2 个多小时的时间。所以在读大学期间，除寒暑假外，索努尔很少回家。此外，坐火车不仅耗时长，而且花费也不低，若是购买卧铺车票则需要 400 多元，然而此次回家，索努尔的路费只花了 100 多元。经过询问我们得知，索努尔所购买的车票种类为学生硬座。看到调研人员诧异的表情，索努尔说，“卧铺票太贵了，硬座坐几次也就习惯了，而且跟很多同学一起回家也不觉得累。”索努尔此次回家正赶上挤牛奶的时节，所以她在复习功课之余还要帮助妈妈挤牛奶和做奶干。索努尔家共有牛 40 头，其中奶牛 35 头，其余 5 头为小牛犊。每年的 4 到 8 月份，是嘎查的牧民们给奶牛挤奶的时间，到 6 月份时，索努尔的母亲就准备开始做奶干了。索努尔告诉我们调研组，由于近几年来奶价不断下跌，收奶公司也由于距离嘎查部分牧户住址较远，很少主动过来收奶，所以索努尔的母亲便决定把自家的牛奶留做奶干使用，不再用于出售。我们调研组了解到，索努尔家加工 1 斤奶干需要 30 多斤的牛奶，而奶干的售价为每斤 40 元。在去年的 6 月和 7 月两个月份中，索努尔家的 35 头奶牛共产奶 1000 斤左右，所以做奶干的总收入约为 1300 元。除了做奶干，索努尔家还可以通过卖羊来挣得一部分收入。她家共有绵羊 300 只，其中有羊羔 150 只，她告诉我们，去年每只羊羔的价钱可以卖到 500 元左右，而家里共卖掉 100 只羊羔，因而获得了 50000 多元的收入。索努尔还告诉我们调研组，家里每年的财务状况可以说是收支基本相抵，因为去年一年家里共花费了 50000 多元，大部分用于她和妹妹上学的费用、家里购买生活必需品的开销以及雇羊倌的花费。去年两姐妹上学所用的学杂费和生活费用的支出大概为 20000 元，家里购买日用品以及粮食的花费大约为 10000 元，而由于索努尔家每月都需要雇佣羊倌放羊，每个月付给羊倌的工资为 2000 元，因而家里在雇工方面的支出则为 24000 元。索努尔说，嘎查每年会针对育有两个女儿的一户牧民家庭给予 1000 元的计划生育扶持补贴，幸运的是，今年索努尔家就获得了这笔补贴款。“每年嘎查里只有一个这样的名额，除了家里有两个女儿外，还要根据家庭经济条件综合评定。”索努尔向我们调研组解释道。此外，嘎查为扶持部分家庭较为贫困的牧户，会分配给他们一定数量的牛羊以供放养，其取得收益的 70% 归牧民所有，相当于嘎查所给予的贫困补助。索努尔家就为其中之一。目前，嘎查共提供给她家 10 头牛，每年索努尔家都可以通过挤牛奶和做奶干等从中获取一部分的收入。今年 3 月份，索努尔的父亲因心脏病突发不幸去世，嘎查的领导班子对此表示了关心和慰问，且给予索努尔一家人的补贴款也将会在九月份发放到她母亲手中。据了解，索努尔家里的经济状况在嘎查67户牧户中处于中下等水平，她回忆说，由于家里条件不是很好，每当九月份开学时，家里都拿不出她和妹妹的学费，所以总要有一个人推迟交费，“好在读初中和高中时可以减免部分学费，现在针对贫困大学生的补贴项目也越来越多，这真是减轻了家里不少的经济负担。”对于嘎查目前存在的贫富差距问题，索努尔有自己的看法，她把嘎查的所有牧民家庭资产划为三个类别，分别是“祖辈留下的家产外加自己后天辛勤努力获取的财富”、“祖辈没留下什么家产，但是依靠双手创造的财富”以及“只是依靠祖辈留下的家产，自己不努力付出，家里没有额外的财富”。在她看来，自己家的情况属于第二种，“准备依靠科技勤劳致富”是索努尔一家人共同的心愿。索努尔说，现在家里有几只从别的旗县买来的小尾寒羊，每当遇到养殖上的困难和问题时，她总会打电话找嘎查里相关的技术人员进行咨询。她非常希望嘎查能够多举办一些关于牛羊养殖方面的培训和讲座，以便获取各种知识，掌握基本技能。

对于嘎查的基础设施建设，索努尔认为，嘎查的道路建设令广大牧民们都比较满意，从草地上人为踏出的土路到开垦的砂石路再到2010年修建的公路，一条条“民生路”的相继开工并竣工通车，使嘎查百姓们的出行及居住环境得到了极大的改善。此外，索努尔还希望嘎查能够借助于道路状况的改良来建设自己的邮政储蓄所，方便牧民们邮寄物品。她说，现在嘎查的牧民们在邮寄信件或物资等方面还不是很便捷，仍需要坐汽车去旗里的邮政局办理邮寄，牧民因未收到邮件而遭遇经济损失的事故也经常发生。“如果嘎查有了自己的邮政所，大家办理相关业务就会方便很多。”另外，索努尔认为嘎查的医疗条件仍然有待提高，器械设施也应该不断更新改进，医护人员队伍还需不断扩大。“现在嘎查的卫生院只有十几个医生护士，除了一个大夫是本嘎查的，剩下的都是从别的嘎查调过来的。如遇上病情稍微严重一些的牧民，卫生院的医生们往往因技术水平不够而不能诊治。”

索努尔并不像许许多多从牧区走出来的孩子向往大城市的繁华和热闹，而是选择毕业以后回到旗里参加工作，因为她觉得小县城的生活更适合她。“我习惯于安闲自在，不喜欢大城市的快节奏和喧嚣的生活，相比于城市里的汽油味，我更喜欢草原上的泥土味。”索努尔笑着说。她还告诉我们调研组，如果有机会，她就去旗里的鄂温克族研究会工作，“作为内蒙古自治区的‘三少民族'，我始终对研究本民族的历史和风俗非常感兴趣，我也想通过对本民族经济文化的研究为我族的发展奉献出自己的一分力量。"索努尔诚恳地说道。

索努尔家现有蒙古包和土房各一处，其中土房面积为60平方米，是2002年家里花8500元购买的，在此期间，索努尔家一年四季都是居住在蒙古包里。她对我们调研组说，现在土房只是留作秋冬时节居住，春夏时则住在由沙柳条编制的蒙古包内。她告诉我们，其实这种沙柳蒙古包的编制很简单，即把四根柳条分别交叉成两个十字，再把一个十字放在另一个上面，重叠以后再交错开来，变成一个米字状，然后把下端都弯回来。按照这种编法，把众多编好的柳条再横着编住，围成一个圆形即可。此种编法如同编制箩筐，不过蒙古包顶部不需要再编，主要为了采光通气。"这种蒙古包既用材少又分量轻，搭盖、拆卸都十分容易。"索努尔顿了顿，又继续道，"有的牧民家转场的时候，就把这种易编织的蒙古包留在夏营地上。因为没有毡子和绳子，所以一般没人打它的主意。第二年夏天主人再来居住的时候仍然完好如初。如果不想把蒙古包留在那里，就在勒勒车上绑上延杆，把它运回去就行了。"在索努尔看来，沙柳条的这种自然生态和性能，给居住在草原上的牧民们带来了一道道美丽的人文风光。居住在这种用沙柳编制的蒙古包内就如同坐在蓝天白云笼罩之下的大草原，不但可以感受着大自然的生命原色，还可以重温鄂温克族古老的游牧文明。

## （二）电器修理能手敖日格乐

我们对敖日格乐的访谈是在嘎鲁图嘎查他的家中进行的。敖日格乐的家位于嘎鲁图嘎查比较靠近北辉牧场的区域，这个牧业嘎查属于典型的内蒙古草原放牧业的村落集合模式。它不同于其他的农业村落，农村的人口分布是以村庄为中心，向周围的农业用地进行扩展的，而内蒙古大多数牧业嘎查的居民分布方式与农村截然相反，它没有农村集中的人口聚集，而是保持着游牧的生产方式，所有从事牧业生产的牧民都会随着生产需要而进行季节性的迁移，以至于每个牧户家之间离得都很远。

当我们走进敖日格乐家中时，他正在院子里修理一台电视机，不远处一个小孩在自顾自地玩耍着。我们向他道明来意后，他欣然地接受了我们的访谈并将我们迎入屋内。屋子里零乱地放着几台电视机和其他一些废旧的电器，敖日格乐很不好意思地解释着并给我们腾出了地方就坐。简单的寒暄过后，我们的访谈开始。

如我们所料，敖日格乐是蒙古族，他身材高大，皮肤黝黑，留着胡须，有着标准蒙古族男子的气质，看上去特别像电影中的蒙古士兵，给我们一种饱经风霜的感觉。他生于1980年，父母都是嘎鲁图嘎查的牧民。妻子名叫萨仁，1979年生人，老家在陈巴尔虎旗，是一个地地道道的蒙古族姑娘。她五官端正，身材修长，只是肤色略显黯淡，有些病后初愈的感觉，整个人看起来很没有精神，但却很热情地招呼我们坐下，还热心地为我们每人倒上一碗奶茶。忙完这一切，她悄悄地退到了一边。介绍完妻子，敖日格乐告诉我们院子里玩耍的是他的小儿子，还有个大儿子现住在学校。当我们问到敖日格乐的童年时，他饶有兴致地对我们讲起了小时候的生活。小时候敖日格乐最喜欢做的事就是和周围的伙伴们一起骑马，好多附近的伙伴都喜欢骑着自己家的马出来找他玩，比赛谁骑的最快。“我6岁就会骑马了，当时胆子特别大，从来就没考虑过危险，就是感觉好玩，痛快!”敖日格乐现在说起来还是一副意犹未尽的样子。

1987年敖日格乐在南辉小学上了一年级，那时候学习不是特别用功，加上家里的生活条件也不好，经济上比较困难，他只上完了小学就回家放牧了。一开始，他觉得快活极了。每天骑着马在草原上奔跑，再也不会有老师管你往东还是往西，没有了约束，生活自由自在的。累了，就躺在草原上看看天空，或是看不远处的羊儿吃草。蓝蓝的天空像是用水洗过的镜子，隐约倒映出草原的样子。洁白的羊群，像空中的流云，一朵一朵，无忧无虑地在空中飘来荡去。在敖日格乐的描述中，我们能够想象到，那一定是我们所没有见过的最美的风景画。

但是，放牧生活并不像敖日格乐一开始想象中的那样轻松有趣。时间久了，已不能再让敖日格乐感到无比的快乐和刺激，风景画也不再绝美和灵动，生活开始呈现出一种让他没有期待没有向往的无聊状态。年少轻狂的他打心眼儿里不安于枯燥无味的放牧生活，他很想到外面的世界去闯一闯。敖日格乐将自己的想法告诉舅舅，舅舅当即支持他去外面学点手艺，作为将来的安身立命之本。同时也好让自己开阔眼界，得到一番锻炼。怀揣着对美好未来的憧憬，15岁的敖日格乐随舅舅去了舅舅家所在的陈巴尔虎旗，在众多的行业岗位中，摸索着寻找合适的出路。最终在舅舅的帮忙联系下，敖日格乐选择了家电维修这个在当时还很稀缺的行业。

敖日格乐告诉我们，他的师傅名叫赛军，是一个典型的蒙古汉子。赛军在陈旗有一个不大不小的修理厂，主要修理家用电器，在当地家电维修行业中颇具名气。他会定期地招收一些喜欢这门技术的孩子做徒弟，把自己的手艺传给他们。“当时师傅一共收了三个徒弟，有幸的是我也是其中一个。”敖日格乐满足地笑着说，仿佛还在为当日的“运气”暗自欣喜。敖日格乐还告诉我们，那时在舅舅家住，不用担心住宿的费用，但学习修理这门技术前前后后花了大概 2000 多元，当时对于他的家庭也算是相当大的一笔开销，所以敖日格乐特别珍惜这次学习的机会。虽然他在同期的学徒中年龄是最小的，但是他记忆力很强，而且学习很用心，所以学东西非常快。再加上赛军师傅对他格外照顾，给了他很多悉心的指导和帮助，因而大概学了四个月左右，敖日格乐就基本上可以独立修理各种电器了。手艺学成之后，敖日格乐先是在师傅的店里干了一年多。这一年，让他学以致用，把学到的技术不断熟练和巩固，使他逐渐具备了一个修理工所应具备的基本素质。因着对电器的着迷，而且有熟悉的人和环境，敖日格乐曾经一度想在这儿长期干下去。但是还是因为经济的原因，最终无奈地选择了离开。因为在师傅店里挣到的工钱很有限，而且要定期补给家中的父母，所以他决定从师傅那出来自己单独接活儿。出来之后，凭借着往日打工学习时积攒的人脉和他熟练的修理技术，敖日格乐很快就在当地立下了脚儿。

2003 年，敖日格乐遇见了他的妻子萨仁。萨仁是一个美丽善良的蒙古族姑娘，而且非常勤劳能干，他们对彼此都十分满意。很快，两个人走到了一起，开始了一段幸福快乐的生活。美好生活刚刚拉开了帷幕，一切看起来都欣欣向荣，敖日格乐和妻子决定留在陈旗发展，好好经营共同的未来。但是，不久之后，父亲的一场大病改变了敖日格乐的想法。作为家中唯一的儿子，父母的身体每况愈下，令人担忧，敖日格乐义无反顾地带着妻子回到了父母身边，尽着做儿子的孝道，照顾他们，帮忙打理家里的牧业生产。

敖日格乐家共有2400 亩草场，其中放牧场1700 亩，打草场700 亩。家里牛羊不多，因为父亲生病又卖了一些，只剩二十多只羊和十几头牛，用不上所有的草，打草场的草大部分是卖出去的。这样，牛羊不能成为敖日格乐家的主要经济来源。他的主要收入，还是得益于他当初苦心学来的修理手艺。

敖日格乐回忆说，当时嘎鲁图嘎查并不富裕，家里有电视、冰箱、洗衣机的人家还很少，只有一些大户人家才有黑白电视机。所以，他能接到的活儿不多。不过好在整个辉苏木懂得修理的人并不多，敖日格乐的修理技术又很精湛。很快，敖日格乐的名声在周边的嘎查传开，家里家电有问题的乡亲邻里都会叫他过去修理，他一定程度上成了这一带的修理专员。为了把生意做大做好，敖日格乐专门攒钱买了一辆面包车，以便去牧民家里接送需要修理的家电。那时修理一台电视机或是洗衣机平均收费大概在五六十元左右，大约每两三天能接到一个活儿，去掉成本算下来，一个月挣到二三百元是没问题的。他懵懂年少时学的一门手艺，在往后的岁月里保障了一家人的基本生活。

敖日格乐下面有一个妹妹，比他小两岁，毕业于西安的一所大学，学习英语专业，毕业后嫁到了陈巴尔虎旗，妹夫现在是陈巴尔虎旗文化站的站长。2007 年父亲由于高血压不幸去世，自从父亲去世后，敖日格乐的妹妹把年岁已高的母亲接到了自己那里以方便更好的照顾。但敖日格乐还是会每周去看望母亲，去年还带着母亲去哈尔滨进行了全面的身体检查。看得出来，敖日格乐是一个细心孝顺的好儿子。当我们问到敖日格乐一些具体的家庭情况时，他不自觉地流露出愁苦的神情。他沉重地告诉我们，在 1999 年，他和他的妻子有了第一个儿子，取名为小小，不幸的是小小患有先天性的精神上的疾病。得知噩耗，敖日格乐夫妻曾经一度几乎绝望。但是，短暂的悲观痛苦过后，敖日格乐没有放弃，毅然决然地带着孩子四处寻医治病。生活的重担猝不及防地压在了他们的身上，短短的几年时间，敖日格乐几乎花光了所有积攒下的钱，又向身边的亲戚朋友借了不少，生活陷入到一种始料未及的漩涡中。一次次地筹钱，一次次地去医院，在家和医院之间奔波，反反复复地在希望和绝望中挣扎，命运露出了最荒凉最无助的底色。

幸好，经过一段时间的治疗，慢慢地，小小的病情有了好转。敖日格乐的生活燃起了新的希望，他不想让孩子的未来荒废，四处打听后送小小去了呼伦贝尔最好的特殊学校，希望儿子在那里能得到专业的教育和悉心的教导。经了解，内蒙古呼伦贝尔市特殊教育中心始建于 1997 年，学校开设了特殊教育中心、残疾儿童康复训练中心、特殊教育教研指导中心、残疾人体育训练基地、残疾人就业扶贫基地、青少年思想政治教育基地和爱心教育体验基地等多机构、多职能为一体的综合性教育服务机构。中心现在有 3 至 23 岁听力障碍、智力障碍、脑瘫、自闭症等学生 200 多人，已经形成了以九年教育为主体，向职业高中和普通高中教育延伸的十五年制办学体系。

说到孩子目前的情况，敖日格乐紧锁的眉头稍稍放松了一些，他说，“把孩子送去特校学习，让我们家长很放心。学校的环境很好，吃住甚至比家里还要好些，老师们对这些特殊孩子也很耐心。”看得出来，敖日格乐对孩子目前的生活学习很满意很欣慰。生活在特校的这些孩子，基本上不用负担任何学费，全都由国家出钱补助，自己只要承担一点点伙食费就可以了。敖日格乐的儿子小小一年只需要交1400元，以现在的物价来看，已经是相当少了。敖日格乐说，小小现在在学校看起来一切都好，但自己还是很担忧孩子将来的生活问题。虽然自己现在年纪还不大，离年老还有很长的时间，但是毕竟孩子在慢慢地长大。由于生活上不能完全自理，必须依仗家里和政府以及社会的救济，如果自己和妻子有一天不在了，孩子该怎么办？现在只能寄希望于政府，希望国家的政策和帮协能够持续下去，而且越来越好，这样做父母的才能稍稍安心一些。另外，听说有一些残疾人工厂会对特殊学校的孩子进行一些培养，这也让敖日格乐看到了一线希望。

2009年，敖日格乐的小儿子贝尔出生了，贝尔的身体很健康，长得也很漂亮，大大的眼睛长长的睫毛，看上去水灵灵的，让夫妻俩欣喜不已。贝尔今年已经三岁了，非常聪明伶俐，汉语、蒙语、鄂温克语都会说。我们刚到敖日格乐家的时候，贝尔正在院子里玩耍。正是这个活泼可爱的孩子，给了他们更多的希望和快乐。夫妻俩对小儿子的未来没有太多的要求和寄托，只希望他身体健康，活得快乐。

生活如果雨过天晴，那也是好的。只是，晴天未必会一直持续下去。可能是因为家庭负担比较大，妻子这几年身体也不好，经常会头痛心慌，有时甚至意识模糊，医院诊断妻子也属精神上的疾病。真是一波未平一波又起，这无异于给敖日格乐的生活雪上加霜。因为精神疾病的药物和治疗费用不属于医保范围，只能自己承担，所以除了儿子小小的花费，妻子的花销也是一大笔数目。生活的重担全部压在敖日格乐的身上，几乎把他打入了深渊。巨额的药疗费用，像一个无底洞，时刻吞噬着他辛苦挣来的血汗钱。至亲的痛苦，让他不可能选择放弃，也容不得他有丝毫的喘息。所以，他拼命接活儿，拼命工作，借以支撑起这个负荷累累的家。好在长时间的治疗之后，妻子的病情暂时稳定，前些天刚从盟医院出院回到家。

“幸好我会修理电器，不然真不知道怎么撑下去。”敖日格乐说，是他的修理技术帮他渡过了一个又一个的难关。因为自从有了大儿子小小以后，为了给孩子看病筹钱，夫妻俩卖掉了家里所有的羊，只留下二十几头牛。700 亩草场的草，去年也以 8 元每亩草的价格全部卖了出去。所以，家里的主要经济来源，还是他修理家电的收入，以及每日并没多少的牛奶钱，加起来一个月大概能有 2000 元左右。如果家里开销特别紧张，每年也会卖几头牛。像去年年末，家里就卖了 4 头牛，卖了 16000 元。敖日格乐说，现在家里还剩 28 头奶牛，妻子病情稳定的时候，主要承担着挤牛奶的活儿。挤牛奶每天分早晚两次，一次能挤出十几公斤，每天会有专门收奶的人定时到家里收取已挤好的牛奶。但由于现在奶价很低，一公斤牛奶只能卖 1.6 元，敖日格乐表示很无奈。

对自己现在的工作，敖日格乐表示很满意，但他也意识到自己在技术方面还有很大的局限，修不好的电器只能当废品处理掉，由于没有太多的渠道和精力去进行系统专业的学习，敖日格乐只能自己私下买些书回来看看。对于家庭的整体现状，他认为家里目前面临的最大问题就是劳动力数量有限，不能从事过多的牧业生产，牲畜数量也比较少，所以经济条件受到限制。另外，住房也是他比较关心的一个问题。他告诉我们，现在居住的房子是去年从朋友那儿买来的二手土坯房，房龄有 20 多年了，买时花了 13000 元，面积 80 平方米，虽然也足够一家人居住，但还是希望有朝一日能够住上砖房。国家每年对各个嘎查都有房屋补助政策，但因为安居保障房的指标有限，所以现在还未申请上。

当被问到对嘎查的发展有什么看法时，敖日格乐告诉我们，附近的其他嘎查有在进行资源开发的，嘎鲁图嘎查之前也有勘探队来探测过，探测出地下有煤矿，但当地人都反对开采。敖日格乐坦言，自己并不完全反对开采，只要掌握好度，适当开采，并不会破坏草原生态，反而能带动嘎鲁图嘎查的经济发展，也能让牧民的生活更好些。敖日格乐表示，现在的生活已经很好了，有一份能赚钱养家的工作，有一个健康可爱的小儿子，妻子和大儿子的病情暂时都很稳定。“但我相信以后会更好的!”敖日格乐笑着说，仿佛在给自己打气一般。想了想，又补充道，“希望攒下钱来买一些羊吧！但前提是治好家人的病”。

生活的磨难让眼前这个蒙古族汉子的脸上过早地写满了岁月的沧桑，但也刻下了坚毅和顽强。重重困难没有把他打倒，而是让他更加稳重和坚强。

命运的坎坷没有让他丧失信心和希望，而是让他更加珍惜现在的生活。作为一个修理工，他不仅能修电器，也能修理好自己负荷累累的家。明天会怎么样，他不知道。他只知道，他是这个家的支柱，任何时候，他都不可以倒！对于明天，虽然有隐隐的担忧，但是，他还是会怀揣着希望上路。因为他相信，幸福和安康一定在什么地方等待着他！

## （三）勤恳上进的蒙古族牧民陈胜

调研的第三天，调研小组在去往下一个访谈人物家的途中时，汽车行驶在嘎鲁图嘎查唯一的一条公路上，车窗外是一望无际的草原和远处映接的湛蓝的天空，牛羊在这天与地之间悠闲自在地觅食和休息，调研小组的成员没有了第一天和第二天的兴奋，更多的是对这片草原深沉的热爱和向往。

嘎鲁图嘎查的居民以饲养奶牛、肉羊为主，并以本地品种居多，采取半年放牧的饲养方式，每户人家居住地的周围都是用铁栅栏围起来的草地，没有种植农作物。当我们乘坐的汽车行驶到牧民聚居的地方时，有一片用白桦树做的栅栏围起的玉米地吸引了我们的注意力，白色的桦树围栏与翠绿的农作物形成颜色鲜明的对比，旁边红色的砖瓦房上还有着一个大大的白色“米”字涂鸦，这户人家在嘎鲁图嘎查的居民区里显得十分耀眼和特别。虽然这户人家并没有在我们的访问名单上，但是我们对它的好奇心驱使我们走进了这户人家。走近后，先看到的是一间器械修理间，里面有两个大汉在为修理摩托车忙碌着。二人都是鄂温克族人，他们皮肤偏黑，身材高大而强壮，看起来似乎不容易亲近，但交谈起来显得相当的热情和风趣，鄂温克民族的热情和淳朴的人文风情深深地感染着我们。交谈后了解到他们是这户人家的亲戚和朋友，主人现在不在家，我们说明身份和来访的目的后，他们很热情地帮我们联系了主人。几分钟后，一位身穿紫色半袖体恤和深蓝色牛仔裤的男子骑着摩托车向我们驶来，他就是这户人家的主人——陈胜。

陈胜身高一米七五左右，皮肤黝黑，梳着平头显得十分干练和精明。说话干脆利索，汉语说的比较好，我们沟通起来很方便。经过简单介绍后，他热情地带我们进入自己的家，走进院门后，我们发现在修理间的墙壁外面还画了些心形和星形的涂鸦，院子同样是用桦木条做的栅栏围起来的，陈胜带着我们走进房屋的正门，走廊旁边放着一台冰箱，走廊的尽头放着一个杂物柜，墙壁上挂着一个大大的飞鹰图案的风筝，除了这些，更多的是一些汽修工具。旁边的卧室布置得很整洁，地面铺着洁净而明亮的地板砖，阳光透过窗户照进屋里，显得温暖而舒适。陈胜热情地安置我们坐下，积极配合我们的调研工作。

陈胜，蒙古族，1974 年生人，现在鄂温克旗北辉综合服务站工作。老家是通辽的奈曼旗，兄弟中排行老五，有四个哥哥一个姐姐和一个妹妹。除二哥华山在新巴尔虎右旗的人民法院当院长，妹妹华岳在新巴尔虎右旗的西旗一中当老师外，其他的兄弟和姐姐都在老家务农。84 岁的父亲和 80 岁的母亲现由在老家的哥哥们和姐姐共同照顾。

陈胜回忆起自己小的时候，1980 年到 1985 年在通辽的蒙授阿仁艾里小学学习，后来升入胜利中学读初中，当时由于家庭条件不好，二哥在鄂温克旗当老师，所以陈胜初二时就跟着二哥来到鄂温克旗读初中，陈胜也是在这段时间学会的鄂温克语，1989 年从鄂温克民中毕业后直接考进了内蒙古牧业学校，虽然陈胜的理论学习在班级中成绩一般，但是他性格开朗外向，善于与人沟通，在内蒙古牧业学校学习期间，积极参加学习组织的各种活动，他特别喜欢唱歌，曾参加过校级歌唱比赛，并获得了校级歌唱比赛的第三名。1993 年中专毕业后直接分配到了现在的单位，即鄂温克旗北辉综合服务站。

陈胜向我们介绍，综合服务站现在有 9 个人，工作主要包括《草原法》、《草原防火条例》等法律的监督实施，依法承担草原保护的执法工作；负责境内草原案件的调查处理工作；负责草原药用（经济）植物的保护管理工作；负责草原使用费、草原补偿费征收、管理、使用的监督和审计工作；负责草原案件、火灾及有关数据统计、上报工作；负责草原防火通讯、联络工作；负责草原监理员的业务及相关知识培训工作等等。他主要负责的就是草原药用（经济）植物的保护管理工作。这部分工作的主要任务就是禁止人们来草原挖药，保护草原的野生动植物。陈胜不但每天白天要去单位上班，晚上还要经常加班，因为挖药人多是晚上开车来草原，挖的草药主要是嘎鲁图草原盛产的柴胡、防风等，这些挖药人没有当地的牧民，大多是从鄂温克旗开车过来的。

说起自己的工作，陈胜很健谈，他说刚来工作时，草原上的蘑菇很多，人们都是来采蘑菇的，而采蘑菇的季节也正是草原上的植被生长的季节，人们采蘑菇时对草原进行了踩踏，影响了草的生长。现在草原上没有原来那么多的蘑菇了，人们来的主要目的是挖草药，草原的植物层很脆弱，这些人挖走草药后不能及时将土坑回填，被破坏的植物层不能自然恢复，严重地破坏了草原的生态环境，所以国家严禁任何单位和个人在草原上非法采挖药材、收购药材、蘑菇等。陈胜和同事的主要任务就是保护草原上的野生植物，草场巡逻，发现偷挖草药的情况，要及时制止，没收药材和工具，必要时还会进行 200~500 元不等的罚款。他说“这是得罪人的活，和挖草药的人谈不拢就会发生争执，冲突天天都有。”我们问到如何解决冲突时，陈胜告诉我们“我先从法律方面说服他们，让他们意识到自己行为后果的严重性，再向他们说明草原情况，他们这么挖，破坏了天然草场，另外他们挖药留下的土坑容易成为拌马坑，很可能为牧民的人身安全和经济带来威胁和损失。再说这儿的气候也不适合种地，草场坡坏了让牧民怎么生活啊……”他说道理讲得多了，多数人都是能理解的，有些不理解的人多数时候还是会发生冲突。他接着说“刚来服务站工作的时候，每天都会和来草原挖药的人发生冲突，心里很不好受，说实在的对这工作也有抵触和厌烦的心理，干了两年之后也就想开了，自己拿着国家的钱，就应该为国家和牧民多做点实实在在的事儿。”陈胜工作多年，现在也有一套属于自己的工作方式和经验，所以现在的工作成效很突出，挖药人都能被陈胜说服，他显著的工作效率，得到综合服务站和牧民的认可，于 2007 年获得鄂温克旗畜牧局颁发的“先进工作者”奖项，这也更加激励和肯定了陈胜的工作态度以及工作成果。

当调研小组问及陈胜刚来综合服务站的情况时，他向我们介绍 1993 年刚来到服务站时，虽然当时单位盖的是砖房，但是条件特别差，还记得当时单位的房顶都被风刮掉过，当时单位只有三个人，每年开春要给 5 个嘎查的牲畜打防疫针，当时单位还没有摩托车，他们只能用四轮车做交通工具，一年下来，他们三个人每年有 2 到 3 个月的时间都是在给牲畜打防疫针。

谈到综合服务站的维修工作时，陈胜接着回忆说，“到了 2005 年，综合服务站的房屋进行了维修，条件才开始得到改善，站里给综合服务站的正式职工每人配了摩托车，1993 年刚到服务站时，每个月工资才 160 元，到第二年每月工资涨到 360 元，现在的工资可比原来高多了，到 2011 年时，每月工资有 2900 多元了。”说到这时，陈胜的嘴角有一丝的笑容，我们调研小组能察觉到他对自己工作的回报还是比较满意的。

当调研小组问到工作最困难时候的情况时，陈胜微皱眉头想了想，叹了一口气说“最困难的时候就是 1997 年和 1998 年的冬天了，嘎鲁图嘎查的冬天漫长而寒冷，那两年的冬季又是格外地寒冷，暴风雪频繁，我们要在雪地里骑摩托车去给牲畜打防疫针，雪太大时，还得用扒犁除雪，当时的天太冷了，那刺骨的寒风让人永远忘不了，当时我的手脚都冻伤了，因为当时冻伤的太严重，又没有及时治疗，所以从那以后脚就落下了毛病。到 2010 年的时候局里聘了 10 个防疫员，他们都是从畜牧学校毕业并且还没有找到工作的，这十个人再加上我们九个正式职工分成小组开着车挨家挨户地去打防疫针，牛羊在哪，我们就去哪。”陈胜的言谈举止中透露出他对这份工作的认真和尽职尽责，也让我们了解到这些基层工作人员工作的艰辛，不禁对他们心生敬意。陈胜在思想上也相当进步，在 2012 年年初他申请成为一名预备党员，同时还申请了中级职称，我们调研小组相信陈胜凭借他对工作的热忱和认真一定会评比成功的。

陈胜在综合服务站工作多年，对我国关于草场管理的政策了解深刻并形成了自己的见解，他提到了草原围栏建设项目，他说原来是“草原有界，放牧无界”，这样的生活方式很大程度地破坏了生态脆弱的草原，呼伦贝尔盟前几年的草原雨水少，草场长势不好，草原沙化程度加重。到 2008 年，政府大力实施草场围栏建设项目，并开展了禁牧休牧试点工作。他说：“这个项目太好了，实施才几年，禁牧的草场草原恢复的情况很明显，牧民都是有目共睹的，这个项目保护草原生态环境的作用也得到了大家的认可，政府也一直坚持实施承包到户、围栏到户的政策，又解决了草原的合理利用问题和草原生态的保护问题。”但是在实施的过程中也出现了很多问题。国家规定围起来的放牧草场在一定时期内不能打草以便于草场有足够的时间恢复，国家也会对牧民实施补助政策，但是牧民不能完全理解国家的良苦用心，见到自家的草场长势好了，秋天就会打草，政策的实施效果就会大打折扣。另外一个问题是，虽然现在围栏的实施基本完成，但是只有不到十户的牧民的草场围栏没有拆移，陈胜举了个例子简单说明，他说：“围栏围起来后，会出现有人晚上偷拆围栏的现象，牧民就会想让别人偷走了还不如自己拆下来围在自家房屋的周围，就这样大多数牧民都拆除了原来的围栏。”他接着说道，“山上现在基本没有网围栏了，这些围栏都是国家免费提供的，而且每家牧户都发放了一卡通，国家给牧民的各种补贴都会打到这个卡上，牧民每年都能领到国家的补贴却没有实施国家的政策，政策实施得不好，国家的资金也浪费了。”

陈胜认为造成这些问题的主要原因有以下几点：第一点是相关领导的重视力度不足，同时执行也不到位，例如综合服务站发现牧民私自拆移围栏的问题后向鄂温克旗畜牧局反映，局里要求当地的嘎查领导组织文件进行立案，再根据相关规定和法规解决问题，回到嘎查，嘎查领导又不愿得罪当地的牧户，这个例案就一直耽搁到现在还没有成立，问题也没有得到解决；第二点是政府对项目和政策内容的宣传内容不够全面，不能让当地的牧民完全理解国家的政策和苦心，牧民对草原环境保护的意识不足，只看到了眼前的短期利益，考虑不到保护草原生态环境的重要性，也意识不到草原退化会给他们带来何种恶果；第三点是国家对牧民草场的补助是有限的，禁止牧民收割放牧场的草料，牧民购买草料的支出就会增加，往往补助又少于购料支出，为了减少开支，牧民大都不会按国家政策要求去做，要想解决存在的这些问题，增加一定程度的补助也是一个有效的方法。第四点是国家虽然出台很多有利草原保护，有益提高牧民收入的优惠政策和项目，但是缺少相应的明确处罚规定和措施。不按政策执行，就会受到相应的处罚。如果有这样的规定和政策，国家项目和政策的实施会更加顺利而有效。

接着陈胜给我讲了嘎查现在改良羊项目实施的情况，他向我们介绍现在旗里引进了一种叫作杜泊羊的新品种羊，原产于南非，是世界著名的肉用羊品种。杜泊羊最重要的经济优势之一是较高的繁殖率，杜泊羊繁殖期长，不受季节限制，在饲料条件和管理条件较好的情况下，母羊可达到 2 年 3 胎。另外这种羊生长迅速，断奶时体重大，一般 3.5～4 月龄的杜泊羔羊体重可达到 36 公斤。同时都伯羊具有良好的抗逆性，在较差的放牧条件下，许多品种羊不能生存时，它却能存活。即使在相当恶劣的条件下，母羊也能产出并带好一头质量较好的羊羔。杜泊羊食草性强，对各种草不挑剔，这一优势很有利于饲养管理。在大多数草场中，可以进行放养，也可饲喂其他品种家畜较难利用或不能利用的各种草料，草场中既可单养杜泊羊，也可混养少量的其他品种，使较难利用的饲草资源得到利用。杜泊羊以产肥羔肉特别见长，胴体肉质细嫩、多汁、色鲜、瘦肉率高，被国际誉为“钻石级肉”。杜泊羊的遗传性也很稳定，无论纯繁后代或改良后代，都表现出极好的生产性能与适应能力，特别是产肉性能，杜泊羊的皮质优良，也是理想的制革原料。政府引进了这种优质的种羊，免费给牧民配送，如果成活率高，政府还会给牧民发放补助，但是很多牧民都不敢尝试，他们不了解杜泊羊的生活习性以及耐寒能力，担心接羔时遇到暴风雪，羔羊耐寒能力差，成活率低，会出现较大的损失。在2011年的11月份，政府从牧民家里挑选了50只羊，进行人工配种，但是羔羊的成活率低，牧民认为还是自己家中的蒙古羊好，不仅耐寒耐旱，而且成活率高。陈胜总结了一下，他说政府的这个项目不错，还是实施的时候遇到了困难，他认为首先应该集中给牧民讲解改良羊的科学性和收益性，让他们彻底改变只有自家羊最好的想法；另外，他还有个建议，就是集中一些羊在服务站成立一个改良种羊试验点，如果试验成功，等到来年牧民看到接羔成活率高了，而且肉质好、肉价高确实得到了显著的收益了，牧民也就不会有这么多的顾虑不愿尝试了。陈胜相信等到那时候，牧民都会争先恐后地申请改良羊的。

虽然陈胜只是个普普通通的服务站基层工作者，但是他极力支持国家和政府的政策，他的思想进步开明，而且接受新鲜事物的能力极强，他为国家和政府积极献计献策，虽然他的提议现在还没有被采纳，但是他的提议的科学性和合理性是不能忽略的，我们调研小组相信合理和科学的建议，在不久的将来，一定会被政府所采纳。

谈完工作，我们又谈到了日常生活。陈胜的前妻名叫金莲花，蒙古族，高中文化，是内蒙古锡林郭勒盟人。陈胜工作后不久，认识了金莲花，两人自由恋爱，于1994年结婚，后因感情不和，于2010年离婚，目前陈胜没有再婚，陈胜和前妻金莲花有个可爱的儿子青德门，现在17岁，在海拉尔职业学院学习，所学专业是商贸旅游。谈到自己的儿子，陈胜的脸上一直洋溢着幸福的笑容，让我们看到了他对自己儿子的疼爱和呵护。陈胜离异后，一人抚养孩子，问及原来的家庭情况时，陈胜并不避讳很大方地回应我们，他回忆结婚时条件很不好，家里没有牛羊，婚礼办得也格外的简单，刚开始时在鄂温克旗租的小土房，后期搬到办公室住了一段时间，到2002年花了15000元买的现居住的房子，当时是50多平方米，自己后期又接了40平方米左右的房屋。

我们对陈胜的了解渐渐加深，他是个很活泛并且善于动脑的人。1997年，他开了属于自己的小卖部（商店），因为他家商店的食品和生活用品比较齐全，嘎查的牧民都会去他家买东西，甚至附近嘎查的牧民也会经常光顾，但是由于牧民手中的现金受季节性制约，赊欠账情况严重，到1999年时商店经营不下去被迫关门了。赊账的账本也随着时间的流逝丢失了，到现在也就不了了之了。

在接下来的几年里，陈胜重点发展牛羊，他闲暇时间经常阅读养殖技术类的书籍，同时他所学的专业也为他提供了充足的技术背景，他骄傲的告诉我们，他养的牛个个膘肥体健。虽然1998年时国家承包了草场，当时陈胜承包了300亩的打草场和180亩的放牧场，但由于陈胜不是当地的牧民，同时又是国家单位的正式职工，所以在2001年的时候嘎查收回了承包给他的草场。虽然他有高超的养殖技术，但是受场地等外在因素的影响，他的养殖规模受到了限制，无法再扩大。陈胜另辟蹊径，寻找致富之路。

在2007年，陈胜和一个朋友合伙开了一个奶站，当时花费60000元盖了新的收奶室；花费30000元买了收奶设备；花费50000元买了3台二手的半截二零汽车和一台东风小平头货车。陈胜回忆，办奶站的第一年，收益不错，每天能收2吨多的牛奶，当时奶价是0.8元/公斤，每天收的牛奶直接送到海拉尔奶站，一天一趟从不耽误，坚持一年下来，陈胜和合伙人的投入收回了大部分，到第二年8月份，奶站开始盈利，收牛奶的季节到每年的9月份，在2008年的8月份到9月份的这一个月的时间里，奶站每天收奶量达到3~4吨，陈胜和朋友在这一个月的时间里获得净利润30000多元。陈胜奶站渐渐得到大家的认可，而且牛奶的质量也能得到保证，到第三年，奶站每天的收奶量增长到6~8吨，由于设备本身的限制，牛奶冷却的步骤出现问题，导致的严重后果是大量牛奶变质变酸，海拉尔奶站拒收变质的牛奶，这些牛奶最后只能倒掉。由于这个原因，奶站盈利降低，收支持平。2009年的三鹿奶粉三聚氰胺事件轰动全国，尤其是对奶制品行业产生了极大的影响和轰动。呼伦贝尔政府开始重点强调和监督奶制品的卫生和质量，规定奶制品行业不允许收个人奶站的牛奶，海拉尔奶站收奶时的检查过程也更加严格，牛奶质量不能出现一丝问题，而嘎鲁图嘎查到海拉尔市区的路程遥远，需要驾车四到五个小时，这样高的保存技术要求，陈胜的奶站很难保证达到要求和标准。综合全国全市的大背景，以及设备的局限等各方面因素的考虑，陈胜决定关闭奶站继续寻找致富之路。

陈胜平时关注电视、广播、报纸的信息收集，发现梅花鹿的销售市场极为广阔，为了保险起见，他亲自去吉林省进行实地考察，发现梅花鹿的销路确实广阔，梅花鹿的食量也相对牛羊少很多，而且梅花鹿的销售收益颇丰。他斟酌后做了重大的决定，于2009年卖掉了家中所有的牲畜，借了30000元的借款，筹集了120000元从吉林长春的双阳区购买了31头梅花鹿，他相信自己牛羊可以养好，养梅花鹿也不会有什么问题，不想梅花鹿刚接回不久，问题接踵而至，最初有一两头梅花鹿开始生病，食欲不振，精神萎靡，陈胜找了嘎鲁图嘎查的兽医来给梅花鹿看病，但是嘎查的兽医医治的主要是牛羊等牲畜，医治梅花鹿完全外行，陈胜又电话咨询了吉林省的梅花鹿养殖专家，专家分析梅花鹿很可能是缺少了维生素，建议他给梅花鹿喂食胡萝卜，陈胜接受了专家的建议，但是梅花鹿的病情并不见好转，也由最初的一两头鹿生病扩展到大部分的梅花鹿都得病，并且梅花鹿开始出现死亡的现象。陈胜看着着急却又无计可施，直到最后只剩下一头4岁的梅花鹿，这头梅花鹿充满活力而且身体健康强壮，陈胜选择了放生，他相信这剩下的唯一的一头梅花鹿已经适应了当地的环境，在草原上能够独自生活得很好。陈胜在经济上共损失了150000元左右，其中包括购买梅花鹿和购买饲料等开支。也正是因为养鹿这件事，陈胜和前妻想法出现分歧，前妻于2010年离他而去。在这2010年里，他受到经济损失和家庭破碎的双重打击，但是陈胜并没有因此一蹶不振，事后陈胜积极总结经验和教训，发现自己当时忽略了环境因素对梅花鹿的影响，同时自己养殖技术匮乏，没有受过专业的培训，对梅花鹿的生活习性、饮食习惯和耐寒能力等方面了解得不彻底，这一系列因素导致了这次养殖的失败。

陈胜不屈不挠，在哪跌倒就在哪爬起来，他知道自己最擅长的还是养牛和羊，于是于2011年6月份在农村信用合作社贷款35000元买了十多头牛，还款期限为3年。因为没有草场，陈胜只能靠购买饲料饲养牛，为了减轻经济压力，陈胜想到自己可以开垦土地，种植青储玉米作为牛的饲料，播种到收割都靠陈胜一人完成，青储玉米的种植成本低，收量多。就2011年来说，陈胜开垦了4亩地种了70斤玉米种子，收获了足有十万斤的青储玉米饲料，这极大地缓解了他购买牛饲料的经济支出。虽然没有草场，但是陈胜房子周围的十亩之内的土地是可以种植和放牧的，这条规定也是国家条例中准许的。他利用这些简单的条件把牛养得个个膘肥体健，比很多牧户家的牛都高大而强壮，个个都能卖到上等牛的价钱。

现在陈胜每年的收入除了固定工资外，还有卖牛和秋天时用打草机帮牧民打草挣得的一些额外收入。一年下来能收入40000元左右，虽然家中现就陈胜一人，开支不是很多，但是他要供儿子上学，平时还有必要的人情往来，一年的支出也在 40000 元左右，并没有什么存款。陈胜目前还处于努力寻找致富之路的艰难时期，他面对的艰难问题主要有资金不足和家庭劳动力匮乏，但是他有聪明的头脑，乐于收集信息和善于总结经验和教训的习惯，在不久的将来，陈胜定能寻找到一条真正适合自己并能发挥自己才能的致富道路。

被问及院墙外修理间的用途时，陈胜说："我自己有三台打草机、一台拖拉机和一台摩托车，这间修理间本来是为了自己方便修理机器而建的，后来周围的牧民家里器械坏了都来我这里修，有什么电焊的活也都来这，这个修理间盖了多少年了，我一分钱都没要过。"他接着说自己是当地政府的正式职工，为牧民提供方便是理所应当的，不能太小气，更不能斤斤计较。这虽然只是一件小事，却映射出陈胜乐于助人和甘于奉献的精神，相信他的精神也在感染着他身边的人。我们希望也相信未来会有越来越多这样的设身处地为牧民考虑的国家部门工作人员。

陈胜来到嘎鲁图嘎查生活和工作将近 20 年的时间了，他回忆刚来到嘎查时，因为自己是从畜牧业学校毕业分配到这儿的，虽然是蒙古族，但是嘎鲁图嘎查的牧民都很尊重他，在生活上热情地帮助他，在工作上也极力地支持他，帮助他解决了很多的困难，陈胜现在和嘎鲁图嘎查的牧民关系融洽而和谐，他说："我们现在就是一个大家庭的成员，虽然在工作中有时会出现意见不统一，但是我能理解牧民们的立场和想法，他们也只是在维护自己的利益。"陈胜接着说，"来到这我感到很幸运，因为刚来时，虽然户口是从外地转进来的，但是大家并没有排斥我，现在其他地方户口的人已经规定不能再转进嘎查了，虽然我不是本地人，也不是鄂温克民族，但是我热爱嘎鲁图嘎查，热爱这片草原，我会尽我所能去保护这片草原。"

谈到嘎鲁图嘎查多年的经济发展状况时，陈胜总结了一下，嘎查近几年的经济发展很快，家家的收入都有了很大的提高，而且国家和政府的政策和项目都很好，尤其是对牧民有益，人们的生活水平也上来了，现在是人人都有手机，沟通联系都方便了；医疗条件也好了，陈胜刚到嘎查时，嘎查的卫生所设备简陋，药品也并不齐全，家里人生病就医是个大难题，现在卫生所的条件好多了，每天都有医生值班，而且新进了很多常用设备，药品种类也相当的齐全，人们生病了也都会先去卫生所就诊，小病小灾的都能医治好，如果真的得大病了再转到旗里或者市里的医院救治；嘎鲁图嘎查的牧民对孩子的教育问题也都更加的重视，嘎查里考上大学的孩子也越来越多，而且现在有很多大学生毕业都回到了自己的家乡，想为家乡的经济发展助力；嘎查里还修了新的公路，牧民们出行更加方便和安全，家家还建了水泵，吃水问题完美地得到了解决，政府还给拉了电网，现在多数牧民家都能通电，避免了使用风力发电的不稳定性，同时家用电器使用得也更广泛，例如电视机、电冰箱、电脑、厨房电器等对牧民来说已经不再是奢侈品，而是家庭必需品了。陈胜目睹了嘎查经济的发展，他相信嘎鲁图嘎查的经济还有很大的发展空间，他还相信牧民的生活会越来越富裕，越来越美好。

陈胜是我们此次调研之行中为数不多的蒙古族人，但是他对嘎鲁图嘎查的感情一点也不逊色于土生土长的鄂温克族人，他让我们看到了蒙古族与鄂温克族相处的融洽与和谐，让我们看到不同的民族在为经济的发展共同努力着，共同前进着，相信各民族最终能够达到共同富裕共同繁荣共同发展的新境界。

### （四）受益于嘎查发展成果的孟和毕力格

嘎鲁图嘎查是一个以鄂温克族为主体民族的牧业嘎查。历史上的嘎查牧民世世代代逐水草而居，靠天养畜，沿袭着“四季转场，终年放牧”的传统生产方式；由于地域辽阔，居住分散、交通不便，牧民居住的能源问题难以解决，经常是“油灯粪火”，日出而作，日落而息……随着改革开放的不断深入，全面建设和发展经济社会事业的步伐也在不断加快。近几十年来，嘎鲁图嘎查依靠国家和地方政府的大力扶持，发挥自身优势，努力奋斗，使嘎查牧民的居住条件和生活水平都有了很大程度的提高。如今，嘎鲁图嘎查组织健全，社会稳定，治安良好，民风淳朴，牧民的生产和生活较之以前有了很大的改变：截至2011年年底，嘎查牧民人均收入为4925元，牧民砖瓦房拥有率达76%，人均住宅面积近18.2平方米。此次调研组深入嘎鲁图嘎查进行访谈，我们也有幸接触到了受惠于嘎查各项发展成果的牧民代表——孟和毕力格。从对他的访谈中，我们也深深感受到了新时期嘎鲁图嘎查经济社会发展的喜人变化。

访谈工作在孟和毕力格家中进行。蒙古包里宽敞明亮，包内正中悬挂着一张画有马头的羊毛毯子，两侧分别摆放着家用电器和各式家具，整体感觉淳朴而现代。户主孟和毕力格向我们调研组热情地介绍说，现在牧民们的生活条件和质量较之前有了很大提高，蒙古包作为牧民转场和居住的场所，其外观设计和室内功能也在随着时代的发展和牧民们的需求而不断地改善。“记得小时候，牧民们的蒙古包从外观上看大小、样式都相似，虽然那时候嘎查才有四十几户的牧民，但远远望去，仍然很难分辨出每家每户有什么不同。”伴随着牧民们生产与生活水平的提升，蒙古包的外观装饰也逐渐变得多样起来，不仅顶棚颜色不一，材质也不尽相同。“有钢架构的，还有沙柳条编成的；顶毡有尼龙布做的，也有为通风透气而用枝条搭建的。”他边说着，边为我们展示起自家的毡包。这时，孟和毕力格的儿媳妇萨仁贵推开包门，弯腰走了进来。热忱而友好的她不但为我们准备好了一碗碗温热飘香的奶茶，还拿出晾晒好的奶干供我们品尝。看着儿媳妇忙碌的身影，孟和毕力格点燃一支烟，笑着对我们调研人员说：“家里做奶干已有十几年的时间了，以前都是妻子杰日嘎拉负责制作奶食品，自从儿媳妇过门后，这些挤奶、烧茶和做奶干的活就都由她主动承担了。”他顿了顿，告诉我们调研组，由于近几年奶源市场饱和，奶价不断下滑，一些前来嘎查收奶的公司或奶站都降低了牛奶的收购价格，有时每公斤只能卖到1元多，但即便牧民们把牛奶价格降到了成本价以下，很多收购站还是出于运输成本过高的原因而不愿购买。目前，孟和毕力格家主要以经营畜牧业为主，其收入的大部分来源于牛、羊、马匹的售卖以及山羊绒的出售。他告诉我们调研组，家里现有本地牛115头，马30匹，羊150只，其中绵羊占70%，余下的30%为山羊。2011年，孟和毕力格家共卖掉40头牛，每头售价为5000元；同年又以每匹5500元的价格卖出6匹马。2012年4月，他家以每斤140元的价格出售了30多斤的山羊绒。说到这里，孟和毕力格掐灭手中的烟，思索了一番，又继续道，“去年（2011年）家里不但没有卖掉一只羊，还死了几只，影响了家里整体的收入水平。”虽然家里人经常关注广播、新闻类节目对畜牧养殖的宣传和最新消息，但是仍然没有真正掌握牛羊养殖过程中的技能和技巧，在实际应用过程中还是会出现很多问题和漏洞。所以，54岁的孟和毕力格非常希望嘎查能够多组织和举办一些畜牧养殖方面的讲座和培训，让牧民能够丰富知识、增长见识和提高养殖技能。“去年3月、8月以及今年5月组织的育马培训讲座我都去参加了，老师发放的课程资料非常有用，我从中学习到了很多经验和技巧。”在孟和毕力格看来，这种通过科学技术与牧民增收的“嫁接”活动使嘎查很多牧民摘掉了“科盲”的帽子，为逐渐引领牧民走上科技致富之路打下了基础。

孟和毕力格告诉我们，家里的七个兄弟姐妹都在自身的文化教育方面留有遗憾。由于从小家境贫寒，除了一个哥哥读过初中外，余下的姐弟六人都只念到小学就被迫辍学了，而他自己也是只读到小学三年级。回忆起年幼时上学的经历，孟和毕力格告诉我们调研组，那个年代，他们没有宽敞明亮的房间作为教室，只是在几个固定的牧点搭建了蒙古包来当作孩子们上课的地方。春夏季节天气暖和的时候，他们就把包门打开；秋冬季节天气较为寒冷时，他们便会在蒙古包内燃起炉火，孩子们都围绕着火炉，盘腿坐在地毡上听老师讲课。“那时共搭建了大约三四个蒙古包的样子，每个蒙古包都可以容纳十几张桌椅。老师们还自己动手，制作了三四块便携式的小黑板挂在包内。”由于教学用的蒙古包集中在一起，所以居住地离教学点较远的牧民家长为了方便孩子上学，便把自家的蒙古包打点成行装，由几匹马或者骆驼运到教学点附近；而住得相对近的学生则由父母用勒勒车负责接送。通过访谈，我们了解到，“蒙古包小学”在嘎查存续了十几年，直到 1978 年改革以后，才逐渐被公办或寄宿制学校所取代。

孟和毕力格对我们调研组说，他从 10 岁辍学后便在嘎查里从事放牧，“一开始是为生产队放马牧羊，自 1993 年嘎查为牧户按照人口数量定额分配牛羊和草场承包后就给自己家放牧了，一直到现在。”说到这里，孟和毕力格抿了口奶茶，跟我们聊起了这四十多年放牧的过程与经历。原来，孟和毕力格曾帮嘎查放过马，有段时间还在牧业生产队里担任羊倌。那时，嘎查为每户牧民都发放了马匹，但由于生产队规定每户所分发的马匹数量不能超过 8 匹，所以每家大约有 5 到 6 匹的样子。生产队会把集体的马匹和牧户自家的马匹合在一起，再按马匹数量的多少平均分配给两到三名马倌。据孟和毕力格回忆，那时生产队共有 300 匹马左右，马倌都是十四五岁的少年，两三个人组成一个小队，分三四十匹的马，而他们主要的工作就是每天傍晚把马匹送到河边吃草，第二天清晨再把马赶回生产队。为防止马匹走远或丢失，不利于第二天的寻找，孟和毕力格和他的伙伴们在每匹马的前腿上都加有马绊，对于特别调皮的马匹，还要在其后腿上增加一条。孟和毕力格说，生产队距离河边牧马的地方有五六公里，虽去时骑着马，但要徒步归来，往往在回来的路上就已经夜幕降临。为不耽误生产队干活儿，第二天天刚蒙蒙亮就得从家出发，在天亮之前就需要把马赶回生产队，每天都是如此。除了放马，孟和毕力格还在生产队中担任羊倌。他告诉我们调研组，像分配马匹时一样，生产队也会把羊群按数量划分，每 3 名羊倌大概要放牧 1000 只左右的羊。谈到放羊的经历，孟和毕力格苦笑道："放羊真是个力气活儿，一天要奔波十几个小时，每天到了黄昏时才能收工。我们在赶羊回队之前要认真清点羊群的总数，一旦少了，不但要连夜把丢失的羊找回来，还需查明原因。在那个年代，国家和集体的财产真的比什么都重要。"孟和毕力格向我们调研组介绍说，嘎鲁图嘎查是 1958 年成立的，在刚成立的那几年，在牧业生产队一个劳动日可算作一个整工，记为 10 分，折合人民币大约为 2 元，而他们每天能挣得 5 到 6 个工分。随着生产队的逐渐发展，孟和毕力格劳动一天能挣到 1 元左右。这样计算下来，他每年在牧业生产队的收入便可达 300 到 400 元，最多时候还可挣到 500 元。孟和毕力格说，初在牧业生产队劳动的那几年，他把每个月赚得的钱基本都用于吃饭以及购买基本生活必需品上，一年下来并没有攒下什么钱。但随着收入的逐渐增多，他也开始有了储蓄的意识，他会把所得的收益平均分成两部分，一部分用于日常花销，另一部分作为积累。孟和毕力格说，他在 22 岁结婚的时候已经攒下了 3000 多元，大部分都用于购置家具或是衣物上面。说到这里，孟和毕力格又点燃一支烟，继续道："跟你们不同，我们那时候买东西光有钱是不行的，还得有票，大到粮、油、肉、布，小到香烟、肥皂，几乎所有供应品都是凭票购买。但是由于嘎查实行定额分配票证，东西买的多了或是买的贵了都不合适，只能挑价格相对便宜的购买。你们也许想象不到全家人将布票攒在一起只为一个人买布做套蒙古袍时的情景吧。"孟和毕力格笑着说道。而自 1978 年实施改革开放以来，我国的计划票证逐年减少，物资凭票供应的年代已经成为历史。牧民们的生产和生活都较之前有了很大的改善和提高，从原来的物资匮乏到现在的物品丰盛，三十几年的时间里，嘎鲁图嘎查的牧民生活也在不断地变迁。粗粮食品渐渐从牧民餐桌上淡出，细粮成为餐桌上的主角，并逐渐丰富多样，健康养生也成了牧民们津津乐道的话题。孟和毕力格说："记得小的时候，玉米面饼是家里早晚的必备之餐，逢年过节才能吃上牛羊肉和奶食品。那时候嘎查委员会每个月都会给牧民们分羊，但往往是一家一只或一只半，那时家里人口多，一只羊根本吃不了几顿。所以在我们看来，能吃上羊肉就是非常幸福的事情了。"据孟和毕力格回忆，嘎查从 1982 年起开始为牧民们按照人口数量定额分配牛羊，平均每人可分到 10 头牛、30 只羊和 3 匹马。也就是从那时起，孟和毕力格一家人的生活水平逐渐好转。现在的嘎鲁图牧民每个月都会杀羊煮肉，蒙古包里“大口吃肉，大碗喝酒”的惬意景象经常可以看到。孟和毕力格感慨道：“以前早出晚归为生产队放牧、月底合计工分、几十号人吃‘大锅饭’的日子已经不再了，现在嘎查里每家每户的牧民都经营着属于自己的几百只牛羊，不但可以自由买卖以获取收入，而且牧民们经常会杀牛宰羊吃，日子真是越过越红火。”顿了顿，孟和毕力格又说，以前由于嘎查牧民的居住地距离苏木和旗县较为偏远，购买蔬菜的成本很高，所以牧民们对于蔬菜的购买都有着“一年买一次，一次买一年”的购物习惯。孟和毕力格回忆说：“小时候家里很难吃上蔬菜，新鲜的蔬果基本见不到，即使有幸吃到，也只能是因为存储时间过长而发黑、长芽甚至变质的土豆、萝卜等易储蔬菜。”随着改革开放以及市场经济的发展与逐渐完善，牧民群众的餐桌上除了牛羊肉及奶制品，蔬果种类也逐渐丰盛起来。生活水平的提高促使牧民们在追求饮食质量的同时，也更加注重营养的搭配和均衡。“以前因粮食不够而用来充饥的野菜、粗粮等，现如今也成为餐桌上的健康食品。”孟和毕力格苦笑着说。

谈及牧民生活水平的改善，孟和毕力格对我们调研组说，现在嘎查给予牧民们的补贴和优惠较前几年有所增多，每年都会有牛棚、砖房的项目以及牛羊、农机具等补贴款项的下达和落实。他告诉我们调研组，蒙古包后面的那处砖房是2011年建造的，有60平方米，是国家按每户15000元的标准进行补助的“游牧民定居工程”的项目房。我们在访谈中了解到，这种项目房的申请并不容易，每年旗民委分配给嘎鲁图嘎查的项目房名额只有3个，嘎查委员会要结合牧民的家庭收入、家庭人口数目、居住情况等多方面因素进行综合评定，只有各项条件均符合的牧户才有资格申请。除此之外，由于孟和毕力格家居住较为偏远，至今仍未接通高压电电，所以在用电方面十分不便。2010年，孟和毕力格考虑到小四轮风力发电机的输出功率只能维持简单的照明用电，很难带动电视机、洗衣机、电冰箱等家用电器，于是便增添了太阳能设备，以便获取相对稳定的电压。而嘎鲁图嘎查对于依靠风力发电照明的牧户们都会给予一定数额的补贴资金，孟和毕力格一家也不例外，收到了嘎查所发放的1400元风力发电补贴款。

孟和毕力格告诉我们调研组，他家现有草场3600亩，其中打草场为900亩，余下的2700亩作为放牧使用。为了防止草场退化而引起蓄草矛盾，嘎查在草场周围都配套修建了草库伦。然而，对于草场周边围有草库伦这一做法，孟和毕力格却有他自己独特的看法。他说，虽然草原上兴建各种类型的草库伦是保护草原、合理利用草地资源的一种形式，但由此却引发了诸多不便，比如牛羊在把自家牧场里的草吃完后，往往会越过草库伦去别的牧户家寻找新的草源。这样一来不仅会破坏其他牧户家的草场，还会引起邻里之间的矛盾。“若彼此之间熟悉还好说，只是补偿些钱款罢了，但如果遇到不熟悉的人家，不仅要赔钱还要搭上牛羊。”孟和毕力格对我们调研组解释说，其实游牧民族很早就认识到牧草是有“补偿再生”功能的，定牧虽有其好处，但有时也会违背牧草的自然生长规律。因此，相比较用草库伦围建起来的定牧式生产方式，孟和毕力格一家还是喜欢古老而原生态的游牧生活。

作为有本民族语言、没有文字的人口较少民族，鄂温克族人捍卫母语最重要和切实可行的场所就是家庭了。但是由于鄂温克族没有自己的文字，适龄儿童大都学习汉文或者蒙古文，这就使得其民族中的汉语和蒙语的借词越来越多。对于此，孟和毕力格一家表示，他们希望孩子将来能够学习纯正的鄂温克语，并且最好能够达到流利的程度，而关于孩子学习母语的途径，他们也一致认为应该依靠家里长辈的传授与教导。我们从访谈中可以感受到，孟和毕力格一家对本民族语言有着深厚的感情，并且非常希望母语能够保留下去。但对于下一代的婚姻问题，孟和毕力格一家对此并没有民族上的限定，大体呈开放态度。通过访谈我们了解到，孟和毕力格一家人都认为鄂温克族中的很多传统观念与文化也应该随着嘎查的不断进步以及社会的多样化需求而逐渐融入崭新的内容，以丰富本民族的文化生活并使其得到长足的发展。

从对孟和毕力格家的访谈中我们感受到，从游动的蒙古包到固定的砖瓦房，从靠天养畜到应用科学技术发展新的养殖品种，从牧民的穿着打扮到饮食结构的不断改善，以及牧民们在传承与保护本民族文化的同时，对各民族传统与生活多样性的包容与尊重……这一切变化无不显示着嘎鲁图嘎查的牧民群众在思想观念、生活风俗、发展意识等方面所发生的巨大变化。嘎查在发展，牧民们也在进步，我们仿佛已经看到嘎鲁图嘎查的“两委班子”为广大牧民搭建的幸福之桥，以及牧民们在通往小康路上洋溢着的阳光般的幸福笑容。

### （五）乐观向上的阿拉腾娜

在嘎鲁图嘎查书记金花的联系下，我们来到了阿拉腾娜家。这是一个安静而又充满生活气息的家庭，虽然房屋略显陈旧，但在夕阳的照射下显得特别温馨。远远地就看见两位高大帅气的小伙子站在门口向我们挥手，走进询问后才知道，这是阿拉腾娜的儿子和大女婿。他们友好地把我们迎进屋，随后我们便见到了这次访谈的女主人阿拉腾娜和她其他的孩子们。在简单地介绍了我们前来的目的和访谈内容后，阿拉腾娜先是表现得很吃惊，在她的意识中访谈与她这样普通的牧民没有太大关系，但她表示愿意接受我们的访谈。

阿拉腾娜从小生活在鄂温克牧区，周围都是本民族的牧民，使用的语言主要是鄂温克语，很少使用汉语，所以她还不能熟练地使用汉语交流。我们就请她的儿子海兰给我们翻译，帮我们传达调研内容，并把母亲的话翻译给我们。阿拉腾娜的儿子说，母亲的身体不好，常年居住在寒冷的牧区，患上了腿疾，走路很不方便。但是她的精神面貌非常好，脸色红润，神采奕奕，穿着也干净讲究，言语之间能让我们感觉到她积极乐观的心态。

阿拉腾娜于1964年出生在南辉苏木，其父母都是土生土长的鄂温克族牧民，家中有9个兄弟姐妹。在那个温饱尚未解决的年代，一个由12个人组成的大家庭生活的艰难程度可想而知。和那个时代大多数的人一样，阿拉腾娜进过短短的几天学校，稍识几个字，但是由于家庭生活条件不允许，所以只上完小学就停止了学业。辍学之后的阿拉腾娜，过早地担负起家庭的重担，几乎没有任何玩耍的童年时光，她记忆中的自己，是一个随时在移动的身影，全身心地帮着家里做一些力所能及的生产劳动和家务活，成天只有无休止的忙碌，没有一点点的空闲。

当时父母和哥哥姐姐都在牧业大集体劳动，那个年代的集体制生产方式的特殊性，一直让阿拉腾娜记忆犹新。牧业大集体是一个由生产队领导，政治经济生活相统一的社会化基层群众组织。所有的生产资料都归牧业大集体所有，这些生产资料不能参与市场交易，同样它们的处分权利也都交由牧业生产队统一负责，牛羊草场和住房等设施也都是公有的。

阿拉腾娜在16岁的时候加入了牧业队的劳动。根据牧民在生产队劳动分工的不同，以及性别、劳动强度的不同来计算工分。阿拉腾娜告诉我们，在生产队里女性得到的工分和粮食都要少于男性，况且当时她只算半个劳动力，所以挣的工分少得可怜。但即使是这样，能够正式加入生产队劳动，阿拉腾娜也是十分开心的。因为对于一个子女相对较多的家庭来说，多挣一点工分，就能多解决一点粮食问题，家人的吃饭问题就能缓解一些。我们知道，在那个年代，全国的物质生活水平相对较低，尤其是像牧区这样相对欠发达的地区，物质方面更是十分匮乏。阿拉腾娜回忆说，当时牧区的生活十分艰苦，饮食单调不说，还常常吃不饱，通水通电更不必说，再加上交通不便和商品供应不足，让她对草原外面的世界总是有一些向往。

与国内其他地区一样，在生产队劳动期间，实行的是“大锅饭”。阿拉腾娜告诉我们，当时国家规定了每个牧业生产队的生产规模，每年每个生产队都需要给国家上交一定比例的牛羊等，剩下的食物就由生产队掌管平均分配。由于生产方式的特殊性，牧区粮食和蔬菜匮乏，平时吃的比较多的食物就是牛羊肉、奶制品和一些面食，面是国家定量供应的，基本上没有蔬菜水果，阿拉腾娜说好多的蔬菜都是在近几年才见过的，因为不经常吃以至于现在对蔬菜谈不上喜爱。这不难解释地区商品的差异性，这种差异性与自然环境和民族文化有关。与农业地区相比，牧区由于气候寒冷，不适宜农作物的耕种，只能进行牧业生产，广大牧民长期以来利用天然草原养殖牛、羊、马等食草动物，同时以这些牲畜作为主要食品来源。而农业地区却有着很大的不同，农区以精耕细作的种植业为主，各种植物性农产品是主要食物来源，肉食以养殖的家禽类为主，而且在日常生活消费中所占比重不高，尤其在20世纪80年代之前，肉类食品在农业地区相对稀少。

刚刚进入牧业队的时候，阿拉腾娜在劳动中遇到了不少困难。牧业队给她们这样的女性分配的劳动主要是对牛羊的放养和日常清理，需要她们十分地细心和耐心，虽然不是特别繁重但是特别冗杂。幸好阿拉腾娜小时候曾经多次帮助妈妈照顾牧业队的一些年幼的牛羊，因而这些活儿对她来说并不是特别困难。阿拉腾娜说自己刚刚到牧业队的时候干得特别多，也没有明确的分工，几乎什么都要做，每天很早就得起床，晚上大半夜才能睡觉，常常累得一闭眼就能睡着。虽然当时牧业队对她们这些女孩子的管理不严，也没有什么严厉的惩罚性措施，但是对于那个时代的人来说，每个人对集体都有崇高的奉献精神和强烈的自我牺牲意识，觉得为了集体什么活儿都能干，什么苦都能吃，工作热情非常高，精力也十分旺盛，再苦再累，也一定要把自己负责的任务做到最好。

阿拉腾娜参加牧业队劳动大约是在20世纪70年代末80年代初，这个时期已经是人民公社化的后期了。阿拉腾娜在牧业队劳动了3年之后，国家慢慢地废除了大集体的生产模式，开始实施家庭联产承包制。这极大地调动了牧民们的生产积极性，牧民们的劳动热情空前高涨。据阿拉腾娜回忆说，牧民们在刚刚得知这个消息时显得又惊讶又兴奋，很多人都不适应没有组织的生产劳动，一时间不知道该怎么办，但在苏木领导和嘎查书记带头示范下，牧民们纷纷燃起了斗志，准备好好经营分到得草场和牛羊。

阿拉腾娜家这12口人的大家庭，承包了接近1500亩的草场和几十只牛羊。在刚刚承包草场和牛羊的那天晚上，她的父亲告诉她和她的兄弟姐妹们，以后的生活想怎么过，是否能过上好日子，完全在于他们自己的付出。在明确知道这种新的生产方式的自主性之后，家里人都十分有干劲，希望通过自己的努力使家里变得富裕起来。

在牧区，同姓同族的牧户之间会在劳动中进行彼此的照应和帮助。这和农业地区的生产方式有着很大的区别，农业地区人多地少，土地就是农民生产和经营最重要的生产资料，这样就导致农业家庭在子女结婚后会以分家的方式分割出家庭所属的土地，之后亲人之间在生产和生活上都相互独立，彼此之间缺乏协商和帮助。而草原牧业地区和农业地区有着明显的差异。草原上地广人稀，每家每户承包到的草场足以满足自己的生产需要，并且有些牧户家会有很大的富余。草原上的牧草不需要人为地耕种，主要就是用于放牧。由于居住分散，很多生产任务不是一个家庭就能独立完成的，需要很多家庭甚至家族的互助和配合，因此很多牧场都呈一种家族式的生产经营模式。

牧区的劳动方式有自己的特点。牧草生长的时间大约在每年的5月到9月，在其余的月份中草原要被大雪覆盖。夏天，牧民们就带上可以移动安置的蒙古包，赶着牛羊在草原上游牧迁移，给它们提供新鲜的草料。到了秋天，牧民们开始打草，把发黄的草全部打成捆运回自己的蒙古包以备冬天牛羊所需的草料。因为冬天寒冷不适合游牧，只能选择地势较低、保暖避风的地方安置蒙古包。这与一些农业地区农闲的性质是相似的，但与之不同的是到了冬天，牧民的生产劳动依然还要进行，因为牛羊需要全天的饲养。阿拉腾娜解释说，大雪过后，就不能进行游牧，每天早、中、晚都要给牛羊加草料，保证畜膘的稳定，同时还要清理牲畜粪便。

1984年，年满20周岁的阿拉腾娜结了婚，嫁给了小学曾和她在一个学校但比她高一年级的阿拉腾蒙和。阿拉腾娜说，丈夫上学时成绩非常棒，各方面也很优秀。婚后的1985年，阿拉腾蒙和就担任了嘎查里的团支部书记，经常组织年轻人的活动，每到过年过节，他会举办各种各样的比赛，让年轻人在竞技场上挥洒汗水、分享喜悦，也给嘎查带去生机。2004年阿拉腾蒙和担任嘎鲁图嘎查的副嘎查达，他积极协助嘎查达的工作。为人诚恳，且很有威信，说一不二的性格对孩子们的教育十分严格。阿拉腾娜和丈夫，俨然符合严父慈母的形象。在海兰的回忆中，父亲永远都是他心中的英雄，父亲很有能力，工作上受人尊敬，在生活上也是一个心灵手巧的男人。

结婚之后，家里分给了阿拉腾娜5头牛，让他们出来自立门户。她和丈夫怀揣着美好的愿望，希望未来的日子过得和和美美，能有可观的收入。他们的想法很简单，就是把牛羊养得强壮，让自己的孩子健健康康长大。在他们看来，这就是幸福的生活。阿拉腾娜回忆说，丈夫在劳动的时候非常努力和尽责。他是一个内向的人，心肠很好，嘴上却不愿意说太多的话，也不愿意麻烦别人。夏天的时候，丈夫总是一个人骑着马带着牛羊和猎狗出去放牧，让阿拉腾娜留在家里照顾孩子们和一些年幼或是生病的牲畜。到了冬天，阿拉腾娜就和丈夫在选好的位置上搭好蒙古包、围上栅栏，在冰天雪地的严冬中继续他们的幸福生活。阿拉腾娜有些难为情地说，丈夫特别疼她，知道她身体不好，从来都不让她干重活。但是，不幸的是当上副嘎查达不久，丈夫因为工作劳累，高血压突发，还没有来得及医治就离开了人世。说到这里，阿拉腾娜的脸上显露出抑制不住的悲伤。顿了顿，她调整了一下自己的状态，又往下说到，丈夫去世后，自己的主要心愿就是把孩子抚养成人，然后看着他们结婚生子，让他们好好地生活。“丈夫在弥留之际也是这么嘱咐我的，我感觉自己就是为了孩子们而活着。”说到这儿，她的声音又有些哽咽。

稍作休息之后，我们继续往下聊。阿拉腾娜说，自己没什么太多文化，身体在丈夫去世后也慢慢地开始变差，而且在牧业生产经营方面一向都没有什么超前的想法和意识，以至于家庭经济状况一直都不是太好。她唯一能做的，就是按部就班地好好放牧，照顾好牛羊，照顾好孩子们。丈夫的去世让阿拉腾娜不得不扛起生活的重担，一个人辛辛苦苦地支撑着这个家。好在孩子们都特别懂事，知道替她分担压力，也很会宽慰她。同时，很多同族的乡亲和嘎查干部都对她特别照顾，给了她很多生活上和经济上的帮助。“这是丈夫在长生天对我们的庇护。”阿拉腾娜有些激动地说。

在阿拉腾娜和孩子们的辛勤劳动下，家里的境况好了许多，大女儿出嫁后不久，儿子的工作也渐渐地有了眉目，目前在北辉卫生院里开车。阿拉腾娜还告诉我们，她的女婿是一个非常有责任又敢于担当的好男人，为人善良温和，有魄力、有远见，对阿拉腾娜非常孝顺。现在家里的活儿基本上都是由女婿来打理，其他的孩子也都很出息，把家里大小事情照料得非常好，放牧、打草、采买等劳动都不用阿拉腾娜操心，儿女们只希望她能好好待在家里安享晚年。近几年，国家对牧区的每项政策都能落实到牧户家，去年阿拉腾娜家的 20 头牛每头得到了 50 元补贴，草场在禁牧期间补贴了 6500 元，除此之外还得到了 6000 元的草畜平衡补贴，这在很大程度上提高了家里的生活水平。对此，阿拉腾娜表示很感谢党、国家和政府。

她还要感谢的就是新型农村（牧区）合作医疗保险，阿拉腾娜为一家人办理了医疗保险，还给自己上了养老保险，去年因为腿部发病，住院治疗花了 4000 多元，因为有了医疗保险，最后报销了 1000 多元，很大程度上缓解了一家人的就医压力，平日吃药看病基本上不用花多少钱，也不再担心未来的养老问题。阿拉腾娜告诉我们，北辉卫生院的图力古尔大夫对她十分关照，时不时上门来询问病情，给她开了一些滋补养生的药品。现在的生活虽然不富裕，但是吃穿不愁，不用操心太多事情，阿拉腾娜觉得很满意。

当我们询问阿拉腾娜对未来有什么期望的时候，她对我们说，她很佩服上过大学的图力古尔大夫，所以现在最大的愿望就是让自己的孙女好好学习，希望以后能像图力古尔大夫那样成为一个有知识有文化的人，为家乡的百姓造福。同时，她希望有一天能在鄂温克自治旗的旗政府所在地巴彦库仁镇上买房，住进有集中供热的楼房，这样自己的腿疾能得到相应的缓解，也能减轻子女的负担。在我们即将结束采访前，阿拉腾娜嘱咐我们要好好把嘎鲁图嘎查的调研报告写好，让更多的人知道嘎鲁图嘎查，知道鄂温克民族的风貌。

看今日之鄂温克，既得天之道、地之利、亦得人之和、物之宜。我们坚信，鄂温克民族向好发展的趋势不可阻挡，鄂温克民族的明天一定会更加美好！

# 参考文献

[1] 鄂温克族自治旗志编纂委员会编纂．鄂温克族自治旗志［M］．北京：中国城市出版社，2007.

[2] 鄂温克族自治旗史志编纂委员会．鄂温克族自治旗志（1991—2005 年）［M］．呼伦贝尔：内蒙古文化出版社，2008.

[3] 鄂温克族自治旗卫生局．鄂温克族自治旗卫生史（1958—2008 年）［M］．内蒙古：鄂温克族自治旗卫生局，2008.

[4] 国家民委民族问题五种丛书内蒙古自治区编辑组．鄂温克族社会历史调查［M］．北京：民族出版社，2009.

[5] 黄健英．敖鲁古雅——鄂温克族猎民新村调查［M］．北京：中国经济出版社，2009.

[6] 祁惠君．传统与现代：鄂温克族牧民的生活［M］．北京：中央民族大学出版社，2009.

[7] 爱德华·泰勒．原始文化［M］．桂林：广西师范大学出版社，2005.

[8] 满都尔图．鄂温克人的“乌力楞”公社［J］．社会科学战线，1981(1).

[9] 林耀华．民族学通论［M］．北京：中央民族大学出版社，1997.

[10] 吕光天．鄂温克族［M］．北京：民族出版社，1983.

[11] 黄任远，那晓波．鄂温克族［M］．沈阳：辽宁民族出版社，2012.

[12] 金成民．日本军细菌战［M］．哈尔滨：黑龙江人民出版社，2008.

# 后记

2008年我们前往呼伦贝尔根河市的敖鲁古雅鄂温克民族乡调研，之前对鄂温克民族的了解更多停留在相关书籍、论文以及新闻报道中。敖鲁古雅之行使我们对这个古老的民族有了更多的了解和认识，鄂温克族是中国28个人口较少民族之一，据第六次人口普查资料，鄂温克族总人口为30875人，虽然人口不多，但其生产方式差异很大。敖鲁古雅鄂温克族在2003年定居之前一直延续着游猎的生产方式，而居住在鄂温克族自治旗的鄂温克族自进入呼伦贝尔草原后，以游牧业为基本生活方式，还有一部分散居在黑龙江、呼伦贝尔其他旗市的鄂温克族从事农耕业或农牧兼营。从居住在不同地区鄂温克族的经济文化类型和生产方式，我们不难看出，自然地理环境与经济文化类型和生活方式的关系。为了较全面反映不同生产方式下鄂温克村庄（嘎查）经济发展差异和特点，2012年7月我们一行10多人来到呼伦贝尔市鄂温克族自治旗辉苏木的嘎鲁图嘎查进行调研。

嘎鲁图嘎查位于鄂温克族自治旗西部，距旗政府所在地巴彦托海镇100公里，东北邻乌兰图格噶查，西北与新巴尔虎左旗莫达木吉苏木接壤，南接伊拉特嘎查。草地类型以典型草原为主，也包括一定面积的低湿地草甸。有辉河和那林郭勒河从境内流过，地表水资源较为丰富。自1732年其先民进驻呼伦贝尔草原以来，嘎鲁图嘎查的鄂温克族就在这片水草丰美的草原上繁衍发展，他们适应当地的自然环境，以游牧业为基本生活方式，逐水草而居，和草原其他游牧民族一道创造了独具特色的游牧文化。

选择嘎鲁图嘎查作为我们的调研地点，主要基于这样的考虑：从民族人口结构看，嘎鲁图嘎查的居民中鄂温克族占96%以上，同时包括为数不多的蒙古族和达斡尔族，除3户蒙古族家庭外，其他是通过婚嫁进入嘎鲁图嘎查的，民族语言文化和习俗保留较好；从生产方式看，除几家便民小商店外，嘎查牧民全部从事畜牧业，是从事畜牧业鄂温克族的典型代表。通过对嘎鲁图嘎查的调研，我们可以较全面地反映游牧鄂温克族历史文化的变迁，以及在快速现代化进程中嘎查的变化和面临的问题。

7月是呼伦贝尔草原最美的时节，一眼望去，成群的牛羊散落在蓝天白云、绿草碧水之间，牧人们或策马扬鞭，或驾驶摩托车，穿梭在牛羊群之中，呈现出一种自然和谐之美。十几天的时间里，我们在领略草原唯美风光的同时，更切身感受到鄂温克民族的勤劳、善良和豁达，以及对这片草原的热爱。当问到是否愿意以后修更多的进嘎查公路或开发矿产资源时，大部分牧民都持否定的态度，他们希望保持草原现有的风貌，保留他们传统的生产生活方式；对于草原的分块承包，很多牧民认为不利于草场的保护，破坏了历史形成的根据季节和草场情况转场放牧的科学传统，造成草场的过度使用和破坏。这是牧民的实践对这些政策和理论问题的回应，我们是否应更多听听他们的心声？毕竟他们是这片草原的真正主人，草原的可持续发展是游牧鄂温克族可持续发展的基础和保障。

其实，保护草原，传承民族传统文化并不排斥现代化，关键看选择什么样的现代化道路和模式。我们在调研中发现，嘎鲁图嘎查的草原上同样可以感受到很多现代化的气息，如年轻人时尚的衣着、各种农牧业机械、汽车摩托车、家用电器、手机的普及等。这些手段和工具可以与任何一种生产方式相结合，并不意味着要改变草地畜牧业这一基本的生产方式，草地畜牧业是游牧民族适应自然的历史选择，它与农耕业一样是人类根据自然环境选择的一种土地利用方式，并由此形成了农耕和游牧两种不同的文化类型。

本次调研采取的是入户直接一对一填写问卷和访谈的形式，对问卷和访谈内容没有作更多的处理，我们尊重被访谈者的原意和真实表达。但由于问卷内容较多、较细，尤其是家庭经济中的年度收支情况等，牧民没有详细的记录，主要靠回忆和估算，有些是我们根据被访谈者提供的单位数据计算出的总收支情况，不是会计学意义上的准确数据，与实际情况有一定的差距，但大体可以反映家庭的基本收支情况。还有就是大部分年长的牧民只会讲鄂温克语，不能用汉语交流，交谈要通过翻译进行，这一过程难免会有一些信息传递中的出入。同时，嘎鲁图嘎查地处寒冷的呼伦贝尔草原，冬季寒冷漫长，供暖费用高、购物不便，各项生活成本远远高于其他地区；生产成本也很高，除了要购买各种农牧业机械，冬季大雪覆盖，要为牲畜过冬储备足够的饲料，如遇极寒天气，还会造成牲畜冻饿死亡，影响家庭经济收入。因此虽然从表面看家庭收入很高，但去除各项生产生活支出，实际纯收入要低得多。

随着国家各项惠民政策的实施，嘎查牧民的勤劳努力，嘎鲁图嘎查经济发展、社会进步，牧民收入逐年提高，各项社会事业健康发展。同时也面临着如何更好地保护草原生态环境和传承民族文化，完善草原管理体制，发展牧业合作组织，提高牧业产业化水平等问题，以及基础设施和各项社会保障措施的进一步完善。

本次调研得到很多热心人士的帮助，他们是鄂温克族研究会名誉会长杜·道尔基先生，鄂温克族自治旗旗委副书记娜日斯女士，鄂温克族自治旗辉苏木党委书记东胜，鄂温克族自治旗辉苏木苏木达希德日胡，鄂温克族自治旗司法局局长金铁峰，鄂温克族自治旗公安局基层基础处主任赵日华，鄂温克族自治旗公安局南街派出所教导员关晓玲夫妇，鄂温克族自治旗公安局辉苏木派出所教导员马永平，鄂温克族自治旗司法局办公室主任格日勒图，辉苏木中心小学校长阳光，嘎查书记金花，嘎查达额尔敦尼，大学生村官吴迪，还有三位可爱的90后：司机杜斌、翻译优韩和索努尔，他们为我们调研工作的顺利进行提供了无私的帮助，没有他们的支持我们的调研工作很难顺利进行，在此表示衷心的感谢！每当我们走进牧户的家庭，他们都会端上奶茶、奶干等各种特色食品让我们品尝，在愉快的气氛中聊嘎查、家庭的发展变迁。调研过程中我们深深感受到他们对未来生活的美好向往，他们是这本书的主体，在这里向他们表示深深的谢意！并祝愿他们未来的生活更加美好！

最后，在编写过程中，我们参阅了前人的研究成果，尤其是在鄂温克族历史文化及其变迁部分，引用了大量已有文献，在此表示衷心的感谢！嘎查委员会为我们提供了大量有价值的材料，没有他们的帮助，我们的调研工作很难顺利完成，对他们付出的辛勤劳动表示诚挚的谢意！

**嘎鲁图嘎查经济调研组**

2013年1月6日